ESSAI

SUR LA PROPAGATION

DE

L'ALPHABET PHÉNICIEN.

Paris: — Typographie Georges Chamerot, rue des Saints-Pères, 19.

ESSAI

SUR LA PROPAGATION

DE

L'ALPHABET PHÉNICIEN

DANS L'ANCIEN MONDE,

PAR

FRANÇOIS LENORMANT,

Associé de l'Académie Royale de Belgique, de l'Académie Pontificale d'Archéologie,
de la Société Royale de Littérature et de la Société d'Archéologie Biblique de Londres,
de l'Institut National Genevois, de l'Institut de Correspondance Archéologique de Rome,
de l'Académie d'Archéologie d'Anvers, de l'Académie de Stanislas de Nancy,
Membre de la Société Asiatique de Paris, de la Société de Linguistique, de la Société d'Ethnographie,
de l'Athénée Oriental, de la Société Française de Numismatique, de la Société des Antiquaires de l'Orléanais,
de la Commission des Antiquités de la Côte-d'Or, etc., etc., etc.

Développement d'un mémoire couronné par l'Académie des Inscriptions
et Belles-Lettres.

MATERIES *superabat opus.*

TOME PREMIER.

PARIS,

MAISONNEUVE ET Cᴵᴱ, LIBRAIRES-ÉDITEURS,
15, QUAI VOLTAIRE, 15.

1872.

A LA MÉMOIRE

DE

CHARLES LENORMANT

MON PÈRE.

INTRODUCTION.

INTRODUCTION.

I.

Nous appelons *écriture* tout système employé par les hommes pour fixer l'expression de leurs pensées par des signes matériels, de manière à pouvoir se les communiquer entre eux autrement que par la parole et à leur donner une durée.

Pour arriver à ce but, deux principes peuvent être appliqués, séparément ou ensemble :

1° L'*idéographisme*, ou la peinture des idées ;

2° Le *phonétisme*, ou la peinture des sons.

L'idéographisme peut employer deux procédés :

1° La représentation même des objets que l'on veut désigner ; c'est ce que Clément d'Alexandrie appelle procéder κυριολογικῶς κατὰ μίμησιν, dans un célèbre passage sur les hiéroglyphes égyptiens (1) ;

2° La représentation d'un objet matériel ou d'une figure convenue pour exprimer une idée abstraite ; c'est ce qu'on désigne par le nom de *symbolisme*.

(1) *Stromat.*, V, p. 567, éd. Potter.

Le phonétisme présente également deux degrés :

1° Le *syllabisme*, qui considère dans la parole comme un tout indivisible, et représente par un seul signe la syllabe, composée d'une articulation ou consonne, muette par elle-même, et d'un son vocal qui y sert de motion ;

2° L'*alphabétisme*, qui décompose la syllabe et en représente par des signes distincts la consonne et la voyelle.

Par une marche logique et conforme à la nature des choses, ainsi qu'à l'organisation même de l'esprit humain, tous les systèmes d'écriture ont commencé par l'idéographisme et ne sont arrivés que par un progrès graduel au phonétisme. Dans l'emploi du premier principe, ils ont tous débuté par la méthode purement figurative, qui les a conduits à la méthode symbolique. Dans la peinture des sons, ils ont traversé l'état du syllabisme avant d'en venir à celui de l'alphabétisme pur, dernier terme du progrès en ces matières.

II.

En disant que tous les systèmes d'écritures ont commencé par l'idéographisme, nous avons formulé un fait incontestable.

Mais ce que nous avons ajouté, que dans la voie de l'idéographisme on avait toujours débuté par la méthode d'une représentation purement figurative, pourrait donner occasion à quelques doutes et demande à être prouvé.

En effet, si l'on considère la nature des signes qu'elle emploie, l'écriture doit être ramenée à deux procédés :

1° L'*hiéroglyphisme*, ou la peinture d'objets matériels figurés aussi exactement que possible, comme nous le voyons chez les Nahuas du Mexique, au début des écritures des Assyriens et des Chinois, et dans les inscriptions monumentales des Égyptiens jusqu'à la conversion de la terre des Pharaons au christianisme ;

2° La *convention* pure ou l'emploi de signes qui ne représentent rien par eux-mêmes et peignent seulement l'idée ou le son dont on est convenu d'en faire les représentants, comme nos notes de musique.

Les écritures, même d'origine hiéroglyphique, en arrivent rapidement à la pure convention.

Elles ne sont plus en réalité que conventionnelles, du moment qu'elles ont répudié toute trace d'idéographisme pour devenir exclusivement phonétiques. Ainsi l'Arabe n'apprend pas à son fils que l'*élif* était, dans son origine, une figure où les Phéniciens croyaient reconnaître *la tête d'un bœuf*, et que de là vient le nom de cette lettre. Nous ne le disons pas non plus dans nos écoles au sujet de notre *a*, qui dérive de même du 𐤀 des Chananéens. Pour nous tous, Européens comme Arabes, *élif* et *a* sont des signes convenus qui désignent un son de la langue. Les savants seuls s'occupent d'en rechercher l'origine.

Lors même que l'écriture continue à rester fidèle à sa nature idéographique, elle devient par le fait purement conventionnelle, du moment que les altérations, qu'un long usage et un désir de plus grande promptitude amènent forcément dans le tracé des signes graphiques, ne permettent plus de reconnaître au premier coup d'œil l'objet que retraçait l'hiéroglyphe primitif.

Ainsi, celui qui voyait le caractère 𓀀 dans un texte hiéroglyphique égyptien, y reconnaissait immédiatement la figure d'*un homme accroupi;* mais l'hiératique 𓀀, et surtout le démotique 𓀀, bien qu'étant par le fait des tachygraphies successives du même caractère, n'éveillent par leur aspect, pour tout autre que pour le paléographe qui a suivi patiemment tous les degrés de la déformation, aucune idée de figure, et sont simplement des signes convenus pour peindre l'idée « *homme* ». C'est ainsi que les Égyptiens eux-mêmes en étaient venus à considérer les caractères de leurs écritures cursives, et, par suite, ils les enseignaient dans leurs écoles d'une manière purement empirique. En effet, Clément d'Alexandrie, dans son fameux passage sur les écritures égyptiennes (1), rapporte qu'on faisait d'abord apprendre aux étudiants le

(1) *Stromat.*, **V**, p. 567, éd. Potter.

système démotique, comme le plus usuel, puis le système hiératique, et enfin, seulement en dernier, le système hiéroglyphique. Il aurait fallu suivre la marche exactement contraire si l'on avait tenu compte de l'origine figurative dans l'enseignement des deux systèmes cursifs. Pour enseigner l'emploi du type démotique, indépendamment du type hiéroglyphique, il fallait de toute nécessité procéder par une méthode de pur empirisme, et ne présenter à l'étudiant les éléments de l'écriture que comme des signes uniquement conventionnels, affectés par l'usage et par un commun accord à la représentation de telle ou telle idée ou de tel ou tel son.

Nous ignorons comment on procédait dans les écoles de Babylone ou de Ninive; mais il est plus que probable qu'on se contentait d'y présenter, par exemple, le groupe ◁| comme l'expression convenue de l'idée « *soleil* », sans faire remonter quiconque voulait apprendre à lire et à écrire, par l'intermédiaire du type archaïque ⬭ jusqu'à l'hiéroglyphe premier ◇, où l'on discerne une imitation grossière de l'apparence de l'astre dans le ciel.

En Chine également, les signes de l'écriture ont revêtu un caractère de pure convention, sans cesser d'être essentiellement des idéogrammes, du moment qu'en s'altérant par la marche du temps ils ont cessé d'être de véritables figures. Un lettré savant, capable de passer les examens qui conduisent aux emplois supérieurs, n'ignore pas que 魚 découle d'un primitif 魚, hiéroglyphe qui retraçait l'image assez grossière d'un *poisson*. Mais, pour la masse de ceux qui l'emploient, 魚 ne saurait plus éveiller aucune notion de figure. C'est seulement le signe convenu pour la peinture de l'idée « *poisson* », qu'elle rappelle à l'esprit et qu'on enseigne dans les écoles comme y étant attachée par une notion qui n'a plus rien que d'empirique.

Ainsi les écritures d'origine hiéroglyphique elles-mêmes, à un certain degré de leur existence et de leur développement, arrivent à la convention pure.

Mais si nous remontons à l'origine de toutes les écritures proprement dites, à l'état de pur idéographisme par lequel elles ont toutes commencé, aux figures les plus anciennes de leurs caractères, nous voyons constamment à leurs débuts l'hiéroglyphisme, c'est-à-dire l'imitation plus ou moins habile, par un procédé de dessin plus ou moins rudi- , mentaire, d'objets matériels, empruntés à la nature ou aux œuvres de l'industrie humaine.

Peut-on en effet, sans un fâcheux abus des termes, appliquer le nom d'*écriture* aux moyens grossiers et purement arbitraires dont quelques peuples dans un état de complète barbarie se sont servis pour transmettre de l'un à l'autre certaines idées roulant dans un cercle très-restreint ?

Tels étaient les *khé-mou*, bâtonnets entaillés d'une manière convenue, que, d'après les écrivains chinois, les chefs tartares, avant l'introduction de l'alphabet d'origine syriaque adopté d'abord par les Ouigours, faisaient circuler dans leurs hordes, lorsqu'ils voulaient entreprendre une expédition, pour indiquer le nombre d'hommes et de chevaux que devait fournir chaque campement (1).

Tels étaient les *quippos*, ou cordelettes nouées des Péruviens, au temps de la monarchie des Incas. Aussi bien que les *khé-mou* des Tartares, les *quippos* ne constituaient pas en réalité une écriture, mais une méthode mnémonique venant en aide aux poésies transmises par une tradition purement orale dans la mémoire des *amautas* ou « lettrés », pour conserver le souvenir des principaux événements historiques (2), exactement comme les colliers mnémoniques appelés *gaionné*, *garthoua* ou *garsuenda*, des tribus de Peaux-Rouges de l'Amérique du Nord, lesquels empruntent un sens à la différence des grains qui les composent (3). Certainement les *quippos* péruviens, par les ressources qu'offraient la variété des couleurs des cordelettes, leur ordre, le change-

(1) Abel Rémusat, *Recherches sur les langues tartares*, p. 65 et suiv.

(2) Voy. sur les *quippos* la réunion complète des témoignages de Garci-Lasso de la Vega, Calancha, Carli, Velasco, dans un excellent article du *Magasin pittoresque*, 1857, p. 238-240.

(3) Il y a toujours des enseignements précieux à tirer de la comparaison des usages des populations qui vivent encore aujourd'hui de la vie sauvage avec les vestiges que l'humanité primitive a laissés dans les couches du sol terrestre.

Ainsi nous étions frappé de lire dans l'excellent *Précis de paléontologie humaine* de M. le docteur Hamy (p. 202), le passage suivant à propos des restes nombreux de l'homme contem-

ment du nombre et de la disposition des nœuds, permettaient d'exprimer ou plutôt de rappeler à la mémoire un beaucoup plus grand nombre d'idées que les bâtonnets entaillés des Tartares, et surtout, Garci-Lasso de la Vega et Calancha nous l'attestent, fournissaient les éléments d'une notation numérale fort avancée. Cependant on n'aurait pu écrire, nous ne disons pas un livre, mais une phrase entière, au moyen des *quippos*. Ce n'était, par le fait, qu'un perfectionnement du procédé si naturel qu'emploient beaucoup d'hommes en faisant des nœuds de diverses façons au coin de leur mouchoir, pour venir en aide à leur mémoire et se rappeler à temps certaines choses qu'ils craindraient d'oublier autrement.

Le célèbre ouvrage historique chinois intitulé *Yih-King* mentionne au début des annales du Céleste-Empire, antérieurement à l'invention de l'écriture, l'emploi d'un procédé mnémonique conventionnel exactement semblable à celui des *quippos* péruviens (1).

Nous verrons également, dans la suite de cet Essai, quand nous en

porain du mammouth, que l'on découvre dans les bas-niveaux des alluvions quaternaires de la vallée de la Seine :

« M. Émile Martin suppose que des pierres remarquables par leurs formes bizarres, leurs couleurs variées, certains hasards de cassures ou de perforation, ont dû être apportées par l'homme dans les gisements de Grenelle où il les rencontre assez abondamment répandues. Cela n'est pas impossible : en effet, en Belgique, M. Dupont a reconnu de véritables collectionneurs d'échantillons d'histoire naturelle dans quelques troglodytes de la vallée de la Lesse..... Seulement l'emploi de ces coquilles, natices, cérithes, pétoncles, etc., est attesté par les perforations qu'elles ont subies ; il n'en est pas de même des *bijoux* de M. Martin, dont l'*utilisation* reste encore à démontrer. »

Nous avons voulu vérifier par nous-même les faits signalés par M. Émile Martin, et le résultat de cette étude a été de nous convaincre de la vérité de son opinion. Nous ne doutons pas que ce ne soit l'homme qui ait rassemblé avec intention ces cailloux de formes et de couleurs variées que l'on trouve par groupes avec ses armes rudimentaires. Mais comme ils n'ont certainement pas pu être portés comme ornements, nous serions disposé à y voir les indices d'un procédé mnémonique analogue aux *colliers* des Peaux-Rouges, qu'auraient pratiqué les aborigènes de notre pays dans l'âge quaternaire.

(1) Abel Rémusat, *Recherches sur les langues tartares*, p. 67.

Dans son Appendice au *Yih-King*, le grand philosophe Koûng-tsèu (Confucius) dit : « Dans la haute antiquité on se servait de cordelettes nouées pour l'administration des affaires. Pendant les générations suivantes, le saint homme (Fouh-hî) les remplaça par l'écriture. » (*Journal asiatique*, avril-mai 1868, p. 297.) Le même souvenir est encore attesté par un passage de la grande préface de Khoûng Gân-koue au *Choû-King*, traduit par M. Pauthier dans le *Journal asiatique*, avril-mai 1868, p. 299.

viendrons à étudier les runes des peuples germaniques et scandinaves, que ce système d'écriture fut précédé, chez les peuples qui l'employèrent, par un usage analogue à celui des *khé-mou* tartares, usage qui a, laissé des vestiges très-manifestes dans le langage. C'est ainsi que pour désigner les lettres, les signes de l'écriture, on se sert encore aujourd'hui du mot *buch-staben*, dont le sens primitif est celui de « bâtons », les bâtonnets entaillés ayant fourni les éléments du premier système de notation et de communication des idées usité dans la race. Chez les Scandinaves, l'expression parallèle *bok-stafir* désigne encore la baguette sur laquelle on grave des signes mystérieux. C'est à cet usage primitif des peuples germano-scandinaves qu'Eustathe (1) fait bien évidemment allusion, quand il dit, d'après quelque auteur aujourd'hui perdu : « Les anciens, à la manière des Égyptiens, dessinaient comme des hiéroglyphes des animaux et d'autres figures, pour indiquer ce qu'ils voulaient dire, de même que plus tard quelques-uns des Scythes marquaient ce qu'ils voulaient dire en traçant ou en gravant sur des planchettes de bois certaines images ou des entailles linéaires de différentes sortes, » καθὰ καὶ τῶν τινες ὕστερον Σκυθῶν ἐσήμαινον ἃ ἤθελον, εἴδωλά τινα καὶ πολυειδῆ γραμμικὰ ξέσματα ἐγγράφοντες ἤτοι ἐγγλύφοντες πίναξι τουτέστι σανίσιν.

Il faut remonter bien haut dans la vie de l'humanité pour trouver les premiers vestiges de semblables usages. Parmi les objets découverts par M. Lartet dans la célèbre grotte sépulcrale d'Aurignac, appartenant à la période quaternaire et à la fin de l'âge du mammouth, nous remarquons une lame de bois de renne, « présentant, sur l'une de ses faces planes, de nombreuses raies transversales, également distancées, avec une lacune d'interruption qui les divise en deux séries ; sur chacun des bords latéraux de ce morceau ont été entaillées de champ d'autres séries d'encoches plus profondes et régulièrement espacées (2). » « On serait tenté, dit M. Lartet, de voir là des signes de numération exprimant des valeurs diverses ou s'appliquant à des objets distincts. » Il y

---

(1) *In Iliad.* Z, p. 633.

(2) Lartet, *Sur une station humaine, avec sépulture contemporaine des grands mammifères fossiles réputés caractéristiques de la dernière période géologique* (dans l'Appendice à la 2ᵉ édition de l'*Ancienneté de l'homme*, par Lyell), p. 194.

a, comme on le voit par la description, identité complète entre cet objet sorti des mains des hommes qui habitaient notre pays en même temps que l'*Elephas primigenius*, le *Rhinoceros tichorhinus* et l'*Ursus spelæus*, et les *khé-mou* des Tartares, tels que les décrivent les auteurs chinois, ou les σανίδες qu'Eustathe signale chez les Scythes. On a trouvé également des pièces toutes semblables dans l'ossuaire de Cro-Magnon (1) et dans la station renommée de Laugerie-Basse (2).

Mais, nous le répétons, ces différents procédés rudimentaires, monuments des premiers efforts de l'homme pour fixer matériellement ses pensées et les communiquer à travers la distance, là où ne peut plus atteindre sa voix, ne peuvent être considérés comme constituant de véritables systèmes d'écriture. Nulle part ils n'ont été susceptibles d'un certain progrès, même chez les Péruviens, où la civilisation était pourtant fort avancée et où l'esprit ingénieux de la nation avait porté un procédé de ce genre jusqu'au dernier degré de développement auquel sa nature même pouvait permettre de le conduire (3). Nulle part ils ne

(1) Lartet, *Une sépulture des troglodytes du Périgord* : Bulletin de la Société anthropologique de Paris, 2e sér., t. III, p. 337 et suiv. — *Reliquiæ Aquitanicæ*, B, pl. XII.

(2) Hamy, *Précis de paléontologie humaine*, p. 328.

Il faut comparer aux lames à entailles régulières, que nous signalons ici, la défense de sanglier présentant sur sa courbure extérieure vingt-huit entailles transversales, intentionnellement faites, que MM. les abbés Bourgeois et Delaunay ont découverte dans leurs fouilles à la grotte de la Chaise, commune de Vouthon (Charente). Bourgeois et Delaunay, *Notice sur la grotte de la Chaise. Revue archéologique*, août 1865. — Cf. *Matériaux pour servir à l'histoire de l'homme*, t. II, p. 156.

(3) Le témoignage du P. Calancha est formel pour établir que les *quippos* péruviens, même les plus perfectionnés et les plus compliqués, constituaient un système mnémonique et non une écriture capable de retracer des compositions littéraires ou des récits suivis. « Pour remédier, dit-il, au défaut qui se faisait sentir dans l'expression de tels ou tels faits, de telles ou telles paroles, par le manque de certaines couleurs et de certains chiffres, les *amautas* étaient tenus de faire des rapports dans lesquels on puisait légalement l'histoire, la série des événements, la substance des discours ; les *quippu-camayos* les fixaient de mémoire, » probablement par des combinaisons nouvelles dans la disposition des cordelettes (*Chronica moralizada del orden de S. Augustin en Peru*, Barcelone, 1638, in-fol.). Au reste, la meilleure preuve que les *quippu-camayos*, ou archivistes déchiffreurs des cordelettes nouées à la cour des Incas, se regardaient parfois comme incompétents dès qu'il s'agissait d'une interprétation positive, c'est qu'ils appelaient à leur aide, pour la transmission de la tradition, les *arabicus* ou poëtes. Ceux-ci étaient chargés de composer des vers de mètres divers, dans lesquels « ils inséraient telle histoire, tel incident, le récit de telle ambassade. » Ces vers étaient répétés dans tous les lieux habités et se

se sont élevés d'une méthode purement mnémonique, convenue entre un petit nombre d'individus, et dont la clef se conservait par tradition, jusqu'à une véritable peinture d'idées ou de sons.

Il n'y a, à proprement parler, d'écriture que là où il y a dessin de caractères gravés ou peints qui représentent à tous les mêmes idées ou les mêmes sons.

Or tous les systèmes connus qui rentrent dans ces conditions ont tous à leur point de départ l'*hiéroglyphisme*, c'est-à-dire la représentation d'images empruntées au monde matériel.

III.

Tous les hommes, dès qu'ils ont vécu en société, — et l'on ne saurait admettre la conception de l'homme vivant dans un isolement absolu, en dehors d'un état de société, quelque sauvage qu'il soit (1), — ont éprouvé l'impérieux besoin de fixer par quelque procédé matériel leurs idées et leurs souvenirs. Tous les hommes également ont été conduits, par un instinct naturel que nous voyons se développer de très-bonne heure et d'une manière tout à fait spontanée chez l'enfant, à essayer d'imiter par le dessin les objets, animés ou inanimés, qui frappaient

répandaient dans les provinces; le père les enseignait au fils, et celui-ci les transmettait à sa postérité.

(1) L'hypothèse de l'homme primitif isolé, si chère à la philosophie du dix-huitième siècle et surtout à Rousseau, n'est pas seulement en contradiction avec le bon sens et avec toute saine doctrine philosophique; les découvertes modernes de l'archéologie préhistorique et de la paléontologie humaine sur les temps primitifs de notre espèce la démentent formellement. Aussi haut que l'on remonte dans les vestiges les plus antiques que l'homme ait laissés de son passage et de sa coexistence avec les animaux disparus, on constate qu'il vivait par groupes, dans des lieux d'habitation déterminés, où il formait de petites tribus comme les sauvages, même les plus dégradés, d'aujourd'hui. Il n'est pas jusqu'aux hommes, à un état de vie aussi rudimentaire que les Tasmaniens ou les Australiens, dont on trouve les ustensiles grossiers en silex dans le terrain miocène, à la base de l'étage du Calcaire de Beauce, qui ne fussent réunis en petites agglomérations, évidemment nomades. La façon dont on trouve les débris de leur industrie à peine à ses débuts, rassemblés sur certains points déterminés, en est la preuve. Voy. Hamy, *Précis de paléontologie humaine*, p. 45-51.

leur vue (1). Combiner ce besoin et cet instinct; employer, au lieu de moyens mnémoniques résultant d'une convention tout à fait arbitraire, la représentation plus ou moins grossière des objets matériels au moyen desquels on voulait conserver tel ou tel souvenir, éveiller telle ou telle idée, était une tendance non moins naturelle que celle de la simple imitation sans but déterminé. C'est d'elle que naquit l'hiéroglyphisme.

Entendu dans un sens aussi général, l'hiéroglyphisme tenait si bien aux instincts les plus naturels de l'homme, que nous le voyons se montrer chez tous les sauvages à son état rudimentaire. Les peintures à moitié figuratives et à moitié mnémoniques que les indigènes de l'Amérique du Nord tracent sur les peaux qui forment leurs tentes ou brodent sur leurs vêtements, pour rappeler leurs exploits personnels ou ceux de leur race, montrent de quelle manière il débuta (2).

---

(1) Les découvertes des restes de l'âge paléontologique de l'homme ont montré que cet instinct d'imitation plastique s'était éveillé de bien bonne heure dans l'enfance de l'humanité, et que certaines races primitives étaient arrivées, même encore dans un état sauvage, à un vrai sentiment du beau. Tout le monde connaît les trouvailles d'os et de bois de rennes décorés de dessins et de sculptures qui ont eu lieu principalement dans les cavernes du Périgord. Le plus ancien essai de sculpture que l'on connaisse jusqu'à présent a été trouvé dans la grotte d'Aurignac (Lartet, dans l'Appendice à l'*Ancienneté de l'homme* de Lyell, p. 206), le plus ancien dessin dans la grotte de la Chaise (Bourgeois et Delaunay, *Revue archéologique*, août 1865. — Voy. Hamy, *Précis de paléontologie humaine*, p. 288), deux localités appartenant encore à l'âge du mammouth.

(2) La plupart des dessins recueillis dans les stations humaines de la période quaternaire sont de pures et simples imitations de la figure des animaux dont les hommes d'alors étaient entourés, mammouth, ours des cavernes, renne, cheval, aurochs. Mais on y voit aussi apparaître, dans les localités dont les objets dénotent une étape en avant dans la voie du progrès, quelques essais pour représenter des exploits de chasse, qui sont un acheminement vers les peintures mnémoniques que nous trouvons encore en usage chez les Peaux-Rouges de l'Amérique du Nord. C'est surtout la station de Laugerie-Basse, qui, parmi les localités jusqu'à ce jour explorées, représente cette époque du développement de l'instinct d'imitation chez les aborigènes de la France. — De Vibraye, *Note sur de nouvelles preuves de l'existence de l'homme dans le centre de la France, à une époque où s'y trouvaient aussi divers animaux qui, de nos jours, n'habitent pas cette contrée* : dans les *Comptes-rendus de l'Académie des Sciences*, 29 février 1864. — E. Massénat, *Objets gravés et sculptés de Laugerie-Basse : Matériaux pour servir à l'histoire de l'homme*, t. V, p. 348 et suiv.

C'est encore plus avec les représentations figurativo-mnémoniques des Esquimaux qu'avec celles des Peaux-Rouges que doivent être comparés les dessins des troglodytes du Périgord à l'époque quaternaire, suivant l'ingénieuse remarque de M. Hamy, *Précis de paléontologie humaine*, p. 361 et suiv.

Mais, à cet état rudimentaire, l'hiéroglyphisme ne constitue pas encore une véritable écriture. Pour l'élever à cette qualité, il fallait un notable progrès de civilisation, amenant un développement à la fois dans les idées et dans les besoins de relations sociales plus grand que ne le comporte la vie sauvage. La plupart des peuples ne sont point parvenus spontanément à ce progrès de civilisation qui pouvait donner naissance à l'écriture; ils y ont été initiés par d'autres peuples qui les avaient précédés dans cette voie, et ils ont reçu de leurs instituteurs l'écriture toute formée avec la notion des autres arts les plus essentiels. Aussi, lorsqu'on remonte aux origines, toutes les écritures connues se ramènent-elles à un très-petit nombre de systèmes, tous hiéroglyphiques au début, qui paraissent avoir pris naissance d'une manière absolument indépendante les uns des autres.

Ce sont :

1° Les hiéroglyphes égyptiens;

2° L'écriture chinoise;

3° L'écriture cunéiforme anarienne;

4° Les hiéroglyphes mexicains;

5° L'écriture calculiforme ou *katouns* des Mayas du Yucatan.

Ces cinq systèmes, tout en restant essentiellement idéographiques, sont parvenus au phonétisme. Mais, en admettant ce nouveau principe, ils ne l'ont pas poussé jusqu'au même degré de développement. Chacun d'eux s'est immobilisé et comme cristallisé dans une phase différente des progrès du phonétisme, circonstance précieuse et vraiment providentielle, qui permet à la science de suivre toutes les étapes par lesquelles l'art d'écrire a passé pour arriver de la peinture des idées à la peinture exclusive des sons, de l'idéographisme à l'alphabétisme pur, terme suprême de son progrès.

IV.

L'hiéroglyphisme, nous l'avons déjà dit, a commencé par une méthode exclusivement figurative, par la représentation pure et simple des objets eux-mêmes.

Toutes les écritures qui sont restées en partie idéographiques ont conservé jusqu'au terme de leur existence les vestiges de cet état, car on y trouve un certain nombre de signes qui sont de simples images et n'ont pas d'autre signification que celle de l'objet qu'ils représentent. Ce sont ceux que les égyptologues, depuis Champollion, ont pris l'habitude de désigner par le nom de *caractères figuratifs*, et que les grammairiens chinois appellent, *siáng-hîng*, « images ».

Les signes figuratifs offrent quelquefois de curieuses ressemblances entre les quatre systèmes que nous considérons comme primitifs. Ainsi le *soleil* se représente dans les hiéroglyphes égyptiens par

$$\odot$$

dans la plus ancienne forme des caractères chinois par

$$\odot$$

dans les hiéroglyphes qui ont donné naissance au cunéiforme anarien par

$$\diamondsuit$$

Le caractère hiéroglyphique de l'idée de *lune* est en Égypte

$$)$$

en Chine $)\!)$

celui de l'idée de *montagne,* en Égypte

en Chine $\mathcal{M}$

Mais on ne saurait conclure de ces ressemblances à une communication originaire entre les différents systèmes. Ces manières de représenter un même objet dans une image abrégée et d'un tracé aussi simple que possible, étaient trop naturelles pour n'être pas venues spontanément à l'esprit des hommes dans plusieurs pays à la fois. C'est ainsi que dans toutes les contrées les essais de dessin des enfants présentent constamment les mêmes conventions, les mêmes partis-pris naïfs.

Tant qu'une écriture conserve des éléments d'idéographisme, on y retrouve une part notable de caractères purement figuratifs à l'origine, lors même qu'une déformation graduelle a amené ces caractères à n'être plus en réalité des figures, mais des symboles purement conventionnels dont l'aspect ne rappelle plus aux regards les objets qu'ils représentaient.

C'est ainsi que dans le type moderne habituel de l'écriture chinoise, nous retrouvons, par exemple, les signes primitifs :

$\odot$ = soleil,

$\mathbb{D}$ = lune,

ⵎⵎ = montagne,

人 = arbre,

= chien,

= poisson,

qui étaient, on le voit, des images directes, sous les formes dégénérées

日 = soleil,

月 = lune,

山 = montagne,

木 = arbre,

犬 = chien,

魚 = poisson,

qui n'ont plus rien de figuratif et s'emploient par pur empirisme.

Les deux tachygraphies des hiéroglyphes égyptiens renferment autant de caractères d'origine figurative que les hiéroglyphes proprement dits ; mais, si les signes s'y maintiennent en se déformant, ils cessent d'être des images. Ainsi les hiéroglyphes :

$$\text{ᛦ} = \text{homme,}$$
$$\text{ᛒ} = \text{bœuf,}$$
$$\text{ᛙ} = \text{poisson,}$$
$$\text{ᛰ} = \text{oreille,}$$
$$\text{ᛊ} = \text{chemin,}$$

deviennent en hiératique :

$$\text{ᛦ} = \text{homme,}$$
$$\text{ᛒ} = \text{bœuf,}$$
$$\text{ᛙ} = \text{poisson,}$$
$$\text{ᛰ} = \text{oreille,}$$
$$\text{ᛊ} = \text{chemin,}$$

et en démotique :

$$\text{ᛦ} = \text{homme,}$$
$$\text{ᛒ} = \text{bœuf,}$$
$$\text{ᛙ} = \text{poisson,}$$
$$\text{ᛰ} = \text{oreille,}$$
$$\text{ᛊ} = \text{chemin.}$$

Même observation pour le système cunéiforme anarien. Son type, comparativement moderne, nous offre un certain nombre d'idéogrammes, tels que :

$\triangleleft\mathsf{I}$ = soleil,

$\blacktriangleright\!\!\top\!\top$ = pelle,

$\mathsf{\dot{T}\dot{T}}$ = poisson,

$\triangleleft\mathsf{I}\!\!-$ = oreille,

qui n'ont plus rien de l'image, mais dont la nature figurative se révèle lorsqu'on remonte à leurs types archaïques :

$\triangleright$ = soleil,

$\triangleright$ = pelle,

$\triangleleft$ = poisson,

$\{\mathsf{I}\!\!-$ = oreille.

V.

Mais la méthode purement figurative ne permettait d'exprimer qu'un très-petit nombre d'idées, d'un ordre exclusivement matériel.

Toute idée abstraite ne pouvait, par sa nature même, être peinte au moyen d'une figure directe; car quelle eût été cette figure? En même temps certaines idées concrètes et matérielles auraient demandé pour leur expression directement figurative des images trop développées et trop compliquées pour trouver place dans l'écriture. L'un et l'autre cas nécessitèrent l'emploi du symbole ou du trope graphique.

La présence du symbole dans l'écriture hiéroglyphique doit remonter à la première origine et être presque contemporaine de l'emploi des signes purement figuratifs. En effet, l'adoption de l'écriture, le besoin d'exprimer la pensée d'une manière fixe et régulière, suppose nécessairement un développement de civilisation et d'idées trop considérable pour qu'on ait pu s'y contenter longtemps de la pure et simple représentation d'objets matériels pris dans leur sens direct.

Les symboles graphiques sont simples ou complexes.

Les premiers se forment de différentes manières :

1° Par *synecdoche*, en peignant la partie pour le tout; ce sont alors de simples abréviations de caractères figuratifs qui auraient été trop compliqués si on les avait tracés dans leur intégrité. Ainsi les hiéroglyphes égyptiens nous présentent l'expression de l'idée de *combat* sous la forme de deux bras humains, dont l'un tient un bouclier et l'autre une sorte de hache d'armes ; les deux prunelles ● ● rendent l'idée des *yeux*; pour noter l'idée de *bœuf*, on se borne souvent à dessiner la tête de l'animal au lieu de sa figure entière.

2° Par *métonymie*, en peignant la cause pour l'effet, l'effet pour la cause, ou l'instrument pour l'ouvrage produit. Ainsi les Égyptiens exprimaient le *mois* par l'image de la lune les cornes en bas, , telle qu'elle se montre vers la fin du mois; le *feu*, par une colonne de fumée sortant d'un réchaud, ; l'action de voir par les deux yeux ou les deux prunelles, ou ● ●; le *jour*, par le caractère figuratif du soleil, qui en est l'auteur et la cause, ☉; l'*écriture* par l'image d'un roseau ou pinceau uni à un vase à encre et à une palette de scribe, .

3° Par *métaphore*, en peignant un objet qui avait quelque similitude réelle ou généralement supposée et facile à comprendre avec l'objet de l'idée à exprimer. C'est ainsi qu'en Égypte le vautour, , était le symbole de l'idée de *mère*, parce que l'on croyait que cette espèce d'oiseaux ne comprenait que des individus femelles et produisait sans le concours du mâle; la figure de l'oie du Nil, , signifiait *fils*, à cause de l'opinion populaire qui attribuait à ce volatile des vertus de piété filiale dignes de servir d'exemple aux hommes. La *priorité*, la *prééminence* ou la *supériorité* s'exprimaient par les parties antérieures du lion, ; les idées de *vigilance* et de *gardien* par la tête du même animal, , qu'on disait dormir les yeux ouverts. L'abeille, , voulait dire *roi*, parce que cet insecte est soumis à un gouvernement régulier et en apparence monarchique.

4° Par *énigmes,* en employant, pour exprimer une idée, l'image d'un objet physique n'ayant que des rapports très-cachés, excessivement éloignés, souvent même de pure convention, avec l'objet de l'idée à noter. D'après cette méthode, fort vague de sa nature, une plume d'autruche chez les Égyptiens signifiait la *justice,* ⟨, parce que, disait-on, toutes les plumes des ailes de cet oiseau sont égales; un rameau de palmier, ⟨, représentait l'*année,* parce qu'on supposait que cet arbre poussait douze rameaux par an, un dans chaque mois ; une corbeille tressée en joncs, ⟨, était le symbole des idées de *seigneur* et de *totalité;* un épervier perché sur une enseigne, ⟨, de celle de *dieu;* le serpent uræus, ⟨, de la *royauté* et de la *divinité.*

Nous venons d'emprunter tous nos exemples aux hiéroglyphes égyptiens, mais il nous serait facile de montrer exactement les mêmes modes de formation des symboles graphiques simples dans l'écriture chinoise à son état hiéroglyphique primitif et dans le cunéiforme anarien. Nous pourrions aussi faire voir, si nous voulions nous laisser aller à la tentation d'entreprendre ici un petit traité de l'écriture symbolique chez les différents peuples, comment certaines métaphores naturelles ont été conçues spontanément par plusieurs races diverses sans communication les unes avec les autres, et comment, par suite, le même symbole se retrouve avec le même sens dans plusieurs systèmes d'origine tout à fait indépendante. L'exemple le plus frappant peut-être de ce genre est celui du symbole de l'abeille, ⟨, qui, ainsi que nous venons de le dire, signifie *roi* dans les hiéroglyphes égyptiens, et se reconnaît encore clairement dans le type le plus ancien de l'idéogramme doué du même sens dans le cunéiforme anarien,

⟨

Un autre fait dont la démonstration nous serait également facile si nous ne craignions d'entrer dans de trop longs développements, serait que tous les symboles formés par synecdoche, par métonymie ou par métaphore, deviennent, comme les signes figuratifs, des idéogrammes énigmatiques et purement conventionnels, du moment que la déformation amenée inévitablement par l'usage et par la marche du temps en a fait disparaître l'image primitive. Ainsi, pour ne citer qu'un seul exemple, le symbole de l'abeille, dont la métaphore était si naturelle et si claire, n'est plus qu'un signe de convention, lorsqu'en Égypte, de l'hiéroglyphique

il passe à l'hiératique

et au démotique

et lorsque dans l'écriture cunéiforme anarienne, du primitif

il devient dans le style babylonien archaïque

puis dans le style babylonien comparativement moderne

VI.

Les symboles complexes se retrouvent, aussi bien que les symboles simples, dans toutes les écritures idéographiques. De même que les symboles simples, ils se forment par métonymie, par métaphore et par énigme, et deviennent purement conventionnels lorsque les progrès de la déformation leur enlèvent le caractère d'images hiéroglyphiques.

Les symboles complexes consistent à l'origine dans la réunion de plusieurs images dont le rapprochement et la combinaison expriment une idée qu'un symbole simple n'aurait pas suffi à rendre.

Ils sont rares dans l'écriture hiéroglyphique égyptienne, où nous voyons cependant :

l'idée de *mois* notée par ⬆, un croissant renversé et une étoile;

» *miel* » 🐝, une abeille et un vase;

» *soif* » 🐂, un veau courant et le caractère de l'eau, trois lignes ondulées;

» *argent* » ⬆, le creuset, signe de l'or, et le symbole de la blancheur, un oignon blanc;

» *nuit* » ⭐, le caractère *ciel* et une étoile.

Dans l'écriture cunéiforme anarienne, les symboles complexes jouent, au contraire, un très-grand rôle. En voici quelques exemples :

L'idéogramme *étoile*, ➤➤|, originairement ➤✳—, et l'idéogramme *voûte*, dont on distingue l'origine figurative même dans sa forme la plus récente, ➤➤⬇, produisent par leur réunion l'expression idéographique complexe,

$$\text{➤➤| ➤⬇}$$

ciel, la *voûte étoilée*.

L'idéogramme *métal*, ⟨⫯⫯, et celui de *lumière*, ⬏|, dénotent par leur juxtaposition,

$$\text{⟨⫯⫯ ⬏|}$$

l'idée de l'*argent*, comme le *métal brillant* par excellence.

Les deux signes *maison*, ⊨||||, et *grand*, ⊨|—, réunis, constituent l'expression idéographique de *palais*,

$$\text{⊨|||| ⊨|—}$$

Le caractère *bois*, ⊏|, et celui qui, représentant originairement un lécythus, désigne l'*onction royale*, ⊨⊨—, composent par leur jonction la notation de l'idée de *sceptre*,

$$\text{⊏| ⊨⊨—}$$

Le signe de l'idée de *crainte*, dont la figure originaire est quant à présent impossible à retrouver, ⊐⊨, en se joignant à celui de l'idée de *contrée*, un champ limité et labouré, ◇, donne naissance au symbole complexe

qui, par une combinaison d'idées facile à comprendre avec la nature des antiques monarchies de l'Asie, a le sens de *domination, empire*.

Les motifs qui ont présidé à la formation de ces idéogrammes symboliques complexes sont faciles à saisir. Mais il en est d'autres où le sens résultant de la combinaison de deux symboles bien connus présente une véritable et pour nous insoluble énigme si l'on prétend en rechercher la cause. Tel est le symbole complexe,

qui signifie *pontife*, et permute dans les textes cunéiformes assyriens avec le mot phonétique ⊨⊨ 𒀭 ⊐⊨ *pa-te-si*. Cette expression idéographique complexe a pour éléments constitutifs le signe de l'idée d'*image*, ⤙, et celui de l'idée de *vallée*, ⊐⊨, dont nous ne comprenons pas comment l'association désigne un pontife.

Mais c'est surtout dans l'écriture chinoise que l'emploi des symboles ou idéogrammes complexes tient une place énorme. Les éléments s'en combinent de manière à former un seul groupe, et un bon tiers des groupes graphiques employés par les habitants du Céleste Empire doivent leur origine à des combinaisons de ce genre. Un petit nombre d'exemples suffira pour montrer de quelle manière et d'après quels principes ces combinaisons s'y produisent.

L'idée de

Hiéroglyphe primitif.

lumière est notée par le groupe 明, *míng*, ◉, le soleil et la lune.

ermite   »   仙, *siǎn*, ⛰, le signe *homme* au-dessus du signe *montagne*.

Hiéroglyphe primitif.

chant » 鳴, *míng,* [symbole], une oreille et un oiseau.

matrone » 嬬, *foú,* [symbole], le signe *femme*, une main et un balai.

entendre » 聞, *wén,* [symbole], une oreille et le signe *porte*.

larmes » 泪, *loúï,* [symbole], l'image d'un *œil* et le signe de l'*eau*.

Les grammairiens chinois désignent ces groupes idéographiques complexes par le nom de 意 會, *hoëï-t,* « sens combinés. »

VII.

Nous venons de passer en revue les différents modes d'expression dont est susceptible l'idéographisme pur, en suivant l'ordre dans lequel les besoins de l'écriture, se multipliant au fur et à mesure du développement des idées, y donnèrent naissance.

Mais l'écriture purement idéographique avait beau appeler à son aide toutes les ressources que nous venons d'énumérer, recourir, nonseulement aux symboles simples formés par métonymie, par métaphore ou par convention énigmatique, mais encore aux symboles complexes, elle n'en restait pas moins un moyen déplorablement incomplet de fixation et de transmission de la pensée, et plus on marchait dans la voie du développement des idées et des connaissances, plus son imperfection se faisait sentir d'une manière fâcheuse. Avec l'emploi exclusif de l'idéographisme on ne pouvait qu'accoler des images ou des symboles les uns à côté des autres, mais non construire une phrase et l'écrire de manière que l'erreur sur sa marche fût impossible. Il n'y avait aucun moyen de distinguer les différentes parties du discours ni les termes de la phrase, aucune notation pour les flexions des temps verbaux ou des cas et des nombres dans les noms. Sans doute, quelques règles de position respective entre les caractères idéographiques pouvaient jusqu'à un certain point, dans la langue écrite, remplacer tant bien que mal les flexions de la langue parlée, et le chinois classique a conservé pendant toute la durée de son existence littéraire des vestiges de cet état des choses (1); mais la ressource était bien imparfaite et ne pouvait fournir qu'un bien faible secours.

En outre, le progrès des idées et des notions à exprimer par l'écriture tendait à faire de cet art un chaos inextricable à force d'étendue et de complication, si un nouvel élément ne s'y introduisait pas, et si on continuait à vouloir représenter chaque idée, chaque notion, chaque objet nouveau par une image spéciale ou par un symbole, soit simple, soit complexe.

Pour obvier à ces deux inconvénients, dont il fallait à tout prix se délivrer, si l'on ne voulait pas laisser la pensée à jamais emprisonnée dans des entraves qui eussent étouffé son développement d'une manière irréparable, les hommes furent conduits par une pente naturelle à joindre la peinture des sons à la peinture des idées, à passer de l'idéographisme au phonétisme.

De leur essence même, les écritures purement idéographiques des époques primitives ne peignaient aucun son. Représentant exclusivement et directement des idées, leurs signes étaient absolument indépendants des mots par lesquels les idiomes parlés des peuples qui en faisaient usage désignaient les mêmes idées. Ils avaient une existence et une signification propres, en dehors de toute prononciation; rien en eux ne figurait cette prononciation, et la langue écrite était par le fait assez distincte de la langue parlée, pour qu'on pût très-bien entendre l'une sans connaître l'autre, et *vice versâ*.

Mais l'homme n'a jamais écrit que pour être lu; par conséquent,

(1) Voy. Stanislas Julien, *Discussions grammaticales sur certaines règles de position qui, en chinois, jouent le même rôle que les inflexions dans les autres langues.* Paris, 1841, in-8; *Syntaxe nouvelle de la langue chinoise, fondée sur les règles de position.* Paris, 1869, in-8.

tout texte graphique, quelque indépendant qu'il ait pu être par son essence de la langue parlée, a nécessairement été prononcé. Les signes des écritures idéographiques primitives représentaient des idées et non des mots ; mais celui qui les lisait traduisait forcément chacun d'eux par le mot affecté dans l'idiome oral à l'expression de la même idée. De là vint, par une pente inévitable, une habitude et une convention constante d'après laquelle tout idéogramme éveilla dans l'esprit de celui qui le voyait tracé, en même temps qu'une idée, le mot de cette idée, par conséquent une prononciation.

C'est ainsi que naquit la première conception du phonétisme, et c'est dans cette convention, qui avait fini par faire affecter à chaque signe figuratif ou symbolique, dans son rôle d'idéogramme, une prononciation fixe et habituelle, que la peinture des sons trouva les éléments de ses débuts.

VIII.

Le premier pas, le premier essai de phonétisme, dut nécessairement être ce que nous appelons le *rébus*, c'est-à-dire l'emploi des images primitivement idéographiques pour représenter la prononciation attachée à leur sens figuratif ou tropique, sans plus tenir aucun compte de ce sens, de manière à peindre isolément des mots homophones dans la langue parlée, mais doués d'une signification tout autre, ou à figurer par leur groupement d'autres mots dont le son se composait en partie de la prononciation de tel signe et en partie de celle de tel autre.

La logique et la vraisemblance indiquent qu'il dut en être ainsi, et des preuves matérielles viennent le confirmer.

L'écriture hiéroglyphique des Nahuas de l'Anahuac (1), née et dé-

---

(1) Nous appelons cette écriture *nahuatl* et non *aztèque,* comme on fait d'ordinaire. En effet elle a été commune à toutes les fractions de la grande race des Nahuas, venue du Nord dans le Mexique, qu'elle couvrit entièrement de ses diverses émigrations. Il est bien certain que le système hiéroglyphique mexicain n'est pas l'œuvre des Aztèques, ou, pour se servir d'un terme

veloppée spontanément, dans un isolement absolu et sans communication aucune avec les peuples de l'ancien monde, après avoir commencé par être exclusivement idéographique, fut conduite à recourir aux ressources du phonétisme par les mêmes besoins et la même loi de progrès logique et régulière, qui avaient conduit à un résultat semblable, à d'autres âges, les Égyptiens, les Chinois primitifs et les auteurs de l'écriture cunéiforme anarienne. Mais dans la voie du phonétisme elle s'est arrêtée au simple *rébus* (1), sans faire un pas de plus en avant, et elle est devenue ainsi un précieux monument de cet état du développement des écritures, auquel elle s'est immobilisée.

Un seul exemple suffira pour montrer comment on y passe de la

plus exact, des seconds Chichimèques (hommes du Nord) venus d'Aztlan et de la Californie, qui dans le douzième siècle de notre ère envahirent à l'état barbare l'Anahuac et y subjuguèrent le peuple déjà très-civilisé des Toltèques. Les Aztèques ont joué à l'égard des Toltèques le même rôle que les Mongols et les Mandchous à l'égard des Chinois. Ils ont été un peuple barbare et guerrier qui a soumis un peuple plus ancien et très-policé, mais amolli par sa civilisation même, puis qui a été conquis par les mœurs et les institutions de ses vaincus. Tout chez les Aztèques du grand empire de Mexico, tels que les trouvèrent les conquérants espagnols, civilisation, arts, mœurs, lois, usages, religion, symbolisme, écriture, venait des Toltèques. Les Aztèques n'avaient rien inventé en propre. Leur système hiéroglyphique, entièrement lié à la religion, était celui dont les Toltèques se servaient avant eux. Ceux-ci, du reste, étaient déjà des premiers conquérants, des premiers envahisseurs, appartenant, eux aussi, à la race nahuatl, qui, dans le sixième siècle environ, étaient également descendus du Nord et avaient conquis l'Anahuac en venant de la Floride dans une migration dont Quetzalcohuatl, leur grand dieu, est le chef mythique.

Les Toltèques eux-mêmes étaient-ils les inventeurs de l'écriture hiéroglyphique que les Aztèques reçurent d'eux, ou bien l'avaient-ils déjà empruntée à ceux qui les avaient précédés dans l'Anahuac? C'est là une question à laquelle la science, dans l'état actuel, ne saurait donner de réponse. Il est certain que les Toltèques trouvèrent sur le grand plateau du Mexique un peuple établi déjà depuis une date fort ancienne et parvenu à un état de civilisation avancé, peuple dont on ignore l'origine, les Quinamés ou Colhuas, représentés dans les traditions recueillies par Ixtlilxochitl et les autres écrivains indigènes des premiers temps de la conquête espagnole, comme des géants, et constructeurs des grandes pyramides de Téotihuacan et de Cholula. Le système hiéroglyphique du Mexique est si étroitement lié à la langue nahuatl, que l'existence et la formation ne peuvent pas en être un seul instant supposées en dehors de cet idiome. Si donc on établissait que les Quinamés n'étaient pas des Nahuas, les Toltèques devraient être nécessairement considérés comme les créateurs du système. Mais, si le contraire venait à être démontré, toutes les vraisemblances seraient en faveur d'un emprunt fait par les Toltèques à la civilisation antérieure des Quinamés.

(1) Aubin, *Mémoire sur la peinture didactique et l'écriture figurative des anciens Mexicains*, dans la *Revue orientale et américaine*, t. IV, p. 33-51.

prononciation des signes purement idéographiques, indépendants de tout son par leur essence, mais constamment liés dans l'usage à un mot de la langue parlée, au phonétisme réel par voie de *rébus*.

Le nom du quatrième roi de Mexico, Itzcohuatl, « le serpent d'obsidienne, » s'écrit idéographiquement dans un certain nombre de manuscrits aztèques par l'image d'un serpent (*cohuatl*), garni de flèches d'obsidienne (*itzli*) :

Cette figure constitue un idéogramme complexe, peignant la signification même du nom royal, directement, sans tentative d'expression phonétique ; mais qui, lu dans la langue parlée, ne pouvait, par suite des idées qu'il figurait, être prononcé autrement que *Itzcohuatl*. Le même nom est écrit dans le célèbre manuscrit de Vergara :

Il s'y compose de la flèche d'obsidienne (*itzli* — racine *itz*), d'un vase (*comitl* — racine *co*), enfin du signe de l'eau (*atl*), qui, dans l'intention des scribes aztèques, représentait *des gouttes* (1). Dans cette nouvelle forme on ne saurait plus chercher d'idéographisme, ni de peinture symbolique de la signification du nom, mais bien un pur *rébus*, une peinture des sons par des images matérielles employées à représenter le mot complet auquel elles correspondaient dans la langue.

Les livres historiques ou religieux des anciens Mexicains, antérieurs à la conquête, se composaient exclusivement de tableaux figuratifs où l'écriture n'était employée qu'à former de courtes légendes explicatives à côté des personnages. Aussi l'élément phonétique, tel que nous ve-

(1) Aubin, *Mémoire, etc.*, p. 36 et suiv.

nons de le montrer, n'y est-il guère appliqué qu'à tracer des noms propres. Mais, dans les premiers temps de la conquête, ce phonétisme par *rébus* reçut une extension toute nouvelle, lorsque les missionnaires franciscains s'efforcèrent de doter les indigènes de l'Anahuac de traductions des prières chrétiennes, écrites au moyen du système graphique national.

« Quoique les historiographes et les hiérogrammates mexicains, » dit le saint et illustre Las-Casas dans son *Historia apologetica de las Indias Occidentales* (1), « n'eussent point une écriture comme nous, ils avaient « toutefois leurs figures et caractères à l'aide desquels ils entendaient « tout ce qu'ils voulaient, et de cette manière ils avaient leurs grands « livres composés avec un artifice si ingénieux et si habile, que nous « pourrions dire que nos lettres ne leur furent pas d'une grande utilité.

« Nos religieux ont vu de ces livres, et moi-même j'en ai vu égale-« ment de mon côté, bien qu'il y en ait eu de brûlés sur l'avis des « moines, dans la crainte qu'en ce qui touchait la religion ces livres « ne vinssent à leur être nuisibles. Il est arrivé quelquefois que quel-« ques-uns d'entre les Indiens, oubliant certaines paroles ou particula-« rités de la doctrine chrétienne qu'on leur enseignait, et n'étant « pas capables de lire notre écriture, se mettaient à l'écrire en entier « avec leurs propres figures et caractères, d'une manière fort ingé-« nieuse, mettant la figure qui correspondait chez eux à la parole et « au son de notre vocable ; ainsi, pour dire *amen*, ils peignaient quel-« que chose comme de l'eau (qui se dit en mexicain *a*, racine de *atl*), « avec la plante agave (*metl*), ce qui, dans leur langue, se rapproche « de *amen*, parce qu'ils disent *ametl*, et ainsi du reste. Quant à moi, « j'ai vu une grande partie de la doctrine chrétienne ainsi écrite en « figures et en images, qu'ils lisaient comme je lis nos caractères dans « une lettre, et c'est là une production peu commune de leur génie. »

On possède encore un certain nombre de ces prières et de ces catéchismes écrits avec les hiéroglyphes des anciens Nahuas (2). La plupart

(1) Brasseur de Bourbourg, *Histoire des nations civilisées du Mexique et de l'Amérique centrale*, t. I, p. xxxix et suiv.

(2) Aubin, *Revue orientale et américaine*, t. III, p. 248-255.

sont rédigés en langue mexicaine et tracés avec un mélange de caractères idéographiques et phonétiques par voie de *rébus,* comme le *Confiteor* dont parle le P. Acosta (1). « Pour exprimer ces paroles : *je me*
« *confesse,* ils peignent un Indien, se confessant à genoux aux pieds
« d'un religieux ; puis, pour ces mots : *à Dieu tout-puissant,* ils pei-
« gnent trois têtes couronnées désignant la Trinité ; pour : *à la glo-
« rieuse Vierge Marie,* ils peignent le visage et le buste de Notre-Dame,
« avec un enfant ; pour *saint Pierre et saint Paul,* deux têtes couron-
« nées avec des clefs et une épée ; et c'est ainsi que tout le *Confiteor*
« est écrit en images. Là où les images manquent, ils mettent des
« caractères phonétiques, comme pour : *que j'ai péché* (2). » Dans

(1) *Historia natural y moral de las Indias,* l. VI, ch. vii.

(2) M. Roulin, bibliothécaire de l'Institut, a bien voulu me communiquer un précieux document, encore inédit, des populations indigènes de l'Amérique du Nord, qui offre une grande
analogie avec ce *Confiteor* des premiers missionnaires du Mexique. Ce sont trois feuillets détachés d'un livre manuscrit de prières catholiques tracé avec les hiéroglyphes des Indiens Micmac de Terre-Neuve, hiéroglyphes dont je n'ai vu l'existence signalée jusqu'à présent nulle part.
Ces feuillets sont accompagnés de la lettre suivante, adressée à M. Roulin par M. Duhamel,
juge royal à Saint-Pierre Miquelon, qui en explique l'origine.

Saint-Pierre de Terre-Neuve, le 14 novembre 1836.

« Mon cher ami,

« Je n'ai point oublié que je t'avais promis entre autres choses de l'écriture des sauvages
Micmac, et ce n'est pas ma faute si je ne tiens pas ma parole cette année. Nous devions aller à
la baie de Saint-Georges, M. Brue et moi, et là, il m'aurait été facile de me procurer ce que je
devais t'envoyer. Il a toujours attendu une autorisation qu'il avait demandée au gouvernement,
et il a fini par rester. J'ai bien trouvé ici une sauvagesse qui avait un livre d'office écrit avec
leurs hiéroglyphes : mais, pour aucun prix, elle n'a voulu me le céder. Si je ne puis absolument
faire autrement, je prendrai le parti d'en copier moi-même, car elle me le prêterait volontiers.
Mais je crains de ne pas bien rendre tous les traits, en dessinant des caractères qui me sont inconnus.

« Ton ami,

« A. Duhamel.

« P. S. Au moment où j'allais fermer ma lettre, la sauvagesse dont je te parlais s'est décidée
à me céder deux feuillets qui se trouvaient détachés de son livre par vétusté. Mais je n'ai pu
tirer d'elle aucune explication satisfaisante sur leur signification. Elle m'a seulement dit que ce
sont des prières en langue de son pays. Le morceau au commencement duquel j'ai écrit *Vêpres*
au crayon est une prière ou un hymne de vêpres, elle n'a pu préciser lequel des deux. Je le
lui ai fait lire ; mais ce sont des sons gutturaux auxquels je n'ai pu rien distinguer : en outre,

d'autres cas les hiéroglyphes nahuatls servent à écrire les formules latines des prières chrétiennes ; ils sont alors pris exclusivement comme pho-

elle ne le lit pas ; elle le chante, et elle dit ne pouvoir le lire sans cela, soit que les caractères indiquent aussi le chant, soit que, n'ayant appris à lire qu'en chantant, ce soit chez elle un effet de l'habitude. C'est ce qu'elle n'a pu m'expliquer. Elle parle peu français, et je n'entends pas la langue Micmac. »

Les feuillets en question sont au nombre de *trois* et non de *deux*, d'un format de registre ou d'agenda, tracés sur un papier solide et de fabrication européenne, écrits à l'encre avec une plume d'oie par une main assez peu experte. En quelques endroits sont des essais de traduction interlinéaire dans un anglais barbare, avec quelques mots français, le tout d'une autre encre et d'une autre écriture.

Voici comme spécimen deux lignes entièrement traduites :

Vierge Marie   all   the heaven   there

love you   me i like you   more   again

On voit que parmi les signes de cette écriture, dont quelques-uns sont empruntés à l'alphabet latin et dont les autres constituent des symboles de la plus grande simplicité, comme l'*étoile* pour dire « ciel » et le *cœur* pour dire « aimer, » la grande majorité sont des idéogrammes. Cependant la notation des pronoms paraît phonétique, et il semble que le même procédé soit employé pour rendre un certain nombre de mots. Chaque mot, du reste, est isolé par un trait horizontal.

Voici encore un autre passage, où une partie des mots est accompagnée de la traduction interlinéaire :

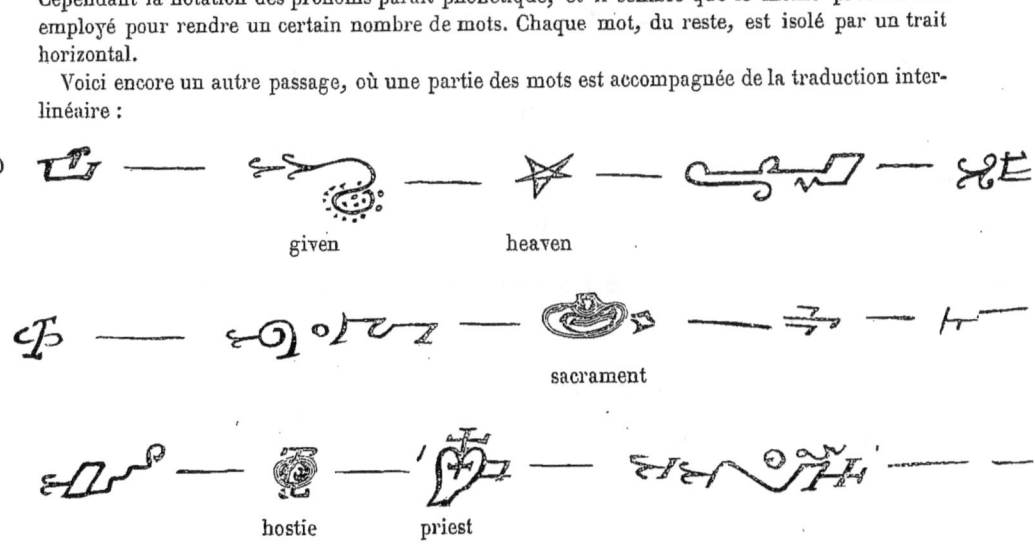

given   heaven

sacrament

hostie   priest

nétiques. Nous avons à ce sujet un précieux témoignage, celui du
P. Torquemada, franciscain, « le premier, dit Ixtlilxochitl (1), qui ait
« su interpréter les peintures et les chants » des indigènes mexicains.
« Ils rendaient, raconte ce missionnaire (2), le latin par les mots de
« leur langue voisins pour la prononciation, en les représentant non
« par des lettres, mais par les choses signifiées elles-mêmes ; car ils
« n'avaient d'autres lettres que des peintures, et c'est par ces caractères
« qu'ils s'entendaient. Un exemple sera plus clair. Le mot le plus
« approchant de *pater* étant *pantli*, espèce de petit drapeau servant à
« exprimer le nombre « vingt », ils mettent ce petit guidon ou petit
« drapeau pour *pater*. Au lieu de *noster*, mot pour eux ressemblant à
« *nochtli*, ils peignent une figue d'Inde ou tuna, dont le nom *nochtli*
« rappelle le mot latin *noster* ; ils poursuivent ainsi jusqu'à la fin de
« l'oraison. C'est par des procédés et des caractères semblables qu'ils
« notaient ce qu'ils voulaient apprendre par cœur. »

La bibliothèque métropolitaine de Mexico possède le fragment d'un
pater latin en hiéroglyphes nahuatls employés exclusivement dans le
rôle de *rébus* phonétiques, tout à fait pareil à celui que Torquemada
décrit dans ce passage (3). Il commence par les signes :

Le premier est le guidon *pantli*, — racine *pan* ; le second et le quatrième
ont la prétention de représenter une pierre, *tetl* ; enfin le troisième est
la figue d'Inde, *nochtli*, — racine *noch*. Il faut donc lire phonétiquement :

pan-tetl,   *noch-tetl*,

les sons de la langue mexicaine les moins éloignés du latin : *pater
noster*.

---

(1) *Histoire des Chichimèques,* traduction Ternaux-Compans, ch. xlix, p. 355.
(2) *Monarquia indiana,* ch. xxxvi.
(3) Aubin, *Revue orientale et américaine,* t. III, p. 255.

IX.

Nous venons de nous arrêter avec un certain développement sur les hiéroglyphes mexicains, parce que c'est la seule écriture du monde dont le phonétisme se soit immobilisé à l'état du rébus, et qu'elle donne ainsi les moyens de juger ce qu'étaient les autres systèmes graphiques d'origine figurative à ce premier pas dans la voie de la peinture des sons.

Mais si elles ne se sont pas arrêtées dans leur développement à la phase du *rébus*, les écritures qui ont su mener à un plus haut degré de perfection leurs éléments phonétiques, tout en restant pour une partie idéographiques, conservent des vestiges impossibles à méconnaître de cet état, et donnent ainsi la preuve qu'elles l'ont traversé pour passer de l'idéographisme pur au phonétisme.

Dans le cunéiforme anarien, les vestiges de *rébus* sont nombreux et jouent un rôle considérable. Mais ils se rapportent tous à l'époque primitive où cette écriture n'avait pas encore été transmise aux Sémites, et demeurait exclusivement aux mains des populations de race touranienne, qui en avaient été les premiers inventeurs, comme l'ont démontré les beaux travaux de M. Oppert. C'est du moins ainsi que l'on peut seulement expliquer la variété des significations idéographiques, sans rapport les unes avec les autres, que prend quelquefois un même signe dans les inscriptions assyriennes.

Choisissons comme exemple le caractère ⟨4 (1). En dehors de ses valeurs phonétiques, sur lesquelles nous reviendrons un peu plus loin en parlant du phénomène de la polyphonie, et dont la plus habituelle est *mat*, il signifie idéographiquement, suivant les cas où il est employé, « prendre », « aller » et « pays ».

Originairement c'est une variante du signe qui représentait « la main », d'abord, ⟨⟨, puis ⟨⟨, et enfin ⟨⟨. Que l'image d'une main ait été

---

(1) V. J. Oppert, *Expédition scientifique en Mésopotamie*, t. II, p. 80.

prise tropiquement pour l'idéogramme de l'action de « prendre », la métonymie graphique est toute naturelle. Mais il n'y a de lien possible à saisir, ni entre l'idée de ce « prendre » et celles d'« aller » et de « pays », ni entre l'image d'une main et ces deux dernières notions.

Si nous recourons aux inscriptions médiques, dont la langue se montre si étroitement apparentée avec celle du peuple chez lequel le système cunéiforme prit naissance, nous y voyons l'idée de « prendre » rendue par le verbe *imid*, duquel découle manifestement la valeur phonétique *mat* ou *mad* assignée au signe ⪫ et adoptée par les Assyriens. Mais, dans les mêmes inscriptions, nous trouvons l'idée d'« aller » rendue phonétiquement par ⪫⪫⪫, *mida*, et celle de ce « pays » par le mot *mada*, ⪫⪫⪫. Ainsi, tandis que les trois acceptions admises dans l'assyrien comme idéographiques pour le signe ⪫, ne présentent aucun rapport naturel, ni même forcé, d'idées, les mots qui les expriment offrent dans le médique une analogie extrêmement frappante de son, qui était sans doute encore plus complète dans l'idiome de la même famille que parlaient les inventeurs de l'écriture cunéiforme anarienne, dans cet idiome accadien dont il nous reste si peu de monuments :

$$imid = \text{prendre},$$
$$mida = \text{aller},$$
$$mada = \text{pays}.$$

En présence de ces faits, la seule hypothèse plausible n'est-elle pas qu'antérieurement à la communication de l'écriture cunéiforme aux Sémites d'Assyrie et de Chaldée, lorsque l'usage en était encore renfermé chez ses inventeurs touraniens, le signe de la main, ⪫, se prononçant *mat* ou *mad* dans son rôle tropique d'idéogramme de l'action de « prendre », devint, par voie de *rébus* ou d'analogie phonétique, l'expression des idées d'« aller » et de « pays », qui n'avaient aucune connexion avec son sens premier, mais s'exprimaient dans la langue par des mots presque homophones ? Puis, lorsque les Assyriens adoptèrent le système graphique en question, ils y trouvèrent le signe ⪫, re-

présentant idéographiquement la notion de « prendre », phonétiquement la syllabe *mat* ou *mad* dans les mots polysyllabiques où on l'em-
ployait, enfin par analogie phonétique les mots « aller » et « pays »,
qui sonnaient presque exactement comme celui de « prendre » ; ils lui
conservèrent toutes ces valeurs ; mais, comme « prendre » ne se disait
pas dans leur langue *imid*, pas plus qu'« aller » *mida* et « pays » *mada*,
⚶ avec ses trois sens devint pour eux un idéogramme, tandis qu'originairement il ne l'était en réalité que dans le premier cas.

Nous pourrions multiplier les exemples analogues ; montrer que c'est
aussi par suite d'une ressemblance de son ou d'un *rébus* dans la langue
des inventeurs de race touranienne à qui est dû le système , que le
caractère ⬎⊢, sorti d'une figure qui représentait une oreille, en
n'ayant qu'une seule valeur phonétique, *pi* (ce qui prouve que la prononciation originaire ne variait pas), se présente à nous dans les inscriptions assyriennes avec deux sens idéographiques aussi absolument
divers que ceux d'« oreille » et de « goutte » ; appliquer enfin cette
observation à un très-grand nombre de cas. Mais nous sommes con-
damné à ne pas nous étendre, sous peine de donner à cette introduction
des développements exagérés. Nous devons résister à la tentation de
nous laisser aller à des digressions sur toutes les questions qui s'offrent
à nous dans notre route et sollicitent notre curiosité. Il faut savoir nous
borner, nous contenir, et indiquer seulement les faits, sans nous lancer
dans le développement de leurs preuves.

C'est pourquoi nous serons très-bref sur les traces du premier état de
phonétisme en *rébus* qu'a conservées le système hiéroglyphique des
Égyptiens. Il serait intéressant de les rechercher et de les rassembler
en un seul faisceau pour les mettre en lumière. Mais cette recherche à
elle seule demanderait un mémoire spécial. Contentons-nous donc de
quatre exemples qui suffiront pour prouver que le système du *rébus*
ou de l'analogie phonétique n'est pas inconnu à l'écriture pharaonique,
et s'y rencontre quelquefois pour représenter les premières tentatives
d'introduction de l'élément phonétique dans cette écriture, tentatives
dépassées de bien loin à la date des plus anciens monuments que la
vieille Égypte nous a transmis, mais attestées par ces vestiges.

Un même symbole, la représentation d'un *alabastrum* de forme allongée posé sur son orifice, ❘, sert à rendre dans les textes hiéroglyphiques les deux idées adéquates de « sainteté » et de « majesté », puis celle d'« esclave ». Aucun rapport vraisemblable n'est possible entre ces deux ordres d'acceptions, également incontestables. Mais, dans l'un et l'autre cas, le signe a la même prononciation, *hen*. N'est-il pas dès lors évident qu'il y a là *rébus*, attribution par pure analogie phonétique à un même symbole de deux acceptions, qui n'ont d'autre rapport que celui du son des mots qui les désignaient dans la langue parlée ? La signification de « sainteté » pour le caractère ❘ est demeurée la plus habituelle, la plus générale, et semble avoir été la première. Mais bien certainement celle d'« esclave » n'est venue que de ce qu'un des mots par lesquels cette idée était rendue en égyptien, était homophone de celui qui signifiait « saint », et se prononçait de même *hen*.

Les idées « seigneur » et « tout » sont représentées par le même hiéroglyphe, une corbeille tressée de joncs, ▬. La liaison de ces deux idées n'est pas facile à saisir, et il n'est guère probable que les hiérogrammates aient cherché à les rapprocher à force de subtilités. Mais, dans la langue parlée, « seigneur » et « tout » se disaient également *neb*. Cette homophonie n'est-elle pas la meilleure raison de l'attribution du même hiéroglyphe à la peinture des deux idées, ou plus exactement des deux mots ?

Le symbole complexe 𓏏𓏏𓏏, composé du signe du *ciel* avec des vases, a la signification primitive de « nuage », en tant que le réservoir d'eau du ciel. Mais cette idée correspond dans la langue égyptienne à la prononciation *tahen*. Or, dans la même langue, il y avait un mot exactement homophone, *tahen*, « airain » ; par suite de cette identité de son et par un vrai rébus, nous trouvons dans quelques textes hiéroglyphiques le signe 𓏏𓏏𓏏 employé à rendre l'idée d'« airain », qui n'a certainement aucune analogie avec sa signification première. On l'emploie aussi quelquefois à écrire le nom de la fraction des populations libyques appelée *Tahennu*.

3

Il y a encore certainement *rébus* lorsque nous voyons le *luth*, ⸶, emblème de l'idée de « bonté », employé pour rendre la préposition « jusqu'à », uniquement parce qu'elle se disait *nefer*, et que le mot « bon » avait la même prononciation, *nefer*.

Le fait que nous caractérisons par le nom de *rébus* ne s'applique du reste même pas seulement à des symboles isolés ; il s'étend quelquefois à des groupes entiers, composés de caractères phonétiques avec leur déterminatif idéographique, qu'il semble que l'on ait fini par considérer comme formant un tout indécomposable.

Ainsi le mot ⸻, déterminé par une pousse de palmier (voy. plus haut, p. 17), signifiait « saison, temps » ; mais quelquefois, pour exprimer dans un mot tout autre la syllabe *tar*, on la rendait par cette forme ⸻, devenue comme un seul groupe complexe, avec son déterminatif qui n'avait plus rien à voir alors ; exemple : ⸻, *h'tar*, « cheval ». De même, après avoir vu le déterminatif du scorpion se placer tout naturellement à la suite du nom de la déesse Selk ou Serk, ⸻, à laquelle cet animal était consacré, nous le retrouvons, sans aucune raison d'être et uniquement par la cause que nous venons d'indiquer, à la suite du même groupe phonétique, dans le verbe ⸻, *serek*, « respirer » (1).

X.

Dans une langue monosyllabique comme celle des Chinois, l'emploi du *rébus* devait nécessairement amener du premier coup à la découverte de l'écriture syllabique. Chaque signe idéographique, dans son

---

(1) De Rougé, *Chrestomathie égyptienne*, p. 117.
Presque tous les exemples que le savant égyptologue cite en cet endroit, de signes syllabiques représentant trois articulations, sont pour nous de purs *rébus*.

emploi figuratif ou tropique, répondait à un mot monosyllabique de la langue parlée qui en devenait la prononciation constante; par conséquent, en le prenant dans une acception purement phonétique pour cette prononciation complète, il représentait une syllabe isolée. L'état du *rébus* et l'état d'expression syllabique dans l'écriture se sont donc trouvés identiques à la Chine, et c'est à cet état de développement du phonétisme que le système graphique du Céleste Empire s'est immobilisé, sans faire un pas de plus en avant, depuis trente siècles qu'il a franchi de cette manière le premier degré de la peinture des sons.

Mais, en chinois, ce n'est que dans les noms propres que nous rencontrons les anciens idéogrammes simples ou complexes employés isolément avec une valeur exclusivement phonétique, pour leur prononciation dans la langue parlée, abstraction faite de leur valeur originaire comme signes d'idées. Et en effet, par suite de l'essence même de la langue, le texte chinois le plus court et le plus simple, écrit exclusivement avec des signes phonétiques, soit syllabiques, soit alphabétiques, sans aucune part d'idéographisme, deviendrait une énigme absolument inintelligible.

Le nombre des syllabes possibles à former par la combinaison d'une articulation ou consonne simple initiale et d'un son vocal venant après pour y servir de motion, même en admettant comme élément de formation les diphthongues et les terminaisons nasales, est nécessairement restreint. La langue chinoise en admet 450, que la variation des accents ou *tons* porte à 1,203. Mais une langue douée d'une littérature étendue et correspondant à un développement considérable d'idées et de civilisation ne saurait limiter son vocabulaire à 1,203 mots. De là résulte nécessairement que dans tout idiome monosyllabique, et particulièrement en chinois, on rencontre une très-grande quantité de mots exactement homophones. Comme tous les mots de la langue se composent d'une seule syllabe, chaque syllabe dont l'organe est susceptible représente un certain nombre d'acceptions sans rapport les unes avec les autres. Une confusion presque inextricable résultant de ce fait ne peut donc être évitée que si l'on a, pour distinguer les mots homophones, les acceptions diverses d'une même syllabe, recours à quelque moyen d'éclaircissement particulier, à quelque élément étranger à la prononciation phonétique.

Dans la langue parlée cet élément est le geste, dans la langue écrite une combinaison constante de l'idéographisme et du phonétisme, qui est tout à fait propre au chinois. Cette combinaison constitue ce qu'on appelle le système des *clefs*, système analogue dans son principe à celui des *déterminatifs* dans les hiéroglyphes égyptiens, mais dont les Chinois ont seuls fait une application aussi étendue et aussi générale, en même temps qu'ils le mettaient en œuvre par des procédés à eux spéciaux.

Le point de départ de ce système est la faculté, propre à l'écriture chinoise, de former indéfiniment des groupes complexes avec plusieurs caractères originairement distincts. Un certain nombre d'idéogrammes simples, — 214 en tout, — ont donc été choisis parmi ceux que comprenait le fond premier de l'écriture avant l'introduction du phonétisme, comme représentant des idées générales et pouvant servir de rubriques aux diverses classes entre lesquelles se répartiraient les mots de la langue. Et il faut noter en passant que les Chinois admettent comme idées génériques des notions qui pour nous ont bien peu ce caractère, car on trouve parmi les clefs celles des *grenouilles,* 黽, des *rats,* 鼠, des *nez,* 鼻, des *tortues,* 龜, etc. Les idéogrammes ainsi choisis sont ce qu'on appelle les *clefs*. Ils se combinent avec des signes originairement simples ou complexes, pris uniquement pour leur prononciation phonétique, abstraction faite de tout vestige de leur valeur idéographique, de manière à représenter toutes les syllabes de la langue. Ainsi sont formés des groupes nouveaux, à moitié phonétiques et à moitié idéographiques, dont le premier élément figure le son de la syllabe qui constitue le mot, et le second, la *clef*, indique dans quelle catégorie d'idées doit être cherché le sens de ce mot. Les trois quarts des signes de l'écriture chinoise doivent leur origine à ce mode de formation (1).

(1) Le système des clefs a été ensuite appliqué par les grammairiens chinois à tous les signes

Un exemple en fera mieux connaître le mécanisme.

La syllabe *pá* est susceptible en chinois de huit acceptions absolument différentes, ou, pour parler plus exactement, il y a dans le vocabulaire des habitants de l'Empire du Milieu huit mots homophones, bien que sans rapport d'origine entre eux, dont la prononciation se ramène à cette syllabe. Si donc le chinois s'écrivait au moyen d'un système exclusivement phonétique, en voyant *pá* dans une phrase, l'esprit hésiterait entre huit significations différentes, sans indication déterminante qui pût décider à choisir l'une plutôt que l'autre. Mais avec le système des *clefs*, avec la combinaison de l'élément idéographique et de l'élément phonétique, cette incertitude, cause permanente des plus fâcheuses erreurs, disparaît tout à fait. Le signe adopté dans l'usage ordinaire pour représenter phonétiquement la syllabe *pá* est 巴, dont la valeur idéographique primitive s'est complétement oblitérée, comme il est arrivé plus d'une fois pour les signes d'un usage habituel comme phonétiques. Le signe 巴 isolé ne se rencontre que dans les noms propres d'hommes et de lieux, où il représente purement et simplement la syllabe *pá*. Si l'on y ajoute la clef des *plantes*, 芭, il devient, toujours en gardant la même prononciation, le nom du « bananier »; qu'on remplace cette clef par celle des *roseaux*, en conservant le signe radical et phonétique, 笆, on obtient la désignation d'une sorte de « roseau épineux ». Avec la clef du *fer*, 鈀, le mot *pá* est caractérisé comme le nom du « char de guerre »; avec la clef des *vers*, 蚆, comme celui d'une espèce de coquillage; avec la clef du *mouton*, 羓, comme

de l'écriture comme un moyen facile de classement. Certains caractères, simples à l'origine et dérivés d'une ancienne image unique, ont été décomposés artificiellement en deux parties, l'une considérée comme le phonétique et l'autre comme la clef, afin de les faire rentrer bon gré mal gré dans les classes établies d'après cette méthode. On a aussi appliqué le même système d'analyse à bien des caractères qui étaient à l'origine des idéogrammes complexes, aux deux parties de même nature, essentiellement symbolique. Mais le principe de composition au moyen du phonétique et de la clef n'en demeure pas moins vrai dans la grande majorité des cas.

celui d'une préparation particulière de viande séchée. La clef des *dents*, 齼, lui donne le sens de « dents de travers » ; celle des *maladies*, 疤, lui fait signifier « cicatrices » ; enfin, celle de la *bouche*, 吧, un « cri ».

On voit par cet exemple combien la combinaison des éléments phonétiques et idéographiques, qui constitue le système des *clefs*, est ingénieusement calquée sur les besoins et le génie propre de la langue chinoise, et quelle clarté elle répand dans l'expression graphique de cette langue, impossible à peindre d'une manière intelligible avec un système de phonétisme exclusif. Sans doute la faculté presque indéfinie de créer de nouveaux signes complexes, par moitié phonétiques et par moitié idéographiques, paraît dans le premier abord effrayante à un étranger, car, avec les idéogrammes simples et complexes, elle donne naissance à plus de 80,000 groupes différents. Mais il est toujours facile d'analyser ces groupes, dont les éléments se réduisent à 450 phonétiques et 214 déterminatifs idéographiques ou *clefs*, et la méthode qui les produit était la seule par laquelle pût être évité l'inconvénient, bien autrement grave, qui serait résulté de la multiplicité des mots homophones.

Mais ce dernier point, mis en lumière de la façon la plus spirituelle par Abel Rémusat, n'intéresse pas directement notre sujet. Ce que nous cherchons à suivre, ce sont les progrès successifs par lesquels le phonétisme s'introduisit dans les écritures primitivement idéographiques, et les étapes qui conduisirent la peinture des sons de l'emploi du pur et simple *rébus* à l'invention de l'alphabet proprement dit. Dans cet ordre de recherches, le seul point qu'il nous importait de constater était que, par suite de la nature même de l'idiome qu'elle était appelée à tracer, la part phonétique de l'écriture chinoise constitue à la fois un phonétisme par voie de *rébus*, puisqu'elle se compose de caractères originairement idéographiques pris pour la représentation de leur prononciation complète, et un système d'écriture syllabique, puisque par le fait chacun de ces caractères ne peint qu'une seule syllabe.

XI.

Mais cette identité de l'état de *rébus* et de l'état de syllabisme, qui confond en un seul deux des degrés ordinaires du développement de l'élément phonétique dans les écritures originairement idéographiques et hiéroglyphiques, n'était possible qu'avec une langue à la constitution monosyllabique, comme le chinois. Chez les Égyptiens et chez les inventeurs de l'écriture cunéiforme anarienne, que nous regardons, à l'exemple de M. Oppert, comme ayant appartenu à la race touranienne ou tartaro-finnoise, l'idiome parlé, que l'écriture devait peindre, était polysyllabique. Le système du rébus ne donnait donc pas du premier coup les moyens de décomposer les mots en leurs syllabes constitutives et de représenter chacune de ces syllabes séparément par un signe fixe et invariable. Il fallait un pas de plus pour s'élever du rébus au syllabisme.

Ce pas fut fait également dans les deux systèmes des hiéroglyphes égyptiens et de l'écriture cunéiforme; mais les habitants de la vallée du Nil surent pousser encore plus avant et atteindre jusqu'à l'analyse de la syllabe, décomposée en consonne et voyelle, tandis que ceux du bassin de l'Euphrate et du Tigre s'arrêtèrent au syllabisme et laissèrent leur écriture s'immobiliser dans cette méthode imparfaite de l'expression des sons.

Chez les uns comme chez les autres, ce fut le système du *rébus*, première étape du phonétisme, qui servit de base à l'établissement des valeurs syllabiques. Elles en furent tirées par une méthode fixe et régulière, que nous désignerons sous le nom d'*acrologique*.

Tout idéogramme pouvait être employé en rébus pour représenter la prononciation complète, aussi bien polysyllabique que monosyllabique, correspondant dans la langue parlée à son sens figuratif ou tropique. Voulant parvenir à la représentation distincte des syllabes de la langue au moyen de signes fixes, et par conséquent toujours reconnaissables, on choisit un certain nombre de ces caractères, primitivement idéographiques, mais susceptibles d'un emploi exclusivement phonétique, par une convention qui dut s'établir graduellement plutôt qu'être le résultat du travail systématique d'un ou de plusieurs savants. Lorsqu'il arriva que leur prononciation complète formait un monosyllabe, ce qui se présenta pour quelques-uns, leur valeur dans la méthode du syllabisme resta exactement la même que dans celle du rébus. Mais, pour la plupart, la prononciation de leur sens figuratif ou symbolique constituait un polysyllabe. Ils devinrent l'image de la syllabe initiale de cette prononciation. C'est ce système qu'à l'exemple des anciens nous appelons *acrologisme* (1).

Nous n'avons malheureusement encore qu'une connaissance bien imparfaite de l'idiome *accadien* (2), idiome du groupe agglutinatif touranien que parlaient les plus anciens habitants de la Chaldée, et qui fut celui de la tribu à laquelle on dut l'invention de l'écriture cunéiforme anarienne (3). Le petit nombre de textes écrits dans cette langue qui sont parvenus jusqu'à nous, et qui n'ont, du reste, été qu'imparfaitement étudiés, ne nous fait connaître qu'une bien faible partie de son vocabulaire. Aussi, dans la majorité des cas, ignorons-nous encore la prononciation qui correspondait en accadien à la valeur idéographique des caractères cunéiformes. Mais, toutes les fois que cette prononciation est connue, et qu'on peut comparer ainsi le mot par lequel on traduisait l'idéogramme dans la langue parlée avec la valeur du même signe pris dans un emploi purement phonétique comme élément du syllabisme, on voit que cette valeur n'est autre que la première syllabe du mot en question (4).

(1) Clém. Alex., *Stromat.*, V, p. 567, éd. Potter.

(2) Ce nom a été proposé pour la première fois par le docteur Hincks, qui reconnaissait l'élément touranien de la population de la Chaldée dans la nation des *Akkadi*, que nomment fréquemment les textes cunéiformes. Ceci est confirmé par un fragment de tablette cunéiforme encore inédite, donné par M. de Saulcy au Musée du Louvre. Elle porte des formules d'incantation dans l'idiome qui nous occupe, accompagnées de leur traduction en assyrien, et une clause ajoutée à la fin dit que ce texte est « extrait des tables d'Akkad ».

(3) Sur les caractères fondamentaux de la déclinaison et de la conjugaison verbale dans cet idiome, voy. Oppert, dans les *Comptes-rendus de la Société française de numismatique et d'archéologie*, t. I, p. 75 et suiv.; et notre *Commentaire des fragments cosmogoniques de Bérose*, p. 44 et suiv.

(4) M. Oppert (*Expédition scientifique en Mésopotamie*, t. II, p. 79 et suiv.) avait déjà énoncé

Voici, par exemple, le signe ►►─|, dont l'hiéroglyphe primitif représentait une étoile. Sa valeur syllabique est *an*, son sens idéographique « dieu ». Or le mot « dieu », en accadien, est ANN*ap*. Dans la même langue, « père » se dit AT*ta*. Le caractère ⊨≣|, sorti de l'image d'un testicule, représente phonétiquement la syllabe *at*, et idéographiquement le mot « père ».

⊀|─ indique « l'oreille »; sa puissance syllabique est *pi*. P*i
l* (magyar *fül*) exprime l'idée d'oreille en accadien. Le même signe, ⅋⅋<, rend l'idée de « poisson », et représente la syllabe χ*a*, parce que dans la langue des vieux Touraniens de la Chaldée « poisson » se disait X*al* (finlandais *hal*). Dans le même idiome, le mot qui voulait dire « bon » était X*iga*, et le signe de la syllabe χ*i*, ◁, a le sens idéographique de « bon ».

Lorsque le mot accadien correspondant à la valeur de l'idéogramme était d'une seule syllabe, on n'a naturellement pas eu besoin de recourir à la méthode acrologique. On a pris purement et simplement la syllabe qui formait ce mot tout entier pour en faire la valeur phonétique du signe dans le syllabaire. En voici quelques exemples :

Le caractère ⋑⋐ réunit les valeurs de « deux » et de la syllabe *kas*, « deux » se disant KAS en accadien (magyar *ket*). ⊨ s'emploie à la fois pour rendre l'idée de « nez » et le son *ar*; car, toujours dans le même idiome, le « nez » était désigné par le mot AR. ∐►─| est le phonétique de la syllabe *ur* et l'idéogramme de « chien », parce que le mot « chien » était UR en accadien. Dans cette langue, l'idée de « grand » s'exprimait par le mot GAL ou GAL*a*; l'idéogramme de « grand », ⊨|─, est donc en même temps le phonétique de la syllabe *gal*. Ce sont là des restes de l'état de rébus dont nous parlions tout à l'heure.

Quand l'écriture cunéiforme anarienne eut été empruntée par les Assyriens aux Touraniens, qui avaient été ses premiers inventeurs, le sens des caractères pris comme idéogrammes correspondit à des mots

le fait, en s'appuyant sur des rapprochements avec l'idiome médique, apparenté de fort près à l'accadien.

de la langue sémitique assyrienne. Aussi l'antique relation entre la valeur idéographique et la valeur phonétique du même signe, issues l'une de l'autre, soit par le procédé du rébus, soit par la méthode acrologique, fut-elle définitivement rompue, et ce n'est qu'avec de grands efforts que la science parvient à restituer aujourd'hui ce fait originaire.

XII.

Le cunéiforme anarien, c'est maintenant un des faits acquis à la science de la manière la plus positive, n'a jamais su abstraire la consonne de la voyelle qui lui sert de motion. Les peuples qui ont employé cette écriture ne se sont point élevés dans l'analyse du langage jusqu'à la décomposition de la syllabe. Aussi n'ont-ils jamais possédé de lettres proprement dites, mais seulement des signes syllabiques, dont la valeur avait été établie comme nous venons de le faire voir.

Les Égyptiens, au contraire, peuple essentiellement philosophe, et dont la Bible elle-même vante la sagesse, surent atteindre à la conception de l'alphabétisme. Mais, tout en s'élevant jusqu'à ce dernier terme de progrès, leur système graphique conserva des vestiges nombreux des différents états qu'il dut traverser pour y parvenir.

Jusqu'au dernier jour où ils furent employés, c'est-à-dire jusqu'au règne de l'empereur Dioclétien, les hiéroglyphes de la terre des Pharaons gardèrent des signes figuratifs, un grand nombre d'idéogrammes symboliques ou de tropes graphiques, et, dans certains cas, employèrent la méthode du *rébus*. De même, à côté des caractères véritablement alphabétiques, une certaine quantité de signes syllabiques y fut toujours maintenue.

C'est à M. Lepsius que revient le mérite d'avoir établi le premier la vraie nature de ces signes (1), que M. Bunsen et M. de Rougé (2) ont depuis achevé de mettre en lumière.

(1) *Ann. de l'Inst. arch.*, t. IX, p. 51 et suiv.
(2) *Revue archéologique*, t. V, p. 326-341.
Il faut surtout lire les chiffres capitaux de la *Chrestomathie égyptienne* de l'éminent profes-

Il importe de ne pas les confondre avec certains idéogrammes que l'on rencontre tantôt isolés, tantôt accompagnés de tout ou partie des signes phonétiques représentant la prononciation du mot qui correspond à leur sens dans la langue parlée, mais ne figurent jamais que dans ce mot. Telle est la branche de bois noueux, ⌒, idéogramme symbolique de « force », qui doit être lu par le mot *naχt* (conservé en copte sous la forme ⲛⲁϣⲧ) que l'orthographe en soit ⊘, ⊘ ou, comme les monuments l'écrivent indifféremment.

Les caractères proprement syllabiques sont ceux qui, avec ou sans complément phonétique, rendent une syllabe complète indépendamment de toute espèce de signification idéographique, dans des mots qui n'ont que des rapports de consonnance et aucune affinité étymologique.

Tel est le signe ⊸⊷, représentant une sorte de bandelette, qui, avec ou sans le complément phonétique ❚ = *h'*, figure la syllabe *meh'* ou *mah'*, aussi bien dans la particule indicative des nombres ordinaux, ⊸⊷ « quatrième », par exemple, que dans les mots : ⊘ « couronne, ceinture », ⌒ « coudée », ⌒ « aile », ⌒ « le Nord ». Tel est le caractère de l'échiquier chargé de ses pièces, ▥, symbole de l'idée de « stabilité », *men,* qui se rencontre ensuite, avec ou sans le complément phonétique ⌇ = *n*, comme la pure et simple représentation de cette syllabe *men,* dans les mots ❚⌇ ▥, *h'smn*, « natron », ▥ ⌒, *mn-t*, « hirondelle », ⌇ ▥ ⌇, *smnnu*, « oie », et dans le nom du dieu Ammon, ❙▥. Telle est enfin la figure du lièvre, ⌒, originairement le symbole du verbe « ouvrir » (⌒ ⌒,

seur au Collége de France (p. 51-114), où il a établi récemment avec une si grande supériorité toute la doctrine des signes syllabiques chez les Égyptiens et a dressé la liste complète de ces signes, beaucoup plus nombreux qu'on ne le croyait généralement.

un), pour une raison fort subtile qu'expose Horapollon, et qui en-suite, avec ou sans le complément phonétique ᨄ = *n,* représente la syllabe *un* dans un très-grand nombre de mots où sa présence n'est justifiée par aucune raison symbolique et où il joue un rôle de pur phonétisme.

Les caractères de cette catégorie sont nombreux dans l'écriture hié-roglyphique. Ils présentent cette particularité de pouvoir toujours in-différemment être tracés seuls pour représenter la syllabe dont ils sont le signe, ou bien être accompagnés de ce que M. de Rougé a appelé le *pléonasme graphique,* mais qu'il nous semblerait plus exact de nommer la *détermination phonétique,* c'est-à-dire de signes alphabétiques ren-dant la totalité ou partie seulement des lettres composant la syllabe. Ainsi, la syllabe *an,* dont le signe est un poisson, ᨃ, se représente indifféremment par ce signe seul ou par ce signe accompagné des let-tres ❘ = *a* et ᨄ = *n,* toutes deux ensemble ou séparément, dans les diverses combinaisons suivantes : ❘ᨃ, ᨃ, ou ❘ᨃ.

Il semblerait vraiment, à voir cette particularité, que la notion de l'écriture syllabique, second état du phonétisme, dont ces signes sont les vestiges, s'était fort oblitérée depuis l'invention des lettres propre-ment dites, et que, tout en continuant à employer les caractères ainsi demeurés affectés à la représentation des syllabes, les hiérogrammates se croyaient souvent obligés, pour la clarté de la lecture et pour être compris du public, d'en indiquer la prononciation par des signes al-phabétiques d'un usage plus habituel, qui jouent dans ce cas le rôle de véritables déterminatifs du son, comme ils mettaient des déterminatifs d'idées à la suite d'un grand nombre de mots écrits phonétiquement.

XIII.

On voit, par tout ce qui précède, combien fut lente à naître la con-ception de la consonne abstraite du son vocal qui lui sert de motion, qui donne, pour ainsi dire, la vie extérieure à l'articulation, muette par elle-même. Cette conception, qui nous semble aujourd'hui toute simple, car nous y sommes habitués dès notre enfance, ne pouvait devoir sa naissance première qu'à un développement déjà très-avancé de l'analyse philosophique du langage (1). Aussi, parmi les différents systèmes d'écriture, à l'origine hiéroglyphiques et idéographiques, que

(1) La difficulté pour l'esprit de l'homme d'arriver du premier coup à la décomposition de la syllabe et à la conception de l'alphabétisme, ainsi que sa tendance naturelle à s'arrêter au système imparfait du syllabisme, s'est manifestée de nos jours de la façon la plus curieuse dans l'invention de l'écriture des Chéroquis. Cette création d'un nouveau système graphique, inventé de toutes pièces au dix-neuvième siècle par un peuple qui s'efforçait de passer de l'état sauvage à la civilisation en gardant sa vie propre, est un fait assez intéressant pour que nous en disions ici quelques mots.

Les Chéroquis étaient une tribu de Peaux-Rouges habitant non loin de la Nouvelle-Orléans. Il y a cinquante ans, ils devinrent sédentaires et agriculteurs, se convertirent au christianisme et firent les plus nobles efforts pour entrer dans les voies de la civilisation. C'est alors qu'un génie inconnu, qui vivait parmi eux, tenta de leur donner une écriture propre.

L'auteur de cette invention était, par son origine, aux trois quarts Européen; car son père était blanc et sa mère de sang mêlé. Du reste, c'était un vrai sauvage. Il fut frappé de surprise en voyant que les blancs *mettaient la pensée dans une lettre*, — ce sont ses propres expressions, — et médita longtemps sur ce fait, qui lui semblait extraordinaire. Dans ses fécondes méditations il ne parvint pas à s'élever à l'idée de la décomposition des syllabes et de l'alphabet proprement dit; il s'arrêta à la conception d'une notation distincte pour chaque syllabe, considérée comme un tout indécomposable. Notre Chéroqui mit un an pour atteindre cette idée, et alors l'exécuta en un mois. Il se servit d'un abécédaire anglais, qu'il possédait sans en connaître les lettres, pour composer 200 caractères syllabiques, qu'avec le secours de sa fille il réduisit à 80. C'étaient les lettres majuscules et minuscules de notre typographie, accrues de nos chiffres et de quelques signes conventionnels, tels que ceux du *plus*, du *moins*, de la *multiplication*, etc., à chacun desquels il avait assigné arbitrairement la représentation d'une syllabe.

« Ses compatriotes, raconte Ampère (*Promenade en Amérique*, t. II, p. 160), commencèrent « par se moquer de ses efforts. Il écoutait, ne répondait rien, allumait sa pipe, mettait ses lu- « nettes et reprenait son ouvrage. Il essayait sa méthode avec sa fille, tantôt lui, tantôt elle lisant « ce que l'autre avait écrit. Alors les Chéroquis reconnurent l'utilité de la découverte et lui don- « nèrent une grande fête nationale. Six ans après la découverte, en 1830, la moitié d'entre eux « savaient lire. On a imprimé en caractères chéroquis l'Évangile, différents livres de piété, et un « journal hebdomadaire tiré à 200 exemplaires. »

Cette écriture a déjà cessé d'être en usage. Les Américains ont détruit les établissements des Chéroquis, et anéanti en grande partie cette intelligente nation, dont les derniers et misérables restes, rejetés au-delà des Montagnes Rocheuses, sont retombés dans la vie purement sauvage. Ainsi le système d'écriture, syllabique et purement conventionnel, des Chéroquis, inventé il y a quarante-trois ans, n'est plus qu'un souvenir.

Un autre syllabaire, analogue à celui des Chéroquis, a été inventé par les missionnaires catholiques pour les Indiens Crees de l'Amérique du Nord, chez qui il est maintenant en usage. On le trouvera dans le *Tour du monde*, 1860, 1er semestre, p. 286.

nous avons jugés véritablement primitifs et qui se sont développés d'une manière tout à fait indépendante, mais en suivant des étapes parallèles, un seul est-il parvenu jusqu'à la décomposition de la syllabe, à la distinction de l'articulation et de la voix, à l'abstraction de la consonne et à l'affectation d'un signe spécial à l'expression, indépendante de toute voyelle, de l'articulation ou consonne, qui demeure muette tant qu'un son vocal ne vient pas y servir de motion. Ce système est celui des hiéroglyphes égyptiens. Les trois autres s'arrêtèrent en route sans atteindre jusqu'au même raffinement d'analyse et au même progrès, et s'immobilisèrent, ou, pour mieux dire encore, se cristallisèrent à l'un ou à l'autre des premiers états de développement et de constitution du phonétisme. Les hiéroglyphes mexicains ne dépassèrent pas l'emploi de la méthode du *rébus;* l'écriture chinoise, par suite de l'organisme particulier de la langue qu'elle servait à tracer, en adoptant la méthode du rébus, se trouva parvenue du premier coup au syllabisme, qui, pour les autres écritures, représente un progrès de plus; elle s'y arrêta, et, depuis le moment où elle eut atteint ce point jusqu'à nos jours, elle est demeurée immuable. Pour le cunéiforme anarien, comme pour les hiéroglyphes égyptiens, la langue des inventeurs étant polysyllabique, le syllabisme constitua un état de développement distinct du système des rébus purs et simples, et manifestement postérieur. Le cunéiforme, après être parvenu jusqu'à cet état, n'en sortit point, et seuls, parmi les peuples à la civilisation primitive, les Egyptiens, consommant un dernier et décisif progrès dans l'art d'écrire, eurent de véritables lettres.

Cependant les inconvénients d'une notation purement syllabique des sons appliquée à toute autre langue qu'à une langue monosyllabique comme le chinois — où une ingénieuse combinaison du phonétisme syllabique et de l'idéographisme avait permis de dissiper les obscurités d'un emploi exclusif du syllabisme au moyen d'un système qui n'aurait pu aucunement cadrer avec un idiome d'une autre nature, avec un idiome polysyllabique, — étaient si grands, que l'on a peine à comprendre comment des peuples aussi avancés dans la voie de la civilisation et des connaissances que l'étaient les Assyriens et les Chaldéens, ont pu s'en contenter, et n'ont pas cherché à perfectionner davantage un instrument de transmission et de fixation de la pensée demeuré tellement grossier encore et si souvent rebelle.

Le moindre inconvénient du syllabisme était le nombre de caractères qu'il demandait pour exprimer toutes les combinaisons que la langue admettait par l'union des articulations et des sons vocaux, soit dans les syllabes composées d'une consonne initiale et d'une voyelle ou d'une diphthongue venant après pour permettre de l'articuler, soit dans celles où la voyelle ou la diphthongue est initiale et la consonne finale. L'esprit et la mémoire de celui qui apprenait à écrire devait donc, là où la peinture des sons s'était arrêtée à l'état du syllabisme, se charger, — en dehors de la notion des idéogrammes les plus usuels, car les écritures primitives qui nous occupent, en admettant l'élément phonétique, n'avaient point pour cela répudié l'idéographisme, — de la connaissance de plusieurs centaines de signes purement phonétiques représentant chacun une syllabe différente dans l'usage le plus ordinaire. De là une gêne très-grande, un obstacle à la diffusion générale de l'art d'écrire, qui restait forcément un arcane restreint aux mains d'un petit nombre d'initiés, car, tant que l'écriture est tellement compliquée qu'elle constitue à elle seule une vaste science, elle ne saurait pénétrer dans la masse et devenir d'un usage vulgaire. De là, même de la part de ceux qui avaient abordé les notions les plus nécessaires de cet arcane, des chances continuelles d'erreur et de confusion qui pouvaient, avec la plus grande facilité, produire un véritable chaos.

Cet inconvénient de complication, de défaut de clarté, de surcharge trop grande pour la mémoire, était le même, quelle que fût la famille et la nature de la langue à l'expression graphique de laquelle s'appliquait le système du syllabisme. Mais il n'était encore rien à côté des inconvénients nouveaux et tout particuliers auxquels donnait naissance l'application de ce système aux idiomes de certaines familles, dans lesquelles les voyelles ont un caractère vague, une prononciation peu précise, et où toutes les flexions se marquent par le changement des sons vocaux dans l'intérieur du mot, tandis que la charpente des consonnes reste invariable. Nous voulons parler des langues sémitiques et de leurs

congénères, une partie des langues chamitiques, à commencer par l'é-
gyptien.

Les inscriptions assyriennes nous montrent un idiome sémitique tracé
avec une écriture dont tout le phonétisme est syllabique. Quelle bigar-
rure ! Quelle bizarre et perpétuelle contradiction entre le génie de la
langue et le génie du système graphique! Quelle inextricable confusion !
dans laquelle, sans doute, les habitants de Ninive et de Babylone devaient se tirer d'affaire plus facilement que nous, mais qui, cependant,
était encore très-grande pour eux ; nous n'en voulons pour preuve que
le nombre des fragments de syllabaires et de vocabulaires grammati-
caux, tracés sur des tablettes d'argile et destinés à révéler aux disciples
des hiérogrammates d'Assourbanipal les arcanes du système graphique
national, que l'on a trouvés en telle abondance dans les ruines de
Ninive (1). Une bonne moitié de ce que nous possédons de monuments
de l'écriture cunéiforme anarienne se compose de guide-ânes qui peuvent nous servir à déchiffrer l'autre moitié, et que nous consultons
exactement comme le faisaient, il y a deux mille cinq cents ans, les
étudiants de l'antique pays d'Assur. Mais si ces débris des syllabaires,
composés par les Assyriens eux-mêmes pour s'aider à lire leur propre
écriture, fournissent de bien précieux secours à la science moderne
pour le déchiffrement du système cunéiforme, ils montrent en même
temps quelle a été à toutes les époques la complication et l'obscurité de
ce système, puisque, pour le bien comprendre et s'en servir régulièrement, au temps de son emploi le plus florissant et le plus étendu, le
peuple même dont il était alors l'écriture exclusive et nationale avait un
indispensable besoin de secours de ce genre.

Avec la méthode d'expression syllabique de l'écriture assyrienne, on
ne saurait parvenir à représenter aucun radical de la langue assyrienne,
puisque ces radicaux se composent précisément, comme dans toutes les
langues sémitiques, de la charpente, généralement trilitère, des con-

---

(1) La plupart ont été publiés par sir Henry Rawlinson et M. Norris dans le tome II des *Cuneiform inscriptions of Western Asia*. Les suppléments aux syllabaires, fournis par des trouvailles postérieures, viennent d'être réunis dans la dernière planche du tome III du même
ouvrage.

sonnes, qui demeurent invariables, tandis que les voyelles changent. Pour exprimer le verbe et le substantif d'un même radical, il faut employer des caractères absolument différents, puisque la vocalisation n'est plus la même, et que, dès lors, son changement entraîne celui des signes syllabiques. Ainsi disparaît toute parenté extérieure, toute analogie apparente entre les mots sortis de la même racine, qui ne se distinguent que par des modifications dans une chose aussi variable et aussi peu essentielle que le sont les voyelles dans les langues sémitiques. Celui qui aborde la lecture d'un texte cunéiforme assyrien, au lieu de discerner aussitôt du regard ces radicaux que toutes les additions de suffixes et de préfixes n'empêchent pas de reconnaître intacts et invariables, et qui restent toujours eux-mêmes, n'a plus aucun des guides qui dirigent sa marche dans les autres idiomes sémitiques ; il est en face de mots dont la physionomie ne dit rien, ne peut fournir aucune révélation sur leur sens et sur leur nature, de mots qu'il est donc obligé d'analyser syllabe à syllabe avant de nourrir l'espoir d'arriver à en découvrir la racine et à en pénétrer le sens.

Mais ce n'est pas tout. Prenez la conjugaison des verbes : chaque voix, chaque mode, chaque temps, chaque nombre, chaque personne, pour ainsi dire, amenant une modification dans les voyelles, nécessite le changement des caractères syllabiques employés à peindre la prononciation, de telle manière qu'à chaque fois c'est un mot nouveau, sans aucune analogie dans l'aspect et dans les signes mis en œuvre avec ceux qui expriment les autres voix, les autres modes, les autres temps, quelquefois même les autres personnes du même verbe.

On le voit, jamais système graphique n'a présenté une antinomie plus absolue avec l'essence et le génie de la langue qu'il était appelé à tracer, que le cunéiforme assyrien. Jamais les inconvénients du syllabisme n'ont été poussés jusqu'à un degré aussi extrême et ne se sont manifestés aux regards d'une manière aussi frappante dans la confusion et la presque inextricable complication à laquelle ils donnaient naissance. Aussi est-ce vraiment un des phénomènes les plus extraordinaires de l'histoire des écritures que la prolongation, pendant plus de quinze siècles, de ce mariage mal assorti entre le système graphique et la langue qu'il écrivait. On se demande comment une telle union n'a pas été rompue, presque aussitôt que formée, pour cause d'incompatibilité d'humeur, et comment les Assyriens et les Babyloniens ont pu demeurer ainsi de longs siècles à se servir d'un système d'écriture compliqué outre mesure, confus, sans clarté, absolument contraire au génie le plus intime de leur idiome national, sans chercher à le modifier, à tirer de ses éléments un système plus parfait, cadrant mieux avec leur langue. Mais, en revanche, on comprend tout naturellement comment, dès qu'ils reçurent la notion de l'alphabet de vingt-deux lettres, inventé par les Phéniciens, ils s'empressèrent d'en faire une sorte d'écriture vulgaire, usitée concurremment avec leur vieille écriture cunéiforme pour tous les cas où l'on avait besoin d'une plus grande clarté. C'est ce que montrent les curieuses tablettes bilingues étudiées par sir Henri Rawlinson (1). Elles contiennent des contrats de vente et de louage passés entre particuliers en présence d'un officier public. Ces actes privés sont rédigés en langue assyrienne et tracés en caractères cunéiformes ; mais la suscription abrégée qui est écrite sur la tranche pour permettre de retrouver la pièce au milieu des minutes analogues sur terre-cuite que renfermaient les archives où elle était conservée, la suscription, disons-nous, et comme le titre, est en langue araméenne et écrite avec l'alphabet de vingt-deux lettres. Ce système d'écriture paraissait donc alors celui qui pouvait le mieux convenir pour rendre une recherche facile, sûre et rapide. L'emploi de la vieille méthode nationale du cunéiforme n'y eût pas aussi bien convenu.

C'était, du reste, un peuple dans la langue duquel les sons vocaux avaient un caractère essentiellement vague, qui devait, comme l'a judicieusement remarqué M. Lepsius (1), abstraire le premier la consonne de la syllabe, et donner une notation distincte à l'articulation et à la voyelle. Le génie même d'un idiome ainsi organisé conduisait naturellement à ce progrès capital dans l'analyse du langage. La voyelle, variable de sa nature, tendait à devenir graduellement indifférente dans

(1) *Journal of the Royal Asiatic Society,* new ser., t. I, part. I, p. 187-246 ; pl. I et II. — Publiées in extenso dans le tome III des *Cuneiform inscriptions of Western Asia,* pl. 46.

(2) *Ann. de l'Inst. arch.,* t. IX, p. 36.

la lecture des signes originairement syllabiques; à force d'altérer les voyelles dans la prononciation des mêmes syllabes, écrites par tel ou tel signe simple, la consonne seule restait à la fin fixe, ce qui amenait le caractère adopté dans un usage purement phonétique à devenir alphabétique, de syllabique qu'il avait été d'abord; ainsi, un certain nombre de signes qui avaient commencé par représenter des syllabes distinctes, dont l'articulation initiale était la même, mais suivie de voyelles différentes, ayant fini par ne plus peindre que cette articulation du début, devenaient des lettres proprement dites exactement homophones.

Telle est la marche que le raisonnement permet de reconstituer pour le passage du syllabisme à l'alphabétisme, pour le progrès d'analyse qui permit de discerner et de noter séparément l'articulation ou consonne qui, dans chaque série de syllabes, reste la même, quel que soit le son vocal qui lui sert de motion. Et ici, les faits viennent confirmer pleinement ce qu'indiquaient le raisonnement et la logique. Il est incontestable que le premier peuple qui posséda des lettres proprement dites au lieu de signes syllabiques, fut les Égyptiens. Or, dans la langue égyptienne, les voyelles étaient essentiellement vagues.

Ce qui prouve, du reste, que ce fut la nature vague des sons vocaux dans certains idiomes qui conduisit à la décomposition de la syllabe et à la substitution de lettres alphabétiques aux caractères syllabiques de l'âge précédent, est ce fait qu'en Égypte et chez les peuples sémitiques qui, les premiers après les Égyptiens, employèrent le système de l'alphabétisme, encore perfectionné comme nous le verrons tout à l'heure, le premier résultat de la substitution des lettres proprement dites aux signes de syllabes, fut la suppression de toute notation des voyelles intérieures des mots, celles de toutes qui étaient, de leur nature, les plus vagues et les plus variables, celles qui, en réalité, ne jouaient qu'un rôle complémentaire dans les syllabes dont la partie essentielle était l'articulation initiale. On n'écrivit plus que la charpente stable et fixe des consonnes, sans tenir compte des changements de voyelles, comme si chaque signe de consonne avait été considéré comme ayant inhérent à lui un son vocal variable. On choisit bien quelques signes pour la représentation des voyelles, mais on ne s'en servit que dans l'expression des voyelles initiales ou finales, qui, en effet, ont une intensité et une fixité toute particulière, qui ne sont pas complémentaires, mais constituent à elles seules une syllabe, qui, par conséquent, sont moins des voyelles proprement dites que des aspirations légères auxquelles un son vocal est inhérent. Ce fut seulement, comme nous le verrons dans le cours de notre Essai, lorsque l'alphabet phénicien fut adopté par des nations de race indo-européenne et appliqué à l'expression d'idiomes où les voyelles avaient un rôle radical, fixe et essentiel, que l'on choisit un certain nombre de ces signes des aspirations légères finales ou initiales, pour en faire la représentation des sons vocaux de l'intérieur des mots.

XIV.

Les hiéroglyphes égyptiens, nous venons de le montrer dans les paragraphes précédents, ont conservé jusqu'au dernier jour de leur emploi les vestiges de tous les états qu'ils avaient traversés, depuis l'idéographisme exclusif de leur origine, jusqu'à l'admission de l'alphabétisme dans leur partie phonétique. Mais, aussi haut que nous fassent remonter les monuments de la vallée du Nil, dès le temps de la III° dynastie, c'est-à-dire plus de quarante siècles avant l'ère chrétienne, les inscriptions nous font voir ce dernier progrès accompli déjà. Les signes de syllabes ne sont plus qu'en minorité parmi les phonétiques, dont la plupart sont déjà de véritables lettres, qui peignent les articulations indépendamment de toutes les variations du son vocal qui vient s'y joindre. Que l'on juge par là de la haute antiquité à laquelle il faut reporter les différents états antérieurs à l'apparition de l'alphabétisme, les degrés successifs de progrès et de développement qui avaient conduit l'écriture jusqu'à ce point !

Les lettres alphabétiques de l'écriture égyptienne sont des figures hiéroglyphiques, au tracé plus ou moins altéré dans les tachygraphies

successives de l'hiératique et du démotique, dont la valeur alphabétique
a été établie en vertu du même système acrologique que nous avons vu
servir de base à l'établissement des valeurs des signes de syllabes. Chacune de ces figures représente la consonne ou la voyelle initiale de la
prononciation de sa signification première d'idéogramme, soit figuratif,
soit tropique, mais principalement du mot auquel, prise dans le sens
figuratif, elle correspondait dans la langue parlée.

Ainsi, parmi les phonétiques de l'usage le plus constant, nous
voyons le son vocal vague flottant entre ʌ et o, représenté par un *roseau*, ▌, dont le nom s'est conservé en copte sous la forme ʌκε ou
οκε, ou par un *aigle*, 𓅄 , ʌϩⲱⲙ; l'articulation ⲙ par une *chouette*,
𓄿 , ⲙⲟⲩⲗʌϫ; ⲣ par une *bouche*, ⬭, ⲣⲱ; ʟ par un *lion*, 𓃭, ʌʌⲃⲱ;
ⲏ' par une *corde* tressée, 𓎛, ϩʌⲟ'ⲉ; ⲕⲏ ou x par un *van* ou *crible*,
𓏞 ϧʌⲓ; ѕⲥⲏ ou š par un *réservoir*, ▭, ϣⲏⲓ, ou par un *jardin* de papyrus, 𓇗, ϣⲛⲏ.

De ce principe acrologique de la formation des valeurs alphabétiques
données à certains signes, résulte un fait particulier à l'écriture égyptienne. C'est que tout signe figuratif ou symbolique peut être pris phonétiquement dans le rôle d'initiale du mot exprimant sa signification
dans la langue parlée. Ainsi, pour le mot *nefer*, « bon », les monuments
nous offrent indifféremment deux orthographes: l'une, 𓄤, où la figure
du *luth* est prise uniquement comme symbole de l'idée de « bonté »,
conformément à ce que nous enseigne Horapollon; l'autre, 𓄤𓂋, où
cette figure est suivie de deux signes phonétiques habituels de *f* et
de *r*, où, par conséquent, sans perdre sa valeur idéographique, elle représente en même temps le *n* initial du mot *nefer*. Nous trouvons de
même : pour

ânχ, « vie », les deux orthographes   𓋹 et 𓋹

uab, « pur, prêtre »,   »   »

áa, « grand »,	»	»	
suten, « roi »,	»	»	
sen, « frère »,	»	»	
hak, « recteur »,	»	»	

Nous pourrions multiplier indéfiniment ces exemples d'idéogrammes revêtus, par occasion et dans un cas déterminé, d'une valeur phonétique. Quelquefois, dans ce rôle, ils sont suivis d'un caractère phonétique d'emploi plus constant et plus général, qui sert de déterminatif de la prononciation qu'ils reçoivent exceptionnellement. Ainsi, pour le mot *neter,* « dieu », nous avons les trois orthographes ⎤, ⎤ ⏑ et ⎤ ⏑, où la *hache* est successivement un idéogramme simple, un idéogramme revêtu de la valeur phonétique initiale de *n*, enfin, un idéogramme revêtu d'une valeur phonétique initiale, que détermine le signe de l'articulation *n* dont l'emploi est le plus habituel et le plus indifférent à toute signification symbolique.

Tout signe de l'écriture hiéroglyphique égyptienne est donc susceptible, dans certains cas et dans certaines positions, de recevoir une valeur phonétique. Mais l'usage indifférent de tous ces signes comme de simples lettres dans tous les cas et dans toutes les positions, eût produit dans les textes une confusion sans bornes par la multiplication indéfinie des homophones. Aussi est-ce seulement à l'époque romaine et dans la transcription des noms des empereurs, que nous voyons les hiérogrammates, par un raffinement de décadence et par une prétention d'élégance graphique qui n'est que de la barbarie, employer jusqu'à quinze ou vingt signes différents pour peindre la même articulation, en dépouillant ces signes de toute valeur idéographique. Dans l'Egypte pharaonique, la plupart des caractères ainsi devenus de simples phonétiques sous la domination romaine n'ont encore qu'un emploi mixte, symbolico-phonétique, et ne revêtent une valeur de lettres qu'en initiales du mot de leur signification idéographique. Une convention rigoureusement observée, et dont l'établissement dut être graduel, limite à un petit nombre, deux ou trois au plus pour chaque articulation, les phonétiques d'un emploi constant et indifférent. M. Lepsius est le premier qui ait fait ressortir l'existence de cet alphabet ordinaire des textes pharaoniques, que Champollion n'avait pas su distinguer assez nettement.

Les signes dont la convention et l'usage ont fait ainsi la représentation habituelle des sons de la langue, sont dépouillés, à l'habitude, de toute valeur idéographique. Ce ne sont plus que des lettres. Cependant, comme l'écriture égyptienne, même en admettant le phonétisme, est toujours demeurée essentiellement une peinture d'idées, il n'en est pas un qu'on ne finisse, en cherchant bien, par trouver, dans certains cas exceptionnels, employé comme idéogramme, soit figuratif, soit tropique.

On trouve aussi fréquemment ⇔ ı dans le sens idéographique de « bouche, entrée, porte », que la figure de la *bouche*, ⇔, employée comme un *r*. La *main*, ⤝, est le phonétique le plus habituel et le plus indifférent de l'articulation *d*, parce que « main » se disait *ded* (en copte ⲦⲞⲦ); mais, en même temps, il n'est pas rare de trouver dans les inscriptions ⤝ avec le sens de « main ». Nous avons également ⤝, signe de la voyelle longue, flottant entre *a* et *o*, que les hiérogrammates, dans leurs transcriptions de noms sémitiques, ont identifiée au **y**, et ⤝ signifiant figurativement « bras »; ⧈, phonétique de *š*, et ⧈, « bassin, réservoir ».

Champollion (1) avait pensé que ı ou ⤝ ı étaient des notes qui marquaient toutes les fois où un caractère, affecté le plus ordinairement d'une simple valeur phonétique, était pris comme idéogramme figuratif ou tropique. C'eût été un grand élément de clarté dans l'écriture que l'emploi régulier de notes diacritiques semblables. Malheureusement le progrès de l'étude des textes hiéroglyphiques égyptiens a fait

(1) *Grammaire égyptienne*, p. 58.

évanouir la règle de distinction qu'avait cru constater l'immortel fondateur de cette branche de la science. Si certains exemples avaient été de nature à faire illusion à ce sujet à Champollion, il en est d'autres, tout à fait décisifs, qui prouvent qu'en réalité ı et ⚊ı ne sont que des explétifs sans aucune signification, destinés uniquement à carrer les groupes dans les colonnes verticales ou les lignes horizontales de l'écriture, genre d'élégance auquel les scribes égyptiens paraissent avoir attaché un très-grand prix. Ainsi, ⚊ı ou ⚊, avec l'explétif, se trouve employé comme un simple *r* phonétique dans autant d'exemples que comme idéogramme des notions de « bouche, entrée, ouverture ». Le nom des Pasteurs, *mena* (copte ⲙⲟⲟⲛⲉ, *pascere*), est le plus souvent écrit ▨▨ 𓄿 ı ı ⎿, orthographe dans laquelle l'*aigle*, accompagné de l'explétif, représente simplement la voyelle finale *a*, tout comme s'il était figuré isolément, 𓄿. La lecture *menahom*, que Rosellini, trompé par la règle que Champollion avait cru constater, proposa pour ce nom, est incontestablement erronée, et tous les savants l'ont depuis longtemps abandonnée (1).

XV.

Tel est donc l'état où, de progrès en progrès, nous voyons parvenue celle de toutes les écritures hiéroglyphiques primitives de l'ancien monde qui atteignit au plus grand degré de perfectionnement, la seule

---

(1) Voy. les ingénieuses remarques de M. Devéria (*Journal asiatique,* novembre-décembre 1867, p. 474 et suiv.), qui a établi que les caractères phonétiques suivis de l'explétif, qui semblerait au premier abord les caractériser comme idéogrammes, sont surtout employés par les textes dans la transcription des noms étrangers. Dans cette même transcription, les hiérogrammates se sont plu à employer aussi souvent des groupes syllabiques composés d'un signe de consonne et d'un signe de voyelle, pris en bloc, pour la simple valeur de la consonne initiale. Ainsi l'on trouve מִגְדָּל rendu par ▱ 𓄿 ⚊ ⊕ *mà-ga-di-la*, orthographe où la lecture ne devait tenir compte que de *mgdl*.

qui s'éleva jusqu'à l'analyse de la syllabe et à la conception de la lettre alphabétique, de l'articulation indépendante de tout son vocal, l'écriture égyptienne (1).

Avant tout, un mélange d'idéogrammes et de phonétiques, de signes figuratifs, symboliques, syllabiques, alphabétiques. En même temps, faculté pour tous les signes figuratifs ou symboliques de prendre une valeur phonétique accidentelle, comme initiales de certains mots, et, d'un autre côté, possibilité d'employer idéographiquement, dans un

---

(1) Nous avons eu soin de dire « les écritures hiéroglyphiques de l'ancien monde », car en Amérique nous trouvons un système d'écriture d'origine hiéroglyphique, qui comme celui des Égyptiens parvint à l'analyse de la syllabe et à la conception de l'alphabétisme. C'est celui des Mayas du Yucatan. Nous ne saurions le passer sous silence dans une étude comme celle-ci ; mais pour ne pas interrompre la suite de notre raisonnement et de notre explication de la manière dont l'alphabet se forma dans l'ancien monde, nous sommes obligé de rejeter en note ce qui se rapporte à ce curieux sujet, dont la connaissance date à peine d'hier et est due aux travaux de M. l'abbé Brasseur de Bourbourg.

L'écriture des Mayas, avec laquelle sont tracées toutes les inscriptions des fameuses ruines de Palenqué, ne ressemble à aucune autre. Ses caractères, appelés *katouns* dans la langue indigène, ont reçu des érudits modernes l'épithète de « calculiformes », qui rend assez bien leur aspect. Ils sont hiéroglyphiques ou formés par des images d'objets matériels, mais ramenés tous à un dessin extérieur unique, systématique, imposé de force et sans analogue nulle part ailleurs. Les images qui les composent, quelquefois isolées, mais le plus souvent réunies en groupes complexes, sont toujours inscrites dans une ellipse, de telle façon qu'une inscription en *katouns* offre au premier abord l'aspect d'une suite de galets elliptiques disposés régulièrement, dont chacun aurait sur sa face supérieure une sculpture particulière.

Landa, dans son inappréciable ouvrage (*Relation des choses du Yucatan*, publié et traduit par M. l'abbé Brasseur de Bourbourg, Paris, 1864, in-8°, p. 317-323), nous enseigne formellement que l'écriture des Mayas comprenait de véritables lettres alphabétiques.

« Ces peuples, dit-il, se servaient aussi de certains caractères ou lettres, avec lesquelles ils
« écrivaient dans leurs livres leurs choses antiques et leurs sciences, et par leur moyen et celui
« de certaines figures et signes particuliers dans ces figures, ils entendaient leurs choses, les
« donnaient à entendre et les enseignaient. Nous leur trouvâmes un grand nombre de livres
« dans ces caractères, et, comme ils n'en avaient aucun où il n'y eût de la superstition et des
« mensonges du démon, nous les leur brûlâmes tous, ce qu'ils sentirent vivement et leur donna
« de l'affliction.

« De leurs lettres, je mettrai ici un A, B, C, leur grossièreté n'en permettant pas davan-
« tage..... Ils mettent à la fin la partie qui est jointe. *Ha*, qui veut dire eau, parce que le son
« de la lettre se compose de *a*, *h*, ils lui placent d'abord par devant un *a* et au bout de cette
« manière *ha* :

« Ils l'écrivent aussi par partie, mais de l'une et de l'autre manière. Je n'aurais pas mis tout

sens figuratif ou dans un sens tropique, les signes les plus habituellement affectés à la pure et simple peinture des sons, indépendamment
de toute idée : tels sont les faits que l'écriture hiéroglyphique égyptienne
présente à celui qui veut analyser sa constitution et son génie. Elle
constitue, sans contredit, le plus perfectionné des systèmes d'écriture
primitifs, qui commencèrent par le pur idéographisme ; mais combien
ce système est encore grossier, confus et imparfait ! Que d'obscurités et
d'incertitudes dans la lecture, qui, moins grandes pour les Égyptiens

« cela ici et je n'en traiterais pas, sinon pour rendre entièrement compte des choses de ce peu-
« ple. *Ma in kati* veut dire « je ne veux pas » ; ils l'écrivent par partie de cette manière :

« Ici commence l'A, B, C.

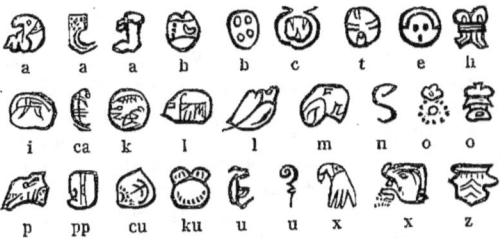

« Signes additionnels.

La parfaite exactitude des renseignements fournis par Landa dans ce passage au sujet de
l'écriture des Mayas, a été reconnue dès l'abord par M. l'abbé Brasseur de Bourbourg. « Nous
« avons essayé déjà, dit-il, de comparer ces caractères avec ceux du *Codex mexicain* n° 2 de la
« Bibliothèque nationale et avec le *Codex américain de Dresde*, reproduit dans Kingsborough, l'un
« et l'autre écrits en caractères identiques : malgré le peu de temps que nous les avons eus entre
« les mains, nous avons pu y retrouver tous ceux du calendrier, reproduits par Landa, ainsi
« qu'une douzaine environ de signes phonétiques. Nous avons donc *lu* un certain nombre de
« mots, tels que *ahpop, ahau*, etc., qui sont communs à la plupart des langues de l'Amérique
« centrale. »

Mais on se tromperait étrangement si l'on se figurait que l'alphabet phonétique conservé par
fray Diego de Landa constitue toute l'écriture des Mayas. Ce n'est qu'une très-petite partie des
caractères qu'ils employaient, comme il est facile de s'en assurer en étudiant, même superficiel-
lement, les trois livres dans cette écriture conservés en Europe, le fameux manuscrit de Dresde

que pour nous, devaient cependant encore se présenter plus d'une fois pour eux-mêmes ! Que de chances de confusions et d'erreurs, dont une étude très-prolongée et une grande pratique pouvaient seules préserver ! Quelle extrême complication ! Sans doute, les hiéroglyphes n'étaient pas, comme on l'a cru trop longtemps d'après une mauvaise interprétation des témoignages des Grecs et des Romains, un mystère sacerdotal, révélé seulement à quelques adeptes choisis ; c'était l'écriture dont on se servait pour tous les usages où l'on a besoin d'écrire, en se

(Aglio, *Antiquities of Mexico*, t. III, part. II), le manuscrit mexicain n° 2 de la Bibliothèque nationale, photographié par les soins de M. l'abbé Brasseur de Bourbourg et publié récemment en fac-similé par M. Léon de Rosny (*Archives paléographiques de l'Orient et de l'Amérique*, t. I, pl. 117-124), enfin le manuscrit Troano de Madrid, dont M. Brasseur de Bourbourg a donné, aux frais de l'État, une édition luxueuse : *Manuscrit Troano, Études sur le système graphique et la langue des Mayas*, Paris, 1869. Malheureusement l'auteur s'est laissé aller dans cette publication à des théories préconçues et à un système d'interprétation de fantaisie, qui n'a plus rien de commun avec la science véritable. Il n'y a de sérieux à recueillir dans tout son travail que d'ingénieuses remarques paléographiques (aux p. 44-71) sur les formes données dans les manuscrits originaux aux caractères compris dans l'alphabet de Landa. Nous ne parlons pas des inscriptions de Palenqué, car on ne les possède encore que dans les copies de M. Waldeck, dont la fidélité peut laisser bien des doutes à cause des choses fantastiques et vraiment impossibles que l'on y remarque, témoin certaine tête d'éléphant, déjà signalée par d'autres avant nous, dans le dixième *katoun* de la deuxième ligne de l'inscription, planche XXXVIII, dans la publication faite par le gouvernement français. La seule copie d'inscription yucatèque dans laquelle on puisse avoir une foi entière, et qui soit par conséquent susceptible d'une étude scientifique, est celle de la courte inscription de Kabah, relevée par M. l'abbé Brasseur de Bourbourg et éditée par M. de Rosny (*Archives paléographiques de l'Orient et de l'Amérique*, t. I, pl. 20).

Les nombreux caractères de l'écriture des Mayas que ne comprend pas l'alphabet de Landa sont certainement des idéogrammes, soit figuratifs, soit symboliques, peut-être en partie l'un et l'autre. Landa lui-même le donne sans aucun doute à entendre, dans son style obscur et embrouillé, lorsqu'il dit que *y con ellas (las letras), y figuras, y algunas señales en las figuras entendían sus cosas*. Dans un autre endroit de son livre (p. 204 et suiv. de l'édition Brasseur de Bourbourg), il donne toute une série de ces idéogrammes — retrouvés par M. l'abbé Brasseur dans les manuscrits calculiformes — qui désignaient les dix-huit mois de vingt jours composant l'année des Mayas, chacun des jours de ces mois et les cinq épagomènes. L'existence d'un élément idéographique entrant pour une très-forte proportion dans cette écriture n'est donc pas douteuse.

Quant à sa partie phonétique, le tableau même qu'en donne Landa ne contient pas seulement des lettres alphabétiques, mais aussi un certain nombre de signes syllabiques, tels que ceux de *ma*, *ha* et *ti*. De plus, l'exemple du mot *ha*, « eau », fourni par le missionnaire franciscain, prouve que le système graphique des Mayas admettait, comme celui des Égyptiens, la détermination phonétique pour l'éclaircissement des signes de syllabes. L'orthographe qu'il donne pour ce mot se compose en effet du caractère syllabique *ha*, suivi des deux phonétiques alphabétiques et ordinaires *h*, *a*, qui en précisent la lecture. Les explications fort peu claires de Landa per-

bornant à abréger le tracé des caractères dans la tachygraphie que l'on a nommée *hiératique*. Mais il est bien évident que, sans que les prêtres eussent besoin d'en faire un mystère, un système d'écriture aussi compliqué, dont la connaissance demandait un aussi long apprentissage, ne pouvait être très-répandu dans la masse du peuple; aussi, dans l'Égypte antique, par suite de la nature même du système graphique, et non par volonté d'en faire un arcane impénétrable à la masse, les gens qui savaient lire et écrire, les scribes religieux ou civils, formèrent une sorte de classe à part et un groupe restreint dans la nation.

Encore n'avons-nous pas parlé jusqu'à présent de la plus grande cause de difficultés et d'incertitudes dans toutes les écritures qui conservent une part d'idéographisme, la *polyphonie*.

La formule exacte de ce fait a été donnée pour la première fois par les assyriologues. Il a été la cause de l'incrédulité que les résultats du déchiffrement de l'écriture cunéiforme anarienne ont rencontrée et rencontrent encore chez beaucoup de personnes, chez des esprits éclairés, pour lesquels la polyphonie semble chose inadmissible. Le fait est pourtant certain. Bien plus, il était inévitable dans toute écriture d'origine idéographique, car il tient à l'essence même des écritures de cette

---

mettent de discerner que le mot pouvait s'écrire indifféremment de cette manière, ou par le signe syllabique *ha* seul, ou enfin par les deux phonétiques habituels *h*, *a*, sans signe de syllabe. C'est également ce que nous venons de voir en égyptien pour les caractères syllabiques.

Il résulte de ce qui précède que le système graphique des Mayas du Yucatan constitue une écriture d'origine figurative et hiéroglyphique, qui s'est développée spontanément, dans un isolement complet, sans aucun contact quelconque avec les civilisations de l'ancien monde, et que cette écriture dans son isolement, par une marche logique et tenant aux tendances naturelles de l'esprit humain, après avoir traversé précisément les mêmes phases successives de vie et de développement que l'écriture hiéroglyphique de l'Égypte, est parvenue juste au même degré de progrès et s'y est arrêtée de la même façon. Elle s'est élevée jusqu'à la décomposition de la syllabe, à la constatation de l'existence distincte de la consonne, en un mot jusqu'à la conception de l'alphabétisme; mais elle n'en a pas fait sortir, pas plus qu'en Égypte, l'invention de l'alphabet proprement dit. Au lieu d'avoir un seul signe pour chaque articulation, elle a admis plusieurs homophones. Et à côté de cette part d'alphabétisme, elle a conservé jusqu'à la fin de son existence des caractères syllabiques et des idéogrammes nombreux qui représentaient les diverses étapes, les diverses évolutions parcourues par elle avant de parvenir à ce point.

Il y a là un fait exactement parallèle à ce que nous constatons dans l'ancien monde, qui par son analogie même peut servir à contrôler ce que nous disons des phases de l'histoire de l'écriture sur les bords de l'Euphrate et du Nil.

espèce. Aussi n'est-il pas inconnu aux Chinois, et peut-on fréquemment en constater la présence dans les hiéroglyphes de l'Égypte.

C'est à ce dernier système d'écriture que nous emprunterons d'abord nos exemples en nous efforçant de faire comprendre les causes et la nature de la polyphonie, au lieu de les puiser dans le cunéiforme ana-rien, où ce fait est beaucoup plus multiplié, parce qu'il s'y trouve en-core compliqué par des circonstances spéciales et des causes acciden-telles, sur lesquelles nous reviendrons un peu plus loin.

Nombre de signes hiéroglyphiques sont susceptibles d'être employés également avec une valeur figurative et une valeur tropique. Rien de plus simple et de plus naturel avec l'indépendance absolue de la langue graphique et de la langue parlée dans le système originaire de l'idéo-graphisme pur. Mais dans la langue parlée les deux significations, figu-rative et symbolique, du même caractère, étaient représentées par deux mots différents. De là vint que, dans l'établissement de la convention générale qui finit par attacher à chaque signe de la langue graphique un mot de la langue parlée pour sa lecture prononcée, le caractère ainsi doué de deux significations diverses, suivant qu'on le prenait fi-gurativement ou tropiquement, peignit deux mots de la langue et eut par conséquent deux prononciations, souvent entièrement dissem-blables, entre lesquelles le lecteur choisissait, d'après la marche gé-nérale de la phrase, la position du signe et l'ensemble de ce qui l'en-tourait.

Ainsi l'image du *disque solaire*, ⊙, s'emploie figurativement pour si-gnifier « soleil » et symboliquement, par une métonymie bien naturelle et bien simple, pour rendre l'idée de « jour » ; mais dans le premier cas il a pour correspondant dans l'idiome parlé le mot *ra*, dans le second le mot *hru ;* il est donc susceptible de deux prononciations ; il est po-lyphone.

Mais là ne s'arrête pas la polyphonie.

Le symbole, le trope graphique est proprement le mot de cette langue écrite qui primitivement, lorsqu'elle ne peignait encore que des idées, était absolument indépendante de la langue parlée. Aussi l'on se trom-perait si l'on croyait que sa signification est unique, fixe et invariable.

Ses acceptions peuvent s'étendre autant que celles d'un mot de la langue parlée et en vertu des mêmes analogies (1). Mais par suite de l'indépendance originaire de la langue écrite par rapport à la langue parlée, il est arrivé plus d'une fois que l'extension des sens d'un même symbole a englobé des idées que des mots absolument divers représentaient dans l'idiome oral. Donc le symbole, suivant ses différents emplois, ses différentes acceptions, s'est lu de manières diverses et a eu des prononciations variées. En un mot, il est devenu polyphone.

Dans cette variété de sens et de prononciations dont un même symbole se trouvait ainsi quelquefois susceptible, il y avait une grande cause d'erreurs et de confusions. Pour y parer autant que possible, pour augmenter la clarté des textes, on inventa ce que les savants ont appelé *les compléments phonétiques*. On joignit au symbole susceptible de plusieurs acceptions et de plusieurs lectures prononcées tout ou partie des signes phonétiques habituels représentant la manière dont il devait être prononcé dans le cas présent, — le plus souvent la fin du mot, — de manière que l'erreur ne fût plus possible. Ainsi un anneau de métal, ⊜, correspondait aux trois idées de « pli », d'« entourer, circuler », et de « livre » pondérale, et suivant ces significations était lu par trois mots différents de la langue, *keb, rer* et *ten,* et pour qu'on ne se méprît ni sur le sens, ni sur le mot, on y joignait fréquemment, suivant les cas, les compléments phonétiques *b, r* ou *n:*

(1) Il est curieux de voir, chez des peuples absolument différents comme race, le sens de ces mots de la langue graphique qui étaient les symboles subir les mêmes modifications et prendre les mêmes développements que le sens de certains mots de la langue parlée, en vertu d'un enchaînement d'idées et de raisonnements tellement naturel à l'homme qu'il s'est produit spontanément chez tous les peuples.

Le nom du frère dans toutes les langues aryennes, *bhrâtar* en sanscrit, *brâtar* en zend, φρητήρ = ἀδελφός en grec, *frater* en latin, *brâthir* en ancien irlandais, *brawd* en cymrique, *brothar* en gothique, *brôdir* en norse, *pruoder* en ancien allemand, *bratru* en slavon, signifie « celui qui soutient, qui protège », de la racine *bhr, bhar,* « porter, supporter, soutenir » (voy. Pictet, *les Origines indo-européennes*, t. II, p. 362). Par la même évolution d'idées, dans le cunéiforme assyrien, l'idéogramme 𒍠 dont le sens primitif est « soutenir, protéger », devient l'expression la plus habituelle de l'idée de « frère ». Mais la langue parlée des Assyriens n'admettait pas ce trope de la langue graphique; dans la première acception le signe 𒍠 se lisait *naṣar,* dans la seconde *aχ.*

⬯ 𝕀, *keb,* « pli », ⬯ 𐌡, *rer,* « entourer, circuler », ⬯ ▬, *ten,* « livre ». Mais dès lors, en réalité, l'idéogramme susceptible de plusieurs sens, suivi de compléments phonétiques, devint un signe mixte, symbolico-phonétique, capable de représenter dans le rôle d'initiale plusieurs syllabes et plusieurs articulations diverses.

Originairement, à la belle époque égyptienne, ces faits de polyphonie, tels que nous venons de les exposer, ne se présentaient guère que dans les emplois d'initiales symbolico-phonétiques. Cependant il arrivait quelquefois qu'on les transportait dans le phonétisme pur, lorsqu'on voulait raffiner et remplacer, par une recherche de mauvais goût, les phonétiques ordinaires par des signes plus rares, d'habitude exclusivement réservés au rôle d'initiales. C'est ainsi que, même sur des monuments d'époque pharaonique, les deux signes exactement synonymes ⟿ et 𖣯, dont le sens idéographique est « respiration, souffle vital, âme physique », s'emploient, dans des noms propres ou dans certaines expressions composées, alternativement pour les syllabes *še* et *ves,* dans le dernier cas quelquefois avec un *s* d'usage courant comme complément phonétique, ⟿𝕀 ou 𖣯𝕀. C'est ainsi que, sans compléments phonétiques, on trouve dans des textes pharaoniques l'oreille de veau, ✍, exprimant indifféremment les syllabes et les combinaisons de syllabes *ad, anχ, mest'er, sem, sedem, aten;* le phallus, ➴, rendant les syllabes *met, χem, ut* et *bâh;* ou la jambe, 𝕝, se lisant *pat, ret, men* et *uar* (1).

Ces valeurs syllabiques polyphones, devenues d'un emploi indifféren. et sans rapport avec aucune idée symbolique, n'empêchent pas quelquefois les caractères de pouvoir être encore lus par des mots d'une prononciation toute différente, quand ils sont mis en œuvre comme idéogrammes. Ainsi la tête humaine, ♟, prise phonétiquement, représente les syllabes *tep, ḥa* et *ḥer,* et de plus, comme idéogramme figuratif de « tête », elle répond aux mots *t'et'* et *ap.*

(1) M. de Rougé (*Chrestomathie égyptienne,* p. 117-121) a dressé la liste de tous les polyphones égyptiens jusqu'à présent relevés sur les monuments pharaoniques. La véritable nature en avait été fort longtemps méconnue.

A la décadence, sous la domination romaine, les exemples de polyphonie purement phonétique devinrent plus nombreux, avec la recherche
qui pour chaque lettre fit multiplier indéfiniment les homophones. Ainsi
les cartouches contenant les noms des empereurs romains nous montrent la figure du bélier, , employée tantôt comme un *s*, parce que
« mouton » se disait *soï*, tantôt comme un *v*, parce que cette figure était
le symbole de l'idée d'« âme », *vaï*. Cet exemple est, du reste, le seul
où la polyphonie s'applique chez les Égyptiens à des valeurs alphabétiques, mais pour ce qui est des valeurs syllabiques, le fait en question
prend des développements inouïs à la basse époque, sous les Ptolémées
et sous les empereurs romains; le mauvais goût des scribes de décadence en multiplie les exemples à l'infini; il envahit complétement les
textes et y devient une cause de très-grandes obscurités.

Chez les Assyriens nous retrouvons exactement les deux mêmes faits :

1° L'emploi des idéogrammes avec un complément phonétique qui
détermine, parmi les prononciations et les sens dont chacun est susceptible, celui qui doit être adopté dans le cas spécial, et qui transforme
ainsi ces idéogrammes en phonético-symboliques polyphones dans le
rôle d'initiales;

2° La polyphonie syllabique appliquée à des signes qui finissent par
devenir dans l'usage des phonétiques tout à fait indifférents, dont l'emploi n'entraîne plus aucune idée symbolique.

Seulement les deux faits qui étaient dans un étroit rapport l'un avec
l'autre et qu'on pouvait voir s'enfanter mutuellement dans l'écriture
hiéroglyphique égyptienne, — ce qui nous a conduit à en chercher
d'abord la théorie dans cette écriture, — se montrent à nous absolument indépendants et séparés dans l'écriture cunéiforme des Babyloniens et des Assyriens. La raison en est facile à comprendre. En Égypte
c'est chez le même peuple, et pour ainsi dire dans l'intérieur du même
idiome, que se sont opérées toutes les évolutions successives dont nous
avons cherché à suivre la trace, et qui ont conduit l'écriture d'une
simple peinture d'idées entièrement distincte de la langue parlée à la
peinture des sons de cette langue. Pour ce qui est du cunéiforme anarien, au contraire, il a été inventé par un peuple d'une tout autre race

que les Assyriens, et c'est entre les mains de ce peuple qu'il est parvenu par des progrès successifs jusqu'à un syllabisme essentiellement polyphonique. C'est à cet état qu'il a été adopté par la civilisation chaldéo-assyrienne, laquelle a emprunté simultanément aux inventeurs Accadiens les valeurs phonétiques et les valeurs idéographiques des signes, entre lesquelles l'adaptation à une nouvelle langue d'une famille toute différente produisait un divorce complet. Nous reviendrons dans un paragraphe suivant sur ce fait de transmission d'un peuple à un autre dont il faut tenir un si grand compte dans l'histoire de l'écriture cunéiforme, sur ses conséquences particulières et les phénomènes de complication auxquels il donna lieu. Pour le moment, il nous suffira de le signaler, afin d'expliquer pourquoi la polyphonie se présente dans les textes assyriens comme un fait absolu, sans rapport avec la lecture et la prononciation correspondant à la valeur idéographique des mêmes caractères. Si nous possédions un nombre suffisant d'inscriptions en langue accadienne remontant à une date véritablement antique, nous pourrions sans aucun doute y retrouver bien des vestiges des origines et des étapes successives de la polyphonie. Nous constaterions des faits parallèles à ceux que nous avons reconnus dans les hiéroglyphes de l'Égypte, permettant de rétablir la transition entre l'idéogramme suivi d'un complément phonétique variable suivant qu'il s'agit de telle ou telle de ses significations, et le signe syllabique polyphone qu'on emploie sans plus se préoccuper de son rôle originaire d'idéogramme. Mais ces monuments nous manquent et nous manqueront peut-être toujours. Les plus anciens spécimens du cunéiforme anarien parvenus jusqu'à nous sont postérieurs à la transmission de ce système graphique des Accadiens touraniens au peuple chaldéo-assyrien; ils émanent de ce dernier peuple et ils écrivent son idiome, de la famille sémitique. Par conséquent, si tout caractère y est encore susceptible de deux rôles, idéographique et phonétique, le désaccord dont nous parlions plus haut entre la lecture du même signe dans ces deux rôles y est déjà complet. Les disciples des Accadiens ont reçu et adopté les valeurs phonétiques de l'écriture comme un fait purement empirique et sans s'inquiéter de son origine.

5

Dans aucun autre système d'écriture, la polyphonie n'a pris un pareil développement. Elle y est un fait constant et fondamental, soumis à deux lois essentielles que l'on peut formuler de la manière suivante :

Tout signe employé phonétiquement dans le syllabaire cunéiforme anarien est polyphone, c'est-à-dire peut être susceptible de plusieurs valeurs, les unes habituelles, les autres plus rares, qui ne s'employaient pas, du reste, d'une manière tout à fait arbitraire et d'après la simple fantaisie du scribe, mais en vertu de règles orthographiques fixes, que nous ne parvenons pas à déterminer encore toutes et dont surtout l'exposé serait ici hors de saison.

Chaque signe n'a qu'une seule valeur de syllabe simple, c'est-à-dire composée d'une consonne avec une voyelle y servant de motion après ou avant, comme *ma* et *am*. *Ses valeurs secondaires et polyphones*, qui montent quelquefois à six ou sept, *sont toutes celles de syllabes complexes*, c'est-à-dire composées d'un son vocal entre deux consonnes auxquelles elle sert simultanément de motion. Ces syllabes complexes pouvaient également, en effet, dans le système d'orthographe du cunéiforme anarien, être considérées comme un tout indivisible ou comme le produit de la coalescence de deux syllabes simples ; ainsi la syllabe *bal* pouvait être représentée tantôt par un seul signe, ►─◄|◄ *bal*, tantôt par deux, ⊐| ⊨◄| *ba-al*.

La seconde loi dont nous venons de donner la formule ne connaît que deux exceptions. Encore examinerons-nous tout à l'heure ce qu'il faut penser réellement d'une d'entre elles.

Mais le mécanisme des compléments phonétiques était tellement inhérent au génie des écritures mêlées d'idéographisme et de phonétisme, qu'une fois le cunéiforme adopté par les Chaldéo-Assyriens, il s'y reconstitua rapidement d'après les lectures prononcées qui, dans leur langue propre, correspondaient aux sens divers de chaque caractère comme idéogramme. Pour guider le lecteur dans le choix entre ces sens et ces lectures, on prit l'habitude de faire comme les Égyptiens et comme bien évidemment avaient dû faire les Accadiens, d'ajouter à la suite de l'idéogramme le signe de la dernière syllabe du mot qu'il représentait dans le texte.

Prenons pour exemple le caractère ⟨cuneiform⟩; c'est un des plus polyphones de l'écriture cunéiforme. Dans son emploi purement phonétique, il rend la syllabe simple *ut* et les syllabes complexes *tam* ou *tav*, *par*, *buš* et *puš*. En même temps il dérive de l'hiératique ⟨◇⟩ et de l'archaïque ⟨◇⟩ où l'on retrouve encore avec certitude l'hiéroglyphe primitif, qui était la figure du disque solaire. A ce titre il a comme idéogramme les signi-fications de « soleil », « soleil levant » et « jour », et, avec ces valeurs idéographiques, il correspondait dans la lecture aux trois mots assy-riens :

> *šamši* = soleil,
> *šadu* = soleil levant,
> *yum* = jour.

Pour distinguer ces trois significations et ces trois mots de la langue, on ajoutait souvent dans l'orthographe au signe ⟨cuneiform⟩ les compléments phonétiques *ši*, *du* ou *um* :

> ⟨cuneiform⟩ X *ši* = *šamši*,
> ⟨cuneiform⟩ X *du* = *šadu*,
> ⟨cuneiform⟩ X *um* = *yum*.

Est-ce à dire qu'il faille ajouter *sam*, *ša* et *yu* aux valeurs syllabiques du caractère en question? Non, comme l'a très-bien montré M. Op-pert (1), car jamais on ne trouve ⟨cuneiform⟩ comme un phonétique indifférent rendant les syllabes *šam*, *ša* et *yu* dans d'autres mots que ceux-ci, où il joue par occasion le rôle d'initiale symbolico-phonétique ou plus exac-tement d'idéogramme suivi du complément phonétique qui détermine son sens et sa prononciation dans le cas donné.

Il est vrai que l'on trouve quelquefois pour le nom des différents rois d'Assyrie appelés Samsi-Bin, au lieu de la forme habituelle et parfaite-

---

(1) *Expédition en Mésopotamie*, t. II, p. 97.

ment régulière ⟦cuneiform⟧, une variante ⟦cuneiform⟧
⟦cuneiform⟧. Comme ce nom propre signifie « le serviteur du dieu
Bin », on serait au premier abord tenté d'y voir un exemple où le signe
⟦cuneiform⟧ servirait de pur phonétique représentant la syllabe *šam* dans le mot
šamši, שׁמשׁ « serviteur ». Mais en étudiant les choses de plus près,
on arrive à se convaincre qu'il n'en est rien et que nous avons là un
exemple de ces *rébus* comme nous en avons constaté dans l'écriture
égyptienne (p. 34), où les scribes, par une sorte de jeu, par affectation d'élégance, se sont plu à prendre des groupes entiers, composés
de caractères phonétiques avec leur déterminatif idéographique et exprimant des mots de la langue, afin de les employer à écrire un mot
absolument différent comme s'ils formaient un tout indécomposable.
L'hiérogrammate ninivite a employé l'orthographe symbolico-phonétique du mot *šamaš* ou *šamši*, « soleil », pour rendre le mot homophone
šamši, « serviteur ». Ce qui le prouve définitivement est une troisième
variante dans laquelle ⟦cuneiform⟧ est précédé du signe ⟦cuneiform⟧, déterminatif
de la notion de divinité, ⟦cuneiform⟧. Ici ce n'est plus
le simple mot « soleil », c'est le nom du « dieu Soleil » qui a été pris
en rébus à la place de *šamši*, « serviteur ». C'est exactement le pendant
de l'exemple égyptien que nous avons cité, où le nom de la déesse *Selk*
ou *Serk*, avec son déterminatif du scorpion, est employé pour écrire
le verbe *serek*, « respirer ».

XVI.

Les faits que nous venons d'exposer constituent ce que nous appellerons la polyphonie *réelle*. C'est la seule qu'offre le type hiéroglyphique
égyptien parce que les signes de l'écriture y sont demeurés des images
parfaitement reconnaissables d'objets matériels. Mais lorsque le progrès
de la déformation tachygraphique a conduit les écritures d'origines
hiéroglyphique à ce point d'altération dans le tracé des caractères où les

figures primitives ne se reconnaissent plus, on voit naître encore une autre polyphonie, que nous appellerons *apparente*. Elle se produit lorsque plusieurs figures absolument différentes dans l'hiéroglyphisme primitif, et représentant par conséquent des sens et des prononciations diverses, sont amenées par une déformation graduelle à un tracé identique.

C'est ainsi qu'en Égypte les deux signes hiéroglyphiques, nettement distincts et même sans ressemblance l'un avec l'autre, de l'*angle*, ▲, phonétique de l'articulation *q*, et du *bras armé d'un casse-téte*, ⟍⟋, déterminatif générique des verbes d'action et symbole spécial de l'idée de « force », dans lequel emploi il se prononce *naχt* ou *neχt*, encore différents, mais tendant déjà à se rapprocher dans la tachygraphie hiératique, où ils sont 𝓤 et 𝓩, se confondent en démotique en un même tracé, 𝓩, qui devient polyphone puisque, sans modification dans sa forme, il peut être lu, suivant les cas, *q* ou *neχt*.

Le précieux fragment d'une des tablettes grammaticales de Ninive nous montre également que dans le cunéiforme anarien trois figures originaires absolument différentes, et douées évidemment de sens et de prononciations qui ne pouvaient se confondre,

ont été ramenées avec le temps, par l'altération que causa l'introduction du principe de tracé cunéiforme, à un même groupe de clous, ⟐, plus tard, ⟐ que les inscriptions assyriennes nous présentent comme susceptible de polyphonie (1).

Pour nous autres modernes, qui étudions les écritures égyptiennes en commençant par le type hiéroglyphique et en suivant progressivement la déformation des caractères à mesure qu'ils deviennent plus tachygraphiques, cette polyphonie n'est qu'apparente ; elle n'existe pas réellement. Mais pour les anciens, qui apprenaient à lire et à écrire le démotique directement et indépendamment de l'hiéroglyphique, elle

(1) Oppert, *Expédition scientifique en Mésopotamie*, t. II, p. 65.

était réelle. ⚡ n'était pas, comme pour nous, la déformation de deux caractères distincts, mais un même tracé polyphone. C'est ce qui arrive également pour nous dans le cunéiforme anarien. Beaucoup de faits de polyphonie que nous reconnaîtrions n'être qu'apparents si nous pouvions, comme en égyptien, suivre pour chaque caractère toutes les phases de la paléographie, sont réels dans l'état actuel de la science, car nous ne connaissons les figures hiéroglyphiques originaires que d'un bien petit nombre de signes de l'écriture cunéiforme.

Ainsi nous sommes obligés de voir une exception à la loi qui n'admet qu'une seule valeur de syllabe simple pour chaque caractère dans le signe ⬛, archaïque ⬛, que nous trouvons en effet dans les textes avec les deux prononciations simples de *ár* et de *up*. Mais l'exception est tellement contraire aux règles fondamentales et au génie propre de l'écriture cunéiforme que je n'hésite pas à admettre l'hypothèse que nous avons ici un fait de polyphonie purement *apparente* à l'origine, que deux hiéroglyphes primitifs différents, doués de sens idéographiques divers et représentant l'un *ár*, l'autre *up*, ont produit également la tachygraphie postérieure ⬛. Au reste, la valeur syllabique *ár* est tout à fait primitive et d'origine accadienne ; elle se rattache à la figure du « nez » que représentait originairement l'hiéroglyphe, car, nous l'avons déjà dit plus haut, le mot accadien pour dire « nez » était *ár*. Quant à la valeur *up*, elle est de date plus récente et d'origine assyrienne ; car elle est produite acrologiquement par le mot up*pu*, que les syllabaires d'Assourbanipal donnent comme une des lectures du signe ⬛. Préoccupés de l'idée qu'il s'agissait encore d'un dérivé de la figure du nez, on a donné au mot *uppu* le sens de « nez » ; mais cette signification n'est rien moins que sûre.

Ajoutons qu'il semblerait possible de retrouver dans le cunéiforme anarien quelques traces d'un fait exactement inverse de celui que nous qualifions de *polyphonie apparente*. Ainsi il n'y a aucune différence appréciable entre le tracé hiératique et archaïque des deux signes ⬛, dont nous avons étudié les valeurs il n'y a qu'un instant, et ⬛, qui peint la syllabe χ*i* et a la valeur idéographique de « bon » ; pour l'un et pour l'autre nous avons en hiératique ◇ et en cunéiforme archaïque ◇. N'aurait-on pas, dans le type d'écriture postérieur, adopté deux tracés dérivés nettement différents pour distinguer les deux groupes principaux de valeurs idéographiques et phonétiques d'un même caractère primitif?

XVII.

On le voit, même après que les Égyptiens furent parvenus à l'analyse de la syllabe et à l'abstraction de la consonne, il restait un pas énorme à franchir, un progrès capital à consommer, pour que l'écriture parvînt au degré de simplicité et de clarté qui pouvait seul la mettre en état de remplir dignement et complétement sa haute destination.

Répudier toute trace d'idéographisme, supprimer également les valeurs syllabiques, ne plus peindre que les sons au moyen de l'alphabétisme pur, enfin réduire les phonétiques à un seul signe invariable pour chaque articulation de l'organe, tel était le progrès qui devait donner naissance à l'alphabet, consommer l'union intime de l'écriture avec la parole, émanciper définitivement l'esprit humain des langes du symbolisme primitif et lui permettre de prendre librement son essor, en lui donnant un instrument digne de lui, d'une clarté, d'une souplesse et d'une commodité parfaites.

Ce progrès pouvait seul permettre à l'art d'écrire de pénétrer dans les masses populaires, en mettant fin à toutes les complications qui en avaient fait jusqu'alors une science abstruse et difficilement accessible, et de se communiquer chez tous les peuples, en faisant de l'écriture un instrument applicable également bien à tous les idiomes, à toutes les idées et à toutes les religions.

En effet, une écriture principalement idéographique ne pouvait que très-difficilement passer d'un peuple à un autre. Pour s'en servir, il fallait avoir les mêmes idées, la même civilisation et presque la même langue. Nous n'avons que peu d'exemples de la communication de systèmes graphiques de cette nature entre peuples de race différente, parlant des idiomes absolument divers; mais ils suffisent pour montrer qu'elle a toujours forcément produit une complication sans bornes et presque le chaos.

Les philologues qui consacrent spécialement leurs veilles à l'étude des idiomes et des systèmes graphiques de l'extrême Orient, peuvent attester ce qu'a produit en ce genre l'application de l'écriture moitié idéographique et moitié syllabique des Chinois à l'idiome annamique, entièrement différent de celui de l'Empire du milieu. Pour nous, il nous suffira de rappeler ici les faits qu'offre à ses interprètes l'écriture cunéiforme assyrienne.

Il est incontestable maintenant que cette écriture n'a pas été inventée par les Sémites de Ninive ou de Babylone, mais par un peuple antérieur, que toutes les vraisemblances paraissent rattacher à la race touranienne. C'est de ce peuple que les Assyriens et les Chaldéens reçurent à la fois les valeurs phonétiques et les valeurs idéographiques de leurs caractères. Mais, comme de juste, l'accord qui existait dans la langue des premiers inventeurs du système entre les valeurs phonétiques et la prononciation des valeurs idéographiques, fut rompu en assyrien. Puis, de la prononciation à laquelle correspondait, dans l'idiome des Sémites des bords du Tigre, le sens des idéogrammes cunéiformes, on tira, par la méthode acrologique, de nouvelles valeurs phonétiques de syllabes. Ainsi le fait de la polyphonie, que nous avons prouvé être inévitable dans toute écriture demeurée essentiellement idéographique, se trouva doublé, compliqué au point de devenir un fléau véritable et la cause des plus fâcheuses obscurités, non-seulement pour nous, mais pour les Assyriens eux-mêmes.

Nous prendrons comme exemple des complications de polyphonie auxquelles donna naissance l'application du système cunéiforme inventé par un peuple de race touranienne à l'idiome sémitique des Assyriens, le caractère ⋊, qui est peut-être, de tous ceux de l'écriture assyrienne, le signe pour lequel ces complications se sont produites sur la plus grande échelle.

Ainsi que nous l'avons dit plus haut, on connaît l'origine hiérogly-phique de ce caractère. Il dérive de la figure grossière d'une main hu-maine.

Sa valeur figurative originaire était donc celle de « main », idée que la langue du peuple chez lequel le système cunéiforme prit naissance rendait par le mot *kurpi*.

Bientôt, à côté de sa valeur purement figurative, il reçut une valeur tropique dans un rapport très-naturel avec la figure qu'il retraçait, celle de « saisir, prendre, posséder, étendre », idées que le médique rend par le verbe *imidu*, mais qui paraissent avoir constitué en accadien un radical *matu*.

De ces deux acceptions idéographiques, par la méthode de l'acrolo-gisme, découlèrent deux valeurs syllabiques différentes, *kur* et *mat*, for-mant un premier fait de polyphonie.

Mais, par le système du *rébus*, la similitude entre les sons ainsi appli-qués au caractère ⧖, et ceux de mots d'un sens fort différent de celui qu'il avait d'abord, fit transporter la signification de ces mots au ca-ractère lui-même, qui reçut ainsi les nouvelles valeurs idéographiques de :

« montagne », en accadien : *kur*,
« lever du soleil »,   »   *kur, kurra,*
« terre »,   »   *mat;* médique : *mada,*
« aller »,   »   *mit;* médique : *midu.*

Tel était l'état des valeurs, soit phonétiques, soit idéographiques, du signe ⧖, avant qu'il sortît des mains du peuple touranien de la Chal-dée, chez lequel le système cunéiforme était né, pour passer dans celles des Assyriens.

Ceux-ci, en recevant l'écriture des mains de leurs instituteurs acca-diens, adoptèrent toutes les valeurs de syllabes et d'idéogrammes que le caractère avait revêtues chez eux.

Mais, si les valeurs syllabiques restèrent les mêmes, les valeurs idéographiques correspondirent à des prononciations toutes différentes en assyrien. Elles s'y lurent désormais par les mots de la langue parlée :

כשד, « prendre »,

נפח, « lever du soleil »,

שדו, « montagne »,

ארצת, « terre »,

כשד, « aller »,

נלה, « posséder »,

נטה, « étendre ».

De ces prononciations des valeurs idéographiques du caractère dans la langue assyrienne, par une nouvelle application de la méthode acrologique, naquirent des valeurs phonétiques de syllabes, inconnues aux premiers inventeurs touraniens, qui vinrent encore compliquer la polyphonie :

De שדו, la valeur *šat*,

« נלה, » · *nal*,

« נטה, » *naṭ*.

Enfin, comme deux des valeurs syllabiques du signe ⟨𒆳⟩, *kur* et *mat*, se trouvaient correspondre exactement au son de deux mots de la langue assyrienne :

כור, « fournaise »,

מת, « mourir »,

ce signe fut si constamment employé lorsqu'on voulait écrire ces deux mots, — possibles à orthographier également *ku-ur* et *ma-at*, d'après les lois habituelles de l'écriture cunéiforme anarienne, — qu'il finit par en être l'idéogramme (1).

(1) Voy. Oppert, *Expédition en Mésopotamie*, t. II, p. 85 et suiv.

Ainsi, le caractère ⨝, déjà polyphone avant d'être transmis aux Assyriens, finit chez ces derniers, en vertu de conséquences parfaitement naturelles et presque inévitables dans la communication d'une écriture constituée comme le cunéiforme anarien, à un peuple parlant une langue d'autre famille que celle des inventeurs, par être en possession de cinq valeurs phonétiques et de neuf valeurs idéographiques absolument différentes, mais dont chacune est prouvée par des exemples certains.

On conçoit dès lors comment les Assyriens eux-mêmes, pour être en état de lire leur propre écriture, avaient besoin de s'éclairer par des syllabaires du genre de ceux que le roi Assourbanipal fit exécuter et que la pioche des ouvriers de M. Layard a rendus au jour parmi les ruines de Ninive Une pareille complication était nécessairement la source d'obscurités et d'incertitudes sans nombre, et rappelle véritablement à l'esprit les traditions relatives à la Tour de Babel, traditions dont la scène est en Chaldée, dans un des centres de l'emploi du système cunéiforme.

Encore une transmission de plus à un autre peuple, avec les mêmes conséquences que celles des Accadiens aux Assyriens, et les signes de l'écriture auraient fini par avoir tant de valeurs diverses qu'ils seraient devenus absolument indéchiffrables. Et, en effet, nous voyons de nouvelles valeurs phonétiques apparaître quand l'écriture cunéiforme passe des Assyriens aux Alarodiens de l'Arménie et aux Touraniens de la Médie, prédécesseurs des Mèdes aryens, bien que ces peuples cherchent du moins à éviter l'extrême confusion que nous venons de constater au moyen de simplifications sur lesquelles nous reviendrons dans un moment.

Cet exemple suffit, croyons-nous, pour montrer combien il était impossible qu'une écriture demeurée essentiellement idéographique se propageât de peuple en peuple, en dépit des différences d'idées et de langages. Tant que les écritures n'avaient pas répudié tout vestige d'idéographisme, elles devaient forcément rester confinées chez le peuple qui les avait vues naître ou dans un étroit rayon alentour. L'invention de l'alphabet proprement dit pouvait seule permettre à l'art d'écrire de rayonner sur toute la surface du monde et devenir le patrimoine commun des peuples des races les plus diverses.

Encore devons-nous laisser de côté un dernier phénomène qui vient encore ajouter à la complication dans les cas où une de ces écritures mêlées de phonétisme et d'idéographisme passe d'un peuple à un autre ; c'est celui de l'*allophonie*. Il consiste dans l'adoption de mots de la langue du peuple instituteur, écrits phonétiquement, que le peuple disciple emploie dans les textes écrits, mais non plus pour leur lecture phonétique originaire, et qu'il lit par le mot de sa propre langue correspondant comme sens et absolument différent comme son, transformant ainsi ces mots d'abord phonétiques en groupes idéographiques complexes. Les textes assyriens nous offrent ainsi beaucoup de mots qui, à l'origine et pour les Accadiens, étaient phonétiques, mais qui, pour les Chaldéo-Assyriens, étaient désormais des idéogrammes complexes, lus et prononcés par les mots de la langue assyrienne sémitique répondant à leur signification, sans qu'on tînt plus de compte de l'ancienne lecture accadienne qu'on retrouve en prenant les éléments qui les composent pour des phonétiques simples (1). « Ces groupes, dit très-bien M. Ménant, étaient devenus à leur tour de véritables images qui ne parlaient plus qu'à l'œil dans les textes assyriens, et les scribes de Ninive et de Babylone en reproduisaient les formes graphiques, sans se préoccuper de leur articulation originelle ni de leurs flexions, pour s'en servir comme de véritables idéogrammes. »

Nous croyons cependant, tout en reconnaissant le phénomène des allophones dans le cunéiforme assyrien et en le tenant comme y ayant eu des applications très-multipliées, que M. Ménant, et sous son influence M. Oppert, ont attribué à ce phénomène un trop grand développement quand ils en sont venus à considérer comme des *allophones*, qui devaient être lus par les mots sémitiques correspondants, tous les mots non sémitiques qu'offrent les textes de Ninive et de Babylone. Le vocabulaire d'aucune langue ne reste absolument pur de toute introduction d'éléments étrangers. A notre avis, il serait contraire à toutes les vrai-

(1) Voy. Ménant, *Inscriptions de Hammourabi*, p. 30.

semblances que l'assyrien n'eût pas adopté beaucoup de mots non sémitiques, empruntés à cet idiome accadien duquel on avait pris l'écriture et qui restait d'ailleurs toujours vivant à Babylone, au moins dans les écoles sacerdotales, à l'état de langue savante et sacrée. Et, en effet, nous croyons pour notre part qu'une bonne critique doit admettre, comme le faisait M. Oppert en 1859 (1), ce fait que les Assyriens avaient reçu *dans leur langue*, et non pas seulement *dans leur système graphique*, un grand nombre de mots de l'idiome touranien des inventeurs du système cunéiforme. Ils disaient en même temps :

Pour « bon »,   *ṭabu*, terme sémitique, et χ*iga*, terme accadien,
　　« puissant », *dannu*,   »   et *danga*   »
　　« grand »,   *rabu*,   »   et *gal*   »
　　« mauvais », *bašu*,   »   et *šari*   »
　　« chameau », *gamlu*,   »   et *abba*   »
etc., etc.

En revanche, l'allophonie n'est pas contestable quand nous voyons joindre au mot accadien originairement phonétique et devenu un idéogramme complexe le complément phonétique de la dernière syllabe du mot assyrien correspondant comme sens. Ainsi, pour nous contenter d'un seul exemple, le mot qui désignait les canaux d'irrigation, si multipliés dans la Babylonie et dans la Chaldée, était en accadien *ganig* et en assyrien χ*igal*. Or nous trouvons fréquemment dans les textes assyriens le groupe de caractères qui représente phonétiquement *ganig*, ⫶⫶⫶ ⫶⫶⫶, suivi des compléments phonétiques de χ*igal*, c'est-à-dire des signes des syllabes *lu, li* et *la*, suivant le cas réclamé par la phrase. Il n'est donc pas douteux qu'on lisait alors :

Cas direct : ⫶⫶⫶⫶ — χ*igallu*.
Génitif : ⫶⫶⫶⫶ — χ*igalli*.
Accusatif : ⫶⫶⫶⫶ — χ*igalla*.

(1) *Expédition en Mésopotamie,* t. II, p. 95 et suiv.

Les cas d'allophonie sont encore plus multipliés dans les inscriptions alarodiennes (1), ou inscriptions indigènes de l'Arménie, que dans les inscriptions assyriennes. Dans ces textes alarodiens, ce sont des mots de la langue assyrienne sémitique pris tout d'une pièce par les habitants primitifs de l'Arménie, disciples des scribes ninivites, et employés dans leur système graphique comme des idéogrammes complexes, mais certainement lus par des mots de la langue indigène absolument divers de la prononciation qu'ils peignaient d'abord en Assyrie.

Au reste, ce phénomène ou plutôt cette méthode qui nous étonne au premier abord n'était pas exclusivement propre au cunéiforme anarien. On en trouve ailleurs d'autres exemples, produits dans des conditions analogues. Les Japonais, dans le système qu'ils appellent *yomi* ou *wa-kun*, usent de même de mots et de phrases chinoises, qu'ils lisent par les mots et les phrases correspondantes de leur idiome (2). Même, — et c'est cela qui nous empêche d'y insister plus longtemps, car nous nous trouverions ainsi sortir de notre sujet, — un tel phénomène n'est pas borné dans ses applications aux écritures dans lesquelles l'idéographisme et le phonétisme entrent concurremment. On en trouve des exemples dans des langues écrites d'une manière purement alphabétique. M. Haug a récemment établi (3) le rôle considérable de la méthode de l'allophonie dans les textes pehlevis, où la plupart des mots sémitiques étaient lus par les mots iraniens correspondants.

Ajoutons qu'encore aujourd'hui la plupart des peuples de l'Europe se servent de certaines abréviations empruntées au latin, qui ont pris le caractère de véritables allophones. Telles sont celles dont usent constamment les Anglais :

$$l = \text{pound (money).}$$
$$d = \text{penny.}$$
$$lb = \text{pound (weight).}$$

(1) Pour l'explication et la justification de ce nom, voy. la deuxième de nos *Lettres assyriologiques* (Paris, 1871, in-4°, autographié).

(2) Hoffmann, *Japansche Spraakleer*, p. 29-35. — Donker Curtius, *Proeve eener Japansche Spraakkunst*, p. 27-32. — Léon de Rosny, *Introduction à l'étude de la langue japonaise*, p. 61-64.

(3) *Essay on the pahlavi language*, p. 38 et suiv.; 121 et suiv.

Nous-mêmes, nous employons tous à chaque instant, dans des notes conçues en pur français, l'abréviation *cf.*, empruntée au latin *confer*, et qu'il faut lire « comparez ».

XVIII.

L'invention de l'alphabet proprement dit ne pouvait prendre naissance chez aucun des peuples qui avaient créé les systèmes primitifs d'écriture débutant par des figures hiéroglyphiques, avec leur idéographisme originaire, même chez celui qui était parvenu jusqu'à l'analyse de la syllabe et à l'abstraction de la consonne. Elle devait être nécessairement l'œuvre d'un autre peuple, instruit par celui-ci.

En effet, les peuples instituteurs des écritures originairement idéographiques avaient bien pu, poussés par les besoins impérieux qui naissaient du développement de leurs idées et de leurs connaissances, introduire l'élément phonétique dans leurs écritures, donner progressivement une plus grande importance et une plus grande extension à son emploi, enfin porter l'organisme de cet élément à un très-grand degré de perfection. Mais des obstacles invincibles s'opposaient à ce qu'ils fissent le dernier pas et le plus décisif, à ce qu'ils transformassent leur écriture en une peinture exclusive des sons, en répudiant d'une manière absolue tout élément idéographique.

Le premier obstacle venait de l'habitude, cette seconde nature, qui exerce sur l'homme une si grande et si irrésistible influence. Perfectionner par un progrès graduel les règles d'un art qui a pris naissance entre vos mains, que vous avez créé vous-même, en lui conservant les bases essentielles sur lesquelles il s'est fondé, est chose facile. Mais rompre violemment avec une tradition de longs siècles, dont vos ancêtres ont été les auteurs, dans laquelle vous avez été élevé, à laquelle vous avez fini par vous identifier, est un effort surhumain et presque impossible.

Un second obstacle non moins fort venait de la religion. Toutes les écritures primitives, par suite de leur nature symbolique elle-même et de leur génie, avaient un caractère essentiellement religieux et sacré. Elles étaient nées sous l'égide du sacerdoce, inspirées par son esprit de symbolisme. Dans la première aurore de civilisation des peuples primitifs, l'invention de l'art d'écrire avait paru quelque chose de si merveilleux que le vulgaire n'avait pas pu la concevoir autrement que comme un présent des dieux. Aussi le système hiéroglyphique était-il appelé par les Égyptiens eux-mêmes ⟨hiéroglyphes⟩, « écriture des divines paroles ». Sur le célèbre caillou Michaux, parmi les principaux symboles de la religion chaldéenne, nous voyons le clou, ⊨—, élément fondamental du tracé adopté pour les caractères de l'écriture, placé sur un autel comme l'emblème du dieu Nisrouk ou Aouv (l''Aὸς de Damascius), l'intelligence, le verbe divin. Ainsi, à Babylone, on avait divinisé l'élément générateur des lettres. Nous verrons le même fait se reproduire dans l'Inde, où le caractère d'origine phénicienne appliqué à écrire le sanscrit reçoit le nom de *dévanagâri*, « écriture divine », et où l'invention en est attribuée à Brahma; chez les peuples germaniques et scandinaves, où les runes, lettres de l'alphabet national, sont considérées comme essentiellement sacrées et douées d'une vertu magique, et où on les tient pour un présent d'Odin.

Bouleverser de fond en comble la constitution d'une écriture ainsi consacrée par la superstition religieuse, lui enlever absolument toute la part de symbolisme sur laquelle se fondait principalement son caractère sacro-saint, était une entreprise énorme et réellement impossible chez le peuple même où l'écriture avait reçu une sanction si haute, car c'eût été porter une atteinte directe à la religion. La révolution ne pouvait donc s'accomplir qu'à la suite d'un changement radical dans l'ordre religieux, comme il arriva par suite des prédications du christianisme, dont les apôtres déracinèrent chez beaucoup de peuples (en Égypte, par exemple) les anciens systèmes d'écriture à l'essence desquels s'attachaient des idées de paganisme et de superstition; ou bien par les mains d'un peuple nouveau, pour lequel le système graphique reçu du peuple plus anciennement civilisé ne pouvait avoir le même caractère sacré, qui par conséquent devait être porté à lui faire subir le changement décisif au moyen duquel il s'appliquerait mieux à son idiome, en devenant d'un usage plus commode.

Ainsi ce ne sont pas les Chinois eux-mêmes qui ont amené leur écriture au pur phonétisme, et qui, rejetant tout vestige d'idéographisme, ont tiré de ses éléments un syllabaire restreint et invariable, avec un seul signe pour chaque valeur. Ce sont les Japonais qui ont emprunté aux types *kiài* et *thsào* de l'écriture mixte du Céleste-Empire leurs syllabaires *kata-kana* et *fira-kana*, en abrégeant le tracé de certains signes pour les rendre plus faciles à écrire, et en modifiant légèrement celui de certains autres pour éviter les confusions qui auraient pu résulter de formes analogues.

Les Assyriens, non plus, ne dégagèrent pas l'élément syllabique de l'écriture cunéiforme; dans leur usage national il demeura toujours amalgamé à l'élément idéographique. Mais quand les habitants indigènes de la Susiane adoptèrent cette écriture à leur exemple et d'après leurs enseignements, ils leur empruntèrent exclusivement le syllabaire, avec ses valeurs simples et complexes, laissant absolument de côté tout vestige d'idéographisme. Quant à la population la plus ancienne de la Médie, de race touranienne, lorsque la même transmission eut lieu des Assyriens à elle, elle ne garda qu'un nombre imperceptible d'idéogrammes et rendit l'écriture presque exclusivement phonétique. Telle est, en effet, la nature du deuxième système graphique des inscriptions trilingues des Achéménides.

De même, les Égyptiens, après être parvenus jusqu'à la conception de l'*alphabétisme*, ne franchirent point le dernier pas et ne surent pas en tirer l'invention de l'*alphabet* proprement dit. Ils laissèrent à un autre peuple la gloire de cette grande révolution, si féconde en résultats et si heureuse pour les progrès de l'esprit humain.

XIX.

Mais tous les peuples n'étaient pas à même de consommer l'invention de l'alphabet. Si, comme nous venons de le faire voir, des obstacles invincibles provenant à la fois des habitudes et de la religion s'opposaient à ce que les Égyptiens tirassent eux-mêmes cette conséquence de la découverte qui leur avait fait transformer les signes d'abord syllabiques en de véritables lettres, il fallait pour accomplir le dernier progrès un peuple placé dans des conditions particulières et doué d'un génie spécial.

Avant tout il fallait un peuple qui, par sa situation géographique, touchât à l'Égypte et eût été soumis à une profonde influence de la civilisation florissante sur les bords du Nil. C'est en effet seulement dans ces conditions qu'il pouvait prendre pour point de départ la découverte des Égyptiens, base indispensable du progrès dernier qui devait consister à bannir de l'écriture tout élément idéographique, à assigner un seul signe à la représentation de chaque articulation, enfin de cette manière à constituer pour la première fois un alphabet proprement dit.

Mais cette condition matérielle n'était pas suffisante. Il en fallait d'autres dans les instincts et le génie de la nation.

Le peuple appelé à donner ainsi à l'écriture humaine sa forme définitive devait être un peuple commerçant par essence, un peuple chez lequel le négoce fût la grande affaire de la vie, un peuple qui eût à tenir beaucoup de comptes courants et de livres en partie double. C'est en effet dans les transactions commerciales que la nature même des choses devait nécessairement faire le plus et le plus tôt sentir les inconvénients, signalés par nous tout à l'heure, du mélange de l'idéographisme, ainsi que de la facilité de multiplier les homophones pour la même articulation, et conduire à chercher un perfectionnement de l'écriture dans sa simplification, en la réduisant à une pure peinture des sons au moyen de signes invariables, un pour chaque articulation.

Ce n'est pas tout encore. Une dernière condition était nécessaire. L'invention ne pouvait être consommée que par un peuple qui, s'il avait été soumis à une très-forte influence égyptienne, professât pourtant une autre religion que celle des bords du Nil, un peuple même qui fût très-peu religieux, et au fond presque athée; — ce qui, du reste, nul ne l'ignore, dans l'esprit du paganisme, pouvait très-bien se concilier avec un panthéon fort peuplé. Autrement, en effet, il n'aurait pas été capable de briser les entraves religieuses qui s'opposaient au rejet absolu de l'antique symbolisme et à la révolution dont le résultat forcé devait faire de l'écriture une chose profane, purement civile et indifférente, au lieu d'une chose sacrée qu'elle avait été jusqu'alors.

En un mot, si l'invention définitive de l'alphabet ne pouvait avoir pour auteur qu'un peuple voisin de l'Égypte, soumis à son influence et ayant reçu communication de sa grande découverte philosophique de la décomposition de la syllabe, il fallait encore que le génie de ce peuple fût essentiellement *positiviste*.

Tel est le génie des Japonais, en même temps que leurs conditions de situation géographique et de soumission à l'influence par rapport à la Chine sont exactement celles où nous venons de dire qu'avait dû se trouver par rapport à l'Égypte le peuple à qui fut due enfin l'invention de l'alphabet. Aussi sont-ce les Japonais qui ont réduit l'écriture symbolico-phonétique des Chinois à un pur syllabaire de 47 caractères.

Dans le monde ancien il n'y a jamais eu qu'un seul peuple qui ait rempli à la fois toutes les conditions que nous venons d'énumérer, voisinage de l'Égypte, action de l'influence égyptienne sur lui dès une époque très-reculée, activité commerciale supérieure à celle de tout autre peuple de l'antiquité, enfin religion autre que celle de l'Égypte et très-faible développement du sentiment religieux, inhérent cependant à la nature même de tous les hommes : ce furent les Phéniciens.

Ainsi les Phéniciens seuls, par la réunion de toutes ces circonstances, étaient capables de tirer un dernier progrès de la découverte des Égyptiens, et de pousser la conception de l'alphabétisme à ses dernières conséquences pratiques, en inventant l'alphabet proprement dit. Ce fut en effet ce qui arriva, et la gloire du dernier et du plus fécond progrès de l'art d'écrire appartient en propre aux fils de Chanaan.

XX.

Le témoignage de l'antiquité est unanime pour leur attribuer cette gloire.

Qui ne connaît les vers tant de fois cités de Lucain, épigraphe toute trouvée pour ceux qui traitent la question dont nous avons fait, quant à présent, le sujet de nos études ?

> Phoenices primi, famae si creditur, ausi
> Mansuram rudibus vocem signare figuris.
> Nondum flumineas Memphis contexere biblos
> Noverat; et saxis tantum, volucresque feraeque,
> Sculptaque servabant magicas animalia linguas (1).

Pline dit également : *Ipsa gens Phoenicum in magna gloria litterarum inventionis* (2). Clément d'Alexandrie : Φοίνικας καὶ Σύρους γράμματα ἐπινοῆσαι πρώτους (3). Pomponius Méla se sert des termes suivants : *Phoenicen illustravere Phoenices, sollers hominum genus, et ad belli pacisque munia eximium; litteras et litterarum opera, aliasque etiam artes, maria navibus adire, classe confligere, imperitare gentibus, regnum proeliumque commenti* (4). Enfin, pour nous borner aux témoignages considérables et laisser de côté ceux d'une valeur secondaire, on se souvient des expressions de Diodore de Sicile (5) : Σύροι εὑρεταὶ τῶν γραμμάτων εἰσί.

Ici les témoignages littéraires sont pleinement confirmés par les dé-

---

(1) Lucan., *Pharsal.*, III, v. 220-224.
(2) *Hist. nat.*, V, 12, 13.
(3) *Stromat.*, I, 16, 75.
(4) *De sit. orb.*, I, 12.
(5) V, 74.

couvertes de la science moderne. Nous ne connaissons aucun alphabet
proprement dit antérieur à celui des Phéniciens, et tous ceux dont il
existe des monuments, ou qui se sont conservés en usage jusqu'à nos
jours, procèdent plus ou moins directement du premier alphabet, combiné par les fils de Chanaan et répandu par eux sur la surface du monde
entier.

XXI.

Mais si les Phéniciens, comme nous sommes amenés à le reconnaître
par tout ce qui précède, bien que n'ayant pas inventé le principe des
lettres alphabétiques, furent les premiers à l'appliquer dans ses dernières
conséquences, en rendant l'écriture exclusivement phonétique, et
composèrent le premier alphabet proprement dit, où en puisèrent-ils
les éléments ?

Beaucoup d'opinions divergentes ont été émises sur ce point, et lorsque l'Académie des Inscriptions et Belles-Lettres proposa pour la première fois au concours le sujet que nous avons essayé de traiter dans
cet Essai, elle joignait à la question de la diffusion de l'alphabet phénicien dans le monde antique celle de son origine. Mais depuis, cette
partie du programme a été retranchée, pour restreindre quelque peu
l'immense étendue du sujet offert aux efforts des concurrents. La question d'origine avait d'ailleurs, dans l'intervalle, été résolue dans un mémoire capital de M. de Rougé, d'une manière que, pour notre part,
nous regardons comme définitive.

Bien que cette question ne fasse plus partie du programme du concours pour lequel nous osons entrer dans la lice, il nous semble nécessaire d'en dire quelques mots dans la présente introduction, en prenant pour guide le savant académicien dont nous venons de rappeler
le travail.

Trois systèmes principaux ont été produits à ce sujet.

Le premier, auquel se rangeait encore Gesenius, tendait à considérer les lettres phéniciennès comme sans rapport avec les autres systèmes graphiques des âges primitifs et découlant d'un hiéroglyphisme dont les figures originaires seraient expliquées par les appellations de la nomenclature conservée à la fois chez les Grecs et chez les Hébreux.

Ce système, fort spécieux tant que l'immortelle découverte de Champollion n'avait pas révélé l'existence de l'élément alphabétique dans les hiéroglyphes égyptiens, a été depuis lors généralement abandonné des savants, dont la tendance a été plutôt de chercher en Égypte l'origine des caractères phéniciens. Et en effet, si la tradition antique est unanime à présenter les Chananéens comme les auteurs du premier alphabet, une masse imposante de témoignages indique leurs lettres comme puisées à la source du système graphique des Égyptiens. Un célèbre passage de Sanchoniathon (1) nomme Taauth, c'est-à-dire Thoth–Hermès, représentant de la science égyptienne, comme le premier instituteur des Phéniciens dans l'art de peindre les articulations de la voix humaine. Platon (2), Diodore (3), Plutarque (4), Aulu-Gelle, prouvent la perpétuité de cette tradition. Tacite enfin, qui nous a conservé le nom de Ramsès comme étant celui du pharaon conquérant dont les prêtres expliquaient les victoires représentées sur les murailles des édifices de Thèbes, Tacite se montre également bien informé sur l'origine des signes de l'alphabet chananéen, lorsqu'il dit que les lettres ont été originairement apportées d'Égypte en Phénicie : *Primi per figuras animalium Aegyptii sensus mentis effingebant (ea antiquissima monumenta memoriae humanae impressa saxis cernuntur) et litterarum semet inventores perhibent. Inde Phoenicas, quia mari praepollebant, intulisse Graeciae, gloriamque adeptos, tanquam repererint, quae acceperant* (5).

En présence de ces témoignages et de la certitude désormais possédée de l'existence du principe fondamental de l'alphabétisme chez les Égyptiens nombre de siècles avant la formation du premier alphabet chez

---

(1) *Ap.* Euseb., *Praepar. evangel.*, I, 10, p. 22, ed. Orelli.
(2) *Phaedr.*, 59.
(3) I, 69.
(4) *Quaest. conviv.*, IX, 3.
(5) *Annal.*, XI, 14.

les Phéniciens, l'origine égyptienne des signes adoptés par les fils de Chanaan pour peindre les diverses articulations de la parole ne paraît guère pouvoir être mise en doute. Mais, ici encore, il faut choisir entre deux systèmes principaux sur la manière dont les Phéniciens empruntèrent à l'Égypte les éléments de leur alphabet.

L'un de ces systèmes est celui de mon père, produit dès 1838 par son auteur, mais qui n'a pas eu d'autre publicité que celle de son cours dans la chaire d'histoire ancienne de la Sorbonne. Il considère comme empruntées à l'Égypte les figures et non les valeurs des lettres phéniciennes. Les Phéniciens, d'après ce système, auraient choisi dans la masse des hiéroglyphes un certain nombre de figures, auxquelles ils auraient donné de nouvelles puissances phonétiques, en suivant, comme les Égyptiens, pour l'établissement de ces valeurs, la méthode acrologique, mais en l'appliquant à leur propre langue et en faisant de chacune des figures ainsi choisies le signe de l'articulation initiale du mot qui y correspondait dans l'idiome chananéen. Ainsi l'on aurait emprunté aux monuments égyptiens le dessin d'une *tête de bœuf*, et sans s'inquiéter de ce que cette figure pouvait signifier dans les hiéroglyphes, on en aurait fait le ✗ du système phénicien, parce que le mot « bœuf » אלף, commençait par cette articulation. Le ⌐ serait une abréviation formée par synecdoche du *plan de maison*, ▢, auquel la valeur de ב, tout autre que celle qu'il avait chez les Égyptiens, aurait été attribuée à cause du mot בית, « maison »; le ○ serait le signe hiéroglyphique de la *prunelle de l'œil*, affecté à un rôle tout nouveau en vertu de la méthode acrologique et par suite de la forme du mot qui signifiait « œil » en phénicien, עין. Le système de mon père peut donc se résumer en deux mots de la manière suivante :

1° Emprunt à l'Égypte du principe de l'alphabétisme et de la méthode acrologique pour le choix des caractères destinés à représenter les différentes articulations ;

2° Emprunt également fait à la même source du système d'après lequel sont tracées les figures affectées au rôle de lettres ;

3° Mais en même temps valeurs nouvelles pour ces figures, lesquelles

valeurs sont puisées dans la langue phénicienne d'après la même méthode et le même principe qui avait fait puiser par les Égyptiens dans
leur propre langue les valeurs des images qu'ils employaient alphabétiquement.

Le mémoire de M. de Rougé n'a pas non plus encore vu le jour,
mais nous en connaissons la substance par l'analyse qui en a été donnée dans les *Comptes rendus de l'Académie des Inscriptions et Belles-
Lettres*(1). Le système fondamental en consiste à laisser entièrement de
côté la nomenclature hébraïque et grecque, et à considérer chaque
lettre phénicienne comme devant provenir d'un signe égyptien exprimant, sinon d'une manière exactement précise la même articulation,
du moins la plus analogue.

A priori, ce système est celui qui semble offrir le plus de chances
d'exactitude et reposer sur le meilleur principe. En effet, si toutes les
vraisemblances indiquent que les Phéniciens ont dû former leur alphabet sous l'influence et à l'imitation du principe de l'alphabétisme
inauguré par les Égyptiens, il n'est guère probable que ce peuple aurait emprunté à l'Égypte le dessin de ses lettres sans y puiser en même
temps les valeurs qu'ils leur assignaient. Lorsque les Japonais ont tiré
de l'écriture chinoise les éléments de leurs syllabaires, ils ont pris au
système graphique de l'empire du Milieu les valeurs en même temps
que les figures. Or il ne serait pas naturel de supposer que les Phéniciens aient agi par rapport à l'écriture égyptienne autrement que les
Japonais par rapport à l'écriture chinoise, lorsque le but qu'ils pour-
suivaient et les résultats qu'ils atteignirent étaient exactement les mêmes, la suppression de tout élément idéographique dans l'écriture, et
sa réduction à un pur phonétisme employant un petit nombre de signes
invariables, sans homophones.

M. de Rougé pose avec une grande rigueur les règles critiques qui,
pour l'application et la justification de son système, doivent guider
dans les comparaisons entre les signes égyptiens et les lettres phéniciennes de manière à établir l'origine de ces dernières. Ces règles re-

(1) T. III (1859), p. 115-124.

posent précisément sur les principes qui servent de base fondamentale à toutes les recherches du présent mémoire, principes dont nous nous sommes efforcé de ne jamais nous départir en tentant de reconstituer la filiation des diverses écritures alphabétiques sorties plus ou moins directement de la source phénicienne.

Il faut, dit l'éminent égyptologue, pour arriver à un résultat conforme à toutes les exigences de la saine critique :

1° Choisir comme premier élément de comparaison le type phénicien le plus archaïque;

2° Rechercher la forme des caractères égyptiens cursifs à une époque aussi reculée que l'origine de l'alphabet phénicien;

3° Ne comparer les lettres chananéennes qu'à des signes qui, dans les textes égyptiens, jouent presque constamment le rôle de phonétiques ordinaires et indépendants de toute signification idéographique, et qui, en même temps, y aient des valeurs purement alphabétiques;

4° Établir la comparaison signe à signe et en se conformant à la correspondance des articulations dans les deux langues;

5° Faire ressortir les ressemblances des lettres ainsi rapprochées et chercher à expliquer d'une manière satisfaisante les différences, en étudiant les circonstances qui ont pu déterminer leurs modifications respectives.

La courte dissertation que nous placerons comme complément à la suite de cette introduction sera consacrée à la recherche du type le plus archaïque de l'alphabet phénicien, et nous espérons, à l'aide des documents nouveaux, acquis à la science dans les dernières années, parvenir à serrer la solution définitive de ce côté de la question de plus près encore que n'avait pu le faire M. de Rougé. Mais, bien loin d'infirmer les rapprochements du savant académicien, le pas en avant que nous espérons faire sur ce sujet n'aura pour résultat que de les rendre plus frappants et plus décisifs.

La seconde règle établie par M. de Rougé est d'une extrême importance. Il suffit de regarder les caractères de l'alphabet phénicien pour acquérir la certitude que, s'ils ont été empruntés à l'Égypte, ils ne peuvent procéder directement des hiéroglyphes, mais seulement de la ta-

chygraphie appelée *hiératique*. Mais il y a au moins deux types fondamentaux et bien distincts de cette tachygraphie. L'un nous est constamment offert par les papyrus du temps de la XVIII⁰ et de la XIX⁰ dynastie,
et prit bien évidemment son origine dans la grande renaissance de
toutes les institutions égyptiennes qui suivit l'expulsion des Pasteurs.
L'autre était en usage avant l'invasion de ces conquérants étrangers et
l'interruption qu'elle produit dans l'histoire d'Égypte, coupée par cet
événement en deux parties que l'on a appelées l'*ancien* et le *nouvel
empire*. Le type le plus antique et le plus parfait en est le célèbre manuscrit de la Bibliothèque impériale connu sous le nom de *papyrus
Prisse*, le plus ancien livre du monde de l'aveu de tous les savants,
dans lequel se lisent les noms de plusieurs rois des dynasties primitives.
A côté il faut placer les deux papyrus de Berlin, remontant à la XII⁰ dynastie, dont M. Lepsius a inséré les *fac-simile* dans son grand ouvrage
des Monuments de l'Égypte et de l'Éthiopie.

L'invention de l'alphabet phénicien, bien qu'on ne puisse en préciser
la date, est évidemment, d'après tous les indices, un fait trop ancien
pour que l'on doive mettre en parallèle avec les lettres de cet alphabet,
et considérer comme ayant pu leur servir de types, les caractères de
l'hiératique égyptien postérieur à la XVIII⁰ dynastie; d'après toutes les
vraisemblances historiques, c'est seulement l'hiératique de l'*ancien empire* qui a pu être la source de l'écriture des fils de Chanaan. Or, c'est
précisément en prenant ce type le plus ancien de l'hiératique que l'on
trouve à faire les rapprochements les plus séduisants entre les formes
des signes exprimant les articulations correspondantes chez les Égyptiens et chez les Phéniciens. Dans le type des papyrus de la XVIII⁰ et
de la XIX⁰ dynastie, plusieurs des ressemblances les plus frappantes se
sont évanouies déjà, évidemment par suite de la marche divergente que
les deux peuples suivirent dans les modifications successives du tracé
de leurs écritures.

Nous venons de parler de la comparaison des signes exprimant les
articulations correspondantes chez les Égyptiens et chez les Phéniciens.
La nécessité rigoureuse de se restreindre absolument à ces comparaisons constitue la quatrième règle posée par M. de Rougé. Cependant il

est manifeste que deux langues aussi différentes que le phénicien et l'é-
gyptien ne possédaient pas exactement le même nombre et les mêmes
nuances d'articulations. En admettant donc que les Phéniciens composèrent leur alphabet avec des lettres égyptiennes dont ils conservaient la valeur aussi exactement que possible, ils durent se trouver en
face de difficultés tout à fait analogues à celles que rencontrèrent les
peuples de la Grèce, de l'Espagne ou de la race germano-scandinave,
dans l'application qu'ils firent des signes phéniciens à l'écriture de systèmes de langues si profondément différents des idiomes sémitiques.

Mais les rapports politiques et commerciaux entre l'Égypte et les
populations de race sémitique qui touchaient immédiatement à sa fron-
tière, étaient si fréquents et si étroits, que les hiérogrammates avaient
presque à chaque instant l'occasion de tracer avec les lettres égyptiennes,
dans les pièces qu'ils rédigeaient, des mots ou des noms propres empruntés aux idiomes sémitiques. De ces occasions et du besoin qu'elles
faisaient naître était résulté, par une conséquence naturelle et presque
inévitable, l'établissement de règles fixes d'assimilation entre les articulations de l'organe sémitique et celles de l'organe égyptien. Il y en
avait un certain nombre de communes et d'exactement semblables entre
les deux ordres d'idiomes ; pour celles-ci, point n'avait été de difficulté.
Les hiérogrammates les rendaient par les phonétiques ordinaires dont
la prononciation était exactement semblable. Quant aux articulations
qui ne se correspondaient pas d'une manière précise d'un côté et de
l'autre, une convention générale et rigoureusement observée faisait
transcrire chaque articulation de l'organe sémitique absente de l'organe
égyptien, par les figures affectées à la représentation d'une certaine
articulation de la langue de l'Égypte, que l'on avait considérée comme
le plus analogue. Ainsi le ‏ז‎ et le ‏צ‎ des Sémites se rendaient par les
signes qui dans l'usage habituel des Égyptiens peignaient l'articulation
figurée en copte par ⳡ, articulation dont le son exact paraît avoir été
intermédiaire entre *dj* et *sj*. ‏א‎ était assimilé au son vocal vague flottant
entre *a* et *o*, que représentaient l'*aigle*, 𓄿 , ou le *roseau,* 𓇋 ; ‏ע‎ au son
de même nature, mais plus long, que l'on indiquait par le *bras,* 𓂝 .

L'égyptien n'admettait pas la distinction du ט et du ה, fondamentale chez les Sémites; il n'avait qu'un seul *t*. Mais parmi les différents signes affectés à la représentation de cette valeur phonétique, les hiérogrammates, afin que l'on ne pût se méprendre dans leurs transcriptions sur le point de savoir si c'était d'un ט ou d'un ה qu'il s'agissait, en choisirent deux, parfaitement homophones et s'échangeant perpétuellement dans l'orthographe des mots égyptiens, pour faire de l'un, ⊂⊃, le correspondant constant et invariable du ט dans les transcriptions de noms et de mots sémitiques, et de l'autre, ⌒, le correspondant du ה.

Hincks a le premier tenté de dresser, d'après les monuments relatifs aux conquêtes des Pharaons en Asie, un tableau de la concordance d'articulations ainsi établie entre l'égyptien et les langues sémitiques. Le travail du savant irlandais, qui remonte à 1847, a été complété et rectifié de la manière la plus heureuse par M. Brugsch dans sa Géographie des monuments hiéroglyphiques. Sans doute, on ne saurait suivre l'égyptologue de Berlin sur le terrain où il se place, en prétendant trouver dans les transcriptions égyptiennes de mots sémitiques la prononciation précise des hiéroglyphes phonétiques au temps de la XVIII⁰ dynastie, en soutenant que les correspondances ainsi établies par les hiérogrammates révèlent une identité absolue de valeurs et non, en certains cas, une simple approximation. Mais ceci ne touche en rien à l'exactitude avec laquelle il a su établir ces correspondances, et son travail n'en demeure pas moins la base indispensable de toute comparaison entre les lettres phéniciennes et les signes hiératiques de l'âge de l'*ancien empire*, pour en rechercher l'origine. En effet, du moment qu'il a existé chez les Égyptiens des règles fixes pour la transcription des articulations sémitiques avec les phonétiques de leur écriture, on ne saurait en bonne critique chercher la source et l'origine de la lettre dont les Phéniciens ont fait le signe représentatif de chacune de ces articulations, que parmi les caractères que les hiérogrammates de l'Égypte ont spécialement affectés à la peindre.

L'application rigoureuse des règles que nous venons d'exposer a conduit M. de Rougé à dresser un tableau comparatif des lettres phéniciennes avec les formes que revêtent dans le papyrus Prisse les signes hiératiques d'un emploi phonétique indifférent qui ont servi d'ordinaire sous la plume des scribes égyptiens à en transcrire les articulations. Ce tableau nous paraît être décisif et ne plus laisser place au doute sur la manière dont les fils de Chanaan allèrent chercher dans l'écriture tachygraphique des Égyptiens, leurs instituteurs, des éléments avec lesquels ils combinèrent leur alphabet. Nous le reproduirons donc dans notre planche I, mais en y apportant une modification importante, en substituant dans la colonne du phénicien aux formes empruntées par M. de Rougé à l'inscription du sarcophage d'Eschmounazar, monument de date comparativement récente, celles que dans le complément à cette introduction nous croyons pouvoir établir comme positivement archaïques. Le résultat de cette modification sera de rendre les rapprochements encore plus étroits et plus convaincants.

Quinze lettres phéniciennes sur vingt-deux sont assez peu altérées pour que leur origine égyptienne se reconnaisse du premier coup d'œil comme certaine. Les autres, quoique plus éloignées du type hiératique, peuvent encore y être ramenées sans blesser les lois de la vraisemblance, d'autant plus que l'on reconnaît facilement que leurs altérations se sont produites en vertu de lois constantes.

Ainsi les formes arrondies sont devenues généralement anguleuses, ce qui doit tenir avant tout à une différence dans le procédé matériel de l'écriture, car les différences de ce genre, on en trouvera de nombreux exemples dans le cours de notre Mémoire, ont eu toujours une grande part aux changements de forme des lettres transmises d'un peuple à un autre. L'hiératique égyptien se traçait à l'encre, avec le calame ou le pinceau, sur les feuilles de papyrus aplanies et préparées. Ni monuments ni témoignages anciens ne nous révèlent d'une manière positive comment les Phéniciens traçaient leur écriture dans les usages ordinaires et non monumentaux ; mais aux formes anguleuses de leurs lettres il semble qu'ils devaient, du moins au début, écrire comme le font encore certains peuples de l'Inde, avec une pointe sur des planchettes de bois minces ou des écorces d'arbres (1).

(1) M. de Vogüé a pourtant publié dans les derniers temps un fragment de papyrus qui est

Quelques signes égyptiens hiératiques ont été abrégés dans le phénicien, exactement comme certains des signes chinois adoptés par les
Japonais l'ont été dans les syllabaires *kata-kana* et *fira-kana*.

L'écriture a été soumise par les fils de Chanaan à une régularisation
générale ; certaines lettres se sont redressées et resserrées dans le sens
horizontal.

En appliquant ces observations, qui constituent autant de principes
constants de la déformation, il n'est pas une seule des lettres phéniciennes,
même de celles qui dans notre tableau ont pu paraître le plus altérées,
qui ne se ramène facilement et sûrement à son prototype hiératique.

XXII.

Nous regardons par conséquent la question de l'origine des lettres
phéniciennes comme définitivement résolue par M. de Rougé.

Les Chananéens n'empruntèrent pas seulement à l'Égypte le principe de l'alphabétisme, mais encore les figures et les valeurs de leurs
lettres. Leur invention constitua le dernier progrès du développement
du système graphique né sur les bords du Nil, en tirant de ce système
les éléments d'un véritable alphabet et en bannissant de l'écriture tout
ce qui était de non-phonétisme.

Mais dès lors, en admettant cette manière de voir, qui nous semble
incontestable, la nomenclature des lettres phéniciennes, telle qu'elle
nous a été conservée par les Hébreux et les Grecs, bien que remontant à une date fort ancienne, puisqu'elle est antérieure à la communication de l'art d'écrire aux premiers habitants des contrées helléniques, ne saurait être considérée comme contemporaine de l'origine
même de l'alphabet des fils de Chanaan et comme en rapport exact
avec les figures hiéroglyphiques d'où découlaient en réalité les caractères de cet alphabet. Ainsi l'hiératique $\mathcal{A}$, d'où provient X, est la

positivement phénicien ; c'est le premier connu. *Syrie centrale ; Inscriptions sémitiques*,
p. 131.

tachygraphie de la figure de l'*aigle*, 🦅, et son nom, אלף, en grec
Αλφα, signifie « bœuf ». ⟋ sort de ⟍, tachygraphie de l'image d'une
sorte de *grue*, 🐦, et le nom qui lui est assigné, בת, en grec Βῆτα,
veut dire « maison ». △ provient du cursif de la *main*, ⟶, ⟵, et
on l'appelle דלת, en grec Δέλτα « porte », et ainsi de tous les autres
signes. Pas une seule fois la nomenclature retenue par les Grecs et les
Hébreux ne se trouve coïncider avec la véritable origine hiéroglyphique des signes.

Il faut donc considérer cette nomenclature comme une invention
postérieure, combinée lorsque la tradition de la véritable origine des
lettres s'était oblitérée déjà par l'effet du temps, — ce qui, par paren-
thèse, amène à reporter bien haut le point de départ de l'existence de
l'alphabet phénicien, puisqu'un effet qui demande nécessairement,
comme celui-ci, un laps assez considérable de temps, s'était déjà produit avant la diffusion de l'alphabet en Grèce, attribuée par la légende
à Cadmus. On pourrait conjecturer avec assez de vraisemblance que
l'établissement de la nomenclature dont nous parlons fut contemporain de la fixation de l'ordonnance de la série des lettres, qui elle aussi
ne paraît pas remonter à l'origine et à la première invention.

Dans tous les cas, le principe acrologique pour la figuration des valeurs phonétiques de l'écriture était si bien entré dans les habitudes
et les idées des peuples anciens, que cette nomenclature fut fondée sur
une application du principe, exactement inverse de celle qui avait eu
lieu chez les Égyptiens. Ceux-ci avaient donné à un certain nombre
d'images d'animaux ou d'objets matériels la puissance de représenter
l'articulation initiale des noms des objets de ces images dans leur
idiome. Ayant perdu la tradition des figures d'où provenaient en réalité leurs lettres, les Phéniciens cherchèrent dans ces lettres une sorte
d'hiéroglyphisme grossier et leur donnèrent les noms des objets matériels désignés dans leur propre langue par des mots ayant pour initiale
l'articulation peinte par chacune d'entre elles, qui leur semblèrent le
mieux rappelés par leur tracé. 𐤀 parut ressembler tant bien que mal

à une *tête de bœuf;* on nomma ce signe אָלֶף. Un certain rapport que l'on crut pouvoir établir entre la figure ◁ et un *battant de porte,* fut cause qu'on l'appela דֶּלֶת, « porte ». La comparaison établie entre ٩ et un *clou* ou un *pieu* donna naissance au nom וָו, « clou » ; entre ⊟ ou ⊠ et une *barrière,* à חֵית, « clôture » ; entre Ζ et une *main* avec les doigts ouverts, à יוֹד, « main » ; entre ⊕ et un *serpent* enroulé sur lui-même, se mordant la queue, à טֵיט, « serpent » ; entre ⚡ ou ⚡ et un objet monté sur un *support,* à סָמֶךְ, « support » ; entre Ο et un *œil,* à עַיִן, « œil » ; entre ⊢ ou ⋔ et un *javelot* avec sa courroie (*amentum*), à צָדִי, « trait pour la chasse » ; entre Ϙ et un *nœud* de corde, à קוֹף, « nœud » ; entre Ⴟ et une *tête* portée sur le col, à רֵישׁ, « tête » ; entre W et une rangée de *dents,* à שִׁין, « dents ». Il est évident que toutes les appellations de la nomenclature durent emprunter leur origine à des rapprochements du même genre ; mais nous ne parvenons guère à saisir les ressemblances que les Phéniciens crurent pouvoir remarquer entre certaines de leurs lettres et les objets dont ils leur donnèrent les noms. Ainsi, nous ne nous rendons pas bien compte de l'analogie trouvée entre ℎ ou Ⅎ et la *paume de la main,* כַּף, ⋔ et les *eaux,* מֵים, Ϛ et un *poisson,* נוּן, Ϟ et un *visage,* פֵּא. Mais il est certain que les Chananéens avaient été moins difficiles que nous et avaient trouvé ces analogies qui nous échappent, puisqu'ils donnaient aux signes des noms qui les rappelaient.

Telle est la manière dont nous pensons que doit être expliquée la formation de la nomenclature des lettres phéniciennes, sans rapports avec l'origine réelle de ces lettres. Pour ceux qui auraient quelque peine à l'admettre, nous les renverrons au VIIe livre du présent Essai, où ils verront le même fait se reproduire exactement pour les runes des peuples germaniques et scandinaves. Nous croyons pouvoir établir l'origine directement phénicienne des runes, probablement influencées aussi à une certaine époque par l'exemple et le contact de l'alphabet grec ; mais, si les figures et les valeurs des lettres chananéennes furent ainsi transmises aux nations qui s'établirent depuis dans le nord de l'Europe, il n'en fut pas de même des appellations de ces lettres. Aussi les Germains et les Scandinaves créèrent-ils pour leurs runes une nomenclature nouvelle et à eux particulière, fondée en partie sur des ressemblances grossières remarquées entre le tracé de ces signes et l'apparence de certains objets matériels, et en partie sur les idées magiques et superstitieuses qu'ils attachaient à chaque rune.

De même, lorsque les missionnaires chrétiens, saint Patrice et ses disciples, apportèrent aux Irlandais les lettres latines et les appliquèrent à la représentation de leur idiome, les habitants d'Erin ne prirent pas la nomenclature grecque enseignée dans les écoles latines, comme on le voit par le vers célèbre de Juvénal (1) :

Hoc discunt omnes ante *alpha* et *beta* puellae,

mais créèrent des nomenclatures nouvelles, dont l'une désigne chaque lettre par l'appellation d'un personnage de l'histoire sacrée ou des légendes nationales, et l'autre leur donne des noms d'arbres ou de plantes, nomenclatures qui correspondent, comme celles des runes, à une ordonnance particulière de l'alphabet.

XXIII.

Nous considérons, on le voit par les observations qui précèdent, la nomenclature hébraïque des lettres comme remontant aux Phéniciens et représentant presque sans altération les noms que ceux-ci donnaient aux signes de leur alphabet. L'existence de la nomenclature grecque, qui est identique à celle-ci et a été transmise par les Chananéens aux populations de la Grèce en même temps que l'usage de l'écriture, ne peut pas laisser de doutes à ce sujet.

Mais ces appellations des lettres offrent un côté d'un grand intérêt

(1) *Satir.*, IX, v. 209.

7

par les renseignements qu'elles fournissent sur l'état de civilisation de la population chananéenne au moment où elle inventa l'alphabet de vingt-deux lettres, et par suite sur l'époque probable de cette invention. Il est en effet bien évident que c'est aux objets qui frappaient le plus habituellement leurs regards et dont ils se servaient le plus constamment que les Chananéens durent essayer d'assimiler que bien que mal les figures de l'écriture hiératique égyptienne qu'ils adoptaient pour en faire les éléments constants et invariables de leur alphabet.

Une portion de la nomenclature phénicienne des lettres désigne des parties du corps humain : יוֹד, ἰῶτα, « la main » (hébreu יָד; le nom éthiopien correspondant, *yaman*, signifie *dextra*); כַּף, κάππα, « la paume de la main »; עַיִן, « l'œil »; פֵּא, πῖ, « la face » (hébreu פֶּה); רֵישׁ, ῥῶ, « la tête » (hébreu רֹאשׁ); שִׁין, σάν, « les dents » (hébreu שֵׁן). Ces appellations ne fournissent aucune donnée sur ce que nous y cherchons dans ce moment, et par conséquent nous les laisserons de côté, comme aussi celle du קוֹף, κόππα, qui signifie « un nœud », de la racine que l'hébreu nous fournit sous la forme קוֹף, *circuivit, circumivit*, et celle du תֵּו, ταῦ, qui signifie « un signe », ce qui correspond parfaitement au type phénicien le plus antique de la lettre, ✚ ✗, une croix, c'est-à-dire le « signe » le plus simple et le plus naturel, celui dont les illettrés de tous les pays se servent en guise de signature, celui par lequel les anciennes tribus nomades marquaient leurs troupeaux (en arabe نَوِي signifie « un signe cruciforme avec lequel on marque les bestiaux »).

Mais le reste de la nomenclature est plus significatif.

Une série de mots y révèle le peuple qui l'a inventée comme essentiellement agriculteur : אָלֶף, ἄλφα, « le bœuf »; גִּימֶל, γάμμα (pour γάμλα), « le joug (1) »; חֵית, ἦτα, « la haie » (syriaque ܚܝܛ, arabe خَط; le nom éthiopien *h'aut* a la même signification); לָמֶד, λάμβδα, « l'ai-

---

(1) L'explication du nom du *gimel* par le mot talmudique *gimla*, « joug, » proposée pour la première fois par Bœttcher (*Unsres Alphabets Ursprung*, Dresde, 1860), nous paraît excellente; jusqu'à présent on interprétait ce nom par l'hébreu גָּמֵל, « chameau; » mais le tracé de la figure du caractère se prête difficilement à cette interprétation; tandis qu'il peut, sans trop de difficulté, avoir été comparé à un joug.

guillou » (hébreu מַלְמָד) ; le nom תָּו pourrait encore être rattaché à cette catégorie, en le prenant dans le sens spécial de l'arabe تَوِي.

Ce même peuple avait déjà renoncé à la vie nomade; il était devenu sédentaire ; au lieu de tentes il avait de véritables maisons, בֵּית, βῆτα, « la maison » (hébreu בַּיִת), soutenues sur des poteaux, סָמֶך, σῖγμα (par métathèse de la gutturale et du μ), « le support », avec des portes, דֶּלֶת, δέλτα, « la porte », et des fenêtres, הֵא, « la fenêtre » (arabe هو), maisons dans la construction desquelles le clou était employé, וָו, « le clou ».

Il connaissait l'usage des armes pour la guerre et pour la chasse : זַיִן, ζῆτα (état emphatique d'une forme וַי qui est le nom éthiopien de la lettre, zai), « l'arme » (syriaque ܙܰܝ̈ܢܐ); צְדִי, « le javelot de chasse » (de la racine qui a produit en hébreu צָדָה, insidiatus est, et צַיִד, venatio).

Ce peuple enfin habitait au bord des eaux, מֵים (le nom grec, μῦ, comme le nom éthiopien, mai, est le même mot au singulier, tandis qu'il est au pluriel dans l'hébraïque), qui lui fournissaient une partie de son alimentation, נוּן, νῦ (par apocope), « le poisson » (le nom éthiopien naχaš signifie « l'anguille »); cependant aucune des appellations de lettres ne se rapporte aux choses de la marine et de la navigation. Il faut enfin noter que le pays habité par le peuple qui combina l'alphabet de vingt-deux lettres paraît avoir été fécond en serpents, טֵית, θῆτα, « le serpent » (arabe لَطَّ).

La conclusion de ceci est facile à tirer. D'après les indications précises et inestimables que nous fournit la nomenclature des lettres, les Chananéens ont définitivement formé leur alphabet avec des éléments égyptiens et lui ont donné son existence propre après la grande migration qui les avait amenés sur les bords de la Méditerranée, lorsqu'ils avaient déjà renoncé à la vie nomade, étaient devenus sédentaires et agriculteurs, lorsque le contact avec l'Égypte leur avait enseigné déjà les arts principaux de la civilisation, mais en même temps lorsqu'ils n'étaient pas encore entrés dans la carrière de leurs grandes navigations.

Cette conclusion, qui assigne une bien haute antiquité à l'invention de l'alphabet de vingt-deux lettres, est confirmée par deux faits positifs.

Le premier est l'antiquité du type d'hiératique égyptien qui a donné naissance aux figures de l'alphabet phénicien archaïque. Nous n'avons de monuments de ce type qu'antérieurs à l'invasion des Pasteurs, et il se montre complétement tombé en désuétude au moment où éclate la renaissance de la XVIIIe dynastie. Le second, c'est qu'il ressort d'un texte positif que sous le règne de Ramsès II, c'est-à-dire dans le quinzième siècle avant notre ère, le grand peuple chananéen des Khétas, les Héthéens de la Bible, était déjà pleinement en possession de l'usage de l'écriture. Nous voulons parler du traité du prince des Khétas et Ramsès, gravé sur une des murailles du palais de Karnak (1) et si savamment interprété par M. le vicomte de Rougé (2). Il résulte en effet du récit relatif à la conclusion de ce traité que le texte en fut apporté au pharaon tout écrit et gravé sur une tablette d'argent, par les scribes du prince chananéen (3).

Nous ne serions pas éloigné, d'après ces données, d'adopter l'opinion déjà proposée par M. Ewald et à laquelle semblent se rattacher MM. Bœttcher, Longerke et Renan, opinion d'après laquelle l'alphabet de vingt-deux lettres aurait été combiné et tiré du vaste fonds de l'écri-

(1) Lepsius, *Denkmæler aus Ægypten und Æthiopien*, t. III, p. cxlvi.

(2) Dans le bel ouvrage de M. Egger sur *les Traités publics dans l'antiquité*, p. 243-252.

(3) Ce témoignage n'est pas le seul qui établisse d'une manière positive l'existence de l'usage d'une écriture nationale chez les Khétas chananéens, au temps de leurs grandes luttes contre l'Égypte de la dix-huitième dynastie. Dans les divers tableaux historiques qui, à Ibsamboul et à Karnak, représentent la bataille de Qadesch sur l'Oronte, dans laquelle Ramsès II accomplit les exploits personnels chantés dans le poëme de Pen-ta-our, un des individus qui figurent dans l'armée asiatique est appelé , « Hilepsar (חלפשר), l'écrivain des livres du vil Khéta. » C'était, a très-bien dit M. de Rougé, « sans doute quelque littérateur de la primitive Asie, qui s'apprêtait à chanter les hauts faits du prince de Khéta, si la fortune eût abandonné Ramsès. » Il faut du reste se souvenir ici qu'au temps de Josué la ville chananéenne de Debir était surnommée « la ville des livres » קִרְיַת סֵפֶר (Jos. XV, 15), ce que les Septante rendent par « la ville des scribes » et la version chaldaïque par « la ville des archives ».

La constatation de l'existence de l'écriture parmi les populations de la Syrie antérieurement à Moïse et à l'Exode des Hébreux a une grande importance pour les questions bibliques. Un des arguments fondamentaux de l'école hypercritique allemande contre l'authenticité du Pentateuque était en effet l'impossibilité où Moïse se serait trouvé de l'écrire faute d'un alphabet s'appliquant de son temps aux idiomes sémitiques. Mais cet argument avait été déjà réfuté par M. Munk (*Palestine*, p. 140) avant qu'on connût les témoignages décisifs des monuments égyptiens.

ture phonétique des Égyptiens, en Égypte même, au temps de la domination des Pasteurs. Toutes les vraisemblances concordent, en effet, pour
prouver que l'élément principal dans la mystérieuse population des
Pasteurs ou Hycsos, qui domina pendant cinq cent onze ans sur une
partie au moins de l'Égypte, devait être de race chananéenne et composé des Khétas, adorateurs du dieu Set ou Soutekh, dont les rois
Pasteurs avaient établi le culte à Avaris, leur capitale.

XXIV.

En même temps que les Chananéens imposèrent de nouveaux noms
aux lettres égyptiennes qu'ils adoptaient pour en former leur écriture,
ils établirent une nouvelle ordonnance grammaticale de l'alphabet.

Tout prouve que l'ordonnance de l'alphabet hébraïque, tel qu'il est
parvenu jusqu'à nous, est exactement celle de l'alphabet phénicien.
Chez les Hébreux, d'abord, il est certain qu'elle remonte à une très-
haute antiquité ; à côté de la valeur numérale des lettres qui se retrouve
sur les monnaies asmonéennes, et qui est la même aussi en samaritain
et en syriaque, nous pouvons encore en citer comme preuves l'usage
si curieux et si singulier de l'*Athbasch* du temps de la Captivité (1), le
premier chapitre des Lamentations de Jérémie, qui est alphabétique, les
Psaumes également alphabétiques, CXI, CXII, CXIX (2), et aussi le

(1) Sur l'antiquité du système de l'*Athbasch*, voy. le commentaire de saint Jérôme sur Jérémie, XXV, 26 ; le Talmud de Babylone, tr. *Synhédrin*, fol. 22 ; tr. *Soucca*, fol. 57, et Midrasch
Rabba sur les Nombres, XVII.

L'exemple que saint Jérome et les Rabbins ont cru en trouver dans Jérémie, XXV, 26 et LI,
41, parait ne devoir plus être admis : voy. notre *Essai de commentaire des fragments cosmogoniques de Bérose*, p. 169 et suiv. Mais l'exemple de Jérémie, LI, 1, לב קמי pour כשדים, est
très-vraisemblable.

(2) Les chapitres II, III et IV des Lamentations et les Psaumes IX, XXV, XXXIV, XXXVII
et XXXVIII sont aussi alphabétiques, mais avec quelques irrégularités. Elles sont à mettre sur
le compte de l'inspiration poétique et surtout de l'impossibilité de toujours trouver le mot qui
eût été nécessaire dans une série alphabétique absolument régulière. Dans les chapitres II, III
et IV des Lamentations פ est avant ע. Au commencement du verset 28 du Psaume XXXVII,

dixième chapitre des Proverbes, dans lequel, à partir du verset 10, chaque verset commence successivement par une des lettres de l'alphabet à son rang dans la série. Nous retrouvons ensuite la même ordonnance dans l'alphabet grec complété par les quelques caractères qui n'ont d'emploi que comme signes numéraux, et là certainement elle est venue des Phéniciens en même temps que fut communiquée la notion de l'écriture alphabétique. Il n'y a donc pas de doute possible sur ce point.

Enfin le Musée Britannique possède plusieurs fragments de bien précieuses tablettes de terre cuite provenant de la bibliothèque fondée par le roi Assourbanipal dans le palais de Ninive, lesquelles contenaient des listes des caractères phéniciens accompagnés d'explications en caractères cunéiformes sur la valeur mystique et magique des lettres (1). L'ordonnance de l'alphabet, d'après les fragments qui en subsistent, était la même que chez les Hébreux.

Le désir de tout expliquer a donné, chez les érudits modernes, naissance à un grand nombre de systèmes, fort ingénieux sans doute, mais ne reposant sur aucune base solide, qui tendaient tous à rendre compte de cette ordonnance de l'alphabet phénicien et de la manière dont les lettres s'y suivent. Tout bien considéré, aucune loi rigoureuse, aucune raison philosophique ne paraît y avoir présidé. Il est certain que les signes de l'alphabet de vingt-deux lettres ne sont rangés ni d'après les organes appelés à les émettre, ni d'après la force plus ou moins grande de la voix nécessaire à cette émission, ni d'après la signification attribuée aux figures qui les peignaient. Si une conception raisonnée a présidé à l'arrangement de cet alphabet, elle nous échappe complètement, et tout nous y paraît le produit du pur hasard.

Mais il est maintenant incontestable que l'ordonnance donnée à l'alphabet de vingt-deux lettres appartient en propre aux Phéniciens et n'a pas été, plus que les appellations des lettres, empruntée à l'Égypte.

le mot initial commençant par ע manque, le sujet s'étant probablement perdu. Dans les Psaumes XXV et XXXIV, il n'y a pas de ו, soit qu'il ait disparu, soit que l'auteur ait eu trop de peine à faire entrer à l'endroit convenable de sa composition un des rares mots commençant par cette lettre; en même temps פ est répété une seconde fois à la fin sans raison d'être. Dans le Psaume XV, ק est remplacé par ר, mais se retrouve ailleurs dans le même hymne.

(1) Voy. Rawlinson, *Journal of the Royal Asiatic Society,* new ser., t. I, p. 245.

Sur les parois de quelques temples des bords du Nil on lit certaines inscriptions hiéroglyphiques contenant des litanies divines classées alphabétiquement comme les versets des Psaumes rappelés tout à l'heure et ceux des Lamentations de Jérémie. M. Mariette a publié une étude rapide, mais d'une haute importance, sur ces inscriptions (1). Elles lui ont permis d'établir avec certitude tout le début de l'ordonnance grammaticale des lettres de l'alphabet chez les Égyptiens, jusqu'alors absolument ignorée.

Cette ordonnance, dans ce que M. Mariette a pu du moins en reconstituer, est la suivante :

$$d \cdot t \cdot s \cdot \bar{a} \cdot u \cdot f \cdot a \cdot p \cdot m \cdot n \cdot h \cdot \chi \cdot \check{s} \cdot t' \cdot v.$$

Elle comprend donc les articulations dont les phonétiques les plus indifférents et les plus habituels sont :

[hiéroglyphe] . [hiéroglyphe] (2) . [hiéroglyphe] (3) . [hiéroglyphe] . [hiéroglyphe] (4) . [hiéroglyphe] . [hiéroglyphe] (5) . [hiéroglyphe] (6) [hiéroglyphe] (7) . [hiéroglyphe] (8) . [hiéroglyphe] (9) . [hiéroglyphe] (10) . [hiéroglyphe] (11) . [hiéroglyphe] (12) . [hiéroglyphe] (13),

(1) *Revue archéologique*, nouv. sér., t. XV, p. 290-296.

(2) Variantes également habituelles et indifférentes : [hiéroglyphe] [hiéroglyphe].

(3) Variante : [hiéroglyphe].

(4) Variante : [hiéroglyphe].

(5) Variante : [hiéroglyphe].

(6) Variante : [hiéroglyphe].

(7) Variantes : [hiéroglyphe] . [hiéroglyphe].

(8) Variante : [hiéroglyphe].

(9) Variantes : [hiéroglyphe] . [hiéroglyphe].

(10) Variantes : [hiéroglyphe] . [hiéroglyphe].

(11) Variante : [hiéroglyphe].

(12) Variante : [hiéroglyphe].

(13) Variante : [hiéroglyphe],

correspondant exactement aux lettres sémitiques :

ד . ת ט (1) . ס . ע . ו (2) . א . ף . מ . ן . ה . ח . ש . ע . ב

Pour compléter l'alphabet il faut ajouter à la suite, mais dans un ordre que malheureusement nous ignorons encore, les articulations :

$$i . k . q . k' . r$$

dont les phonétiques les plus ordinaires sont :

‖ (3) . ⌣ (4) . ◣ . ⊠ . ⊂⊃ (5)

et qui correspondent dans l'alphabet de vingt-deux lettres aux signes :

י . ך . ק (6) . ר . ל (7)

Il n'est guère possible de trouver une raison philosophique et une loi rigoureuse dans cette ordonnance plus que dans celle de l'alphabet phénicien, bien qu'on y remarque quelques tendances au groupement des articulations congénères les unes avec les autres. Mais dans tous les cas elle est absolument différente de l'ordonnance phénicienne.

Il ressort donc des curieuses recherches de M. Mariette sur les litanies alphabétiques des temples de l'Égypte, que si les Chananéens empruntèrent à l'antique civilisation des habitants des bords du Nil les figures et les valeurs des lettres de leur écriture, ils inventèrent de leur propre fonds le classement qu'ils donnèrent à ces lettres dans leur alphabet, aussi bien que les appellations qu'ils leur imposèrent.

---

(1) L'écriture égyptienne n'établit pas de distinction entre les articulations ת et ט, qui y sont rendues par les mêmes signes.

(2) Le ו sémitique correspond à la fois aux deux articulations égyptiennes *u* et *f*.

(3) Variante : \\.

(4) Variante : ⌡⌠.

(5) Variante : ⟿.

(6) L'articulation du ⊠, rendue par le Ⲥ copte, n'a aucun analogue dans l'alphabet sémitique de 22 lettres.

(7) Les deux articulations ר et ל ne se distinguaient pas en égyptien et y étaient représentées par les mêmes hiéroglyphes.

XXV.

Nous nous sommes efforcé jusqu'à présent de reconstituer les étapes successives qui conduisirent depuis la première origine de l'art d'écrire jusqu'à l'invention définitive de l'alphabet. Nous avons vu combien cette grande et féconde invention, qui amena l'écriture à son dernier degré de perfection et en fit un instrument complétement digne de la pensée humaine, fut lente à se produire, combien péniblement elle se dégagea, par une marche graduelle, de l'idéographisme originaire. Nous avons vu comment pour y parvenir il avait fallu la combinaison des efforts successifs et des génies variés d'un peuple philosophe, les Égyptiens, qui sut concevoir la décomposition de la syllabe et de l'abstraction de la consonne, puis d'un peuple pratique et marchand, les Phéniciens, qui rejeta tout élément idéographique et réduisit le phonétisme, demeuré seul, à l'emploi d'une figure unique pour représenter chaque articulation. Mais aussi cette invention, qui demeurera l'éternelle gloire des fils de Chanaan, ne fut faite qu'une seule fois dans le monde et sur un seul point de carte, et, une fois accomplie, elle rayonna partout de proche en proche.

Nous avons dit un peu plus haut que tous les alphabets proprement dits, qui ont été ou qui sont encore en usage sur la surface du globe, se rattachent plus ou moins immédiatement à l'invention des Phéniciens et sortent tous de la même source, dont ils sont éloignés à des degrés divers (1). C'est la démonstration de ce fait qui constitue le sujet de notre ouvrage.

_____

(1) Il faut pourtant admettre à cette règle quelques rares exceptions, comme à toute autre en ce monde, excepté dans les mathématiques. Elles sont au nombre de deux :

1° Le cunéiforme perse, dont nous traiterons dans le neuvième livre de cet Essai; les principaux éléments de son alphabet paraissent en effet empruntés au syllabaire du cunéiforme anarien dans son type spécialement employé par la population touranienne de la Médie, mais avec transformation du syllabisme en alphabétisme. Il est vrai que l'alphabet perse contient encore bien des vestiges de l'état syllabique antérieur, que ne connaît plus l'alphabet phénicien. De plus nous montre-

XXVI.

La question posée par l'Académie des Inscriptions et Belles-Lettres, et à laquelle nous avons essayé de répondre, était ainsi conçue :

« Rechercher les plus anciennes formes de l'alphabet phénicien ; en « suivre la propagation chez les divers peuples de l'ancien monde ; « caractériser les modifications que ces peuples y introduisirent afin « de l'approprier à leurs langues, à leur organe vocal, et peut-être

rons plus loin, par des arguments qui nous paraissent décisifs, que ce fut à l'imitation et sous l'influence de l'écriture phénicienne que le cunéiforme perse adopta le principe de l'alphabétisme. Enfin cette écriture ne peut être regardée comme exclusivement alphabétique, puisqu'elle a conservé quelques idéogrammes, en nombre imperceptible il est vrai, mais parfaitement caractérisés, tels que ceux de « roi, » ⟐⟨⟩⟨, et de « pays, » ⟨⟨⟨ (Voy. Ménant, *Sur l'origine de quelques caractères des inscriptions ariennes des Achéménides*, Paris, 1870). M. Oppert (*Mélanges perses*, Paris, 1870) admet six idéogrammes jusqu'à présent connus, représentant les notions de « roi », « terre », « pays », « fils », « nom », et « homme Perse ».

2° L'écriture cypriote, dont les rares monuments connus jusqu'à ce jour ont été publiés par M. le duc de Luynes (*Numismatique et inscriptions cypriotes*, Paris, 1852) et par M. le comte de Vogüé (*Mélanges d'archéologie orientale*, p. 93-104). Il faut joindre à ces monuments la précieuse inscription bilingue, phénicienne et cypriote, que M. Lang a récemment envoyée au Musée Britannique (*Transactions of the Society of Biblical Archæology*, t. I, 1re part., pl. à la p. 128). L'écriture cypriote demeure encore indéchiffrée, car nous ne considérons pas les tentatives de M. Smith (*Transactions of the Society of Biblical Archæology*, t. I, 1re part., p. 129-144) comme réellement satisfaisantes; mais on peut déjà, croyons-nous, dans l'état actuel de la science, reconnaître qu'elle renferme un élément alphabétique considérable, admettant comme en égyptien pour chaque articulation un grand nombre d'homophones. Mais cet élément y est-il seul, ou se trouve-t-il accompagné d'une certaine part d'idéographisme? C'est ce qu'on ne saurait dire aujourd'hui, non plus que déterminer l'origine de l'écriture propre à l'antique population de l'île de Cypre. Espérons qu'avant la fin de notre publication, qui demandera nécessairement un assez long temps, le déchiffrement des inscriptions cypriotes sera passé au nombre des conquêtes de la science, et que nous pourrons consacrer en terminant un Appendice à ce système graphique, encore enveloppé du plus complet mystère. On a lieu de fonder à ce sujet quelques espérances sur les recherches entreprises par un philologue très-ingénieux et qui a déjà bien mérité de la science, M. Joseph Halévy. — J'ajouterai qu'à mes yeux l'écriture cypriote représente un système graphique particulier, qui a dû, à une date fort ancienne, être commun aux populations étroitement apparentées qui habitaient Cypre et la côte méridionale de l'Asie Mineure, et qu'il en est resté des débris, mêlés à des éléments d'origine grecque, dans les alphabets lycien et carien.

« aussi quelquefois en le combinant avec des éléments empruntés à
« d'autres systèmes graphiques. »

Le travail que nous soumettons au jugement de l'illustre Compagnie,
en réponse à cette question proposée par elle, est le fruit de huit années de recherches assidues (1). Nous sommes le premier à en confesser
toute l'imperfection, et ce n'est qu'en tremblant que nous le plaçons
sous les yeux de nos juges. Notre seule excuse pour des résultats aussi
incomplets, pour un travail aussi peu digne de l'Académie à laquelle
nous le présentons, — mais nous nous hâtons d'invoquer cette excuse
afin d'obtenir du moins l'indulgence, — est dans l'immensité même du
sujet, écrasant pour nos faibles épaules. Il eût fallu, pour le traiter
dignement et surtout d'une manière pleinement originale dans toutes
ses parties, une science presque universelle dans les matières d'érudi-
tion et de philologie. Aussi ce n'est pas sans intention, ni par une
feinte modestie, que nous avons pris pour épigraphe les paroles légèrement modifiées du poëte latin,

Materies superabat opus;

c'est avec un sentiment très-réel de notre faiblesse et de notre insuffisance devant un pareil sujet. Mais malgré ce sentiment nous avons osé
aborder l'entreprise, considérant qu'il y aurait toujours honneur à
l'avoir tentée, même sans y réussir. Tout notre espoir est que du moins
nous serons parvenu à faire que l'on ne traite pas notre audace de pré-
somption. Nous n'avons pas prétendu faire du neuf sur tous les points;
c'eût été folie, et, dans bien des cas, nous aurions été trop incompétent
pour éviter de nous égarer. Notre objet a été plus modeste. Il s'est
borné la plupart du temps à grouper et à coordonner, dans un ensemble général, ce qu'avaient dit sur chaque question les maîtres de la
science.

(1) Nous reproduisons ici la phrase même qui se lisait dans notre manuscrit, présenté à
l'Académie en 1866. Mais nous devons ajouter que depuis lors il s'est écoulé six ans, pendant
lesquels nous nous sommes efforcés de perfectionner notre travail autant qu'il était en notre
pouvoir et de le tenir au courant des progrès incessants de la science.

XXVII.

En poursuivant nos études de paléographie comparative, en examinant soigneusement les diverses écritures alphabétiques pour en rechercher la parenté et en établir les divergences de manière à pouvoir les classer par familles et à en reconstituer la filiation, nous avons vu peu à peu se dégager à nos yeux une vérité assez inattendue pour nous, mais que nous croyons maintenant incontestable. C'est l'existence du lien d'une origine commune entre toutes ces écritures, qui, sans exception, par des courants de dérivation différents, découlent de la source chananéenne.

On peut, pensons-nous, parvenir à rétablir d'une manière presque certaine l'enchaînement des degrés de filiation plus ou moins multipliés par lesquels elles se relient à leur prototype originaire, et sur cette reconstitution baser un classement des systèmes d'écritures alphabétiques par familles naturelles, à l'instar de ce que l'on a fait dans la botanique et la zoologie. Du moment que la possibilité d'une semblable entreprise s'est montrée à nous, il nous a semblé que là résidait le principal intérêt de la question posée par l'Académie et que de ce côté devaient se tourner nos efforts.

Nous avons donc eu la hardiesse d'aborder le sujet dans sa plus vaste étendue, pensant qu'il se renouvelait par l'extension même que nous lui donnions, en même temps qu'il prenait un intérêt plus général. Car, à le restreindre dans l'étude de la filiation des alphabets le plus directement issus du type phénicien, il se fût tenu dans les limites d'une curiosité bien spéciale, et nous n'eussions pu, d'ailleurs, y ajouter que peu de chose aux résultats obtenus déjà par des hommes tels que Kopp et Gesenius, sous le point de vue de la paléographie sémitique, ou Franz, M. Mommsen et M. Kirchoff sous celui de la paléographie grecque, Wilson, Prinsep et M. Albrecht Weber en ce qui touche aux écritures de l'Inde.

Notre Essai, par conséquent, se trouve être en réalité l'esquisse d'une histoire générale des écritures alphabétiques ramenées à l'origine phénicienne. Sur les points spéciaux qu'il englobe, la voie nous était ouverte par les plus illustres maîtres, dont nous n'avons eu qu'à suivre les traces en profitant des résultats des découvertes si nombreuses que notre siècle a vues naître et qui se multiplient chaque jour. Mais dans la conception d'ensemble nous n'avions pas de prédécesseur. Aussi notre travail a-t-il naturellement toutes les imperfections d'un premier essai, et bientôt il y aura des modifications à y faire. Un travail nouveau viendra, qui le fera oublier. Cependant, si nous reconnaissons qu'il y aura bien des corrections de détail à y apporter, nous nous berçons de l'espoir qu'on ne trouvera rien de fondamental à changer dans les grandes lignes que nous avons cru pouvoir établir.

Ce que nous craignons surtout, c'est de n'être pas parvenu à rendre suffisamment certaine pour le lecteur la vérité fondamentale dont ce mémoire prétend être le développement et la démonstration, de ne pas l'avoir assez prouvée, mise dans une lumière assez éclatante. En ce cas, ce serait notre insuffisance qu'il faudrait en accuser. Nous n'étions peut-être pas capable de parvenir à démontrer complétement une vérité de cette importance. Mais la vérité n'en subsiste pas moins, et si, malgré tous nos efforts et toute notre bonne volonté, nous l'avons laissée obscurcie encore et douteuse, nous ne doutons pas qu'un jour quelque autre, plus heureux et surtout plus capable, ne parvienne à l'établir de manière qu'elle demeure définitivement acquise à la science au rang de ces vérités fondamentales sur lesquelles on n'élève plus de contestation. L'unique mérite qui pourrait nous revenir dans ce cas serait de l'avoir le premier entrevue.

XXVIII.

Conformément au programme de l'Académie, nous avons commencé notre travail, dans un supplément à cette introduction, en essayant de déterminer quel est parmi les types divers d'écriture que nous offrent les monuments phéniciens, celui que l'on doit considérer comme véritablement archaïque et représentant le mieux la forme originaire des lettres de l'alphabet. Lors même que cette recherche n'aurait pas été comprise dans les termes de la question mise au concours, elle eût été toujours le point de départ indispensable de nos investigations sur les diverses familles de dérivés du système graphique des fils de Chanaan.

Après la partie consacrée à l'étude que nous venons d'indiquer, nous abordons la propagation de l'alphabet phénicien dans les différentes régions du monde antique et la filiation des diverses écritures auxquelles, communiqué de peuple en peuple, il a donné naissance. C'est là ce qui compose l'ouvrage lui-même.

La grande et féconde invention des Phéniciens nous paraît avoir rayonné presque simultanément dans cinq directions différentes, en formant cinq troncs ou courants de dérivation, qui tous se subdivisent en rameaux ou familles au bout d'un certain temps d'existence.

Ce sont :

1° Le tronc *sémitique*, dans lequel les valeurs des lettres sont demeurées exactement les mêmes que chez les Phéniciens, sauf dans quelques dérivés peu nombreux, formés en Perse et dans les contrées immédiatement voisines, lesquels, servant à écrire des idiomes indo-européens, font des aspirations douces du phénicien de véritables voyelles. Ce tronc se subdivise en deux familles, *hébréo-samaritaine* et *araméenne,* dont chacune fait le sujet d'un livre spécial dans notre Essai.

2° Le tronc *central*, dont le domaine embrasse la Grèce, l'Asie Mineure et l'Italie. La transformation des signes d'aspirations douces, et même fortes, en signes de voyelles, y est de règle constante. Il comprend d'abord les diverses variétés de l'alphabet hellénique, sujet de notre III° livre, puis les alphabets dérivés du grec, comprenant trois familles, *albanaise, asiatique* (en prenant Asie dans le même sens étroit que les anciens Hellènes) et *italique,* que nous avons réunies ensemble dans notre IV° livre. Dans la famille asiatique, nous distinguons deux groupes, l'un pour le seul alphabet phrygien, qui se compose d'éléments exclusivement d'origine grecque, l'autre comprenant les alphabets lycien et carien où des caractères cypriotes se mêlent à ces éléments. La famille italique doit être aussi subdivisée en groupe étrusque et groupe latin, entre lesquels se place l'alphabet falisque, de nature mixte.

3° Le tronc *occidental*, comprenant les écritures issues de la communication de l'alphabet faite par les colons tyriens aux habitants indigènes de l'Espagne antique. Ce tronc ne compte qu'une seule famille. Il a, comme le précédent, pour caractère fondamental la modification de valeur des signes d'aspirations phéniciens. Mais la tendance d'après laquelle les formes des lettres s'y altèrent est notablement différente. Nous avons joint à la suite de ce qui se rapporte aux écritures de ce tronc, en vertu du voisinage géographique, quelques observations sur l'alphabet bastulophénicien, dérivé isolé de l'écriture punique de la basse époque.

4° Le tronc *septentrional*, ne comprenant non plus qu'une seule famille, que constituent les runes des peuples germaniques et scandinaves établis à dater d'une certaine époque dans le nord de l'Europe, mais venus de l'Asie, où ils résidaient encore pendant une partie des âges historiques et où ils durent recevoir communication de l'alphabet inventé par les Phéniciens. Quelques éléments des écritures runiques paraissent se rattacher à une communication directe de l'écriture par les navigateurs chananéens. D'autres, au contraire, portent l'empreinte certaine de l'influence grecque. Les runes font le sujet du VI⁶ livre de notre Essai, comme les écritures de l'Espagne antique celui du V°.

A la suite des runes germaniques et scandinaves nous étudions les écritures anciennes des peuples slaves, dont l'origine se rattache aussi à un système runique, connu par quelques rares monuments et assez étroitement apparenté à celui de la Germanie. Ces runes slaves se sont conservées presque intactes, avec de simples modifications de paléographie, dans l'alphabet glagolitique ; quelques-unes sont mêlées aux lettres grecques dans l'alphabet cyrillien. Enfin nous terminons notre VI° livre par un coup d'œil sur les méthodes graphiques dont se servaient les populations celtiques de l'Irlande avant d'adopter l'alphabet latin.

5° Le tronc *indo-homérite*, caractérisé par l'apparition d'un nouveau principe, la notation des sons vocaux au moyen d'appendices conventionnels qui s'attachent à la figure de la consonne et en modifient quelquefois assez notablement la forme. Le lieu premier de dérivation paraît en avoir été l'Arabie méridionale. De là il a rayonné d'un côté sur l'Afrique, où les écritures des Abyssins et des Libyens forment une famille à part avec l'himyaritique ou alphabet des anciens habitants du Yémen, de l'autre sur l'Ariane, où s'est constituée une écriture spéciale, et sur l'Inde, dont le plus ancien alphabet, le *magâdhi*, déjà rattaché par M. Albrecht Weber à la source phénicienne, a donné naissance à une énorme quantité de dérivés, qui se subdivisent en six familles : *dévanagârie, pâlie, dravidienne, transgangétique, océanienne* et *tibétaine*, que nous énumérons ici dans leur ordre chronologique de dérivation. L'himyaritique et ses dérivés, l'arien et le magâdhi, fournissent la matière de notre VIIe livre. Le VIIIe est consacré aux alphabets de l'Inde et se terrminé par un coup d'œil sur l'influence que l'écriture dévanagârie exerça, par suite des prédications bouddhiques, sur le système graphique des Chinois, ainsi que sur les tentatives qui eurent lieu pour former un véritable alphabet avec les éléments symbolico-syllabiques de l'écriture du Céleste Empire.

Enfin notre Essai se clôt par un IXe livre, plus court que tous les autres, dont le sujet est la recherche de l'origine du seul alphabet qui ne rentre pas dans les familles que nous venons d'énumérer, l'alphabet cunéiforme perse. Cet alphabet nous semble, — et nous essayons de le démontrer, — le résultat d'une combinaison d'éléments phéniciens, altérés assez profondément par l'application forcée et systématique du système de tracé cunéiforme, avec d'autres éléments empruntés au syllabaire assyrien, mais transportés du rôle syllabique à celui de l'alphabétisme pur. Les nombreux vestiges de syllabisme qu'il renferme et l'emploi de quelques rares idéogrammes empêchent d'ailleurs de le classer parmi les écritures strictement et exclusivement alphabétiques.

La filiation des nombreux alphabets que nous groupons dans ces troncs et dans ces familles est longuement développée dans le cours de notre Essai, où nous nous efforçons de l'établir sur des preuves convaincantes. Mais nous avons pensé qu'il était utile de la résumer, telle que nous avons cru pouvoir la reconstituer, dans une suite de tableaux généalogiques placés à la fin de ce premier volume, immédiatement avant les planches. Ces tableaux donneront immédiatement au lecteur un exposé général de notre système, en attendant les démonstrations que contiendra le livre lui-même.

XXIX.

Rien n'est plus dangereux que les comparaisons d'écritures, lorsqu'on n'y procède·pas d'après une méthode rigoureuse et avec une critique inflexible. Il n'est peut-être pas un ordre de matières où l'illusion soit plus facile, où un mirage trompeur se forme plus rapidement et puisse entraîner à de plus graves erreurs. Les exemples en sont nombreux, et bien des fois des savants éminents se sont laissés aller, sous ce rapport, à des erreurs étranges, faute de principes de critique assez sévères, en allant chercher leurs éléments de comparaison dans des alphabets divers et d'époques souvent très-éloignées.

La première nécessité pour atteindre un résultat solide et vraiment scientifique dans notre étude de paléographie comparative, était donc de fixer notre méthode d'une manière immuable, d'après les principes de critique qui pouvaient permettre d'arriver à une certitude presque absolue.

En conséquence, nous nous sommes imposé la loi :

1° De commencer par établir, autant que faire se pouvait, les dates précises des monuments que nous possédons des écritures que nous voulions comparer ;

2° De faire de ces déterminations d'époques la base fondamentale de nos rapprochements et de nos tentatives pour rétablir la filiation des alphabets, sans jamais, quelque tentation que nous pussions en éprouver, nous écarter des données qu'elles fournissaient ;

3° De ne jamais établir de comparaison entre deux écritures pour

rechercher leur filiation respective, que lorsque les documents historiques nous révélaient entre les peuples chez lesquels elles avaient été
en usage des relations assez directes et assez intimes pour permettre de
supposer la communication de l'alphabet de l'un à l'autre ;

4° D'éviter tout rapprochement, quelque séduisant qu'il pût être,
entre des écritures usitées à plusieurs siècles d'intervalle ;

5° Enfin de considérer toujours, jusqu'à preuve matérielle et positive du contraire, entre deux écritures que l'application des règles précédentes nous permettait de rapprocher et de comparer, comme devant
être la plus voisine du prototype originaire et la mère de l'autre, celle
dont les monuments à date certaine remontent le plus haut dans la suite
des siècles.

Telles sont les règles fondamentales de méthode dont nous nous
sommes imposé de ne jamais nous départir. Nous osons espérer que
leur application inflexible nous aura mis à l'abri des plus graves erreurs
auxquelles on eût été exposé dans des recherches de ce genre faute de
lois critiques assez sévères qui eussent guidé dans les rapprochements.

XXX.

Toute écriture subit par l'usage et par le cours du temps des variations considérables, et s'éloigne de son type primitif par une marche
constante et graduelle. La transmission d'un peuple à un autre aug-
mente encore l'action de cette tendance et précipite la déformation.

C'est là un principe qui peut être posé avec certitude et qui ne souffre
aucune exception. Mais on ne saurait formuler de lois pour la plus ou
moins grande rapidité des progrès de cette déformation. Elle dépend
en effet des causes les plus diverses et par conséquent ne suit en aucun
endroit la même marche. Chez deux peuples dont les écritures sont
sœurs, nous voyons l'une s'altérer avec une extrême rapidité, et l'autre
s'immobiliser, pour ainsi dire, en présentant ce que les naturalistes
appellent un *arrêt de développement.*

Tout ce que l'on peut établir à ce sujet comme principes généraux consiste dans les deux suivants, dont la justification sera fournie dans le cours de notre Essai par de nombreux exemples :

1° Le plus ou moins grand développement de la culture littéraire, et par conséquent de l'usage de l'écriture, chez un peuple, est la cause principale et déterminante de la rapidité plus ou moins grande avec laquelle les figures des lettres de son alphabet s'altèrent et se modifient. Les signes graphiques subissent en réalité comme une sorte d'usure dans un emploi fréquent et se conservent au contraire quand on n'en fait que peu d'usage. Chez un peuple lettré, qui écrit beaucoup et où la majorité pratique cet art, les variations paléographiques sont fréquentes et précipitent la déformation des lettres, soit par voie de complication et d'enjolivement quand il s'agit d'un type d'écriture soignée, dans lequel on cherche avant tout l'élégance, soit par voie de simplification et d'abréviation quand il s'agit d'un type d'écriture cursive, dont la première condition est la rapidité du tracé. Le peuple qui fait le plus rare usage des lettres, celui qui écrit le moins et qui reste sous ce rapport dans un état de quasi-barbarie, est celui qui conserve le plus longtemps et le plus inaltérées les formes primitives des signes de l'alphabet.

2° La nature des modifications que subissent les formes de l'écriture, principalement dans le passage des mains d'un peuple à celles d'un autre, est déterminée en grande partie par la différence des procédés matériels de l'art d'écrire. En effet, rien ne varie plus que l'instrument et le récipient de l'écriture, deux choses qui dépendent des ressources matérielles du peuple où elles sont employées.

A ce point de vue les écritures peuvent être divisées en deux classes : celles qui sont peintes avec une encre de telle ou telle couleur, et celles qui sont gravées à la pointe. Dans les premières, les lettres ont des formes pleines et arrondies; elles ne craignent pas la complication et multiplient les traits purement ornementaux. Dans les secondes, les lettres sont grêles et anguleuses; on tend à réduire autant que possible le nombre des traits.

Rien, du reste, ne saurait mieux prouver à quel point la différence des procédés matériels influe sur l'aspect extérieur des écritures que la comparaison entre l'hiératique égyptien, le chinois et le cunéiforme assyrien.

Les Égyptiens écrivaient avec une encre épaisse sur le papyrus, au moyen de gros roseaux taillés carrément, pareils aux calames qu'emploient encore les Arabes ; la cursive de leurs manuscrits hiératiques est arrondie, pesante, épaisse, presque absolument sans déliés, tandis que les hiéroglyphes sculptés sur la pierre restent toujours, conformément à leur rôle originaire, comme une sorte de bas-relief dans l'orthographe duquel le scribe tient toujours compte des nécessités ornementales et des exigences de l'art.

Les formes compliquées des caractères chinois, l'aspect général de leurs traits, la grosseur des pleins et la finesse des déliés, tiennent à l'emploi du pinceau, qu'elles révèlent au premier coup d'œil. Cette observation s'applique du moins aux trois espèces les plus récentes de caractères appelées *lì*, *tshào* et *kiài*, qui furent successivement inventées à partir du deuxième siècle de notre ère, et dont la première, le caractère *lì*, date du changement du matériel de l'écriture et de l'adoption du pinceau de poils ainsi que du papier sous la dynastie des Hán (1). Auparavant on écrivait avec un calame sur des planchettes minces de bambou ou avec la pointe d'un style (2) ; c'est de cette façon que furent longtemps tracés les livres canoniques. Aussi le caractère plus ancien, appelé *tchouàn*, dont on rapporte l'invention au temps de Khoung-tsèu (Confucius), porte-t-il très-nettement l'empreinte de ces procédés graphiques dans les traits raides et grêles qui le composent (3) ; quant à la

(1) Voy. le curieux morceau de Pan-Kou sur les changements de l'écriture au temps des Hán et la perturbation qui en résulta momentanément dans les actes publics, traduit par M. Pauthier, *Journal asiatique*, septembre-octobre 1867, p. 264 et suiv.

L'invention du pinceau est de quelques siècles antérieure. On l'attribue à Moung-tien, général qui vivait au troisième siècle avant notre ère sous le fameux incendiaire des livres, l'empereur Thsin-Chi-Hoang-ti. Mais on dit formellement que l'usage de cet instrument ne devint général que sous les Hán.

(2) Voy. le témoignage de Tchoúng-tsèu, traduit par M. Pauthier, *Journal asiatique*, avril-mai 1868, p. 394.

(3) Voy. les intéressants tableaux comparatifs de la forme des 214 clefs dans les trois écritures *tchouàn*, *thsào* et *kiài*, donnés par M. de Rosny, *Archives paléographiques de l'Orient et de*

variété nommée *chàng-fàng-ta-tchouàn*, inventée au troisième siècle avant J.-C. par le ministre Li-sse, il suffirait d'en voir quelques échantillons pour comprendre sa destination purement épigraphique, quand même elle ne serait pas attestée par les historiens chinois.

Les Assyriens et les Babyloniens ne traçaient les signes de leur écriture, ni à l'encre avec le calame où le pinceau sur le papyrus, des peaux préparées ou des bandelettes de toile, ni à la pointe sèche sur des planchettes, des feuilles de palmier ou des écorces d'arbres. Faute d'autres ressources facilement à leur portée, ils les dessinaient en creux sur des tablettes d'argile molle qu'ils faisaient cuire après, pour les conserver (1). Or l'élément tout particulier qui produit l'aspect ori-

l'Amérique, t. I, pl. 143-159. Ils sont meilleurs comme dessin des caractères que les tableaux semblables précédemment publiés.

Nous ne remontons pas plus haut que le *tchouàn*, car on a trop peu de documents vraiment authentiques de l'écriture chinoise des époques primitives, dite *khô-teoù*, ou « en têtards » pour définir d'une manière suffisante la nature intime de cette écriture et les procédés graphiques qu'elle révèle. Tous les spécimens d'ailleurs en sont épigraphiques et nous ne les connaissons de plus que par les reproductions des recueils archéologiques chinois. Il faut en chercher le véritable type dans des inscriptions tracées sur quelques objets de bronze qu'on fait remonter aux dynasties Hia et Chang, ou bien au temps des Tchéou (par exemple les deux courts textes épigraphiques que M. Pauthier a reproduits dans le *Journal asiatique* d'avril-mai 1868, p. 368, d'après le recueil *Tchoùng-ting-k'ouàn-chih*), plutôt que dans la fameuse inscription de Yu (Hager, *Monument de Yu*, Paris, 1802, in-f°; Klaproth, *Inschrift des Yŭ*, Berlin, 1811, in-4°; *Journal asiatique*, avril-mai 1868, p. 336 et 337), car les fac-simile de ce dernier monument pris sur des estampages indiquent un grand état de dégradation des caractères par suite des injures du temps et des intempéries des saisons, et la restitution qu'en donnent les lettrés chinois a en bien des points quelque chose d'un peu arbitraire. Autant qu'on en peut juger, du reste, cette écriture *khô-téou* semble plutôt inventée pour être gravée ou tracée avec un roseau assez rebelle, comme le caractère *tchouàn*, et il y a quelque chose de monumental dans la recherche constante de symétrie qui préside à la majeure partie des altérations qu'y ont subies les hiéroglyphes primitifs.

Quant à ces hiéroglyphes de l'origine, dont se servaient à une époque encore antérieure les « Cent familles » et leurs premiers descendants, nous ne les connaissons que par ce qu'en disent les grammairiens et les érudits de la Chine. Aucun monument n'en est parvenu jusqu'à nous.

(1) Nous possédons sur ces tablettes d'argile, *in coctilibus laterculis*, comme dit Pline (*Hist. nat.*, VII, 57), une telle masse d'exemples de tous les emplois les plus journaliers et les moins monumentaux de l'écriture, fragments de livres, documents d'archives, rapports administratifs, registres de comptes et contrats privés, qu'il faut nécessairement en venir à l'affirmation que nous énonçons ici, et reconnaître que c'était là le mode essentiel et unique pour écrire en cunéiforme dans la civilisation des bords de l'Euphrate et du Tigre. Cependant un des bas-reliefs du palais de Ninive, représentant les scènes de la guerre d'Assourbanipal en Susiane,

ginal des écritures cunéiformes et y devient le générateur de toutes
les figures, le *clou* ▶—, ou ⎮, n'est autre que le sillon tracé dans l'argile par le style triangulaire dont on se servait pour cet usage
et dont on a trouvé de nombreux échantillons dans les ruines de
Ninive (1). On a ensuite, dans les inscriptions monumentales, un
peu modifié quelquefois le tracé de cet élément générateur par une
recherche d'élégance décorative et un vrai caprice de calligraphie.
Ainsi les Perses dans leur alphabet avaient pris l'habitude de donner au *trait* ou au *clou* la forme d'une queue d'hirondelle ou d'une
pointe de flèche ⎮, et ils ont appliqué ce type graphique même aux
caractères assyro-babyloniens, dans les inscriptions trilingues qu'ils ont
fait graver. Chez les Assyriens et les Babyloniens, au contraire, sauf
l'exception de quelques briques émaillées où la tête des traits s'élargit
horizontalement de manière à leur donner l'apparence de vrais mar-
teaux (2), le tracé du *clou* est resté fidèle à son origine, même dans
l'épigraphie monumentale gravée avec la plus grande élégance, et
même dans les monuments où les Babyloniens du dernier empire substi-
tituèrent, pour les inscriptions qu'on voulait reproduire à un grand
nombre d'exemplaires, à l'emploi du style manié à la main, une impression dans l'argile encore molle au moyen de planches de bois gravées en relief (3).

---

nous montre un scribe assyrien enregistrant les têtes coupées sur les ennemis, que lui ap-
portent les soldats, et ce scribe écrit avec un roseau ou avec un style sur une bandelette étroite
et flexible, qui s'enroule à son extrémité et qui semble faite en écorce (voy. Ménant, *les Écritures
cunéiformes*, 2e édition, p. 263). Mais ce scribe écrit-il en cunéiforme? N'est-il pas plutôt à
supposer qu'il se sert de l'alphabet de vingt-deux lettres d'origine phénicienne, que les monuments épigraphiques nous prouvent avoir été dès lors en grand usage à Ninive et à Babylone ?

(1) C'est également une question de procédés matériels, tenant à la maladresse et à l'inex-
périence dans la gravure du bronze, qui donne le même aspect cunéiforme à tous les traits
dans une des plus vieilles inscriptions grecques connues, le traité des Héréens et des Éléens,
inscrit sur une tablette de bronze qui se conserve maintenant au Musée Britannique : *Corp.
inscr. græc.*, n° 11.

(2) Voy. un exemple dans Layard, *Nineveh and its remains,* 5e édition, t. II, p. 180.

(3) L'examen des briques des rois du dernier empire de Chaldée, postérieur à la destruction de Ninive, ne laisse pas de doute sur l'emploi de ce procédé d'impression xylographique à
Babylone dans le septième et le sixième siècle avant notre ère : voy. Ménant, *les Écritures cunéiforme*, 2e édition, p. 262. Tous les exemples connus en ont été faits avec des planches de bois

XXXI.

C'est à la langue des sciences naturelles que nous avons emprunté le terme d'*arrêt de développement*. Il nous sert à désigner un fait qui réclame quelques explications.

L'immortel Geoffroy Saint-Hilaire a démontré que pendant le temps de son développement intra-utérin le fœtus des animaux supérieurs traverse une série de phases dans lesquelles son organisation reproduit successivement celle des classes d'animaux inférieurs. Un mammifère, dans le sein de sa mère, est d'abord poisson, puis reptile, et son organisation, progressivement perfectionnée, n'atteint au type complet de la classe à laquelle il appartient qu'après s'être élevé par une série continue de transformations d'un type inférieur à un type toujours supérieur. Le monstre est un fœtus dont le développement s'est arrêté par une cause accidentelle à l'une des évolutions qui précèdent son arrivée à l'état parfait.

Il se produit des faits analogues dans le développement et la vie des écritures, s'il est permis de se servir de ce terme. Par une cause accidentelle, que le plus souvent il nous est impossible de déterminer et dont nous ne pouvons que constater les effets, une écriture en usage dans une vaste étendue de terrain s'immobilise et, pour ainsi dire, se cristallise quelquefois à une certaine évolution de sa dégénérescence graduelle entre les mains des habitants d'un des pays où elle était employée, tandis que dans tout le reste de son domaine elle suit la loi de transformation continue que nous avons constatée. Il arrive alors que l'alphabet en usage dans un très-petit coin de terre demeure le représentant de l'état de choses par lequel ont dû nécessairement passer à une certaine époque les écritures de peuples nombreux, que nous

gravées d'une seule pièce, et il ne semble pas qu'on y ait jamais employé des caractères mobiles comme dans les timbres des amphores grecques. Chez les Assyriens proprement dits, le procédé ne paraît pas avoir été connu, et l'on n'a d'exemples que de l'écriture à la main.

ne connaissons que beaucoup plus éloignées du type primitif et de l'origine. C'est toujours, et l'on se rendra facilement compte qu'il en doit être ainsi, celui de tous les peuples où ce système d'écriture a été usité qui a eu le moins d'importance dans l'histoire, la civilisation la moins brillante, chez lequel se produit l'arrêt de développement. Nous avons déjà indiqué dans le paragraphe précédent ce fait de la conservation des signes de l'alphabet presque sans altération chez les peuples qui écrivent peu; et l'on peut presque en faire une loi. Il en résulte que nous avons été plusieurs fois obligé, dans nos tableaux généalogiques des écritures, de faire figurer à un certain degré de filiation l'alphabet d'un petit pays dont l'influence a été presque nulle, comme la source des alphabets de grands peuples, sans qu'il soit jamais venu à notre pensée de prétendre et de supposer que c'est de ce petit pays qu'il aura rayonné sur les peuples chez qui nous voyons en usage les écritures du degré de filiation postérieur.

Un exemple rendra ceci plus clair.

Dans le tableau consacré aux écritures sémitiques de la famille araméenne, nous avons marqué le palmyrénien comme la source d'où sont sortis le pamphylien, l'auranitique, le sabien et le syriaque estranghelo. Est-ce à dire que nous considérions Palmyre comme le centre qui a imposé son écriture à la Pamphylie, au Haouran, à la Characène et à la contrée d'Édesse, où l'estranghelo prit naissance? Non certes; une telle hypothèse serait contraire à tous les faits de l'histoire, et jamais elle n'a même approché de notre pensée. Ce que nous avons voulu dire, c'est que l'écriture araméenne s'est immobilisée à Palmyre — et par cela même que Palmyre n'a jamais été un lieu de culture savante et littéraire — à un certain état des transformations qu'elle a dû nécessairement traverser dans les diverses contrées que nous avons énumérées, car sans cet intermédiaire il serait impossible de se rendre compte de la façon dont leurs alphabets sont sortis du type encore plus ancien de l'*araméen des papyrus*. Les inscriptions palmyréniennes représentent seules cette phase des évolutions de l'écriture araméenne. Force était donc d'inscrire le mot *palmyrénien* à son degré dans le tableau des filiations, sans vouloir aucunement attribuer à Palmyre un rôle et une influence dans le monde de l'aramaïsme qu'elle n'a jamais possédés, sans transformer cette ville de marchands et de conducteurs de caravanes, aramaïsée à la surface pendant un temps, mais restée toujours foncièrement arabe, en un centre intellectuel.

XXXII.

Nous n'avons encore parlé que des simples changements qui se produisent dans la forme extérieure des lettres restées les mêmes, dans la communication de l'écriture d'un peuple à un autre. Mais lors d'un fait de ce genre, il se produit encore d'autres changements, d'une nature plus considérable et dont nous devons dire quelques mots pour compléter les observations générales qu'il nous a semblé utile de résumer dans cette introduction. Ce sont les changements des valeurs des lettres, puis les additions ou les suppressions de signes à l'alphabet.

Il est très-rare que les idiomes de deux peuples de la même famille possèdent exactement les mêmes articulations, dans le même nombre. A plus forte raison en est-il ainsi lorsqu'il s'agit de deux idiomes de familles différentes. Aussi arrive-t-il très-souvent qu'en passant d'un peuple à un autre les signes de l'écriture changent de valeur et ne correspondent plus exactement à la même prononciation. L'articulation que telle lettre peignait chez le peuple qui transmet l'écriture, n'existe pas identique chez le peuple qui la reçoit; mais celui-ci, en revanche, possède dans son organe une articulation voisine, qui en tient la place. La lettre en question s'emploie dès lors pour la figurer, en vertu de l'affinité organique. Les exemples de ce fait sont extrêmement multipliés dans l'histoire de l'art d'écrire et de sa propagation. On l'a vu déjà tout à l'heure se produire dans l'application d'un certain nombre de phonétiques égyptiens aux sons de l'organe sémitique, d'où sortit l'alphabet phénicien.

Le plus considérable et le plus frappant parmi ces changements de valeurs est celui qui, lorsque l'alphabet inventé chez les Chananéens fut transmis à des peuples de race indo-européenne, dans les idiomes desquels les voyelles avaient un caractère fixe et radical tandis que les aspirations étaient beaucoup moins multipliées que chez les Sémites, transforma les signes des aspirations douces, et même quelquefois des fortes, en signes des sons vocaux. Ce fait se produit exactement de la même manière dans toutes les écritures des troncs central, occidental et septentrional, ainsi que dans une portion restreinte de la famille araméenne, composée des divers alphabets pehlevis et du zend. Dans les alphabets de l'Inde les signes d'aspirations douces du phénicien deviennent aussi des voyelles, mais seulement dans le rôle d'initiales, où l'on pourrait dire jusqu'à un certain point qu'une sorte d'aspiration y est inhérente.

Mais ce n'est pas le seul effet amené dans l'écriture par la variété des articulations et de leur nombre entre les différents peuples. Souvent une des articulations de l'organe de la nation plus civilisée qui communique la notion de l'alphabet et de ses signes à une autre moins avancée, fait absolument défaut chez cette dernière, sans être remplacée par une autre analogue. D'autres fois, au contraire, là où il n'y avait qu'une seule articulation représentée par un seul signe, le peuple qui reçoit l'écriture en possède deux ou trois, voisines les unes des autres et ne différant que par des nuances.

Dans le premier cas, les signes qui ne trouvent pas d'application dans les mots de la langue disparaissent de l'usage et souvent même de l'alphabet. Cependant quelquefois, comme nous le voyons dans le grec, bien que n'ayant plus d'emploi lorsqu'il s'agit de tracer les mots mêmes de l'idiome, ils sont maintenus dans la série théorique de l'alphabet et servent comme signes numéraux, représentant la valeur correspondante à leur place dans cette série.

Dans le second cas, l'alphabet transmis étant insuffisant, on y ajoute de nouveaux signes pour représenter les articulations qui n'y avaient pas d'images. Mais jamais ces signes additionnels ne sont composés absolument de fantaisie. Toutes les fois, sans exception aucune, que l'on recherche leur origine, on reconnaît avec certitude qu'ils ont été tirés des signes affectés à peindre les articulations les plus voisines, celles qui offraient la plus grande affinité d'organes. Tantôt c'est ce signe marqué de points diacritiques ou de traits adjectices pour distinguer sa nouvelle valeur. Tantôt il est coupé par la moitié, soit dans le sens vertical, soit dans le sens horizontal, ou bien, au contraire, il est doublé par superposition ou par accolement. Mais toujours les signes nouveaux ont pour élément générateur et fondamental le signe de l'alphabet qui a servi de prototype, dont la prononciation était le plus rapprochée.

En suivant attentivement la filiation des écritures, on observe quelquefois un fait curieux, par suite de ces suppressions et de ces additions de lettres. On verra à plusieurs reprises, dans le cours de notre Essai, une articulation, représentée par un signe spécial dans l'alphabet phénicien, disparaitre dans son dérivé le plus immédiat, puis se retrouver au second ou au troisième degré de filiation. Mais alors, comme le signe phénicien était tombé en désuétude aux degrés antérieurs, et comme la tradition s'en était complétement oblitérée, cette articulation nécessite la formation d'une nouvelle lettre, d'après l'un ou l'autre des procédés que nous venons d'énumérer.

XXXIII.

Les recherches de paléographie comparative ne sont pas affaire de simple curiosité, sans intérêt général. Elles ont, au contraire, une véritable importance pour l'histoire des idées et de la marche de l'esprit humain, par un point de vue que, dans notre Essai, nous nous sommes efforcé, autant que possible, de ne point négliger, mais au contraire sur lequel nous avons constamment cherché à appeler l'attention.

La transmission de l'écriture d'un peuple à un autre est le signe matériel, palpable et impossible à révoquer en doute de la transmission des idées. On ne saurait, en effet, absolument pas admettre en bonne logique qu'une nation ait pu communiquer et enseigner à une autre, moins avancée qu'elle, l'instrument matériel de la fixation de la pensée, sans exercer une influence profonde sur ses idées, sur sa civilisation, sur sa religion, sans lui communiquer bien d'autres connaissances, sans lui enseigner d'autres arts. La recherche de la filiation précise des écritures est donc une part importante de la recherche de la filiation de la pensée entre les différents peuples dans les âges antiques.

Sans doute il y aurait un grave inconvénient à vouloir pousser trop loin l'application de ce principe, à prétendre qu'il suffit de rétablir la filiation de l'écriture d'un peuple à un autre pour en conclure la filiation de toutes les idées. Souvent une influence prépondérante et décisive a été exercée sur la pensée d'une nation par un autre côté que celui d'où lui est venue l'écriture. Souvent, antérieurement à la transmission de l'alphabet, elle était en possession d'une masse considérable d'idées à elle propres, et sa religion s'était déjà constituée d'une manière assez puissante pour n'être pas essentiellement modifiée par l'influence qui apporta

> Cet art ingénieux
> De peindre la parole et de parler aux yeux.

Mais, malgré ces restrictions que le bon sens réclame, le fait subsiste avec assez de constance pour pouvoir être érigé en loi. Jamais la transmission de l'écriture n'a eu lieu sans une transmission d'idées plus ou moins considérable, dont elle est l'indice extérieur et tangible.

C'est là que réside, à nos yeux, la principale importance des recherches sur l'origine et la filiation des écritures. C'est par là qu'elles se rattachent aux considérations de l'intérêt le plus haut et le plus général, aux grandes lignes de l'histoire de la civilisation humaine.

ESQUISSE

D'UNE

PALÉOGRAPHIE PHÉNICIENNE

POUR SERVIR DE

COMPLÉMENT A L'INTRODUCTION.

—————

I.

L'esquisse rapide d'une paléographie phénicienne devait nécessairement, comme nous l'avons dit plus haut, rentrer dans notre plan.
Avant d'aborder l'étude de la propagation de l'alphabet des fils de
Chanaan dans le monde antique, avant de rechercher de quelle manière et par quels degrés de filiation les diverses écritures en sont
issues, il est absolument indispensable de nous rendre un compte exact
des divers types paléographiques de cet alphabet et, autant que possible, de leurs dates respectives. Nous ne pouvons tenter avec quelques
chances de succès de faire l'histoire des dérivés du système graphique
des Phéniciens qu'après avoir précisé les diverses évolutions de ce système lui-même. C'est ce que nous allons essayer dans un complément à
notre Introduction, qui constituera comme un chapitre préliminaire de
l'ouvrage lui-même. Mais il nous faudra forcément être très-bref,
laisser de côté les détails secondaires et nous borner à esquisser dans
un coup d'œil rapide les principaux traits du tableau; car, si cette matière est indispensable à examiner avant d'aborder les questions qui

font le sujet de notre livre, elle est cependant en dehors du sujet lui-même, qui est la propagation de l'alphabet phénicien dans le monde antique. .

II.

Dans l'ouvrage de Gesenius la paléographie phénicienne était encore à l'état embryonnaire et constituait un véritable chaos. L'erreur essentielle de l'illustre orientaliste allemand, erreur qui lui a été déjà reprochée par l'éminent et à jamais regretté duc de Luynes dans sa *Numismatique des Satrapies*, était de n'avoir en aucune façon distingué les familles graphiques révélées par les inscriptions des différentes contrées où la langue et l'écriture des Phéniciens étaient en usage et ont laissé des monuments. Mais depuis Gesenius cette partie de la science a marché à grands pas, et la distinction que n'avait pas su faire l'auteur des *Monumenta phœnicia* est maintenant un fait acquis pour tous ceux qui s'occupent des études phéniciennes.

Le point fondamental a été reconnu et établi par le regrettable docteur A. Levy de Breslau dans ses *Études phéniciennes* (*Phœnizische Studien*, fasc. 1), et à sa suite par M. le comte de Vogüé (1). C'est que les différentes variétés de l'écriture proprement chananéenne, sur tous les monuments jusqu'à présent connus, se ramènent à deux types principaux, qui diffèrent notablement dans leur aspect général et dans le tracé de certains caractères.

Les signes de l'alphabet dans lesquels se marquent les différences les plus essentielles entre les deux types paléographiques phéniciens, ceux que l'on peut regarder comme caractéristiques de l'un et de l'autre, sont ג, ו, ז, ח, ט, י, ל, מ, ק, ש et ת.

Le מ et le ש, dont les formes ont tant de rapports et suivent toujours des évolutions parallèles, présentent dans le premier type une double brisure anguleuse :

ᴡᶨ et ᴡ

---

(1) *Revue archéologique,* nouv. sér. t. XI, p. 319 et suiv.

remplacée dans le second par un trait arrondi ou carré que traverse une barre verticale :

$$ᄿ \quad ᄿ$$
$$Ʊ \quad ᄿ \quad ᄿ$$

Le ᷁, le ᷁ et le ᷁, dressés dans le premier type :

$$7, \ \mathsf{Z}, \ \mathsf{z}$$

sont renversés dans le second sur ce qui était d'abord une de leurs faces latérales :

$$\wedge, \ \mathsf{N}, \ \mathsf{ɴ}$$

Le ᷁, composé de deux traits seulement dans un des types, V, ne reçoit comme complément un troisième par en bas dans l'autre type, L. Le ᷁ est d'un tracé plus simple dans le premier, H ou B, que dans le second, B. Il en est de même du ᷁, qui se compose dans l'un des types d'une haste droite surmontée d'une simple tête ronde ou anguleuse, $\mathsf{Ϙ}$, $\mathsf{Ϙ}$ ou $\mathsf{ᛤ}$, et dans l'autre se termine en haut par une double boucle, $\mathsf{ᛉ}$. Le ᷁, complétement circulaire dans le premier type, $\oplus$, s'allonge dans le second et prend une figure ovale, $\ominus$. Le ᷁ s'allonge également ; cruciforme dans un type, $+$ ou $\times$, il en vient dans l'autre à se composer d'une longue haste traversée d'un trait plus court, lequel s'atrophie encore fréquemment sur la gauche et ne paraît plus qu'à la droite de la haste principale, t t ou $\mathsf{ſ}$. Quant au ᷁, le changement qu'il subit consiste en ce que sa tête, assez fermée dans le premier type, $\mathsf{ᛤ}$ ou $\mathsf{ᛈ}$, s'ouvre complétement dans le second, $\mathsf{ᚁ}$ ou $\mathsf{ᚁ}$.

III.

Des deux types fondamentaux de la paléographie phénicienne, que nous venons de signaler, d'accord avec M. le docteur A. Levy et M. le comte de Vogüé, le premier ne nous est encore révélé que par un assez petit nombre de monuments.

Ce sont :

La grande inscription de Mésa, roi de Moab, gravée sur la stèle de Dhibân, dont la découverte par M. Ganneau a eu dans les derniers temps un si immense et si légitime retentissement ; c'est à la fois le plus antique et le plus précieux monument parmi tout ce que l'on possède de l'épigraphie sémitique (1) ; pourtant déjà l'écriture s'y présente avec un aspect comme fatigué et usé dans la forme de certains caractères, qui révèle plusieurs siècles d'usage antérieur de ce type graphique ; c'est ce qu'on remarque dans la forme du ל, qui est presque fait comme un 6, et dans la tendance à infléchir les queues des hastes droites ; chose curieuse, les mêmes particularités ne se montrent pas dans les autres monuments, pourtant postérieurs pour la plupart, du même type phénicien, que nous allons citer ; la rigidité des traits y donne un aspect plus archaïque ;

Les célèbres poids de bronze en forme de lions portant à la fois des inscriptions phéniciennes et des inscriptions en cunéiforme assyrien, que M. Layard a découverts dans ses fouilles de Nimroud (2) ;

La grande majorité des pierres gravées, cylindres, scarabées et cônes à légendes phéniciennes, qui ont été rapportées depuis vingt ans de Babylone, de Ninive et des ruines des autres villes de la vallée de l'Euphrate et du Tigre, ainsi qu'une plus faible portion des pierres gravées que les nécropoles de la Phénicie propre commencent à fournir en si grande abondance à l'étude des savants (3) ;

Les deux inscriptions de Malte auxquelles Gesenius a appliqué les désignations de *troisième* et de *quatrième* (4) ;

L'inscription de Nora en Sardaigne (5), encore incomplétement ex-

---

(1) Ganneau et Vogüé, *Inscription de Mésa, roi de Moab*, Paris, 1870, br. in-4°. — Ganneau, *La stèle de Dhibân*, dans la *Revue archéologique*, nouv. sér. t. XXI, p. 184-207, pl. VIII. — De Rosny, *Archives paléographiques de l'Orient et de l'Amérique*, t. Ier, pl. 21 ; p. 170-177 ; article de M. Oppert.

(2) Norris, *Journal of the Royal Asiatic Society*, t. XVI, p. 215 et suiv. — Layard, *Nineveh and Babylon*, p. 601.

(3) Voy. principalement le remarquable mémoire de M. de Vogüé sur les *Intailles à légendes sémitiques*, dans la *Revue archéologique*, nouv. sér. t. XVII, p. 432 et suiv.

(4) Gesenius, *Monumenta phœnicia*, pl. VIII, nos 3 et 4.

(5) *Ibid.* pl. XIII, no 41.

pliquée, mais si curieuse par ses formules insolites, où la première ligne, suite d'une phrase dont le commencement est perdu, mentionne le pays de Tharschisch dont la Bible parle si souvent à propos des navigations phéniciennes, בתרשש, et la troisième et la quatrième ligne contiennent une invocation pour demander la paix du dieu traduit plus tard par les Romains en *Sardus Pater,* אב שרדן שלמה (1) .

C'est à ces différents monuments que nous avons emprunté les formes de caractères réunies dans notre planche II, où le lecteur pourra se faire une idée complète du premier type de la paléographie des fils de Chanaan.

IV.

Si les monuments du premier type de la paléographie phénicienne sont jusqu'à présent assez peu nombreux, ceux du second commencent, au contraire, à être fort multipliés. C'est à ce type en effet qu'appartiennent la plupart des inscriptions phéniciennes actuellement connues. D'un monument à l'autre il offre quelquefois des différences assez sensibles, et il serait facile de le subdiviser en plusieurs variétés secondaires; mais il n'en conserve pas moins son unité générale, déterminée par les caractères décisifs et communs à toutes ses variétés que nous avons énumérés tout à l'heure.

Le nombre des monuments connus de ce type ne nous permet pas de faire comme pour l'autre, de réunir en un seul tableau les formes des lettres empruntées à tous ces monuments. Il nous a fallu faire un choix, et dans notre planche III nous avons rassemblé les fac-similés des vingt-deux signes de l'alphabet, puisés seulement dans les plus importants

---

(1) Le dieu אב שרדן, accompagné de son nom, était représenté sur un monument découvert au quinzième siècle en Sardaigne, dont le dessin, fait à cette époque, a été publié par le général Albert de la Marmora, *Sopra alcune antichità sarde ricavate da un manoscritto del XV secolo,* pl. III, nº 43, dans le tome XIV de la seconde série des Mémoires de l'Académie royale de Turin.

9

monuments du second type paléographique phénicien, dans ceux surtout dont on peut arriver à déterminer la date avec une certitude au moins approximative. Nous avons, du reste, choisi les éléments de ce tableau de manière que toutes les variétés secondaires du type d'écriture qui nous occupe en ce moment y fussent représentées d'après leurs meilleurs spécimens.

Les monuments épigraphiques qui nous en ont fourni les éléments sont :

Le célèbre sarcophage d'Eschmounazar, dont l'inscription commentée par MM. Dietrich (1), Hitzig (2), Ewald (3), le duc de Luynes (4), A. Levy (5), l'abbé Bargès (6), Munk (7), demeure le document le plus capital de l'épigraphie phénicienne ;

La deuxième inscription de Sidon, publiée et expliquée par M. le comte de Vogüé (8), puis par M. le docteur A. Levy (9) ;

L'inscription de Citium dans l'île de Cypre, rapportée à Oxford par Porter de Thaxted (10) ; celle que M. le comte de Vogüé a découverte dans la même localité et donnée au musée du Louvre, contenant la dédicace d'un autel faite dans la vingt-et-unième année du roi Pumiathon (11), et celle qui, donnée au Louvre par M. Rey et datée de la troisième année de Melekiathon, père de Pumiathon, a été également publiée par M. de Vogüé (12) ; pour ce qui est des trente-trois autres inscriptions phéniciennes copiées à Citium par Pococke et Porter (13),

(1) *Zwei Sidonischen Inschriften,* Marburg, 1855.

(2) *Die Grabschrift des Eschmunazar,* Leipzig, 1855.

(3) *Erklærung der grossen phœnizischen Inschrift von Sidon,* Gœttingue, 1856.

(4) *Mémoire sur le sarcophage et l'inscription funéraire d'Esmunazar,* Paris, 1856.

(5) *Phœnizische Studien,* fasc. I.

(6) *Mémoire sur le sarcophage et l'inscription funéraire d'Eschmounazar,* Paris, 1857.

(7) *Journal asiatique,* 5e série, t. VII, p. 273-315.

(8) *Mém. présent. par div. sav. à l'Acad. des Inscr.* 1re série, t. VI, part. Ire, p. 55-73 ; pl. I.

(9) *Phœnizische Studien,* fasc. III, p. 25-31 ; pl. n° 3.

(10) Gesenius, *Monumenta phœnicia,* pl. XI, n° 9.

(11) De Vogüé, *Revue archéologique,* nouv. sér., t. III, p. 247 et suiv. — A. Levy, *Phœnizische Studien,* fasc. III, p. 1-17 ; pl. n° 1. — De Vogüé, *Mélanges d'archéologie orientale,* p. 13-20, pl. II.

(12) *Mélanges d'archéologie orientale,* p. 2-13, pl. I.

(13) Gesenius, *Monumenta phœnicia,* pl. XI, n°s 8, 11, 28 et 30 ; pl. XII, n°s 10-40.

et dont les originaux sont aujourd'hui perdus, les copies qu'on en possède sont si mauvaises qu'on ne peut en tirer une lecture certaine et satisfaisante (sauf de la première) (1), à plus forte raison donc ne peuvent-elles pas servir comme documents paléographiques; mais, en revanche, nous devons encore citer comme un précieux spécimen du type de caractères dont nous parlons en ce moment, l'inscription bilingue, phénicienne et cypriote, datée de la quatrième année du règne de Melekiathon, que M. Lang a récemment découverte dans les ruines d'Idalium et déposée en original au Musée britannique (2);

Les deux inscriptions de l'antique Mélite, dont l'une bilingue, grecque et phénicienne, et l'autre seulement phénicienne, que Gesenius a appelées *première* et *seconde maltaise* (3);

Les six inscriptions d'Athènes, bilingues pour la plupart, dont trois sont déjà dans le recueil de Gesenius (4), deux autres ont été éditées par M. de Saulcy (5) et M. le docteur Judas (6), et dont la sixième enfin est d'une découverte toute récente (7);

Les trois inscriptions trouvées par M. Renan dans les ruines d'Oummel-Awamid sur la côte phénicienne et maintenant conservées au musée du Louvre; elles ont été publiées et commentées, d'abord par M. Renan lui-même (8), puis par M. le docteur A. Levy (9).

La majorité des scarabées en pierres dures avec des inscriptions que les fouilles récentes ont fait sortir des entrailles de la terre dans les nécropoles de la Phénicie et de la Sardaigne (10).

Une planche spéciale, numérotée III *bis*, est consacrée à rassembler

(1) Voy. De Vogüé, *Mélanges d'archéologie orientale*, p. 20-23.

(2) *Transactions of the Society of Biblical Archæology*, t. I, part. I, pl. aux p. 116-128.

(3) Gesenius, *Monumenta phœnicia*, pl. VI, n° 1; pl. VII, n° 2.

(4) Pl. IX, n° 5; pl. X, n°s 6 et 7.

(5) *Ann. de l'Inst. arch.*, t. XV, pl. C et D.

(6) *Étude de la langue phénicienne*, pl. III et IV.

(7) *Ann. de l'Inst. arch.* 1861, p. 321 et suiv. — Levy, *Phœnizische Studien*, fasc. III, p. 17-19; pl. n° 8. — Voy. aussi notre *Monographie de la Voie Sacrée Éleusinienne*, t. Ier, p. 120 et suiv. — E.-H. Palmer, *Journal of philology*, t. IV, p. 48-50.

(8) *Journal asiatique*, 5e série, t. XX, p. 355 et suiv.

(9) *Phœnizische Studien*, fasc. III, p. 31-40; pl. n° 4, a—c.

(10) Voy., entre autres, les n°s 11, 13, 20 et 21 de la planche jointe au mémoire de M. de Vogüé sur les intailles à légendes sémitiques : *Revue archéologique*, nouv. sér. t. XVII, pl. XIV.

toutes les données paléographiques fournies par les médailles. Nous y avons disposé chronologiquement les formes de lettres relevées sur les monuments de cette classe, travail qui avait été déjà fait en partie par le duc de Luynes dans une note communiquée à M. Edward Thomas en 1858 pour son édition des *Essays on Indian antiquities* de James Prinsep (1). On trouvera successivement dans notre tableau :

1° Les lettres numérales inscrites sur des pièces d'argent très-probablement frappées à Aradus (2), portant des dates de l'an 100 à 185 d'une ère locale et présentant les types suivants : tête virile barbue et laurée à droite. ℞ Proue de navire (3), avec au-dessus le mot מא, seul ou suivi, soit de chiffres, soit de lettres de א à ט, de 1 à 9, et de ך à ף, de 20 à 80 ; quand le nombre contient des unités en sus des dizaines, elles s'expriment par des chiffres et les dizaines par une lettre (exemple : מאפ|||| = 185). Ces pièces datent certainement du temps des premiers Achéménides, et les 85 ans de durée de leur émission doivent être comptés sur le dernier quart du sixième siècle et le cinquième. Le ש et le צ, qui manquent dans leurs légendes, sont empruntés à une darique d'argent inédite du Musée britannique, déjà signalée par le duc de Luynes, laquelle est d'après son style et sa fabrique environ contemporaine. En voici la description : — Le roi de Perse coiffé de la tiare, debout et perçant de son poignard un lion dressé devant lui; auprès, un ש. — ℞ Ville aux tours crénelées; au-dessus, la légende נצב (Nisibe) (4).

2° Des signes employés dans les légendes des monnaies d'argent des

---

(1) T. II, p. 166-168, pl. XI, a.

(2) Voy. D. de Luynes, *Mémoire sur le sarcophage d'Esmunazar*, p. 58.

(3) Un certain nombre de ces pièces sont figurées dans Ch. Lenormant, *Trésor de numismatique, Numismatique des rois grecs*, pl. LXIV, nᵒˢ 17-20 ; pl. LXV, nᵒ 1. Voy. aussi Brandis, *Das Münz- Mass- und Gewichtswesen in Vorderasien*, p. 514 et suiv.

L'attribution à l'atelier monétaire d'Aradus est établie par d'autres pièces aux mêmes types et d'un travail un peu postérieur, où l'expression des années de l'ère en caractères phéniciens est remplacée par un monogramme composé des deux lettres grecques AP : Ch. Lenormant, *Numism. d. rois gr.*, pl. LXV, nᵒ 2.

(4) Cette monnaie rappelle tout à fait comme travail celles qui sont figurées dans Ch. Lenormant, *Numism. des rois gr.*, pl. LXIV, nᵒˢ 13 et 14. Celles-ci ont également le type du roi frappant le lion, mais au revers une galère au lieu de la ville.

rois de Gebal ou Byblos nommés Baal, Aïnel et Azbaal, et de quelques
autres de la même dynastie dont les noms se lisent plus difficilement (1),
pièces dont les espèces appartiennent déjà à la belle époque de l'art,
et, comme l'a remarqué le duc de Luynes, doivent avoir été frappées
dans la dernière moitié du cinquième siècle et au commencement du
quatrième.

3°. L'alphabet fourni par les monnaies d'or et d'argent des rois de
Citium de Cypre, vassaux des Achéménides, monnaies d'abord répar-
ties par le duc de Luynes (2) entre Tyr, les Khittim, Citium et Byblos,
et définitivement attribuées et classées par M. de Vogüé (3).

4° Les lettres qu'on peut relever sur les pièces d'un assez mauvais
travail frappées pour le compte du roi de Perse et le payement de sa
flotte dans les villes de la côte phénicienne, à l'époque de la grande expédition d'Artaxerxe Ochus contre l'Égypte (4). Il en existe deux types
principaux. — 1° Le roi (?) monté sur un hippocampe ailé qui court
sur les flots : il tient la bride de la main droite et un arc dans la gauche :
à l'exergue, un dauphin. Le tout dans un cercle de perles. ℞ Chouette
tournée à gauche ; derrière cet oiseau, deux symboles égyptiens, le
fouet, signe d'impulsion, et le crochet, signe de cohibition ; dans le
champ, des chiffres ou des lettres numérales ; le tout dans un cercle
de perles (5). — 2° Dauphin décrivant une parabole au-dessus des flots ;
à l'exergue, la coquille du murex ; dans le champ, au-dessus du dauphin, une légende phénicienne qui varie. ℞ La chouette avec le fouet et
le crochet, représentée en relief dans le creux (6).

5° Les quelques caractères que fournissent les courtes légendes phé-

---

(1) D. de Luynes, *Numismatique des satrapies*, pl. XV, n°s 41-45. — De Vogüé, *Rev.
numism.*, nouv. sér. t. I, p. 217. — Brundis, *Münz- Mass- und Gewichtswesen*, pages 511 et
suiv.

(2) *Numismatique des satrapies*, p. 69-90 ; pl. XIII, n°s 2-20 ; XIV entière ; XV, n°s 33-40.

(3) *Revue numismatique*, nouv. sér. t. XII, p. 364-381 ; pl. XI.

(4) Voy. la description de tous les exemplaires connus dans l'ouvrage de M. Brandis (*Münz-
Mass- und Gewichtswesen*, p. 513-514), qui rapporte ces monnaies à l'atelier de Tyr. Nous les
croirions plutôt frappées à Byblos, comme nous essaierons de le démontrer dans la *Revue numismatique*.

(5) Ch. Lenormant, *Numism. des r. gr.*, pl. LXV, n°s 6-9.

(6) Ch. Lenormant, *Numism. des r. gr.*, pl. LXV, n° 13.

niciennes tracées dans le champ de monnaies d'or et d'argent aux types et au nom d'Alexandre le Grand frappées sous ce prince et sous ses premiers successeurs dans les ateliers des villes d'Aradus, Marathus, Tyr, Acé et Azotus (1).

6° Les lettres isolées numérales et qui se trouvent dans le champ des pièces de bronze frappées, souvent avec le nom de la ville en phénicien, à Tyr, à Sidon et à Aradus, pour les rois Séleucides dont elles portent les noms en grec. Nous y avons joint celles qui composent les légendes plus développées des deux monnaies fabriquées pour Antiochus IV à Tyr (2) et dans cette Laodicée de Chanaan (3) qui est peut-être Oumm--el-Awamid, et la fameuse légende en quatre lignes de Sidon (4), qui se trouve sur des pièces de bronze aux noms d'Antiochus IV (5) et de Démétrius Ier (6), ainsi que sur des autonomes de la classe dont il nous reste à parler (7).

7° L'alphabet des inscriptions qui se lisent sur les monnaies autonomes de cuivre, d'un travail de décadence, frappées postérieurement à l'établissement de la domination romaine, en 145 av. J.-C., à Marathus (8), à Sidon (9) et à Tyr (10).

---

(1) L. Müller, *Numismatique d'Alexandre le Grand*, n°ˢ 1367, 1381-1387, 1390, 1396, 1424-1463, 1471.

(2) Barthélemy, *Mém. de l'Acad. des Inscr.*, t. XXX, p. 427. — Gesenius, *Monumenta phœnicia*, pl. XXXIV, 1. — Ch. Lenormant, *Numism. des r. gr.*, pl. XLII, n° 14.

(3) Barthélemy, *Mém. de l'Acad. des Inscr.*, t. XXX, p. 427. — Gesenius, *Mon. phœn.*, pl. XXXV, 4. — Ch. Lenormant, *Numism. des r. gr.*, pl. XLII, n° 11.
On retrouve la même légende un peu plus tard, avec le nom d'Alexandre II Zébina, Ch. Lenormant, *Numism. des r. gr.*, pl. L, n° 15.

(4) Lindberg, *De inscriptione Melitensi*, pl. VI. — Gesenius, *Monumenta phœnicia*, pl. XXXIV, 2, *u, v, w, x*. — Movers, *Die Phœnizier*, t. II, 2° part. p. 134 et suiv.

(5) Mionnet, *Description de médailles antiques*, t. V, p. 41. — Ch. Lenormant, *Numism. des r. gr.*, pl. XLII, n° 16.

(6) Mionnet, *Descr. de méd. ant.*, t. V, p. 47.

(7) Mionnet, *Descr. de méd. ant.*, t. V, p. 369, n°ˢ 204 et 204 *bis*. — Gesenius, *Monumenta phœnicia*, pl. XXXIV, 2, *t* et *t bis*.

(8) Mionnet, *Descr. de méd. ant.*, t. V, p. 362-364; *Supplément*, t. VIII, p. 260 et suiv. — Gesenius, *Mon. phœn.*, pl. XXXV, 5, *a-k*.

(9) Mionnet, t. V, p. 369-375. — Gesenius, *Mon. phœn.*, pl. XXXIV, 2, *a-t*.

(10) Mionnet, t. V, p. 416-426; *Suppl.*, t. VIII, p. 299-302. — Gesenius, *Mon. phœn.*, pl. XXXIV, 1, *a-m*.

V.

Des deux types paléographiques principaux dont nous venons, à la suite de l'éminent sémitiste de Breslau et de son digne émule parisien, de constater l'existence dans les monuments phéniciens et de déterminer les formes, peut-on, avec quelque certitude et au moyen de preuves suffisantes, arriver à reconnaître quel est le plus ancien et celui qui nous retrace le mieux la physionomie primitive de l'écriture des fils de Chanaan?

Nous croyons, quant à nous, que ce résultat, capital et indispensable comme point de départ pour l'étude à laquelle nous allons nous livrer dans le présent Essai, peut être obtenu sans incertitude ni difficultés.

Ce n'est pas sans intention que jusqu'à présent, en parlant de ces deux types, nous avons constamment employé pour l'un l'expression de *premier* et pour l'autre celle de *second*. Nous regardons en effet le type du ב et du ש anguleusement ondulés comme plus ancien que le type où ces lettres offrent à la place un trait arrondi ou carré que traverse une barre verticale, et nous le tenons comme représentant assez exactement l'écriture phénicienne voisine encore de son origine. Aussi n'hésitons-nous pas à adopter les noms que M. le comte de Vogüé a proposés pour ces deux types paléographiques, appelant l'un *archaïque* et l'autre *sidonien*.

Mais pour un fait de cette importance on ne saurait se contenter d'une assertion sans preuves, d'une simple affirmation; il ne suffit pas de formuler la proposition, il est de toute néceesité de la démontrer. C'est ce que nous allons essayer.

Nous interrogerons d'abord le témoignage des monuments eux-mêmes, et leur réponse, croyons-nous, ne sera pas douteuse. Dans un coup d'œil aussi rapide que possible nous allons passer en revue tous ceux, parmi les monuments jusqu'à présent connus de l'un et de l'autre type de la paléographie chananéenne, dont on peut déterminer avec toute probabilité la date, précise ou approximative.

Nous commencerons cette revue par les monuments du second type, en remontant constamment de l'époque la plus récente à la plus ancienne.

L'inscription bilingue des deux candélabres de Malte, dont l'un se voit encore dans cette île et l'autre à Paris au musée du Louvre, c'est-à-dire l'inscription désignée par Gesenius sous le nom de *première mal-taise*, date des temps macédoniens, ainsi qu'on en juge avec certitude par le style de la sculpture des candélabres et par la forme des lettres de la partie grecque de la dédicace.

Il en est de même des inscriptions funéraires déterrées à Athènes, dont pour le moins aucune n'est antérieure à l'archontat d'Euclide et au changement qui se produisit alors dans la manière d'écrire des habitants de l'Attique; toutes ces stèles ont en effet leur texte grec tracé au moyen de l'alphabet ionique de vingt-quatre lettres, adopté sous l'archontat d'Euclide, et même les formes des caractères y sont celles dont on se servait après Alexandre. Tel est du moins le cas des trois publiées par Gesenius et des deux éditées par M. de Saulcy. La sixième est encore plus récente et ne peut dater que du premier siècle avant l'ère chrétienne.

La grande inscription d'Oumm-el-Awamid est également d'une manière incontestable contemporaine de la monarchie des Séleucides, que l'on interprète la date de l'an 280 « du seigneur des rois, » לאדן מלכם, qu'elle nous offre, comme se rapportant à l'ère d'Alexandre, ainsi que le veut M. Renan, ou, ce qui nous paraît plus vraisemblable, comme se rapportant à l'ère de Cyrus, ainsi que le conjecture M. le docteur A. Levy.

Nous avons déjà dit plus haut que les monnaies à légendes indigènes frappées dans les villes de la Phénicie propre appartenaient en partie au temps de la suzeraineté des Achéménides et en partie à celui de la royauté des Séleucides; il y en a même qui descendent jusqu'aux temps de la domination romaine. Entre les pièces du temps des Perses et du temps des Macédoniens on remarque quelques différences dans la forme des lettres; elles sont plus courtes et plus trapues sur les premières, plus allongées sur les secondes; mais malgré ces différences elles se rattachent au même type général.

Les dates respectives des monuments numismatiques de la Phénicie même qui nous ont fourni les principaux éléments de la planche III *bis* doivent être ainsi établies :

Les anciennes pièces d'argent d'Aradus à la proue de navire (col. 1) ont été frappées entre 522 et 435 environ avant l'ère chrétienne.

Les monnaies des rois de Byblos (col. 2) sont contemporaines du règne d'Artaxerxe Longue-main et de la première partie de celui d'Artaxerxe Mnémon, et vont par conséquent des environs de 465 à ceux de 380.

Les espèces d'argent au revers de la chouette (col. 4) ont été frappées, nous l'avons déjà dit, du temps d'Artaxerxe Ochus, qui régna de 360 à 339.

Les statères et les tétradrachmes des villes phéniciennes au nom d'Alexandre le Grand (col. 5) sont des espèces qui ont été fabriquées entre 331 et 289, la date la plus basse qu'on y trouve inscrite (1).

Les petits bronzes émis dans les villes phéniciennes pour les Séleucides (col. 6) l'ont été depuis le règne d'Antiochus IV, commençant en 223, jusqu'à la conquête romaine, en 145.

Enfin les autonomes de basse époque partent de cette conquête. La dernière date inscrite à Sidon avec une légende phénicienne est celle de l'an 73 de l'ère locale (38 av. J.-C.) ; mais à Tyr le monnayage se prolongea encore bien longtemps après en employant l'écriture nationale, car la dernière pièce à légende phénicienne porte la date de l'an 279 de l'ère de la ville (153 ap. J.-C.).

Les inscriptions de l'île de Cypre qui mentionnent les rois de Citium Melekiathon et Pumiathon sont indubitablement des monuments du quatrième siècle avant l'ère chrétienne, puisque le second est désigné, sous le nom de Πύματος, comme ayant été encore sur le trône lors du siége de Tyr par Alexandre le Grand (2) M. le comte de Vogüé a reconnu

(1) L. Müller, *Numismatique d'Alexandre le Grand*, p. 81.
(2) Athen., **IV**, 63.

leurs noms sur les petites monnaies d'or et d'argent que M. le duc de
Luynes avait déjà classées sous la rubrique des rois de Citium, monnaies
dont le style est celui du quatrième siècle avant Jésus-Christ. Il a, de
plus, rattaché à la même série deux autres rois, Azbaal et Baalmelek,
que le style de leurs monnaies, aux types semblables et aux légendes
tracées avec les mêmes lettres, rapporte au cinquième siècle. Il a enfin
retrouvé la monnaie phénicienne de Démonicus, fils d'Évagoras, exactement conforme aux autres comme paléographie (1). Le même savant
a aussi publié une inscription gréco-phénicienne de Citium, où le type
des lettres grecques est celui du quatrième siècle (2). Enfin il a fait connaître une inscription bilingue, grecque et phénicienne, en l'honneur
de Ptolémée Soter, qu'il a découverte à Lapithos, toujours dans l'île de
Cypre (3). La forme des caractères chananéens dans ces deux monuments
est exactement pareille à ce que nous la voyons dans les inscriptions
datées des règnes de Melekiathon et de Pumiathon.

La *deuxième sidonienne*, éditée et interprétée par M. le comte de
Vogüé, porte sa date dans son contenu même. Elle mentionne en effet
l'institution d'un roi particulier de la ville où elle a été trouvée, c'est-à-
dire de Sidon, par un roi suzerain auquel est donné le titre de « roi
« des Sidoniens, » מלך צדנם. Il faut donc qu'elle soit du temps où l'on
distinguait le roi particulier de Sidon, מלך צדן, de son suzerain le roi
de toute la Phénicie, appelé par une ancienne tradition de la suprématie
sidonienne, מלך צדנם, bien que depuis le douzième siècle avant l'ère
chrétienne il résidât à Tyr (4). En un mot c'est un monument de l'âge
de la suprématie tyrienne sur toute la Phénicie, c'est à dire un monument antérieur à la prise de Tyr par Nabuchodonosor en 585 avant
Jésus-Christ, car nous avons la preuve, par le témoignage d'Ézéchiel,
que la suzeraineté de Tyr sur Sidon, son ancienne métropole, dura jusqu'à cet événement. Nous verrons tout à l'heure, par des monuments

---

(1) *Revue numismatique*, nouv. sér. t. XII, p. 364-381 ; pl. XI.
(2) *Mélanges d'archéologie orientale*, p. 32.
(3) *Mélanges d'archéologie orientale*, p. 36.
(4) Voy. Movers, *Die Phœnizier*, t. II, p. 93. — De Vogüé, *Mém. présent. par div. sav. à
l'Acad. des Inscr.*, 1ʳᵉ série, t. VI, part. I, p. 64 et suiv.

appartenant incontestablement à cette époque, quelle était la forme des caractères phéniciens usitée dans le septième siècle. Ce n'est pas celle que nous voyons dans la *deuxième sidonienne*. Force nous est donc de considérer cette inscription comme antérieure de très-peu d'années à la chute de Tyr sous les coups du monarque babylonien, et d'en placer l'exécution au début du sixième siècle avant notre ère.

La date du sarcophage d'Eschmounazar est plus difficile à fixer, et les opinions des savants ont été fort divisées à ce sujet. Les uns le font remonter extrêmement haut, comme M. Ewald qui le dit contemporain des Juges d'Israël, comme M. de Rougé qui l'a rapporté au douzième siècle avant Jésus-Christ, sans fournir, du reste, aucune preuve de son opinion, qu'il abandonne complétement aujourd'hui. Les autres, comme le duc de Luynes et M. le docteur Levy, y voient un monument du sixième siècle. Ce qui est certain, tout d'abord, d'après le contexte même de l'inscription gravée sur le sarcophage, c'est qu'Eschmounazar portait le titre de « roi des Sidoniens », מלך צדנם, et qu'il régnait à Sidon. Le fait de son ensevelissement auprès de cette ville, la mention, dans son épitaphe, des services rendus à Sidon, des temples élevés aux dieux de Sidon, à l'exclusion de Tyr, ne laissent aucun doute à cet égard. Il faut donc forcément faire vivre Eschmounazar, soit à une époque où la suprématie tyrienne avait pris fin et où le titre de מלך צדנם n'avait plus sa signification générique, soit à une époque où ce titre, dans son sens le plus général, appartenait encore au roi de Sidon, où Sidon exerçait une suprématie incontestée sur la Phénicie entière, soit au sixième, soit au douzième siècle, c'est-à-dire à l'une ou à l'autre des époques entre lesquelles se sont départis les avis des savants.

Mais comment se prononcer entre ces deux époques, également vraisemblables d'après la teneur de l'inscription? C'est ici, comme l'a très-bien vu le duc de Luynes pour lequel cet argument est devenu la base de son opinion, que la question d'art devient décisive et prépondérante. Le style du sarcophage en lui-même peut seul nous permettre de choisir. Ce sarcophage est indubitablement égyptien, par son travail et par sa matière; il a été apporté des bords du Nil à Sidon, où les

ouvriers indigènes n'ont eu d'autre peine que d'y graver l'inscription.
Or, du jugement de tous les hommes formés à la pratique de l'art égyptien et habitués à discerner ses différentes époques, entre autres de M. Mariette, la forme très-particulière du sarcophage, son style, la nature du
travail qui y a été employé, ne permettent pas de le considérer comme
exécuté antérieurement à la vingt-sixième dynastie, Saïte, qui vit se
produire sous son influence une renaissance brillante de l'art de l'Égypte,
et dont les œuvres se reconnaissent avec certitude à un style propre.
Ceci étant, les circonstances historiques de l'épitaphe ne peuvent plus
être appliquées qu'aux temps qui suivirent la prise de Tyr par Nabuchodonosor, c'est-à-dire au courant du sixième siècle. C'est ce que confirme encore une phrase capitale de l'inscription, dont la véritable lecture est en partie due à M. Munk : « Puissent les maîtres des rois nous
« accorder toujours la possession de Dor, de Japho et des terres à blé
« magnifiques qui sont dans la plaine de Saron (בשד שרן)! » La possession de la plaine de Saron, dont la prospérité était proverbiale (1),
et de la ville de Dor ne put en effet revenir aux Sidoniens qu'après l'a-
néantissement absolu de la monarchie juive par les armes du conquérant
sorti de Babylone. En même temps nous voyons par un grand nombre
de passages de l'inscription qu'un des principaux soins d'Eschmounazar,
pendant son règne, fut de relever les temples de la ville de Sidon et de
sa banlieue. Ils étaient donc en ruines quand ce prince monta sur le
trône, et par conséquent nous devons penser que Sidon se relevait alors
d'un désastre considérable. Ceci étant, ne trouvons-nous pas un rapprochement bien séduisant à faire entre cette donnée et celles qui se rapportent à la guerre du roi d'Égypte Ouahprahet contre la Phénicie,
vassale de Nabuchodonosor, guerre dans laquelle Sidon fut dévastée
et mise à sac en 574, après la victoire de la flotte grecque et carienne
du roi d'Égypte (2)?

Nous nous rangeons donc à l'opinion du duc de Luynes, qui nous
paraît avoir pour elle toutes les conditions désirables de vraisemblance

---

(1) I. Chron. XXVII, 29.
(2) Herodot. II, 161. — Diod. Sic. I, 68.

et même de certitude (1). Mais si nous faisons descendre le sarcophage d'Eschmounazar jusqu'au sixième siècle, si nous croyons qu'il est impossible de le tenir pour plus ancien, nous croyons également impossible de le rajeunir encore de deux siècles, comme le fait M. l'abbé Bargès, et de lui assigner pour date avec ce savant l'année 336 avant Jésus-Christ, c'est-à-dire de le croire de quatre ans seulement antérieur à la prise de Sidon par Alexandre. Ce n'est pas que nous ne trouvions très-ingénieux et très-probable le rapprochement que M. l'abbé Bargès établit entre le nom du père d'Eschmounazar, appelé Tabnith (תבנת), et celui du Tennès, roi de Sidon, que Diodore de Sicile (2) raconte s'être révolté contre Artaxerxe Ochus avec l'appui de Nectanèbe, roi d'Egypte. Mais, tout en admettant l'identification des deux noms, nous repoussons celle des deux personnages. Le Tennès de Diodore nous paraît bien s'être appelé en phénicien תבנת, seulement nous ne pouvons le considérer que comme le descendant d'un plus ancien Tabnith et de son fils Eschmounazar. Rien de plus ordinaire chez les anciens que cette répétition d'un nom dans la même famille, où il se reproduit périodiquement après des intervalles d'un petit nombre de générations. Déjà dans l'inscription du sarcophage si généreusement offert au musée du Louvre par le duc de Luynes, nous voyons le nom d'Eschmounazar porté par le roi enseveli dans cette tombe et par son grand-père.

VI.

Après nous être ainsi rendu compte des dates auxquelles appartiennent les principaux monuments du second type de la paléographie phénicienne, il faut maintenant procéder à la même recherche pour ceux du premier type. Le coup d'œil que nous allons jeter sur eux nous montrera bien vite qu'ils sont plus anciens.

(1) Voy. sur l'ensemble des circonstances au milieu desquelles se placent naturellement les données de cette inscription, notre *Manuel d'histoire ancienne de l'Orient*, 3° édition, t. III, p. 91 et suiv.

(2) XVI, 42-45.

Pour Malte, d'abord, l'inscription du candélabre bilingue nous a fait connaître quelle était la forme des caractères phéniciens dont on se servait dans cette île à l'époque macédonienne. L'inscription que Gesenius désigne comme la *seconde maltaise* est évidemment d'une date un peu plus élevée, bien qu'appartenant encore au même type. Mais ceci étant, il faut de toute nécessité considérer comme encore plus vieilles la *troisième* et la *quatrième,* qui sont tracées avec les lettres du type au 𐤌 et au 𐤔 ondulés. Elles ne peuvent pas, en effet, être postérieures à la *seconde* et à la *première,* car les médailles de Gaulos (1) nous montrent que dans cette île et dans sa voisine Mélite l'écriture des fils de Chanaan, après l'époque macédonienne, subit une altération tout à fait analogue à celle qu'elle subissait dans le même temps chez les Carthaginois et sur laquelle nous reviendrons un peu plus loin.

L'inscription de Nora en Sardaigne frappe dès le premier abord par sa physionomie archaïque. Elle est manifestement antérieure aux inscriptions puniques dont on a trouvé quelques-unes dans la même île. Mais peut-il y avoir en Sardaigne des monuments chananéens d'une date ancienne et antérieurs aux Carthaginois? Oui, car Diodore de Sicile (2) parle des colonies que les Phéniciens proprement dits avaient fondées en Sardaigne. Ces colonies dataient de l'époque de la suprématie de Tyr, et en effet on indique spécialement la ville de Caralis comme bâtie par les Tyriens (3).

Pour ce qui est des pierres gravées, presque toutes en forme de scarabées, provenant des nécropoles des villes phéniciennes, il suffit d'avoir manié un grand nombre de monuments de cette catégorie, de posséder une faible dose de ce tact archéologique que la nature donne encore plus que l'étude, et d'avoir suivi les progrès qu'a faits depuis quelques années la connaissance de l'histoire des arts de l'Asie, pour reconnaître, sans pouvoir s'y méprendre, que toutes celles dont les légendes sont tracées à l'aide de notre premier type paléographique appartiennent à une date plus reculée que celles dont les légendes suivent le second

(1) Gesenius, *Monumenta phœnicia,* pl. XL, 14.
(2) V, 35.
(3) Claudian, *De bello Gildon.,* v. 520.

type (1). C'est là, du reste, tout ce qu'on peut en dire, car nous n'osons pas faire entrer en ligne de compte l'opinion qui voit Abibaal, roi de Tyr et père du Hiram de la Bible, dans la figure virile coiffée du *schent* à l'égyptienne, qu'un scarabée du musée de Florence nous montre avec l'inscription לאביבעל (2). Certes, si cette conjecture était exacte, elle apporterait une bien précieuse confirmation à notre manière de voir, mais elle ne repose pas sur des fondements assez solides pour que nous puissions l'adopter et nous en servir comme argument.

Nous n'arrivons jusqu'à présent, on le voit, qu'à des données approximatives et conjecturales. Mais il n'en est pas de même avec les monuments qui proviennent de la Mésopotamie. Là nous avons des dates certaines, qui nous font remonter beaucoup plus haut que ce que nous avons encore examiné en fait de monuments phéniciens.

La première de ces dates nous est fournie par le scarabéoïde du musée du Louvre portant l'inscription עבדבעל dans le type d'écriture le mieux caractérisé, qui a été trouvé au milieu du lit de sable qui supportait les fondations du palais assyrien de Khorsabad, sous un des grands taureaux ailés à face humaine qui en décoraient les portes (3). Khorsabad a été bâti par Saryukin, roi d'Assyrie de 721 à 704 avant l'ère chrétienne. Une pierre trouvée dans les fondations de ce palais est donc un monument certain du huitième siècle.

La gemme de Khorsabad est de travail purement chananéen et a dû être gravée à Tyr ou à Sidon. Il faut en effet, parmi les pierres à légendes phéniciennes provenant de Ninive et de Babylone, en distinguer de deux espèces : celles que leur travail indique comme apportées de la Phénicie, et celles qui, d'après leur style, ont été exécutées en Mésopotamie. Des premières, toutes celles dont les inscriptions présentent aux regards le

---

(1) Voy. la pl. XIV du tome XVII de la nouvelle série de la *Revue archéologique*, planche accompagnant le Mémoire de M. de Vogüé auquel nous en avons référé plusieurs fois pour ce qui touche aux pierres gravées phéniciennes.

(2) D. de Luynes, *Numismatique des satrapies*, pl. XIII, n° 1.

La pierre publiée par M. de Vogüé sous le n° 1 de la pl. XIV de son article de la *Revue archéologique* sur les intailles, est du même style *égyptisant* et pour le moins aussi ancienne. On peut reporter hardiment ces deux monuments avant le neuvième siècle.

(3) De Longpérier, *Journal asiatique*, 5° série, t. VI, p. 422.

premier type de la paléographie phénicienne sont contemporaines de la gemme de Khorsabad ou très-peu postérieures, autrement dit appartiennent au huitième ou au septième siècle. Quant aux secondes, à celles dont la fabrique est mésopotamienne, elles sont environ du même temps, c'est-à-dire de la splendeur de la monarchie assyrienne.

Mais les lions de bronze de Nimroud nous font remonter à une époque encore notablement antérieure à celle de la gemme de Khorsabad. Ces précieux monuments de la métrique assyrienne laissent lire, en effet, dans les inscriptions cunéiformes qui les décorent les noms d'Assournazirpal et de Salmanassar IV, lesquels se succédèrent sans intervalle et régnèrent pendant une durée de soixante ans, qui remplit toute la seconde moitié du neuvième siècle avant notre ère. Les inscriptions phéniciennes des lions de Nimroud sont incontestablement contemporaines des inscriptions cunéiformes des mêmes monuments. Elles nous révèlent donc sous quelle forme l'écriture des fils de Chanaan était employée dans le neuvième siècle en Assyrie.

La stèle de Mésa, roi de Moab, est exactement contemporaine. Il y raconte, en effet, ses guerres contre Ochozias et Joram, rois d'Israël, déjà mentionnées par la Bible (II Reg. III et IV), ou, si la lecture de M. Oppert doit être définitivement préférée (ce que nous ne pensons pas sur ce point) à celles de MM. Ganneau et de Vogüé, une guerre un peu postérieure contre Jéhu. Or, Salmanassar IV, dans ses inscriptions, particulièrement sur la stèle des sources du Tigre, aujourd'hui transportée à Londres (publiée dans le tome III des *Cuneiform inscriptions of Western Asia*), et sur l'obélisque de Nimroud, raconte qu'il a vaincu dans un combat les troupes d'Achab de Jezreël et plus tard reçu le tribut de Jéhu; il parle aussi longuement de ses guerres heureuses contre les rois de Damas, leurs contemporains et leurs ennemis, Ben-Hadar et Hazaël.

De même que les lions de Nimroud et la stèle de Mésa sont de la même date, ils offrent à nos regards exactement le même état de l'alphabet, bien que les premiers appartiennent à l'Assyrie et la stèle à la Palestine. L'écriture sémitique présentait donc encore au neuvième siècle avant notre ère un remarquable caractère d'unité dans les divers pays où elle était en usage.

VII.

Le résultat de l'examen auquel nous venons de nous livrer a donc été de constater que, parmi les monuments du premier type paléographique phénicien, tous ceux dont on peut déterminer la date se classent du dixième au septième siècle avant notre ère, et que les monuments du second type vont du sixième siècle jusqu'après Jésus-Christ. La succession des deux types ressort clairement de ces faits, qui semblent placer la transition vers le septième et le sixième siècle.

Un tel résultat est confirmé par l'existence de monuments appartenant à ce dernier intervalle, où la forme des caractères est intermédiaire entre les deux types et fournit le passage de l'un à l'autre.

Ces monuments sont encore en fort petit nombre, mais la date en paraît certaine. Nous pouvons en citer :

La souscription phénicienne relevée par M. Coxe sur un contrat assyrien en écriture cunéiforme du Musée britannique, datant du règne d'Assarahaddon (premières années du septième siècle avant Jésus-Christ) (1);

Les trois inscriptions phéniciennes gravées sur la jambe d'un des colosses du spéos d'Ibsamboul en Nubie par des mercenaires à la solde d'un roi d'Égypte. Ces inscriptions ont été publiées pour la première fois d'une manière exacte par M. Lepsius (2), et expliquées par le docteur A. Levy (3). Elles sont indubitablement contemporaines des inscriptions gravées au même lieu et de la même manière par d'autres mercenaires, Grecs et Cariens, inscriptions sur lesquelles nous revien-

---

(1) De Vogüé, *Journal asiatique*, août 1867, p. 172.
(2) *Denkmæler aus Ægypten und Æthiopien*, part. VI, pl. XCVIII.
(3) *Phœnizische Studien*, fasc. III, p. 19-25. — Voyez aussi le travail de M. Blau, dans la *Zeitschr. der deutsch. morgenl. Gesellsch.*, t. XIX, p. 522-543.

drons dans le chapitre V du troisième livre du présent Essai, et que nous démontrerons alors dater de la dernière partie du règne de Psammétique Ier, c'est-à-dire de la fin du septième siècle.

Trois pierres gravées de travail mésopotamien publiées par M. le docteur A. Levy (1) et par sir Henry Rawlinson (2). Leur style les rapporte aux environs du règne de Nabuchodonosor.

Quelques autres pierres parmi les intailles phéniciennes publiées par M. de Vogüé (3).

Nous avons réuni dans notre planche IV les signes de l'écriture fournis par les monuments dont nous venons de parler. Il suffira d'y jeter un rapide coup d'œil pour voir qu'ils représentent bien exactement la transition entre les deux types, car les signes caractéristiques y sont en partie conformes à l'un et en partie conformes à l'autre.

Ainsi se justifient les appellations d'*archaïque* et de *sidonien* que nous avons admises, à la suite de M. le comte de Vogüé, pour désigner les deux types de la paléographie phénicienne. La première surtout ne pourrait plus maintenant être révoquée en doute; quant à la seconde, elle est justifiée en ce que les plus anciens monuments jusqu'ici connus du type auquel elle appartient proviennent de Sidon; mais il serait plus exact encore de désigner le type en question par le nom de *tyrien*, car nous venons de constater qu'il avait commencé à devenir en usage lorsque la suprématie tyrienne existait encore. Le plus simple serait même peut-être de l'appeler *phénicien proprement dit* par opposition à l'alphabet *archaïque* usité chez tous les peuples de la race sémitique.

Au reste, M. de Vogüé (4) a très-heureusement résumé les indications chronologiques qui ressortent des changements de forme des deux lettres caractéristiques מ et שׁ, et nous ne pouvons mieux faire que de lui emprunter les règles qu'il a établies à ce sujet :

1° Une inscription en caractères *archaïques* dans laquelle le מ et le שׁ

---

(1) *Phœnizische Studien*, fasc. II, pl. n° 2.

(2) *Journal of the Royal Asiatic Society*, 1864, p. 237 et 240; pl. n°s 9 et 14.

(3) *Revue archéologique*, nouv. sér., t. XVII, pl. XIV, n°s 7 et 9.

(4) *Journal asiatique*, août 1867, p. 174 et suiv.

sont également ondulés est antérieure au septième siècle avant l'ère chrétienne.

2° Si le ‍ש‍ seul est ondulé, le texte est postérieur au huitième siècle et probablement antérieur au milieu du sixième siècle.

Ces deux remarques sont applicables à la fois aux inscriptions phéniciennes et araméennes; mais les suivantes ne sont vraies que pour les textes tracés à l'aide de l'écriture *sidonienne*, qui paraît s'être constituée vers le sixième siècle.

3°. Si les deux lettres précitées sont barrées, mais que le ‍ש‍ n'ait pas d'appendice, le texte ne saurait descendre plus tard que les premières années du quatrième siècle.

4° Si le ‍ש‍ a un appendice, le texte est postérieur aux premières années du quatrième siècle; cet appendice s'accentue au troisième siècle et reste allongé jusqu'au moment où l'écriture sidonienne cesse d'être en usage.

Nous rendrons ces règles paléographiques encore plus claires par une série d'exemples empruntés à des monuments ayant tous une date certaine.

IXᵉ siècle.	Stèle de Mésa.	ᗰ	W
VIIᵒ siècle.	Tablette d'Assarahaddon.	ᗷ	W
VIᵉ siècle.	Sarcophage d'Eschmounazar. . . .	ᗷ	Ѡ
IVᵉ siècle.	Inscriptions royales de Citium. . .	ᗷ	ᗷ
310	Inscription de Lapithos.	ᗷ	ᗷ
IIᵉ siècle .	Inscription d'Oumm-el-Awamid. . .	ᗷ	ᗷ

VIII.

Les observations précédentes nous ont permis de reconnaître l'antériorité de l'un des deux grands types paléographiques de l'écriture phénicienne sur l'autre dans les monuments conservés jusqu'à nous et de déterminer même l'époque où s'est produite la transition entre ces deux types.

Mais ceci n'est pas suffisant; il nous faut essayer de remonter plus haut encore. Le type d'écriture que nous ont offert les monuments les plus anciens connus est-il vraiment le type chananéen primitif? Ou bien le type que nous avons appelé *sidonien* à l'exemple de M. de Vogüé, ne représentait-il pas d'une manière plus exacte, comme l'ont pensé Gesenius et quelques autres savants, ce type primitif, altéré dès une époque très-ancienne et repris plus tard par esprit d'archaïsme, par une restitution d'ancienne tradition dont la paléographie des différents peuples nous offre quelques exemples? Ce ne sont plus les monuments phéniciens eux-mêmes qui nous fourniront la réponse à ces questions. Ils sont muets à ce sujet. Nous devons donc désormais nous adresser à d'autres sources, interroger les dérivés vraiment anciens de l'alphabet des fils de Chanaan et la comparaison des formes des caractères hiératiques égyptiens d'où sont sorties les lettres phéniciennes.

Voyons d'abord quelles données peuvent nous fournir les dérivés de l'alphabet des Chananéens.

Dans tous ceux qui sont incontestablement de haute date, les signes produits par les lettres caractéristiques qui distinguent, comme nous l'avons remarqué plus haut, les deux types paléographiques phéniciens, se rattachent directement à celui que nous appelons *archaïque* et sont au contraire assez éloignés du second type.

Le grec est le plus ancien dérivé connu du phénicien. Nous en possédons des monuments qui remontent jusqu'au huitième et au neuvième siècle et nous avons essayé de démontrer, dans un mémoire spécial (1), que la transmission de l'écriture alphabétique des Chananéens aux habitants de la Grèce remonte à une date encore notablement plus élevée, qu'elle est de plusieurs centaines d'années antérieure. Le chapitre Ier du livre III de notre Essai sera consacré à en reconstituer la forme primitive. Nous devons y renvoyer le lecteur, en nous bornant à remarquer pour le moment que tous les caractères sortis des lettres phéniciennes dans

(1) *La Légende de Cadmus et les établissements phéniciens en Grèce*, Paris, 1867, in-8.

lesquelles se marquent les différences des deux types sont, dans l'alphabet grec primitif ou *cadméen*, presque exactement pareils au type phénicien *archaïque* et n'ont au contraire qu'un rapport très-éloigné avec le type *sidonien*. Ce sont en effet :

7	qui sort manifestement de 7	et non de	∧
Y	» 4	»	ʔ
Ⲭ	» Z	»	Ν
⊟ H	» ⊟ H	»	ⴹ
⊕	» ⊕	»	θ
ﻍ ﻍ	» Ζ	»	Ν
V	» L	»	↳
M	» ᴍ	»	ᖧ
Φ Ⴖ	» Φ Ⴖ	»	Ρ
ᴍ	» W	»	Ѡ ᖧ
T	» +	»	ᛏ ᚱ

La même constatation est facile à faire pour l'ibérien, dont l'origine, nous l'établirons au chapitre Ier du cinquième livre de notre Essai, se rattache aux colonies fondées dans la Bétique par les Tyriens pendant le neuvième siècle avant l'ère chrétienne (1). Nous y trouvons en effet :

⟨	sorti bien clairement de 7	non de	∧
Ⱶ	» 4	»	ʔ
⋀ Ʃ	» Z	»	Ν
H	» Ⱶ	»	ⴹ
Ⲍ	» Ζ	»	Ν ᴎ
⌐	» L	»	↳
M	» ᴍ	»	ᖧ
◇	» Φ Ⴕ	»	Ρ
M	» W	»	Ѡ ᖧ

(1) En parlant ainsi je laisse de côté la question de l'influence que l'écriture grecque a exercée plus tard sur cet alphabet et dont un certain nombre de signes portent l'empreinte manifeste. Je ne m'occupe que de ceux qui s'en montrent le mieux dégagés.

Transportons-nous maintenant à l'extrémité opposée des domaines de la propagation de l'alphabet phénicien ; interrogeons les écritures du Yémen, de la Bactriane, de l'Ariane et de l'Inde, qui constituent un rameau très à part parmi les dérivés du système graphique des fils de Chanaan. Ces écritures sont sorties de très-bonne heure de la souche commune pour prendre une existence propre et séparée. Ce sont, de tous les alphabets issus du phénicien, ceux où les formes originaires se sont le plus altérées, ce qui s'explique, du reste, par ce fait qu'ils n'en sont pas dérivés immédiatement et que plusieurs des intermédiaires nous manquent encore.

Quelquefois la modification est telle que, tout en reconnaissant que les signes procèdent de l'écriture chananéenne, on ne sait pas de quel type ils doivent être plutôt rapprochés. Mais toutes les fois que la forme des lettres d'une écriture de ce rameau se rattache d'une manière spéciale et positive à l'un des types du phénicien, c'est à celui que nous avons appelé archaïque.

Ainsi l'alphabet himyaritique nous fournit :

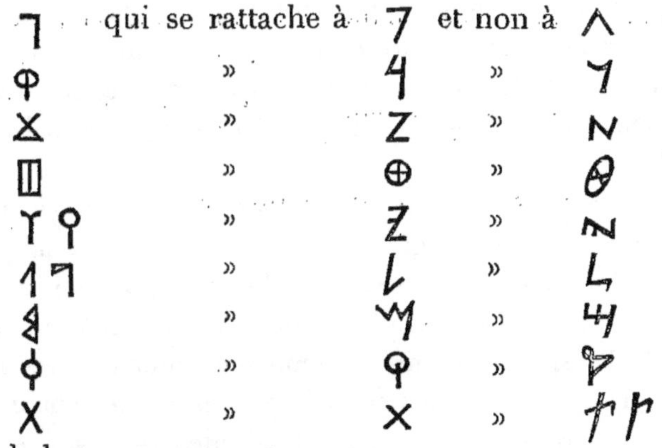
qui se rattache à
et non à
»
»
»
»
»
»
»
»
»
»
»
»
»
»
»
»

Dans l'alphabet aryen nous trouvons :

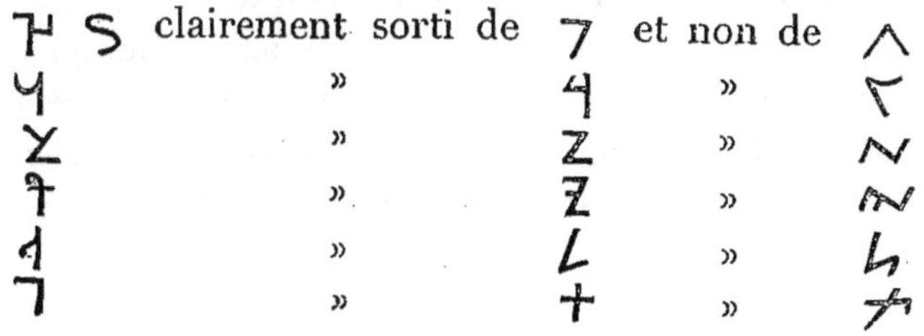
clairement sorti de
et non de
»
»
»
»
»
»
»
»
»
»

Quant au magâdhi de l'Inde, source du dévanagâri, nous constatons que l'origine de

Ꝑ	s'explique mieux par	日	que par	月
O	»	⊕	»	⊖
J	»	L	»	ᴸ
λ	»	X	»	ᚵ

IX.

L'examen des dérivés les plus anciens de l'écriture phénicienne confirme donc pleinement la priorité du type paléographique au ם et au ש ondulés, que nous appelons *archaïque*. C'est de lui qu'ils sortent tous, et on ne pourrait en expliquer également bien la dérivation par aucun autre type.

Mais nous avons dit tout à l'heure que nous consulterions également une autre source d'informations, un peu moins certaine peut-être, mais non moins précieuse. Nous avons dit que nous aurions recours à la comparaison des formes les plus anciennes des caractères hiératiques avec les figures de ces mêmes lettres dans les deux types paléographiques du pays de Chanaan.

Le lecteur doit se souvenir que tout à l'heure, dans notre introduction, nous nous sommes rangé sans réserves à l'opinion proposée avec des preuves si solides par M. le vicomte de Rougé, opinion d'après laquelle les vingt-deux signes de l'alphabet phénicien ne sont autres que des caractères de l'écriture hiératique égyptienne, adoptés avec leurs valeurs phonétiques, mais de manière à former exclusivement un alphabet réel, sans homophones et sans mélange d'idéogrammes soit figuratifs soit symboliques, par les fils de Chanaan, au temps où les Pharaons dominaient sur leur pays, ou bien plutôt au temps des dynasties des *Pasteurs*, quand c'étaient les populations de la Syrie qui étaient maîtresses d'une partie au moins de l'Égypte. Nous avons également applaudi à l'idée lumineuse et vraiment divinatrice qui a conduit l'illustre égyptologue à chercher l'origine des lettres phéniciennes, non dans l'hiératique de la dix-huitième et de la dix-neuvième dynastie, mais dans le type plus ancien qui était en usage sous les dynasties antérieures aux Hyksos.

Or, du moment que nous adoptons ainsi complétement le système de M. de Rougé sur l'origine de l'écriture chananéenne, nous sommes obligé de reconnaître qu'en ce qui est des signes dont le tracé constitue la différence entre les deux types graphiques de la Phénicie, le tracé du type *archaïque* est beaucoup plus rapproché des caractères hiératiques que celui du type *sidonien,* que c'est ce tracé qui bien évidemment a dû en sortir directement et le premier, qu'enfin, pour bien se rendre compte de l'origine du type *sidonien* dans l'opinion de M. de Rougé, il est nécessaire de supposer l'existence du type *archaïque* comme intermédiaire entre ce type *sidonien* et la source hiératique.

(archaïque)		(sidonien)		
	a dû produire directement	⟩	plutôt que	⋀
	»	4	»	५
	»	IZ	»	N
	»	日	»	⊟
	»	⊕	»	⊘
	»	Z	»	N
	»	L	»	L
	»	M	»	4
	»	Φ	»	⊽
	»	W	»	⌄
	»	X	»	⌁

Pour le מ et le ש le fait est surtout formel, car pour le ל on pourrait demeurer en suspens.

Ici donc nous recevons des faits étudiés la même réponse qu'en interrogeant les dérivés anciens du phénicien. C'est toujours le type de l'écriture phénicienne au מ et au ש ondulés, au ת cruciforme, qui s'offre à nous, non-seulement comme le plus ancien sur les monuments parvenus jusqu'à nous, mais comme le plus ancien en réalité, celui qui représente, à très-peu de différences près, ce qu'était à son origine l'écriture des fils de Chanaan ; car il faut bien admettre toujours un certain nombre d'altérations paléographiques comme ayant dû se produire pendant les siècles qui séparent l'époque où, suivant toutes les vrai-semblances, se forma l'alphabet des Chananéens, que nous en possé-dions jusqu'à présent.

X.

Nous devrions peut-être nous arrêter ici, car les observations aux-quelles nous venons de nous livrer et les résultats auxquels elles nous ont conduit étaient en réalité les seuls points importants pour le sujet général de notre travail. Cependant il nous a semblé que notre esquisse de paléographie phénicienne demeurerait incomplète si nous ne la terminions pas par un coup d'œil rapide sur les vicis-situdes particulières de l'alphabet du peuple de Chanaan à Carthage et dans les domaines de cette grande cité, dont la splendeur succéda à celle de sa mère patrie à l'époque où celle-ci se mit à décliner. Pour notre étude même, d'ailleurs, il est nécessaire d'apprendre à connaître le dernier degré de déformation où en vint l'écriture phénicienne dans les pays carthaginois, car le chapitre III du cinquième livre du présent Essai nous offrira un alphabet qui fut usité dans une partie de l'Es-pagne sous la domination romaine et qui sort de cette dernière dé-formation.

Depuis Gesenius la distinction entre la paléographie punique et la paléographie phénicienne proprement dite est faite par tous les savants qui se sont occupés de ces matières. C'est un fait assez bien établi dans la science pour que nous n'ayons pas besoin de nous y appesantir et que nous n'ayons qu'à le rappeler.

La paléographie punique se rattache au second type de la Phénicie propre et donne la même figure aux signes caractéristiques, ג, ו, ז, ה, ט, י, ל, מ, ק, ש, ת. Mais l'aspect général de l'écriture punique est à part et suffit pour la faire discerner du premier coup d'œil. Tous les traits anguleux y sont beaucoup plus arrondis que sur n'importe quel monument de la Phénicie; en même temps les hastes verticales des caractères, qui ont toutes dans ce type une certaine inclinaison, s'allongent très-fortement. Enfin le plus souvent on remarque des renflements dans les traits, des distinctions soigneusement exprimées de pleins et de déliés, qui dénotent une imitation servile des caractères tracés par le calame ou le pinceau sur le papyrus ou le parchemin (1), transportée à l'usage monumental et gravée dans la pierre. Cette dernière particularité a dû être au reste déjà remarquée dans les caractères de la paléographie sidonienne que nous avons empruntés aux inscriptions de l'île de Cypre. Il y avait une tendance marquée vers une donnée calligraphique de ce genre en Phénicie et en Cypre vers le commencement du cinquième siècle avant l'ère chrétienne, et c'est de la mère patrie qu'elle fut portée à Carthage. Mais la mode en fut bientôt abandonnée en Phénicie, tandis que l'effet s'en prononçait de plus en plus dans la colonie, où les usages tendaient alors à prendre plus qu'auparavant un caractère indépendant et local.

Les monuments de l'écriture punique, soit en médailles, soit en inscriptions, sont nombreux et assez connus pour que nous n'ayons pas besoin d'en faire ici l'énumération. C'est d'après les plus importants que nous avons réuni les éléments de notre planche V, qui en donnera l'idée au lecteur mieux que toutes les descriptions et toutes les réflexions (2).

Les documents qui nous ont servi pour cette planche sont :

Le grand tarif des sacrifices découvert à Marseille en 1845 et conservé dans le musée de cette ville (3). Il est établi aujourd'hui que cette ins-

---

(1) Cf. le fragment de papyrus phénicien publié par M. de Vogüé, *Syrie centrale, Inscriptions sémitiques*, p. 131.

(2) Il est bon aussi, pour la dégénérescence successive de l'écriture, de consulter les tableaux dressés par M. Euting d'après ses nouvelles inscriptions : *Punische Steine*, pl. XLV et XLVI.

(3) De Saulcy, *Mém. de l'Acad. des Inscr.*, nouv. sér., t. XVII, 1re part. p. 310-347. — Judas, *Étude démonstrative de la langue phénicienne*, p. 163-175; pl. 27 et 27 bis. — Bargès, *Temple de Baal à Marseille, ou Inscription phénicienne découverte dans cette ville en 1845*, Paris, 1847. — Movers, *Das Opferwesen der Karthager*, Breslau, 1847. — Munk, *Journal asiatique*, 4e série, t. X, p. 473-532. — Ewald, *Ueber die neuentdeckte phœnikische Inschrift zu Marseille*, Gœttingue, 1849. — Judas, *Nouvelle analyse de l'inscription phénicienne de Marseille*, Paris, 8157. — Bargès, *Inscription phénicienne de Marseille; Nouvelle interprétation*, Paris, 1858. —

cription provient de Carthage même et a dû être apportée comme lest à fond de cale de quelque bâtiment de commerce jusqu'au port de Marseille, à une époque que l'on ne saurait préciser, car la pierre est celle de Carthage et non celle des environs de Marseille (1). M. Davis a découvert en 1860 et déposé au Musée britannique un autre exemplaire du même tarif, d'une rédaction abrégée (2). Les deux monuments offrent la plus exacte conformité comme type graphique; ils sont à peu de chose près contemporains et datent de la seconde moitié du troisième siècle, comme le prouve l'identité de la forme des lettres sur ces pierres et sur les monnaies aux légendes חמכד הממלכת (3) et ספק הממלכת (4), que je considère, avec le duc de Luynes (5), comme frappées pour le célèbre Syphax, roi des Massésyliens, mort en 203 avant Jésus-Christ, et pour un de ses prédécesseurs immédiats (6).

Celles des inscriptions trouvées dans les ruines de Carthage qui, étant conçues dans le type que pour l'écriture punique on peut appeler classique, sont certainement antérieures à la ruine de cette cité en 146 (7);

Meier, *Zeitschr. der deutsch. morgenl. Gesellsch.*, t. XIX, p. 90-115. — Schrœder, *Die phœnizische Sprache*, p. 237-247; pl. IX. — J. Halévy, *Journal asiatique*, mai-juin 1870, p. 473-504.

(1) Bargès, *Inscription phénicienne de Marseille; Nouvelles observations*, Paris, 1868.

(2) Davis, *Carthage and her remains*, p. 296 et suiv. — *Inscriptions in the phœnician character, now deposited in the Bristish Museum, discovered on the site of Carthage*, pl. XXXII, n° 90. — Blau, *Zeitschr. der deutsch. morgenl. Gesellsch.*, t. XVI, p. 438-447. — De Vogüé, *Bulletin de la Société des antiquaires*, 1863, p. 107-113. — Judas, *Sur un tarif des taxes pour les sacrifices en langue punique, trouvé à Carthage, et analogue à celui de Marseille*, Paris, 1861. — Ewald, *Abhandlung über die grosse Karthagische und andere neuentdeckte Phœnikische Inschriften*, Gœttingue, 1864. — A. Levy, *Phœnizische Studien*, fasc. III, p. 59-61. — Meier, *Zeitschr. der deutsch. morgenl. Gesellsch.*, t. XIX, p. 115-119. — Schrœder, *Die phœnizische Sprache*, p. 247-248; pl. IX. — J. Halévy, *Journal asiatique*, mai-juin 1870, p. 504-507.

C'est tout à fait à tort que M. l'abbé Bargès a cherché à contester l'authenticité de ce précieux monument : *Examen d'une nouvelle inscription phénicienne découverte récemment dans les ruines de Carthage et analogue à celle de Marseille*, Paris; 1868.

(3) L. Müller, *Numismatique de l'ancienne Afrique*, t. III, p. 88.

(4) L. Müller, *Numismatique de l'ancienne Afrique*, t. III, p. 90 et 91.

(5) *Rev. numism.*, 1850, p. 312 et suiv.; *Mémoire sur le sarcophage d'Esmunazar*, p. 17.

(6) Le docteur Levy (*Zeitschr. der deutsch. morgenl. Gesellsch.*, t. XIII, p. 576 et suiv.) lit au lieu de חמכד sur la pièce au type du cheval libre courant ורמנד הממולכת et attribue cette monnaie à Vermina, fils de Syphax (Tit. Liv. XXIX, 33; XXX, 36 et 40; XXXI, 11 et 19). C'est fort vraisemblable et fort séduisant; cependant la lecture matérielle de la légende est encore douteuse.

(7) Gesenius, *Monumenta phoenicia*, pl. XIV-XVIII, n°s 46-54; pl. XLVII, n°s 81-83. — Judas,

les inscriptions du temps de la Carthage romaine relevée par César sont toutes en effet dans le type d'alphabet de la dernière époque dont nous parlerons dans le paragraphe suivant.

Les grosses monnaies d'or (1) et d'argent (2) portant le nom de Byrsa, בארצת, qui sont certainement les premières espèces frappées dans l'atelier monétaire de Carthage même, au milieu du quatrième siècle avant l'ère chrétienne.

Les monnaies frappées par les Carthaginois dans les villes de la Sicile (3) à la fin du cinquième siècle et dans le cours du quatrième.

L'inscription du vase de Panorme (4) et l'épitaphe punique de Marsala (5), seuls monuments de l'épigraphie carthaginoise de la Sicile, avec l'inscription d'Éryx, à laquelle M. Blau a consacré l'un de ses plus remarquables travaux, dans le tome III du *Journal de la Société asiatique allemande*. Mais ce dernier texte, dont nous ne possédons

---

Étude démonstrative de la langue phénicienne, pl. VIII et IX. — Bargès, *Mémoire sur deux inscriptions puniques découvertes dans l'île du Port-Cothon à Carthage*, Paris, 1849. — Bourgade, *Toison d'or de la langue phénicienne*, pl. II et III. — Spano, *Bullettino archeologico sardo*, 1861, p. 33 et suiv. — *Inscriptions in the phœnician character, now deposited in the Bristish Museum, discovered on the site of Carthage during researches made by Nathan Davis, esq.* Londres, 1863, in-fol. oblong. — L. Rodet, *Sur les inscriptions phéniciennes de Carthage qui figuraient à l'Exposition universelle de 1867*, dans le *Journal asiatique* d'octobre-novembre 1868, n⁰ˢ 1-11, 15-20; les n⁰ˢ 12, 13 et 14 sont très-curieux comme spécimens de la transition entre ce type et celui des temps postérieurs; les lettres des deux alphabets s'y mêlent, mais les formes du type classique sont encore en majorité. — De Longpérier, *Journal asiatique*, mars-avril 1869, p. 343-356. — Schrœder, *Die phœnizische Sprache*, p. 260-263; pl. XIII et XIV. — Euting, *Punische Steine*, Saint-Pétersbourg, 1871, extrait du tome XVII de la VIIᵉ série des *Mémoires de l'Académie impériale de Saint-Pétersbourg*.

(1) L. Müller, *Numismatique de l'ancienne Afrique*, t. II, p. 86, n⁰ 76.

(2) *Ibid.*, p. 91, n⁰ 127.

(3) Ugdulena, *Sulle monete punico-sicule*, Palerme, 1857. — Ant. Salinas, *Appendice alla memoria Sulle monete punico-sicule dell'abate Ugdulena*, Palerme, 1858. — L. Müller, *Numismatique de l'ancienne Afrique*, t. II, p. 74-84.

(4) Gesenius, *Monumenta phoenicia*, pl. XIV. n⁰ 43. — Ugdulena, *Sulle monete punico-sicule*, pl. II, n⁰ 24.

(5) Gesenius, pl. XIV, n⁰ 44. — Ugdulena, pl. II, n⁰ 25.

Il est à peine croyable que M. l'abbé Ugdulena (*Sulle monete punico-sicule*, p. 48), M. Gildemeister (*Epigraphische Nachlesen*) et M. Schrœder (*Die phœnizische Sprache*, p. 252) aient pu accepter un seul instant pour authentique une falsification aussi misérable que le petit taureau d'or de Palerme, où le fabricateur s'est amusé à reproduire l'épitaphe de Marsala sans en comprendre le sens. Voy. De Longpérier, *Comptes-rendus de l'Académie des Inscriptions*, 1870, p. 147.

qu'une très-mauvaise copie du seizième siècle, ne peut par conséquent être d'aucun usage dans une étude paléographique comme la
nôtre.

L'écriture punique, telle qu'on la voit dans la planche V, ne nous
est pas offerte jusqu'à présent par des monuments antérieurs au cinquième siècle avant l'ère chrétienne. Nous en voyons ensuite l'usage se
continuer, mais accompagné d'une altération graduelle des caractères,
jusque dans le courant du premier siècle.

La numismatique est seule, du reste, à nous fournir des dates certaines pour l'histoire de cette écriture. Aussi je crois utile d'indiquer
ici dans un ordre chronologique les principales monnaies à légendes
puniques, soit de la Sicile, soit de Carthage même et des provinces en-
vironnantes, dont on peut déterminer l'époque avec précision. C'est
uniquement d'après ces monnaies qu'on pourra par analogie classer
paléographiquement les inscriptions.

Vers 410 av. J.-C. — Médaille d'argent de Ségeste : Tête d'Aréthuse
entourée de dauphins, avec la légende צ״רץ. Ŗ⟋ Chien debout; au-dessus,
un profil de femme; le tout dans un cercle de perles (1). L'époque
est déterminée par l'archaïsme dont le style est encore empreint dans
une certaine mesure et par la date de la prise de possession de Ségeste
par les Carthaginois en 410 (2).

Avant 408. — Tétradrachme de Motya aux types d'Agrigente : Aigle
debout à droite, avec la légende המטוא; le tout dans un cercle de
perles. Ŗ⟋ Crabe (3). — Litra d'argent de la même époque : Aigle debout à gauche, dans un cercle de perles. Ŗ⟋ מ entre quatre dauphins (4).
Ces pièces sont certainement antérieures à la première expulsion des
Carthaginois de Motya par Hermocrate, en 408 (5), à la suite de laquelle
durent être frappées les pièces grecques à la légende MOTYAION (6).

(1) Ugdulena, pl. II, n° 6.
(2) Diod. Sic., XIII, 43 et 44.
(3) Ugdulena, pl. I, n° 4.
(4) Ugdulena, pl. II, n° 11.
(5) Diod. Sic., XIII, 63.
(6) Eckhel, *Doctr. num. vet.*, t. I, p. 225.

410-407. — Tétradrachme à la protome de cheval couronnée par la Victoire et au palmier avec la simple légende קרת חדשת (1). Cette monnaie doit nécessairement se placer entre le commencement du grand effort des Carthaginois pour conquérir la Sicile, en 410, et le moment où Himilcon fit de Panorme (dont la pièce ne porte pas encore le nom) le principal foyer de la puissance punique dans cette île, en 407 (2).

Entre 407 et 400. — Tétradrachme encore archaïque de Thermæ Himerenses ou איא (suivant la synonymie si ingénieusement établie par M. l'abbé Ugdulena), ville fondée en 407. Il est imité des monnaies de Syracuse antérieures à Denys l'ancien (3).

407-397. — Litræ d'argent de Motya, la plupart au gorgonium et au palmier ou à la feuille de palmier nain, et petites pièces de bronze de la même ville (4). Elles ont été frappées entre le rétablissement des Carthaginois à Motya par Himilcon, en 407 (5), et la prise de cette ville par Denys, en 397 (6).

407-396. — Premiers tétradrachmes frappés à Panorme, aux types du cheval couronné par une Victoire et du palmier, et à la double légende קרת חדשת, Carthage, et מחנת, nom de Panorme (7).

396-370. — Tétradrachme de Thermæ Himerenses, איא, copie des monnaies de Syracuse du temps de Denys Ier (8). Didrachme de la même ville au revers du cheval au galop (9).

396-360. — Tétradrachmes à la tête de Coré-Aréthuse et au revers du cheval devant le palmier, avec diverses légendes (10). Ces pièces n'ont pu être frappées qu'après l'adoption du culte de Déméter et de Coré

---

(1) Ugdulena, pl. I, n° 13. — L. Müller, *Numismatique de l'ancienne Afrique*, t. II, p. 74, n° 2.
(2) Diod. Sic., XIII, 88.
(3) Ugdulena, pl. I, n° 19.
(4) Ugdulena, pl. II, n°s 7-10 et 22.
(5) Diod. Sic., XIII, 88.
(6) Diod. Sic., XIV, 47-53.
(7) Ugdulena, pl. I, n°s 11 et 12. — L. Müller, t. II, p. 74-75, n°s 3-7.
(8) Ugdulena, pl. I, n° 20.
(9) Ugdulena, pl. II, n° 4.
(10) Ugdulena, pl. I. n° 14. — L. Müller, t. II, p. 74, n° 1; p. 77, n°s 28 et 29.

par le sénat de Carthage, en 396, en expiation du pillage du temple de ces déesses sous les murs de Syracuse par Himilcon (1).

370-340. — Tétradrachmes d'Heraclea Minoa, רש-מלקרת (2) et de Thermæ Himerenses, איא (3), imités des tétradrachmes de Syracuse du plus beau style, c'est-à-dire du temps de Denys le jeune.

360-325. — Tétradrachmes de Panorme à la tête de Coré-Aréthuse copiée des plus belles pièces syracusaines et au revers du buste de cheval, avec la légende עם מהנת (4).

350-320. — Grandes pièces d'or (5) et d'argent (6) de Carthage à la légende באָרצת, avec la tête de Déméter couronnée d'épis et au revers Pégase, ou un cheval galopant devant un palmier (7).

343-340. — Petit bronze de Thermæ Himerenses, איא, imité des monnaies au type corinthien frappées à Syracuse sous Timoléon (8).

325-277. — Tétradrachmes de fabrique sicilienne avec une tête d'Hercule imitée des monnaies d'Alexandre le Grand et au revers un buste de cheval, portant les légendes עם מהנת (9) et מחשבם (10). Ces médailles ressemblent fort comme style et comme fabrique à celles d'Agathocle; elles ont dû être battues entre le temps d'Alexandre et celui de l'expédition de Pyrrhus en Sicile.

320-241. — Monnaies d'or, d'argent et de bronze de Carthage même, d'un bon travail et d'un métal pur, aux types de la tête de Cérès couronnée d'épis et du cheval, que M. L. Müller (11) range à sa première époque. Cette période du monnayage proprement carthaginois a dû se terminer à la fin de la première guerre punique, comme le pense le savant danois et comme l'avait admis avant lui le duc de Luynes. En

(1) Diod. Sic., XIV, 63 et 77.

(2) Ugdulena, pl. I, n° 18.

(3) Ugdulena, pl. I, n° 21; pl. II, n° 1.

(4) Ugdulena, pl. I, n° 7. — L. Müller, t. II, p. 75, n°s 13-15.

(5) L. Müller, t. II, p. 36, n° 76.

(6) Ugdulena, pl. I, n°s 2 et 5. — L. Müller, t. II., p. 94 et 92, n°s 127 et 128.

(7) Sur l'époque où commença le monnayage de la ville même de Carthage, voyez L. Müller, t. II, p. 141.

(8) Ugdulena, pl. II, n° 19.

(9) Ugdulena, pl. I, n° 8. — L. Müller, t. II, p, 75, n°s 8-12.

(10) L. Müller, t. II, p. 76, n°s 18-21.

(11) *Numismatique de l'ancienne Afrique*, t. II, p. 112 et 141.

général les monnaies de Carthage même n'offrent que des lettres isolées dans le champ. Cependant une pièce d'or d'un fort bon style (1) présente une véritable légende, où, chose curieuse, la forme du ה indique déjà la tendance à passer au tracé caractéristique de l'alphabet des bas temps. Elle doit être de la fin de cette époque du monnayage, ou du commencement de la suivante.

274-254. — Tétradrachmes frappés à Panorme avec la tête de Didon coiffée du bonnet asiatique et au revers un lion devant un palmier ; à l'exergue la légende שעם מחנת (2). Ces monnaies ont une grande analogie de style avec celles de Hiéron II de Syracuse. Les deux termes extrêmes de leur émission sont indiqués par la retraite de Pyrrhus en 274 et par la prise de Panorme par les Romains dans le cours de la première guerre punique, en 354 (3).

241-201. — Monnaies de Carthage à la tête de Cérès et au cheval, que M. L. Müller range à sa seconde époque (4). Nous adoptons entièrement le classement du savant numismatiste de Copenhague et les dates qu'il adopte, faisant descendre les pièces en question jusqu'à la fin de la deuxième guerre punique. Le style en est inférieur à celui des monnaies de la première époque. A mesure qu'on avance dans la deuxième guerre punique, le métal est à plus bas titre, l'or se mélange d'argent, l'argent de cuivre. A la fin de cette période de monnayage, les pièces d'argent contiennent un quart de cuivre, ce qui s'accorde complétement avec le témoignage de Tite-Live (5).

De 225 environ à 204. — Monnaies d'argent de Syphax, roi des Massésyliens (6) et de חמכד ou ורמנד (7).

201-146. — Monnaies de Carthage rapportées par M. L. Müller à sa troisième époque (8), allant de la fin de la seconde guerre punique

(1) L. Müller, t. II, p. 84, n° 46.
(2) Ugdulena, pl. I, n°s 9 et 10. — L. Müller. t, II, p. 75 et 76, n°s 16 et 17.
(3) Polyb., I, 38.
(4) Numismatique de l'ancienne Afrique, t. II, p. 112-113; 141-142.
(5) XXXII, 2.
(6) L. Müller, Numismatique de l'ancienne Afrique, t. III, p. 90 et 91.
(7) Ibid., t. III, p. 88.
(8) Ibid., t. II, p. 113 et 141-143.

à la ruine de Carthage. La fabrique se néglige encore dans ces monnaies : le style baisse rapidement en même temps que la qualité du métal, qui n'est plus en réalité que de l'électrum au lieu d'or et du potin au lieu d'argent.

De 148 à 60 environ. — Monnaies des rois de Numidie successeurs de Massinissa (1). Ces monnaies dont le classement est fort difficile ne présentent presque jamais que des légendes de deux lettres ou des lettres isolées dans le champ du revers.

XI.

Vers le milieu du premier siècle avant l'ère chrétienne, — l'époque est déterminée pour la Numidie par les monnaies de Juba Ier (2), roi de 60 à 46 avant Jésus–Christ, et de son contemporain Massinissa II (3), pour la Mauritanie par celles de Bocchus III (4), roi entre 50 et 33 avant Jésus–Christ, — vers le milieu du premier siècle avant l'ère chrétienne, le type d'écriture que l'on peut appeler classique pour le monde carthaginois, et dont nous venons de nous occuper dans le paragraphe précédent, disparaît et est remplacé par une nouvelle forme paléographique, résultat d'une simplification cursive du tracé des lettres, laquelle demeure employée jusque vers le troisième siècle après Jésus-Christ, c'est-à-dire jusqu'à la dernière époque où l'on grava des inscriptions puniques. C'est cette dernière forme d'écriture que Gesenius, la considérant comme constituant un alphabet à part, appelait *numidique*, mais à laquelle M. le docteur Judas (5) et M. de Saulcy (6), qui y ont déterminé d'une manière définitive la valeur de toutes les lettres,

(1) L. Müller, *Numismatique de l'ancienne Afrique*, t. III, p. 16-41.
(2) L. Müller, *Numismatique de l'ancienne Afrique*, t. III, p. 42 et suiv.
(3) *Ibid.*, p. 48.
(4) *Ibid.*, p. 97 et suiv.
(5 *Étude démonstrative de la langue phénicienne et de la langue libyque*, Paris, 1847.
(6) *Annales de l'Institut de Correspondance archéologique*, t. XVII, p. 68-97 : *Recherches sur les inscriptions votives phéniciennes et puniques.*

ont restitué l'appellation plus exacte de *punique de la dernière époque* ou *néopunique*. Elle est représentée d'abord par les médailles de bronze des villes phéniciennes de la Bétique (1), médailles frappées sous la domination romaine et qui sont en même temps de tous les monuments de cette écriture ceux où l'altération de la forme des lettres est le moins profonde, puis par les médailles des derniers rois de Numidie (2), des rois de Mauritanie (3) et des derniers temps de l'autonomie des villes de la côte septentrionale d'Afrique (4), enfin par les inscriptions de date tout à fait basse, soit funéraires, soit votives, de Carthage (5) et des autres villes du nord du continent africain (6).

C'est à ces différentes inscriptions et médailles que nous avons emprunté les matériaux de notre planche VI, où figurent les principales variantes du tracé des vingt-deux lettres de l'alphabet dans le type punique le plus récent.

(1) Gesenius, *Monumenta phoenicia*, pl. XL et XLI, n°s 15-19. — Aloys Heiss, *Monnaies antiques de l'Espagne*, Paris, 1870.

(2) L. Müller, *Numismatique de l'ancienne Afrique*, t. III, p. 42-51.

(3) Même ouvrage, t. III, p. 97-102.

(4) Voy. dans le tome II de la *Numismatique de l'ancienne Afrique* de M. L. Müller les monnaies des villes de la Syrtique, de la Byzacène et de la Zeugitane (en laissant de côté celles de Carthage), et dans le tome III les monnaies des villes de la Numidie et de la Mauritanie.

(5) Voy. principalement les nombreuses inscriptions publiées par M. l'abbé Bourgade, *Toison d'or de la langue phénicienne*, Paris, 1852; 2e édition, Paris, 1856.

Les études auxquelles elles ont donné lieu sont les suivantes : Bargès, *Mémoire sur trente-neuf nouvelles inscriptions puniques*, Paris, 1852. — Ewald, *Entzifferung der neupunischen Inschriften*, Gœttingue, 1852. — A Levy, *Phœnizische Studien*, fasc. II, p. 42-101.

(6) Voy. entre autres : Gesenius, *Monumenta phoenicia*, pl. XXI-XXVII et XLVII, n° 84. — De Saulcy, *Ann. de l'Inst. arch.*, t. XVII, pl. F, G, H et I.; t. XIX, p. 1-16. — Judas, *Étude démonstrative de la langue phénicienne*, pl. VII, X-XXVI bis, XXVIII, n° 2 et XXIX. — Judas, *Nouvelles études sur une série d'inscriptions numidico-puniques*, Paris, 1857. — *Mémoire sur dix-neuf inscriptions numidico-puniques inédites trouvées à Constantine en Algérie*, Paris, 1861. — *Annuaire et recueil de la Société archéologique de Constantine*, 1865, p. 262-309.— A. Levy, *Phœnizische Studien*, fasc. II, p. 102-109; fasc. III, p. 61-77. — Schrœder, *Die phœnizische Sprache*, p. 263-272. — Euting, *Punische Steine*, pl. XXXV, XXXVIII et XXXIX.

Je n'ai nullement la prétention, qui serait fort peu justifiée, de donner ici une bibliographie complète; mais seulement d'indiquer les principales collections de documents de cette nature.

Aux indications bibliographiques que nous avons données sur les inscriptions qui ont fourni les éléments de nos planches, il est bon d'ajouter les suivantes.

1° *Troisième maltaise.* — Wurm, dans les *Jahrb. für Philol.* de Jahn, 1838, p. 22. — De Saulcy, *Ann. de l'Inst. arch.*, t. XVII, p. 71. — Ewald, *Abhandl. der Kœnigl. Gœtting. Gesellsch. der Wissensch.*, p. 95; *Bibl. Jahrb.*, t. I, p. 199. — Movers, *Die Phœnizier*, t. II, p. 351. — Judas, *Étude démonstrative de la langue phénicienne*, p. 74 et suiv. — Dietrich, *Zwei Sidonische Inschriften*, p. 113. — Meier, *Erklærung Phœnizischer Sprachdenkm.*, p. 46 et suiv. — Schlottmann, *Die Inschrift Eschmunazars*, p. 176 et suiv. — Schrœder, *Die Phœnizische Sprache*, p. 233.

2° *Quatrième maltaise.* — De Saulcy, *Ann. de l'Inst. arch.*, t. XVII, p. 72. — Judas, *Étude démonstrative*, p. 74 et suiv. — Dietrich, *Zwei Sidonische Inschriften*, p. 113. — Meier, *Erklærung phœniz. Sprachdenkm.*, p. 47 et suiv. — Schlottmann, *Die Inschr. Eschmunaz.*, p. 177. — Schrœder, *Die phœnizische Sprache*, p. 234.

3° *Inscription de Nora.* — Benary, *Berlin. Jahrb. für Kritik*, 1836, juillet, p. 61. — A. De la Marmora, *Voyage en Sardaigne*, 2ᵉ édition, pl. XXXII, n° 1. — Arri, *Lapide fenicia di Nora*, Turin, 1834; *Memorie della Reale Accademia di Torino*, 2ᵉ série, t. I, p. 351. — Wurm, dans les *Neue Jahrb. für Philol.* de Seebode et Jahn, 1838, p. 22. — Quatremère, *Journal des Savants*, 1842, p. 521-524. — Movers, *Phœnizische Texte*, fasc. I, p. 80; *Die Phœnizier*, t. II, 2ᵉ part. p. 572. — Judas, *Étude démonstrative*, p. 181 et suiv. — Bourgade, *Bullettino archeologico sardo*, 1856, p. 43 et suiv. — Meier, *Erklærung phœnizischer Sprachdenkmale*, p. 48 et suiv. — Garrucci, *Atti della Pontificia Accademia Romana*, t. XIV, p. 233. — H. von Maltzan, *Reise auf der Insel Sardinien*, p. 526-539. — Schrœder, *Die phœnizische Sprache*, p. 250. — A. Levy, *Phœnizische Studien*, fasc. IV, p. 36 et suiv. — Euting, *Punische Steine*, pl. XXXIV.

Le fragment d'une autre inscription en caractère archaïque a été également découvert à Nora : A. De la Marmora, *Voyage en Sardaigne*, 2ᵉ édition, pl. XXXII, n° 2. — Judas, *Étude démonstrative*, pl. XXVIII.

4° *Sarcophage d'Eschmounazar.* — Quatremère, *Journal des Savants*, 1856, p. 300 et suiv. — Frankel, *Monatsschrift für Geschichte und Wissenschaft des Judenthums*, t. V, p. 447 et suiv. — Judas, *Revue archéologique*, t. XIII, p. 458-480. — Blau, *Zeitschr. der deutsch. Morgenl. Gesellsch.*, t. XII, p. 727; XIX, p. 539-543. — Meier, *Die Grabschrift der Sidonischen Kœnigs Eschmun-ezer*, Leipzig, 1866. — Schlottmann, *Die Inschrift Eschmunazars Kœnigs der Sidonier, geschichtlich und sprachlich erklært*, Halle, 1868. — Derenbourg, *Journal Asiatique*, janvier 1868, p. 87-107. — Schrœder, *Die phœnizische Sprache*, p. 223-225; pl. I.

5° *Deuxième sidonienne.* — Ewald, *Abhandlung über die grosse Karthagische und andere neuendeckte phœnikische Inschriften*, p. 45-48. — Judas, *Mémoires de la Société archéologique de Constantine*, 1866, p. 312-314. — Schlottmann, *Die Inschr. Eschmun.*, p. 184-191. — Schrœder, *Die phœnizische Sprache*, p. 225 et suiv.; pl. II.

6° *Deuxième citienne.* — Ewald, *Gœtting. Gelehrt. Anzeig.*, 1833, p. 1295 et suiv.; *Zeitschr. für die Kunde des Morgenl.*, 1842, p. 417 et suiv. — Hitzig. *Heidelb. Jahrb.*, 1839, p. 840 et suiv. — Quatremère, *Journal des Savants*, 1842, p. 524-531. — Stadthagen, *De Marmoribus quibusdam phoeniciis*, p. 27-29. — Judas, *Étude démonstrative*, p. 80-82. — Blau, *Zeitschr. der deutsch. morgenl. Gesellsch.*, t. III, p. 442; t. XIX, p. 531. — Duc de Luynes, *Mémoire sur le sarcophage d'Esmunazar*, p. 73 et suiv. — Meier, *Erklærung phœnizisch. Sprachdenkm.*, p. 21-24. — Schlottmann, *Die Inschrift Eschmunazars*, p. 12. — Schrœder, *Die phœnizische Sprache*, p. 228 et suiv.; pl. IV, n° 3.

7° *Trente-sixième citienne.* — Ewald, *Nachrichten der kœnigl. Gesellsch. der Wissensch. zu*

Gœttingen, 1862, p. 457 et suiv.; 543 et suiv. — Blau, *Zeitschr. der deutsch. morgenl. Gesellsch.*, t. XIX, p. 352. — Judas, *Mémoires de la Société archéologique de Constantine*, 1866, p. 294. — Schlottmann, *Die Inschr. Eschmun.*, p. 172. — Derenbourg, *Journal Asiatique*, novembre-décembre 1867, p. 479 et suiv. — Schrœder, *Die phœnizische Sprache,* p. 227, pl. VI.

8° *Trente-cinquiéme citienne.* — Derenbourg, *Journal Asiatique*, novembre-décembre 1867, p. 479-502. — Schrœder, *Die phœnizische Sprache.* p. 227.

9° *Première citienne.* — Hitzig, *Heidelb. Jahrb.*, 1839, p. 844. — Benary, *Berlin. Jahrb. für wissenschaftl. Kritik*, 1839, p. 549. — Wurm, *Neue Jahrb. für Philol.*, 1838, p. 22 et suiv. — Hitzig, *Die Erfindung des Alfabets*, p. 19 et 26. — Movers, *Die Phœnizier*, t. II, 2ᵉ partie, p. 212. — Duc de Luynes, *Numismatique des Satrapies*, p. 110 et suiv. — Blau, *Zeitschr. der deutsch. morgenl. Gesellsch.*, t. XIV, p. 654 et suiv. — Ewald, *Gœtting. Nachricht.*, 1862, p. 546. — A. Levy, *Phœnizische Studien*, fasc. III, p. 12 et suiv. — Judas, *Mémoires de la Société archéologique de Constantine*, 1866, p. 292. — Schrœder, *Die phœnizische Sprache*, p. 228.

10° *Première maltaise.* — Wurm, *Jahrb. für Philol.* de Jahn, 1838, p. 13. — Benary, *Jahrb. für wissenschaftl. Kritik*, 1836, p. 43; 1838, p, 545. — Quatremère, *Journal des Savants*, 1838, p. 633-634. — De Saulcy, *Ann. de l'Inst. arch.*, t. XVII, p. 70 et suiv. — Stadthagen, *De marmor. quibusd. phoenic.*, p. 22-25. — Judas, *Étude démonstrative*, p. 37 et suiv.; *Nouvelles études de la langue phénicienne*, p. 5 et suiv.; *Annuaire de la Société archéologique de Constantine*, 1860-61, p. 19-21, 61 et suiv. — Ewald, *Jahrb. der bibl. Wissensch.*, t. I, p. 194. — A. Levy, *Phœnizische Studien*, fasc. II, p. 53. — Meier, *Erklær. phœniz. Sprachdenkm.*, p. 40-43. — Schlottmann, *Die Inschr. Eschmun.*, p. 175 et suiv. — Schrœder, *Die phœnizische Sprache*, p. 232 et suiv.; pl. VII, n° 1.

11° *Deuxiéme maltaise.* — Wurm, *Jahrb. für Philol.* de Jahn, 1838, p. 15 et suiv. — Benary, *Berlin. Jahrb. für wissensch. Kritik*, 1839, p. 546 et suiv. — Hitzig, *Heidelberg. Jahrb.*, 1839, p. 836-839. — Quatremère, *Journal des Savants*, 1838, p. 634-656. — Stadthagen, *De marmor. quibusd. phóen.*, p. 30-34. — Judas, *Étude démonstrative*, p. 91-94; *Nouvelles études*, p. 48. — Schlottmann, *Zeitschr. der deutsch. morgenl. Gesellsch.* t., X, p. 419. — Munk, *Journal Asiatique*, avril-mai 1856, p. 294. — Meier, *Erklær. phœniz. Sprachdenkm.*, p. 43-46. — Ewald, *Gœtting. Nachricht.*, 1862, p. 547. — Blau, *Zeitschr. der deutsch. morgenl. Gesellsch.*, t. XVIII, p. 637. — Schrœder, *Die phoenizische Sprache*, p. 233; pl. VII, n° 2.

12° *Première athénienne.* — Bœckh, *Corp. inscr. graec.*, n° 894. — Wurm, *Jahrb. für Philol.* de Jahn, 1838, p. 14. — Judas, *Étude démonstrative*, p. 27 et suiv. — Schrœder, p. 235; pl. VII, n° 3.

13° *Deuxiéme athénienne.* — Bœckh, *Corp. inscr. graec.*, n° 859. — Judas, *Étude démonstrative*, p. 29-32. — Schrœder, p· 235; pl. VII, n° 4.

14° *Troisiéme athénienne.* — Anger, *Neue Jahrb. für Philol.*, 1834, p. 216-218. — De Saulcy, *Mém. de l'Acad. des Inscr.*, nouv. sér., t. XV, 2ᵉ part. p. 189-190. — Judas, *Étude démonstrative*, p. 33 et suiv. — Schrœder, p. 235 et suiv.; pl. VII, n° 5.

15° *Quatriéme athénienne.* — Quatremère, *Journal des Savants,* 1842, p. 517-521. — Ἐφημερὶς ἀρχαιολογική, 1842, p. 417, n° 574. — Movers, *Phœnizische Texte*, fasc. I, p. 82-83. — Munk, *Journal Asiatique*, novembre-décembre 1847, p. 478. — Ewald, *Abhandl. der Kœnigl. Gesellsch. der Wissensch. zu Gœtting.*, 1849, p. 95. — Bargès, *Mémoire sur trente-neuf nouvelles inscriptions puniques*, p. 13. — Duc de Luynes, *Mémoire sur le sarcophage d'Esmunazar*, p. 77. — A. Levy, *Phœnizische Studien*, fasc. I, p. 22 et 31. — Meier, *Erklær. phœniz. Sprachdenkm.*, p. 22 et suiv. — Schrœder, p. 236; pl. VIII, n° 1.

16° *Cinquiéme athénienne.* — Ἐφημερὶς ἀρχαιολογική, 1842, n° 536. — Schrœder, p. 236; pl. VII, n° 6.

17° *Inscriptions d'Oumm-el-Awamid*. — Bargès, *Observations sur les inscriptions phéniciennes du Musée Napoléon III,* dans le *Journal Asiatique,* novembre-décembre 1863, p. 517-531. — Blau, *Zeitschr. der deutsch. morgenl. Gesellsch.,* t. XIX, p. 353. — Ewald, *Abhandl. über die grosse Karthag. Inschr.,* p. 36-44. — Judas, *Mémoires de la Société archéologique de Constantine,* p. 295 et suiv.; 312. — Mer, *Zeitschr. der deutsch. morgenl. Gesellsch.,* t. XXI. 475-487. — Schlottmann, *Die Inschr. Eschmun.,* p. 178-181. — Derenbourg, *Journal Asiatique,* janvier 1868, p. 97. — Schrœder, p. 226 ; pl. III.

LIVRE PREMIER.

ÉCRITURES DU TRONC SÉMITIQUE.

FAMILLE HÉBRÉO-SAMARITAINE.

OBSERVATIONS PRÉLIMINAIRES.

Toutes les écritures composant le tronc de dérivation de l'alphabet phénicien auquel nous assignons le nom de *sémitique* ont un caractère commun, qui les relie en un groupe bien distinct et les sépare des autres dérivations de la même source. Ce caractère tient à l'application de l'écriture à des langues de la même famille que celle pour laquelle elle avait été primitivement combinée. Sauf quelques dérivés secondaires, comme le pehlevi et le zend ou comme les alphabets tartares sortis du syriaque, tous les alphabets appartenant à ce tronc servent à rendre des langues de la famille sémitique, où par conséquent les voyelles n'ont qu'un caractère vague et ne sont pas exprimées dans l'écriture. Ainsi les aspirations et les demi-consonnes de l'alphabet phénicien, quoique modifiées par l'usage et par le transport d'un peuple à un autre, gardent leur valeur primitive et ne deviennent ni des voyelles ni des consonnes ordinaires. Dans quelques-unes de ces écritures, le nombre des lettres est augmenté pour rendre une richesse d'articulations plus grande que celle de l'organe phénicien. Mais ces additions, qui se font constamment par le procédé du dédoublement, ne changent pas la nature et le mode d'expression des sons de la langue.

En outre, excepté dans les alphabets tartares, la direction de l'écriture reste, dans tous les systèmes graphiques du tronc *sémitique*, semblable à ce qu'elle est en phénicien, c'est-à-dire de droite à gauche, et les noms des lettres, partout où nous les connaissons, excepté en arabe,

demeurent les mêmes que dans l'alphabet qui a fourni le type pri-
mordial.

Malgré ces caractères communs, les écritures du tronc *sémitique* se
subdivisent en deux groupes, en deux familles bien distinctes, qui se
sont séparées différemment du prototype originaire et qui dans la
marche de leurs filiations successives ont suivi deux voies que l'on ne
saurait confondre. L'une a été enfantée par l'hébraïque primitif, l'autre
par l'araméen, deux écritures sœurs, situées au même degré d'éloigne-
ment par rapport à la source commune chananéenne, mais qui ne sont
pas sorties de la même forme paléographique du phénicien. Nous dé-
signons donc la première de ces deux familles par le nom d'*hébréo-samaritaine* et la seconde par celui d'*araméenne*.

La première ne comprend que deux alphabets :

L'*hébreu primitif* des pierres gravées et des médailles, d'où dérive :

Le *samaritain*.

La seconde est, au contraire, une des plus nombreuses parmi les familles de dérivation de l'écriture alphabétique inventée par les peuples
de Chanaan. Elle comprend :

Les trois alphabets successivement communs à tous les peuples araméens ;

Le *palmyrénien ;*

Le *pamphylien ;*

L'*hébreu carré ;*

L'*estranghelo,* ou le plus ancien des alphabets syriaques, d'où les
autres, puis les alphabets tartares, tirent leur origine ;

Le *sabien* ou mendaïte ;

L'*auranitique ;*

Le *nabatéen*, source des écritures arabes, c'est-à-dire du *coufique* et
du *neskhy ;*

Le *proto-pehlevi* ou écriture de la Perse du temps des Arsacides,
source :

Des différentes variétés des alphabets *pehlevis*, d'où procèdent à leur
tour :

Le *zend* et ses dérivés.

Nous nous occuperons successivement de ces deux familles, et le présent livre de notre essai est spécialement consacré à celle à laquelle nous assignons le nom d'*hébréo-samaritaine*.

La parenté des diverses écritures qui composent le tronc *sémitique* avec le type chananéen, et leur ordre de filiation, ont été déjà l'objet des travaux de nombreux savants (1); cependant nous y trouverons encore bien des questions obscures et douteuses, qui réclameront de notre part un examen développé.

Un débat fort vif s'est engagé, du reste, il y a peu d'années sur ce sujet et lui a rendu un véritable caractère d'actualité. Les deux principaux champions de part et d'autre ont été M. de Saulcy et M. de Vogüé. Il nous a semblé que dans un travail de la nature de celui-ci nous ne devions pas entrer directement dans la polémique engagée. Nous avons notre opinion, et on en verra le développement dans la suite de cet essai. Mais nous avons jugé que nous n'avions qu'une chose à faire, c'était de discuter les arguments invoqués d'un côté et de l'autre lorsque l'occasion s'en présenterait et d'exposer aussi clairement que possible la filiation des écritures sémitiques, telle que nous la comprenons, de manière à porter la conviction dans l'esprit du lecteur. Car le caractère du travail que l'Académie attendait en réponse à la question posée par elle, devait être doctrinal et non polémique.

(1) Celui qui s'est occupé de cette question le plus longuement et avec plus de succès est Kopp, dans la *Semitische Palæographie*, insérée au tome II de ses *Bilder und Schriften der Vorzeit*, p. 95-419.

Plus récemment il faut citer l'important mémoire sur *l'alphabet archaïque et l'alphabet araméen*, publié par M. le comte de Vogüé dans le tome XI de la nouvelle série de la *Revue archéologique*, avril 1865.

CHAPITRE PREMIER.

I.

L'écriture par laquelle nous allons entamer la portion de nos études relative aux alphabets sémitiques, n'est pas de celles que la science archéologique a révélées de nos jours par un effort puissant de divination. Les valeurs de l'alphabet hébraïque ont été connues de bonne heure et de nombreux secours ont aidé puissamment cette connaissance.

L'écriture samaritaine, identique pour ainsi dire à celle dont nous nous occupons dans ce chapitre, a été révélée en Occident dès les premiers efforts faits par les érudits dans le domaine de la philologie sémitique, dès le temps que Gesenius a appelé la première époque de l'étude de l'hébreu parmi les chrétiens dans les siècles modernes (1). Connu des rabbins qui furent les premiers initiateurs de la science chrétienne dans ces études et qui l'appelaient רעץ, écriture « brisée », révélé par un certain nombre de manuscrits, l'alphabet samaritain se trouve cité dès le seizième siècle, et son aspect particulier, sa forme

----

(1) *Geschichte der hebræischen Sprache*, p. 405 et suiv. — Cf. Renan, *Histoire des langues sémitiques*, 1re édition, p. 165 et suiv.

plus voisine du type primitif, plus voisine aussi, par conséquent, que celle de l'alphabet carré des autres dérivés du même type, du grec par exemple, firent que les premiers sémitistes le prirent pour l'alphabet même des Phéniciens. C'est comme tel que le publièrent Scaliger (1), Bochart (2), Walton (3) et Ed. Bernard (4).

Une fois en possession de cet alphabet, les érudits ne tardèrent pas à s'apercevoir que certaines monnaies d'argent portant des types relatifs à la religion des Juifs offraient dans leurs légendes des lettres tout à fait analogues à celles des Samaritains. On conçut la pensée d'appliquer à ces légendes l'alphabet que l'on possédait déjà, tout en tenant compte des différences que la suite des siècles avait pu y apporter, et cette tentative réussit pleinement.

Dès le onzième et le douzième siècle, les rabbins Hai Gaon (1020) (5) et Moïse Maïmonide (1190) (6) avaient eu la première idée d'un semblable rapprochement (7). Nachmanide (1267) (8), Estori-ha-parchi (1232) (9) et à une époque plus récente Moïse Alaschkar (10), ainsi que Asaria de Rossi (1571) (11), suivirent leur exemple. Parmi les chrétiens, Guillaume Postel (12), en 1538, fut le premier à signaler la ressemblance de l'écriture samaritaine avec celle des anciennes monnaies juives. Mais il n'essaya pas l'application de ce rapprochement et laissa les tenta-

---

(1) *Ad* Euseb. *Chronic.*, p. 112 et suiv.

(2) *Chanaan,* l. I, c. 20.

(3) *Prolegomen. ad Bibl.,* II.

(4) *Litteratura orbis eruditi ex charactere samaritico deducta,* 1689. — Ed. Carl. Morton, 1759.

C'est à Rhenferd (*Periculum phoenicium seu litteraturae phoeniciae specimen,* Franequeræ, 1706, in-4. — Réimprimé dans les *Opp. philol. Ultraj.,* 1722, in-4), et surtout à Montfaucon (*Palaeogr. graec.,* p. 118 et suiv.), que l'on doit la première connaissance des monuments véritables de l'écriture phénicienne. L'immortel bénédictin reconnut même la légende de Sidon sur une monnaie de bronze.

(5) קובץ מעשי ידי גאונים קדמונים, imprimé à Berlin en 1856.

(6) Voy. Zunz, *Zur Geschichte und Literatur,* p. 536.

(7) Voy. Levy, *Geschichte der Jüdischen Münzen,* p. 3.

(8) Lettre I, à la suite de son Commentaire du Pentateuque, imprimé à Presbourg.

(9) כפתור ופרח, ed. Edelmann (Berlin, 1852), p. 65.

(10) *Rechtsgutachten,* ed. Sabionetta, n° 74, p. 138.

(11) *Meor Enajim,* chap. 56.

(12) *Alphabetum XII linguarum,* Paris, 1538.

tives pour interpréter les médailles hébraïques au moyen de la comparaison avec l'alphabet samaritain à ses successeurs, Arias Montanus, Vilalpand, Kircher, Reland et le Père Hardouin. Ces différents érudits n'arrivèrent à aucun résultat bien certain; les monuments leur manquaient, et, faute de pouvoir s'éclairer par la comparaison d'un grand nombre de pièces, ils se laissèrent entraîner dans des erreurs graves et fondamentales. Conringe (1), le P. Souciet (2), Frœlich (3) et Hauber (4) firent rentrer l'étude des monnaies juives dans une voie plus scientifique; l'illustre Barthélemy toucha la matière en quelques points avec sa supériorité habituelle (5). Mais le législateur de cette partie de la science fut François Perez Bayer, archidiacre de Valence, lequel y consacra deux ouvrages ex-professo, dignes d'être classés au nombre des plus remarquables travaux de l'archéologie sémitique ; le premier, intitulé : *De numis hebraeo-samaritanis* (6), contient les fondements de la doctrine ; le second, sous le titre de *Numorum hebraeo-samaritanorum vindiciae* (7), est une réfutation vive et pressante d'objections élevées contre l'authenticité des monnaies attribuées aux princes asmonéens et contre les lectures de Bayer (8).

Les savants qui sont venus depuis ont pu relever quelques erreurs dans le livre de l'archidiacre de Valence, ils ont, par des monuments

---

(1) *Paradoxa de numis hebraïcis.*

(2) *Dissertation sur les médailles hébraïques, appelées communément samaritaines.*

(3) *Annales regum Syriae,* prolegomen.

(4) *Nachricht von den jüdischen-samaritanischen Münzen,* Copenhague et Leipzig, 1778.

(5) *Journal des Savants,* avril 1790.

(6) Valence, 1781, in-4.

Voy. Rasche, *Lexicon rei nummariae,* t. IV, part. I, p. 1715 et suiv.

(7) Valence, 1790, in-4.

Cf. Eckhel, *Doctrina numorum veterum,* t. III, p. 455 et suiv.

Bayer a encore publié un autre volume intitulé : *Legitimidad de las monedas hebræo-samaritanas,* Valence, 1793. C'est une simple traduction espagnole des *Vindiciae.*

(8) Le contradicteur de Bayer, dont les objections seraient ensevelies aujourd'hui dans le plus profond oubli sans la réponse du savant espagnol, avait été O. G. Tychsen, dans un ouvrage intitulé : *Die Unæchtheit der jüdischen Münzen mit hebræischen und samaritanischen Buchstaben,* Rostock et Leipzig, 1779.

Citons aussi en cet endroit, également pour mémoire, les rêveries de Koch, qui méritent à peine une place dans la liste bibliographique de tous les écrits publiés sous la matière : *Tentamen enucleationis hieroglyphicorum quorumdam numorum,* Saint-Pétersbourg, 1788.

nouveaux, éclairci beaucoup de points demeurés dans l'obscurité ; mais malgré les taches qu'il peut renfermer, malgré son caractère essentiellement incomplet, qui est celui de tous les premiers travaux d'ensemble sur une matière, toutes les questions fondamentales, surtout celles qui se rapportent au déchiffrement, s'y trouvent établies d'une manière certaine. L'alphabet de Bayer est resté la base de tous ceux que l'on a produits à des dates plus rapprochées de nous ; on l'a seulement perfectionné, en corrigeant au moyen de nouveaux documents les erreurs qu'il devait nécessairement renfermer et en ajoutant à la liste du savant espagnol quelques caractères dont il n'avait pas connu les formes, le ך et le ר par exemple.

Ces corrections et ces additions sont surtout dues à Kopp (1), à Lindberg (2) et à Gesenius (3), puis tout récemment à M. le docteur A. Levy (4) et à M. Madden (5). Mon père (6), Mgr Cavedoni (7) et M. de Saulcy (8), qui, dans l'intervalle entre Gesenius et M. Levy, ont publié des travaux importants sur la numismatique juive, ont laissé de côté la question de l'alphabet pour s'occuper uniquement de l'interprétation historique des monuments. En terminant cette rapide revue de la bibliographie du sujet, nous ne devons pas oublier le nom de

(1) *Bilder und Schriften der Vorzeit*, t. II, p. 222 et suiv.

(2) *De inscriptione melitensi*, p. 67.

(3) *Monumenta phoenicia*, p. 78 ; pl. III.
Cf. Mionnet, *Recueil de planches*, pl. XXVI.

(4) *Geschichte der jüdischen Münzen*, Breslau, 1862, in-8.
Voy. un article de Mgr Cavedoni dans les *Ann. de l'Inst. arch.* pour 1863.

(5) *History of Jewish coinage and of money in the Old and the New Testament*, Londres, 1864, in-8.
Voy. deux articles de M. de Saulcy dans la *Revue numismatique*, 1864, p. 370-400 ; 1865, p. 29-55.

(6) *Revue numismatique*, 1845, p. 173-185.

(7) *Numismatica biblica o sia dichiarazione delle monete antiche memorate nelle Sacre Scritture*, Modène, 1850, in-8.
Traduit en allemand avec de nombreuses additions par M. von Werlhof, Hanovre, 1855 et 1856, 2 vol. in-8.
Voy. un article de M. de Saulcy, dans la *Revue numismatique*, 1857, p. 280-298.

(8) *Recherches sur la numismatique judaïque*, Paris, 1854, in-4.
Voy. un article de Mgr Cavedoni dans le *Bullet. arch. napol.*

M. le comte de Vogüé, auquel on doit la connaissance de la figure du ז
dans l'ancien alphabet hébraïque (1), ignorée jusqu'à lui.

M. de Saulcy, qui avait laissé de côté la question de l'alphabet dans ses
premiers travaux, l'a reprise plus tard (2), après M. Levy et M. Madden,
et a résumé de la manière la plus heureuse, en tout ce qui touche à la
numismatique, l'état actuel de la science, en dressant un tableau historique où les variantes des formes des lettres que l'on observe sur les
médailles sont reproduites dans l'ordre de leurs dates. Enfin M. de
Vogüé, utilisant encore d'autres documents dont nous aurons aussi à
parler, les pierres gravées, a fait faire un dernier progrès à cette étude
et a produit un tableau que nous reproduisons presque sans modifications dans notre planche VII, où les changements successifs de cette
écriture sont résumés à plus grands traits que dans celui de M. de
Saulcy, mais d'une façon encore plus complète (3).

II.

L'alphabet des médailles dites asmonéennes (car nous aurons à revenir un peu plus loin sur la question fort difficile de la date d'une
partie d'entre elles) est le plus ancien alphabet propre aux Hébreux.
Cette proposition, que nous considérons comme incontestable bien
qu'un éminent érudit ait cherché récemment à élever des doutes à son
sujet, a été démontrée d'une manière surabondante par Gesenius (4), et
nous ne pouvons rien faire de mieux que de reproduire ici les arguments du célèbre philologue germanique.

1° La tradition constante des Juifs attribue à l'alphabet que les Samaritains ont seuls conservé plus tard l'antériorité sur le caractère
carré. On lit dans le Talmud de Babylone (5) : « D'abord la loi a été

(1) *Revue numismatique*, 1860, p. 260 et suiv.
(2) *Revue numismatique*, 1864, p. 374, avec le tableau autographique placé en regard.
(3) *Mélanges d'archéologie orientale*, p. 154-160, pl. II.
(4) *Geschichte der hebræischen Sprache*, p. 145.
(5) Tr. *Synhédrin*, sect. 2, fol. 21, col. 2, et fol. 22, col. 1.

« donnée aux Israélites dans l'ÉCRITURE HÉBRAÏQUE et la langue sainte ;
« ensuite elle leur fut donnée de nouveau du temps d'Esdras dans
« l'ÉCRITURE ASSYRIENNE et la langue araméenne. Or les Israélites choi-
« sirent pour eux l'écriture ASSYRIENNE et la langue sainte, laissant aux
« ignorants l'écriture HÉBRAÏQUE et la langue araméenne. Qui sont ces
« ignorants ? Rabbi Khasda dit : Les Samaritains (1). » Tous les rabbins
appellent de même l'écriture samaritaine כְּתָב עֶבְרִי, *écriture hébraïque*
proprement dite (2), et ici la tradition juive s'accorde entièrement avec
celle des Samaritains eux-mêmes (3). On lit également dans Origène (4) :
Τὰ ἀρχαῖα στοιχεῖα ἐμφερὲς ἔχειν τὸ ταῦ τῷ τοῦ σταυροῦ χαρακτῆρι (5), et ce passage ne saurait s'appliquer à un autre alphabet qu'à celui des médailles
dites asmonéennes. Les formes de la lettre dont parle Origène, dans le
caractère carré et dans l'araméen, ne rappellent une croix en aucune
façon ; au contraire, le *thau* de l'alphabet asmonéen représente exactement la figure citée par l'auteur des *Hexaples* (6).

2° L'alphabet hébréo-samaritain, ou des médailles dites asmonéennes,
étant plus voisin que l'alphabet carré du type phénicien, doit être d'une
date plus ancienne. Le caractère carré ne peut, en effet, s'expliquer dans
sa dérivation qu'en admettant l'intermédiaire des plus anciens alphabets
de la famille araméenne qui font passer graduellement du phénicien à
ce type ; au contraire, l'hébreu des monnaies, ainsi que nous allons le
constater tout à l'heure de la manière la plus positive, sort directement
du phénicien et de la forme de paléographie phénicienne la plus antique.

3° Les variantes fautives, provenant de confusions de lettres, que

(1) Cf. le Talmud de Jérusalem, tr. *Megillah*, fol. 71, col. 2.
(2) Buxtorf, *Dissert.*, p. 228.
(3) *Antiquit. Eccles. orient.*, p. 125. — *Repertorium für biblische und morgenländische Literatur*, part. XIII, p. 288.
(4) *Comment. in Ezechiel*, IX, 4,
(5) Cf. S. Hieronym. *ad eumd. loc.*
(6) On trouve encore dans Origène un autre passage où ce Père de l'Église parle de l'antique
écriture des Hébreux (*Hexapl.*, t. I, p. 86, ed. Montfaucon ; t. II, p. 94, ed. Bahrdt). Mais ce
passage, sur lequel nous aurons à revenir dans le livre suivant de notre essai en parlant de
l'écriture carrée, ne se rapporte point au caractère qui figure sur les monnaies attribuées aux
princes asmonéens. Saint Jérôme, dans son *Prologus galeatus*, reproduit le témoignage d'Origène.

l'on rencontre pour certains mots dans les manuscrits des parties de la Bible antérieures à la Captivité, indiquent que ces parties des Livres Saints ont dû passer successivement par les deux écritures hébréo-samaritaine et carrée.

En effet, dans ces variantes, les unes tiennent à des confusions de lettres qui ne sont possibles qu'avec l'alphabet carré :

La confusion du ב et du כ. — שבניה, var. שכניה : Nehem., XII, 3 et 14. — זכרי, var. זברי : I Chronic., IX, 15; cf. Nehem., XI, 17.

Celle du ו et du י. — ועקן, var. יעקן : Genes., XXVI, 27, et I Chronic., I, 42 (1).

Celle du כ et du ס. — כירות, I Reg., VII, 41; écrit סירות, II Chronic., IV, 11 et 16.

Celle du כ et du ר. — Cf. Psalm. XVIII, 12; II Sam., XXII, 12.

Enfin celle du ז et du ן final. — מעוז, Ps. XXXI, 3, écrit מעון, Ps. LXXI, 3.

D'autres proviennent de confusions impossibles dans le caractère carré, mais très-faciles dans l'alphabet des monnaies dites asmonéennes :

La confusion du ב et du ד. — חלב, II Sam., XXIII, 39, écrit חלד, I Chronic, XI, 30.

Celle du נ et du ר.

Celle du ו et du ש. — עין Jos., XXI, 16, écrit עשן, I Chronic., VI, 44.

Quelques autres variantes, enfin, tiennent à une confusion qui a pu se présenter dans l'un et l'autre système d'écriture :

Celle du ד et du ר. — ריפת et דיפת : Genes., X, 3; I Chronic. I, 6. — רדנים et דדנים : Genes., X, 4; I Chronic., I, 7. — דאה et ראה : Levitic., XI, 14; Num., XIV, 13. — וידא et וירא : Ps. XVIII, 11; II Sam., XXII, 11 (2).

Tels sont les arguments de Gesenius; ils sont déjà très-forts, et de

---

(1) Voy. Capelle, *Diatribe de veris et antiquis Hebraeorum literis*, p. 81.

(2) Voy. Capell., p. 79.

Quelques variantes indiquent aussi une confusion qui ne s'explique naturellement ni par le caractère carré, ni par l'hébréo-samaritain, celle du ן final et du ת : תחת et תחן : Num., XXVI, 35; I Chronic., VII, 20. — חמון et חמות : Jos., XXI, 32; I Chronic., VI, 61.

même qu'une partie de ces preuves avait emporté avant lui l'opinion de Kopp (dans ses *Bilder und Schriften der Vorzeit*), leur ensemble a conquis la presque unanimité des suffrages des érudits qui de nos jours ont écrit sur ce sujet, à la seule exception presque de M. de Saulcy. On compte en effet parmi ceux qui se sont prononcés formellement pour l'antériorité du type d'écriture des monnaies dites asmonéennes : en France, MM. Munk (1), Judas, l'abbé Bargès, Renan, de Vogüé; en Allemagne, MM. Hüpfeld, Wutke (2), Saalschütz (3), de Wette, Ewald (4), A. Levy, Blau; en Angleterre : M. Davidson, Kenrick, Wright (5), Madden. Comme le dit M. de Vogüé, « il n'y a pas aujourd'hui une grammaire où on conteste ce fait, pas un cours d'hébreu où on ne l'enseigne, » et de Wette a pu terminer le chapitre de son Manuel d'archéologie hébraïque relatif à l'écriture par cette phrase caractéristique : « Les opinions des savants du temps passé qui tenaient l'écriture carrée pour l'écriture primitive..... n'ont plus aujourd'hui qu'un intérêt de curiosité historique (6). »

III.

Mais aux arguments de Gesenius on peut maintenant en ajouter d'autres, qui ne sont pas moins puissants et que fournissent des monuments dont l'illustre hébraïsant allemand n'a pas fait usage, qui même pour la plupart n'ont été connus que depuis son époque.

Ces monuments sont des pierres gravées, qu'on n'a commencé que très-récemment (7) à distinguer de celles qui portent des inscriptions

---

(1) *Palestine*, p. 438.
(2) Dans le tome XI de la *Zeitschr. der Deutsch. morgenl. Gesellsch.*
(3) *Archæologie.* — *Geschichte der Buchstabenschrift.*
(4) Dans le tome Ier de sa *Geschichte des Volkes Israël.*
(5) Article *Writing* dans le *Dictionary of the Bible* de Smith.
(6) *Lehrb. der hebr. Archæol.*, 6e édition (1864), § 278.
(7) C'est M. le docteur A. Levy qui a signalé le premier une partie de ces monuments et leur caractère hébraïque : *Zeitschr. der deutsch. Morgenl. Gesellsch.*, t. XI, p. 318 et suiv.

phéniciennes. L'origine hébraïque ne saurait cependant en être douteuse, puisque les légendes de ces pierres sont tracées avec des lettres tout à fait semblables à celles des monnaies des Macchabées et contiennent des noms propres entièrement juifs, qui se retrouvent dans les livres de la Bible, portés par les Israélites.

La première connue, mais omise dans les recueils de M. de Vogüé et de M. A. Levy, a été publiée par Clarke (1), Lindberg (2) et Gesenius (3). C'est un onyx découvert auprès de Larnaca dans l'île de Chypre, et sur lequel on voit, comme symbole particulier du propriétaire, la figure d'une colombe tenant entre ses pattes un rameau (4), puis autour une inscription que nous croyons devoir lire :

(5) לבסי

בן

עמחר

Besai, filii Ammichuri.

Le nom propre בְּסַי, dont l'étymologie est encore obscure, se rencontre à l'époque du retour de la Captivité (6); quant à עמחר, ce doit être, avec l'orthographe défective, le nom propre עֲמִיחֻר, porté par

Depuis, M. de Vogüé en a réuni un plus grand nombre dans la *Revue archéologique,* nouv. sér., t. XVII, p. 445 et suiv.; pl. XVI.

Enfin M. A. Levy est revenu sur les gemmes hébraïques, rééditant toutes celles qu'on avait antérieurement signalées et en ajoutant quelques nouvelles. *Siegel und Gemmen mit aramæischen, phœnizischen, althebræischen, himjarischen, nabathæischen und altsyrischen Inschriften,* Breslau, 1869.

(1) *Travels in various countries,* t. IV, p. 33.

(2) *De inscr. melit.,* p. 62.

(3) *Monumenta phoenicia,* p. 153 ; pl. XI, n° 40 *bis.*

(4) Ne serait-ce pas la colombe de Noé, qui, apportant à l'arche un rameau vert, annonça la fin du déluge? Genes., VIII, 10-11.

Cette figure a joué plus tard un grand rôle comme symbole chrétien, dans les premiers siècles de l'Église. Son emploi par les Juifs est certain ; on la voit, en effet, figurer avec le chandelier à sept branches et l'armoire où se conservaient les écritures, sur certains verres d'origine évidemment juive : Garrucci, *Vetri ornati di figure in oro,* pl. V, n°s 6 et 7.

(5) La restitution du dernier caractère de cette ligne, mal figuré dans le dessin de Clarke, me paraît certaine.

(6) Esdr., II, 49. — Nehem., VII, 52.

un roi de Gessur (1). Ce nom, dont le sens est *cognatus nobilium*, se rattache à la classe des noms propres composés de עַם, *gens*, avec un autre mot, noms qui indiquent en général une parenté, comme עַמִּינָדָב, *cognatus principis* (2), עַמִּיהוּד, *cognatus Judae* c'est-à-dire *civis Judae* (3), ou bien une marque de service, d'addiction, par suite de l'incorporation des esclaves dans la famille, comme עַמִּיאֵל, *ex familia Dei* c'est-à-dire *servus Dei* (4), עַמִּיזָבָד, *ex familia largitoris* c'est-à-dire *servus largitoris (Jehovae)* (5).

Gesenius (6) a donné comme phénicienne une seconde gemme hébraïque, qui faisait autrefois partie de la collection de Stosch (7) et actuellement se conserve au Musée de Berlin (8). La légende en est disposée en deux lignes horizontales, et n'accompagnant aucune figure, comme sur la plupart des autres pierres de la même origine; elle a été très-bien lue, par M. A. Levy (9).

לנאהבת ב-

-ת רמליח

Nahebeth, filiae Remaliae.

נאהבת, employé ici comme nom propre de femme, est un participe du niphal de אהב; il signifie « l'aimable. » Quant au nom רמליה, il est bien connu par la Bible (10).

C'est au docteur A. Levy (11) qu'est due la publication d'un autre

---

(1) II Sam., XIII, 37, Chethibh.

(2) Exod., VI, 23. — Num., I, 7. — Ruth, IV, 19. — I Chronic., II, 10; VI, 7; XV, 10 et 11.

(3) Num., I, 10; II, 18. — Num., XXXIV, 20 et 28. — II Sam., XIII, 37, Keri. — I. Chronic., VII, 26; IX, 4.

(4) Num., XIII, 12. — II Sam., V, 17 et 27; IX, 4. — I Chronic., III, 5; XXVI, 5.

On trouve aussi le nom propre, composé des mêmes éléments mais dans un autre ordre, אֱלִיעָם : II Sam., XI, 3.

(5) I Chronic., XXVII, 6.

(6) *Monumenta phoenicia*, p. 221; pl. XXXI, n° 67.

(7) Winckelmann, *Description des pierres gravées du cabinet de Stosch*, cl. VIII, n° 69.

(8) Tœlken, *Gemmen zu Berlin*, cl. I, n° 179.

(9) *Siegel und Gemmen*, p. 46.

(10) LL. Reg., XV, 25.

(11) *Zeitschr. der deutsch. Morgenl. Gesellsch.*, t. XI, p. 320.

cachet antique d'origine juive, conservé au Musée britannique. On y voit
la figure d'un scorpion, avec une légende qui renferme évidemment
plusieurs ligatures. M. le docteur Levy suppose qu'en séparant toutes
les lettres on devrait lire :

ליהנתן בן מתת

(*Sigillum*) Jonathan, *filii Mathathiae.*

La conjecture du savant orientaliste allemand nous paraît excellente,
et dès lors les noms propres qui figurent dans l'inscription de ce cachet
doivent le faire attribuer à l'époque des Asmonéens. Quant à ce qui
est de supposer, comme le fait M. le docteur Levy, que c'est le sceau
même de l'un des Macchabées, nous ne saurions nous arrêter à cette
hypothèse par trop hardie.

Neuf autres intailles à inscriptions hébraïques ont été réunies par
M. de Vogüé dans une même publication (1) et expliquées avec sa
supériorité de critique habituelle; trois seulement avaient été déjà
publiées, le cône de Nathaniah fils d'Obdiah, par M. Rœdiger (2), le
cachet d'Abiou, serviteur d'Ouzzia, par M. Blau (3), et celui de Hana-
niah fils de Todaiah, par sir Henry Rawlinson (4); les autres étaient
encore inédites.

Le docteur A. Levy a enfin rassemblé un corps complet de ces
monuments, et à ceux publiés par M. de Vogüé il a ajouté cinq autres
gemmes inédites (5), deux qui avaient été publiées par MM. de Longpérier (6) et le docteur Judas (7), plus une dernière que M. de Vogüé
avait donnée comme phénicienne (8).

Je crois devoir encore revendiquer pour la série des monuments

---

(1) *Revue archéologique*, nouv. sér., t. XVII, p. 445-450 ; pl. XVI.
(2) *Zeitschr. der deutsch. Morgenl. Gesellsch.*, t. III, p. 243.
(3) *Zeitschr. der deutsch. Morgenl. Gesellsch.*, t. XIX, p. 535.
(4) *Journal of the Royal Asiatic Society*, new ser., t. I, pl. V, n° 16; p. 241.
(5) *Siegel und Gemmen*, pl. III, n°s 3, 5, 7 a, 11 et 15.
(6) *Rev. archéol.;* nouv. sér., t. VIII, p. 358.
(7) *Histoire démonstrative de la langue phénicienne*, pl. II, n° 8.
(8) *Rev. archéol.*, nouv. sér., t. XVII, pl. XIV, n° 18.

hébraïques, d'après le caractère du nom de son possesseur, la pierre
gravée du Louvre, découverte sous un des taureaux ailés du palais de
Khorsabad, où l'on voit un lion debout, la gueule ouverte, et au-
dessus un scarabée aux grandes ailes éployées, avec la légende רפתי (1).
M. de Vogüé, en 1865, n'hésitait pas à la croire juive d'origine (2); en
1868 il avait des scrupules à ce sujet et la classait parmi les intailles
araméennes, comme l'a fait aussi le docteur A. Levy; à nos yeux la
première opinion était de beaucoup la meilleure.

En effet, רפתי est une forme apocopée pour רְפַתְיָה, *quem sanavit
Jehovah*, nom propre éminemment juif, que les Livres Saints ne fournissent pas, mais qui dérive, plus certainement encore que régulièrement,
de la racine רָפָה, *sanavit*, de même que les deux noms רְפָיָה et
רְפָאֵל dérivent de la forme רפא du même radical.

Le nom propre est donc juif et monothéiste; on pourrait même admettre la figure du lion sur le cachet d'un Israélite orthodoxe. Salomon
n'avait pas, en effet, répugné à faire sculpter douze de ces animaux
sur les marches de son trône (3), quoique certains Juifs vissent là une
infraction blâmable aux préceptes du Décalogue (4). Mais le scarabée
aux ailes éployées, symbole emprunté aux cultes égyptien et phénicien, ne saurait être considéré que comme une marque certaine de
paganisme pour le propriétaire de la gemme.

Au reste, un symbole de ce genre sur une pierre gravée juive ou
samaritaine du septième siècle avant notre ère ne doit pas nous surprendre. On sait que les Samaritains avaient adopté beaucoup de
symboles et de coutumes idolâtriques. Quant au peuple de Juda, du
temps d'Achaz il s'était laissé, le roi tout le premier, infecter par le
culte des faux dieux.

---

(1) *Revue archéologique*, nouv. sér., t. XVII, pl. XV, n° 26.

(2) *Rev. archéol.*, nouv. sér., t. XI, p. 336.

(3) II Chronic., 17-19. — Joseph., *Ant. Jud.*, VIII, 5, 2. — Cf. De Saulcy, *Histoire de l'art
judaïque*, p. 212 et suiv.

(4) Joseph., *Ant. Jud.*, VIII, 7, 5.

On trouve de même le lion escortant d'autres symboles sur quelques fonds de vases en verre
provenant des catacombes juives de Rome : Garrucci, *Vetri ornati di figure in oro*, pl. V,
n°⁵ 1, 2 et 6.

La gemme de Khorsabad, si l'on admet l'exactitude de son attribution à une origine hébraïque, est un document d'un très-grand intérêt
pour l'histoire de l'écriture chez les Israélites, car elle se rapporte à une
date fixe par les conditions mêmes de sa découverte, dans les fondations
du palais du roi d'Assyrie Saryukin, le vainqueur de Samarie. Les formes des lettres y sont encore exactement pareilles à ce que nous les
avons vues dans notre premier type de la paléographie phénicienne, le
type *archaïque*. Il est vrai que dans tout nom propre inscrit sur cette
pierre nous ne trouvons aucune des lettres qui pourraient être caractéristiques de l'alphabet des Hébreux. Mais une autre gemme, comprise parmi celles qu'a publiées M. de Vogüé (1), et le scarabéoïde
à l'inscription

לשבניו ע-
-בד עזיו

publié par M. de Longpérier (2), dont le style convient parfaitement à
l'époque du roi Osias, prouvent que dès cette époque, antérieurement
à la captivité de Juda, l'alphabet hébraïque primitif, quoique très-
voisin encore du phénicien archaïque, avait une existence à part et se
distinguait par le tracé de certaines lettres; celui du ו était surtout
caractéristique avec ses trois pointes, qu'on ne lui voit jamais en
Phénicie.

IV.

Les trois intailles dont nous venons de parler, et qui appartiennent
à la dernière moitié du huitième siècle avant notre ère, représentent les

(1) *Rev. archéol.*, nouv. sér., t. XVII, pl. XVI, no 34.
  C'est un cône trouvé sur les bords de l'Euphrate, que le style de sa gravure rapporte certainement au huitième siècle ou au commencement du septième, et qui présente aussi une figure
idolâtrique, le veau d'or de Dan et de Béthel. La légende est : לשמעיהו בן עזריהו.
(2) *Rev. archéol.*, nouv. sér., t. VIII, p. 358. — A. Levy, *Siegel und Gemmen*, pl. III, no 6.

débuts de l'écriture hébraïque primitive, le moment de sa formation, la transition qui la fit sortir du type archaïque en usage sans variations chez tous les peuples sémites , type que l'inscription de Mésa, roi de Moab, montre encore en pleine vigueur dans les pays attenants aux Israélites et soumis à leur influence, au temps des successeurs immédiats d'Achab. Nous avons d'ailleurs une preuve positive de l'ancien emploi chez les Hébreux de ce type d'écriture archaïque qui resta le même pour les différentes fractions de la race sémitique jusqu'à la fin du neuvième siècle, par le précieux fragment de poterie découvert à Jérusalem même, au milieu des décombres de l'extrémité sud du mont Sion, par Maurice Vernes et communiquée par lui à l'Académie des inscriptions et belles-lettres (1). Ce fragment porte en effet un reste d'inscription très-analogue pour la forme des caractères à la stèle de Dhibân.

Un peu plus tard, de la fin du septième siècle au cinquième, nous en pouvons juger par une portion des intailles que leur style révèle comme contemporaines des rois du dernier empire de Chaldée et des Achéménides, la physionomie spéciale de l'écriture hébraïque primitive s'accentue davantage (2), en même temps que chez les Phéniciens le type *sidonien* succède au type *archaïque ;* aussi la différence d'aspect, d'abord presque insensible, entre les alphabets des deux peuples, devient très-considérable. Les particularités caractéristiques qui distinguent l'alphabet des Hébreux, et sur lesquelles il n'est pas possible de se méprendre, sont alors :

Le ו à trois pointes, comme antérieurement ;

Le כ, le מ et le נ ayant leur haste inférieure retournée presque à angle droit vers la gauche, de telle façon que le נ ressemble à un כ araméen du premier et du second type ;

---

(1) *Comptes-rendus de l'Académie des Inscriptions*, 1870, p. 279 et suiv. — Voy. Renan, *Journal asiatique,* juillet 1871, p. 24.

(2) Elle suit le même mouvement chez leurs voisins les Moabites, comme on peut le voir par la gemme que M. Renan (*Mission de Phénicie*, p. 351), M. de Vogüé (*Mélanges d'archéologie orientale*, p. 89) et le docteur A. Levy (*Siegel und Gemmen*, pl. III, n° 10) ont successivement éditée.

Le ר avec les branches allongées et de plus un petit appendice qui lui donne une forme toute spéciale ;

Le ש s'arrondissant, tout en restant ondulé, de telle façon qu'il arrive à ressembler à un ω grec.

« Lorsque ces caractères, dit avec toute raison M. de Vogüé, se rencontrent sur un monument, on est en droit de le considérer comme hébraïque (juif ou samaritain), même quand la forme des noms et des symboles semble accuser une autre nationalité. Bien des causes, sous la domination des Assyriens ou des Perses, ont fait fléchir sur ce point l'orthodoxie juive. »

Le tableau de notre planche VII permettra au lecteur de suivre les principales vicissitudes paléographiques de l'alphabet hébreu archaïque, d'après des monuments tous à dates positives.

La première colonne comprend les types de l'alphabet phénicien auxquels nous comparons cette écriture.

La seconde est tirée des pierres gravées que leurs caractères intrinsèques et les circonstances de leur découverte doivent faire considérer comme descendant au plus tard jusqu'au septième siècle. Comme on le voit et comme je viens de le dire il y a quelques instants seulement, l'alphabet hébraïque de cette époque est presque semblable au phénicien archaïque et ne s'en distingue que par quelques nuances : la double branche transversale du ה ; l'allongement et le parallélisme des branches horizontales du ח ; la forme du ז ; la tendance des hastes inférieures à se courber vers la gauche. Dans cette colonne un seul caractère est emprunté à un monument de date postérieure, à la gemme de Larnaca ; cette lettre manquait, du reste, jusqu'à présent à tous les alphabets publiés par les divers érudits.

Pour ce qui est de la troisième colonne, les lettres qu'elle contient sont empruntées aux anciens sicles au flan épais, que je considère comme des monuments de la fin du cinquième siècle ou du commencement du quatrième et pour lesquels je n'hésite pas à adopter la nouvelle opinion de M. de Saulcy (1), tendant à les faire regarder comme

---

(1) *Étude chronologique des livres d'Esdras et de Néhémie*, p. 43.

frappés par Esdras ou par Néhémie. En effet, comme le reconnaîtra tout homme de bonne foi qui a l'habitude de manier et de classer des médailles, les considérations numismatiques de style et de fabrication, qui doivent passer ici en première ligne, ne permettent absolument pas de maintenir l'ancienne attribution à Simon Macchabée, vainement défendue par Mgr Cavedoni, le docteur Levy et M. Madden; car les pièces sont certainement antérieures de plus de deux siècles. D'un autre côté, les raisons historiques, non moins puissantes, contredisent l'opinion proposée d'abord par M. de Saulcy, dans ses *Recherches sur la numismatique judaïque,* attribuant les sicles au pontificat de Yaddouâ, contemporain d'Alexandre le Grand. Au point de vue des caractères intrinsèques proprement numismatiques, les anciens sicles ne peuvent pas être séparés des différentes séries de monnaies frappées par les dynastes des cités de Phénicie et de Syrie sous la suzeraineté des Perses. Les monarques macédoniens et Séleucides se montrèrent fort jaloux du droit monétaire, et la concession faite de ce droit à Simon Macchabée fut un véritable événement; si Alexandre l'avait accordé à Yaddouâ, l'on en trouverait une trace dans Josèphe. Au contraire, après les belles recherches de M. Waddington sur ce qu'était le droit de monnaie sous la domination des Achéménides, après les preuves que cet éminent numismatiste a rassemblées de ce que le droit en question était laissé librement à tous leurs vassaux, il devient très-vraisemblable que les Juifs, dès que le Grand Roi leur eut rendu leur autonomie, durent battre monnaie comme leurs voisins. Un passage du firman délivré à Esdras par Artaxerxe (1) paraît même impliquer virtuellement le droit de monnayage (2).

La quatrième colonne tire ses éléments des monnaies qui appartiennent véritablement aux Asmonéens et portent les noms de ces princes;

La cinquième, des monnaies des deux grandes révoltes, celle que vainquit Titus et celle qui éclata sous Hadrien. L'écriture sur ces der-

---

(1) Nehem. XIII, 18.

(2) Le même alphabet que sur les anciens sicles forme les légendes des pierres gravées publiées par M. de Vogüé sous les numéros 38-42 dans la pl. XVI du tome XVII de la nouvelle série de la *Revue archéologique.*

nières pièces est évidemment de la même famille que sur les précédentes, mais elle a tous les caractères d'une imitation souvent maladroite. L'altération de certaines lettres, à côté d'autres fidèlement reproduites, leur renversement fréquent, la présence de formes araméennes (ה, נ, ר) qui se glissent parfois au milieu des autres, tout semble prouver, a justement remarqué M. de Vogüé, que les « graveurs d'alors n'avaient pas une grande habitude de ce genre d'écriture ». Les altérations de ce genre sont plus fortes et plus multipliées sur les monnaies de la seconde que sur celles de la première révolte ; mais la différence entre l'écriture des deux époques n'est pas assez marquée pour que nous ayons cru devoir la distinguer dans notre tableau.

V.

Même sans le secours des intailles dont nous avons parlé, et qui, faisant remonter à plusieurs siècles avant la date des plus anciennes parmi les monnaies vulgairement réunies en bloc sous le nom d'*asmonéennes*, complètent la série des phases de l'alphabet hébraïque primitif depuis sa première formation, il eût été facile de constater que cet alphabet dérivait directement du type graphique dont les Phéniciens et tous les Sémites en général se servaient depuis les âges les plus reculés jusqu'au huitième siècle avant Jésus-Christ. Il suffisait pour cela de le placer en regard des deux types successifs du phénicien.

Les lettres dont le tracé différent caractérise ces deux formes paléographiques de l'alphabet des fils de Chanaan sont, comme nous l'avons déjà dit, ג, ו, ז, ה, י, ל, מ, ס, ק, ש et ת. Sur ces onze lettres, dix ne laissent comprendre l'origine de leur tracé dans l'hébreu des médailles qu'en étant rapprochées des lettres analogues de la plus ancienne écriture phénicienne, tandis qu'elles sont fort éloignées des mêmes lettres dans l'alphabet de la paléographie sidonienne.

Le מ seul, dans l'hébréo-samaritain des monnaies, à partir du cinquième siècle, est plus voisin du type sidonien que du type phénicien archaïque. Mais il faut admettre ici une influence exercée sur l'écriture des Hébreux, en vertu de la proximité de la Phénicie et de la Judée, par l'alphabet dont les Chananéens se servaient depuis le sixième siècle, bien que l'écriture des Hébreux fût sortie de l'alphabet dont on faisait usage antérieurement dans les cités phéniciennes. Car sur les gemmes hébraïques du huitième et du septième siècle le ט est encore conforme comme principe au type phénicien archaïque.

D'après ces observations, nous avons placé dans la première colonne de la pl. VII, en regard de l'alphabet hébraïque primitif, non pas l'alphabet de la paléographie sidonienne, mais celui des plus anciennes époques de l'écriture phénicienne.

Un fait ressort clairement de ce tableau comparatif, c'est que le caractère fondamental de l'alphabet hébraïque primitif, lorsqu'on le met en parallèle avec son prototype phénicien, est l'arrondissement et la simplification des traits. Toutes les hastes droites et prolongées s'y recourbent et s'y arrondissent, comme on peut le voir pour les lettres ך, מ, ן; les formes trop compliquées se simplifient et se réduisent à un ou deux traits, exemples : א, ס, צ. A ces particularités, déjà marquées dès le sixième siècle, surtout les premières, bien qu'on ne possède de l'écriture qui nous occupe que des exemples monumentaux, on ne saurait y méconnaître une écriture essentiellement onciale, destinée à être tracée sur le papyrus ou les peaux préparées avec un roseau ou une plume, et transportée sur une surface d'autre nature que celle pour laquelle elle avait été combinée. Les différences que les lettres de cet alphabet présentent avec les lettres phéniciennes et les modifications que le type originaire subit en y passant sont, en effet, les modifications mêmes qu'éprouve toute écriture monumentale, lorsqu'elle se déforme afin de passer à l'état de cursive ou tout au moins d'onciale. Les Hébreux ont eu pour mission dans le monde la conservation d'un livre, et l'importance de la Sainte-Écriture dans la vie de ce peuple fait comprendre tout naturellement comment son écriture nationale fut une écriture de manuscrits, qui garde ce caractère même lorsqu'elle est appliquée aux usages monumentaux et épigraphiques.

Dans le livre suivant de notre Essai, en nous occupant des écritures de la famille araméenne, nous examinerons les questions relatives aux causes du changement d'écriture chez les Hébreux pour l'usage des manuscrits, survenu vers l'époque d'Esdras, et à l'époque jusqu'à laquelle le caractère des médailles dites asmonéennes dut se maintenir chez eux comme écriture monumentale. Ce sera le corollaire de ce chapitre.

CHAPITRE II.

I.

L'histoire de la connaissance de l'écriture onciale des Samaritains n'est pas à faire. Demeurée en usage jusqu'à nos jours parmi les derniers restes des Samaritains, elle a toujours été connue des rabbins, et ceux-ci en révélèrent l'existence aux premiers chrétiens qui se firent leurs élèves et qui vulgarisèrent dans l'Europe la connaissance de l'hébreu. Nous avons raconté dans le chapitre précédent comment l'écriture samaritaine fut prise d'abord par les érudits pour l'antique alphabet phénicien et quel secours elle fournit un peu plus tard pour l'étude des médailles hébraïques. Il ne nous reste donc plus qu'à donner purement et simplement l'alphabet de cette écriture, telle qu'elle nous est fournie par les manuscrits originaux des Samaritains. C'est ce que nous faisons dans la troisième colonne de notre planche VIII.

Cet alphabet est celui des manuscrits tracés du onzième au seizième siècle. Mais une forme plus ancienne et plus monumentale de l'écriture samaritaine nous est révélée par une inscription de Naplouse, publiée par M. Rosen (1). Celle-ci date du règne de Justinien et contient

---

(1) *Zeitschr. der deutsch. Morgenl. Gesellsch.*, t. XIV, p. 605-634.

un abrégé du Décalogue. On en trouvera dans la deuxième colonne de notre planche VIII l'alphabet, complété pour la lettre ט au moyen d'une autre inscription, fort peu postérieure, de la même localité, qui a été également publiée par M. Rosen.

II.

Un tableau harmonique était nécessaire pour la comparaison de l'alphabet samaritain avec celui des médailles dites asmonéennes. Nous l'avons donné, dans notre planche VIII, en même temps que le résumé des principales variétés paléographiques du samaritain, par le soin que nous avons pris de placer dans la première colonne, en regard de chacune des lettres samaritaines, les formes des caractères de l'alphabet hébraïque primitif qui offrent le plus de rapport et qui font le lien de dérivation.

C'est, on le voit, le même alphabet, altéré seulement par le temps et enjolivé d'un certain nombre de traits parasites par les calligraphes, surtout dans le caractère des manuscrits. Les Samaritains de nos jours ont donc raison d'appeler leur écriture *Hebri* ou *Hebreni* (1) et de prétendre avoir conservé la tradition de la plus vieille écriture des Hébreux.

La manière dont les altérations se sont produites dans le passage de l'un à l'autre type d'écriture est trop évidente pour que nous nous étendions sur ce point, et par conséquent nous nous bornerons à quelques courtes observations, qui serviront comme d'annotations au tableau de la planche VIII.

Pour quelques caractères, les enjolivements calligraphiques semblent destinés à prévenir des confusions faciles dans la forme première de l'alphabet. Ainsi le ד et le ר, dont la confusion et l'échange étaient des plus faciles dans l'hébraïque primitif, deviennent dans le samaritain

_____

(1) Wilson, *The lands of the Bible*, t. I, p. 75.

I.

TRONC SÉMITIQUE.

FAMILLE HÉBRÉO-SAMARITAINE.

Phénicien du type archaïque.

1er *degré de dérivation.*	Hébreu primitif.
2e *degré.*	Samaritain.
3e *degré.*	Samaritain cursif.

II.

TRONC SÉMITIQUE.

FAMILLE ARAMÉENNE.

Phénicien
du type intermédiaire.

1er *degré de dérivation.*	Araméen primitif.
2e *degré.*	Araméen secondaire.
3e *degré.*	Araméen des papyrus.
4e *degré.*	Palmyrénien. Hébreu carré. Proto-pehlevi.
5e *degré.*	Pamphylien. Auranitique. Sabien. Estranghelo. Rabbinique. Pehlevi persépolitain.
6e *degré.*	Nabatéen. Hiérosolymitain. Pehlevi sassanide.
7e *degré.*	Djazm. Nestorien. Pehlevi des manuscrits.
8e *degré.*	Coufique. Neskhy. Peschito. Ouigour. Zend.
9e *degré.*	Maghreby. Persan. Madécasse. Tartare Iamique. Arménien. Géorg
10e *degré.*	Turc. Hindoustani. Mongol.
11e *degré.*	Kalmouk. Mandchou.

III.

TRONC CENTRAL.

Phénicien
du type archaïque.

1er degré de dérivation.	Alphabet cadméen.
2e degré.	Alphabet dit de Palamède.

3e degré.   Éolo-dorien.   Attique.   Grec des îles.   Ionique.

4e degré.   Albanais.   Famille albanaise.   Étrusque.   Latin primitif.   Alphabet grec définitif.

5e degré.   Phrygien.   Lycien. Famille asiatique.   Euganéen. Ombrien. Falisque. Latin classique.   Marse.   Famille italique.

6e degré.   Rhétien. Sabellique.   Latin cursif des *graffiti* de Pompéi.

7e degré.   Salasse.   Osque.

IV.

TRONC OCCIDENTAL.

Phénicien
du type archaïque.

1er degré de dérivation.	Ibérien.	Phénicien du type punique.
2° degré.		Turditain.
3° degré.		Bastulo-phénicien.

V.

TRONC SEPTENTRIONAL.

Phénicien
du type sidonien.

1er degré de dérivation. — Runes scandinaves. — Runes slaves.

2° degré. — Runes franciques. — Runes germano-gothiques. — Glagolitique. — Alphabet cyrillien, par une combinaison avec l'alphabet grec. — Wendo-run

3° degré. — Runes anglo-saxonnes. — Mœso-gothique d'Ulfilas,

4° degré. — Anglo-saxon, par une combinaison avec l'alphabet latin. — par une combinaison avec l'alphabet grec.

VI.

TRONC INDO-HOMÉRITE.

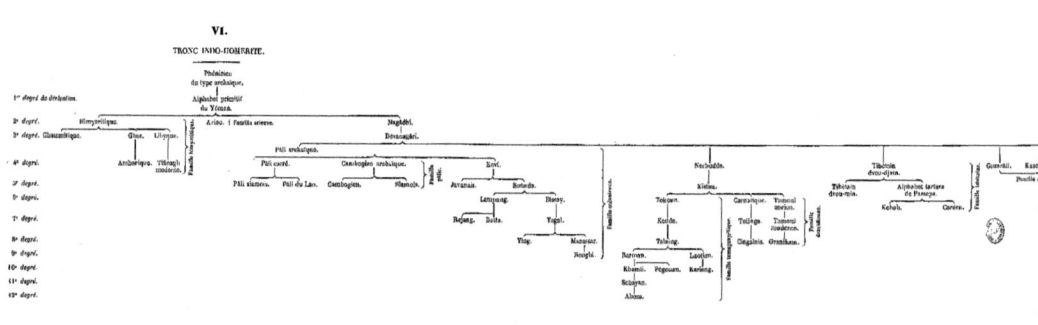

Prémices
du type archaïque.

Alphabet primitif
du Yémen.

1er degré de dérivation.

2e degré.   Himyarilique.   Arabe. (famille séve... Naghdéi.

3e degré. Ghazanliïque.   Ghoz.   Libyque.   Dévanagari.

Pâli archaïque.

4e degré.   Arabiutque. Tifinagh   Pâli sacré.   Cambogien archaïque.   Krol.   Nerbuddà.   Tibétain   Gonwati.   Kanchm
                        numidole.   Nfmols.   drou-djeus.

5e degré.   Pâli siamois.   Pâli du Lao.   Cambogien.   Astraaia.   Kbima.   Tibétain   Alphabet tartare
                                                                               drou-min.   de Passepa.

6e degré.   Lemsang.   Buony.   Carnalique. Vannail   Keholu.   Corien.

7e degré.   Refang.   Batta.   Yogat.   Korde.   Telinga. Tamoul   Cingalais. Grenlham.
                                      Tuluag.

8e degré.   Ydip.   Manuar.   Barvan.   Laoiun.

9e degré.   Bougis.   Khami.   Pégouan.   Kariang.

10e degré.   Scienya.

11e degré.   Akim.

12e degré.

deux signes qu'il est presque impossible de prendre l'un pour l'autre. Il en est de même du ‎ר et du ‎ז. En revanche des confusions nouvelles s'établissent dans le samaritain, qui n'existaient pas dans l'alphabet hébraïque primitif, comme celle du ‎י et du ‎צ.

Une certaine influence du caractère hébreu carré semble être marquée dans le ‎ג des manuscrits, où le trait additionnel du bas, inconnu à l'écriture des médailles dites asmonéennes, paraît placé pour rappeler l'aspect de la lettre carrée ‎ג. La même influence pourrait bien aussi se reconnaître dans le ‎ה, qui paraît déformé de l'hébraïque ancien de manière à se rapprocher quelque peu du type carré.

III.

L'écriture dont nous venons de parler est celle que l'on rencontre employée dans les inscriptions des Samaritains et dans leurs manuscrits du Pentateuque. C'est aussi celle dont les derniers sectateurs de cette hérésie du judaïsme se sont servis dans les correspondances qu'ils ont eues de nos jours avec quelques érudits de l'Occident (1).

Mais cette écriture avait chez eux un caractère de solennité comme l'écriture capitale ou onciale chez les Grecs et chez les Romains. Lente à tracer sur le papier, quoiqu'elle eût été primitivement la cursive d'une écriture plus monumentale, elle était réservée pour les manuscrits des Livres saints et pour tous les écrits soignés; mais pour les usages ordinaires de la vie, pour leurs rapports entre eux, il fallait aux Samaritains un caractère qui se traçât plus vite et plus facilement. Ceux qui subsistent encore aujourd'hui se servent en général des lettres arabes, même pour écrire leur langue (2); mais plus anciennement ils

(1) De Sacy, *Mémoires sur l'état actuel des Samaritains*, p. 47 et suiv.; *Correspondance des Samaritains de Naplouse*, dans les *Notices et extraits*, t. XII (Paris, 1829). — Bargès, *les Samaritains de Naplouse*, Paris, 1855, in-8. — Voy. *Annales de philosophie chrétienne*, novembre 1853.

(2) Juynboll, *Comment. in hist. gent. Samarit.*, p. 58, 59, 63, etc. — Renan, *Histoire des langues sémitiques*, p. 222.

faisaient usage d'un alphabet particulier, lequel n'était autre qu'un cursif, très-notablement déformé, du caractère oncial des manuscrits.

Gesenius a retrouvé dans les manuscrits liturgiques samaritains de Londres et de Gotha plusieurs exemples de ce mode d'écriture (1). Un alphabet quelque peu différent pour la forme de certaines lettres avait été fourni une vingtaine d'années auparavant par un Samaritain de Jaffa au savant Akerblad et publié à Leyde par Vloten (2).

Nous donnons dans les dernières colonnes de notre planche VIII l'un et l'autre alphabet, en mettant en regard les formes les plus voisines de l'écriture capitale. Le mode d'altération et de dérivation se révélera ainsi de lui-même à nos lecteurs.

Un fait curieux à noter est que, dans cette écriture cursive, la nécessité de tracer les caractères plus rapidement les a débarrassés de la plupart des traits parasites ajoutés par les calligraphes dans l'écriture capitale, et en a par conséquent ramené un certain nombre à une forme beaucoup plus voisine de la simplicité du type primitif. Ce fait est évident pour les lettres ב, ד, ל, ר, ת.

En revanche, pour d'autres caractères on remarque des altérations de formes beaucoup plus profondes en passant dans le cursif. Une partie du tracé s'oblitère. Tel est le cas des lettres א, ה, ס.

D'autres fois la lettre est en partie retournée, afin d'être tracée plus rapidement d'un seul trait de plume. Les exemples en sont fournis par le ך et le מ.

Les deux alphabets cursifs ne paraissent pas, du reste, être de la même époque. Celui d'Akerblad, postérieur à celui de Gesenius et encore usité au commencement de notre siècle, présente des formes plus altérées. Il suffit pour s'en convaincre de jeter les yeux sur notre planche VIII, et pour n'en citer ici qu'un seul exemple nous rappellerons le ש, lequel dans l'alphabet de Gesenius est encore très-voisin de

---

(1) Gesenius, *Carmina samaritana* (*Anecdota orientalia*, fasc. 1), p. 7 et suiv.; pl. I. — *Mon. phoenic.*, p. 80; pl. III.

(2) *Descriptio codicis Samaritano-arabici Lugdunensis*, pl. I.

la forme du samaritain oncial et s'abrége de manière à être réduit à un seul trait plié dans celui d'Akerblad.

On doit aussi remarquer dans ce second alphabet une circonstance qui tient évidemment à l'influence de l'orthographe arabe. Ce sont les traits diacritiques additionnels destinés à distinguer les lettres de forme trop voisine que l'on eût autrement confondues l'une avec l'autre. Le א et le ה se distinguent de cette façon, ainsi que le ט et le ק.

Mais en même temps, dans le même alphabet, une lettre est par son dessin beaucoup plus voisine du type hébraïque primitif que dans l'alphabet de Gesenius et même que dans les manuscrits samaritains onciaux jusqu'à présent connus. C'est le צ, qui se rattache directement à la première forme de l'hébraïque, tandis que dans les exemples jusqu'à présent connus du type oncial il dérive de la seconde forme.

Il est probable que quelque variante correspondante de l'oncial se rencontrera un jour dans les manuscrits.

LIVRE SECOND.

ÉCRITURES DU TRONC SÉMITIQUE.

FAMILLE ARAMÉENNE.

OBSERVATIONS PRÉLIMINAIRES.

Nous n'avons que peu de mots à ajouter ici aux observations préliminaires qui précèdent le livre Ier, consacré aux écritures de la famille hébréo-samaritaine, mais qui forment en même temps l'introduction de ce IIe livre, consacré aux écritures de la famille araméenne, car nous y avons rassemblé toutes les remarques générales qui ont trait aux deux familles du tronc sémitique des dérivations de l'alphabet phénicien.

Déjà Kopp et M. le comte de Vogüé nous ont précédé dans l'étude des écritures de la famille araméenne et dans l'essai de reconstruction de leur enchaînement successif. Pour les grands traits et la marche de cette histoire, nous sommes pleinement d'accord avec ces deux érudits, et nous avons suivi leurs traces. Il nous a semblé cependant que, même après eux, il y avait encore à dire quelque chose de nouveau, et que, sur plus d'un point, on pouvait serrer la vérité de plus près encore. Nous espérons y avoir réussi. Si cela est, nous serons justifié d'avoir donné un très-grand développement à cette partie de notre Essai, qui comprend du reste la plus féconde et la plus nombreuse parmi les branches de dérivation de l'écriture des Chananéens.

Nous prions le lecteur de se rappeler ce que nous avons dit dans notre Introduction (p. 119-121) au sujet de la loi des *arrêts de développement*. Les principes que nous avons formulés alors, en les appuyant d'un exemple emprunté au palmyrénien, sont la base indispensable du système que nous avons adopté sur la filiation des écritures araméennes. Si on les oubliait, si on ne se rendait pas compte de ce que nous considérons certaines écritures, dont une seule contrée nous a jusqu'à présent fourni les monuments, comme une immobilisation, ou, pour mieux dire, une cristallisation locale d'une écriture jadis commune à tous les peuples araméens, il serait facile de nous attribuer des erreurs, nous dirons même des absurdités, qui sont à mille lieues de notre pensée, comme on s'en convaincra en nous lisant attentivement.

On nous reprochera peut-être aussi d'avoir, dans cette partie de notre Essai, multiplié les divisions, les distinctions d'alphabets. Nous reconnaissons tout le premier que certaines distinctions admises par nous sont purement artificielles ; que, par exemple, les trois premiers alphabets que nous étudions, et que nous appelons par excellence *araméens*, ne sont en réalité que trois évolutions successives d'une même écriture, l'écriture primitive de tous les Araméens. Mais il nous a semblé qu'en multipliant ainsi les divisions, nous ajoutions à la clarté de la démonstration, et que nous nous donnions par là un moyen de faire mieux saisir par le lecteur les détails et les phases de la filiation des écritures de la famille araméenne.

CHAPITRE PREMIER.

_____

I.

Une heureuse fortune a préservé jusqu'à nous quelques monuments, en bien petit nombre il est vrai, de la langue araméenne, antérieurs à l'époque où un type d'écriture spécial fut adopté pour l'usage de cette langue. Leurs inscriptions sont tracées avec la forme la plus antique de l'écriture phénicienne, et nous y voyons ainsi que l'alphabet inventé par les fils de Chanaan fut d'abord d'un usage commun à toutes les fractions de la famille sémitique. Ce sont le célèbre cylindre de l'eunuque Akadban, fils de Gebrod, découvert en Chaldée et conservé au Musée Britannique (1), et le cône de Hadraqiâ, fils de Hurbâd, qui, trouvé à Ninive, fait également partie aujourd'hui des collections anglaises (2). L'aramaïsme de la langue des inscriptions est incontestable; cependant la forme des lettres est encore absolument identique à celle qui se remarque sur les gemmes purement phéniciennes trouvées en grand

(1) A. Levy, _Phœnizische Studien_, fasc. 2, pl. n° 1.—Rawlinson, _Journal of the Royal Asiatic Society_, 1864, p. 232 et suiv.; pl. n° 5. — De Vogüé, _Revue archéologique_, nouv. sér., t. XVII, pl. XV, n° 24.

(2) A. Levy, _Phœnizische Studien_, fasc. II, pl. n° 4. — Rawlinson, _Journal of the Royal Asiatic Society_, 1864, p. 240; pl. n° 15.

nombre à Ninive et à Babylone, sur la stèle de Mésa de Moab, et dans les inscriptions des lions de bronze de Nimroud.

Ces deux monuments sont l'un et l'autre de travail purement assyrien, appartenant à la plus belle et à la plus brillante époque de l'empire de Ninive. Toutes les vraisemblances les indiquent donc comme contemporains des monuments phéniciens proprement dits trouvés dans la Mésopotamie, et sur lesquels le même type paléographique a été employé, comme les gemmes étudiées par le docteur Levy (1) et M. le major général Rawlinson (2), et les lions de bronze de Nimroud, monuments qui datent avec certitude des neuvième et huitième siècles avant l'ère chrétienne.

Nous apprenons ainsi, d'après des documents positifs et d'une valeur inestimable, que, dès cette époque reculée, l'idiome des Araméens était caractérisé par toutes les particularités spéciales qu'il conserva plus tard. Nous apprenons également qu'à la même date cet idiome n'avait pas encore un système graphique qui lui fût propre, mais s'écrivait avec le même alphabet que le phénicien, sans aucune différence dans la forme des lettres. Ceci confirme ce que nous avons dit plus haut du caractère d'unité si remarquable que l'écriture sémitique garda jusqu'au huitième siècle dans tous les pays où elle était en usage.

Au reste, les lions de Nimroud eux-mêmes doivent être rangés parmi les monuments araméens. S'il est impossible de les séparer de la paléographie phénicienne archaïque, pour laquelle ils fournissent un précieux jalon historique, l'idiome de leurs inscriptions est, par ses formes grammaticales, incontestablement araméen, comme M. de Vogüé l'a fait observer le premier (3), et nous aurions dû plus haut en prévenir le lecteur.

Dans le cours du septième siècle avant l'ère chrétienne, nous voyons apparaître les premiers monuments qui révèlent l'existence d'un alphabet spécialement affecté à écrire la langue araméenne.

Les plus précieux et les plus nombreux en même temps ont été publiés

---

(1) *Phœnizische Studien*, fasc. II, pl. nᵒˢ 2, 6, 8, 9, 11 et 12.
(2) *Journal of the Royal Asiatic Society*, 1864, pl. à la p. 228, nᵒˢ 9, 12, 13, 14, 16 et 17.
(3) *Mélanges d'archéologie orientale*, p. 145 et 194.

par M. le major général Rawlinson, dans le volume du journal de la Société royale asiatique de la Grande-Bretagne et de l'Irlande pour 1864 (1). C'est une série de tablettes de terre-cuite trouvées dans les fouilles de Ninive et de la Chaldée, et remontant (celles du moins dont on peut déterminer la date d'une manière positive) aux règnes des derniers souverains de l'Assyrie et à celui de Nabuchodorossor; elles appartiennent par conséquent au septième siècle et aux premières années du sixième.

La plupart, celles que sir Henry Rawlinson désigne par les nᵒˢ 1-6 et 9, contiennent, en caractères cunéiformes et en langue assyrienne, des actes de vente d'esclaves ou de fonds de terre, tracés sur les plats de la tablette, tandis que la tranche supérieure porte une suscription en langue et en écriture araméennes, qui devait servir à les faire retrouver dans les archives où elles étaient empilées. Cette suscription se compose constamment du mot דנת, correspondant à l'expression *tadani* des textes cunéiformes qu'elle accompagne, et tiré de même de la racine à laquelle l'hébreu donne la forme נתן et l'assyrien la forme *nadan*, l'un et l'autre avec le sens de « donner, transmettre ». דנת est donc le terme juridique *traditio*. En tête des contrats de vente d'esclaves, il est suivi du nom des personnes serviles qui changent de maître; en tête des contrats de vente de fonds de terre, du mot חקל « champ », en chaldaïque חקלא et en syriaque ‍ܚܩܠܐ.

Presque tous ces documents ont été publiés depuis intégralement, texte assyrien et suscription assyrienne, dans la pl. 46 du tome III des *Cuneiform inscriptions of Western Asia*, par sir Henry Rawlinson et M. Norris. Ce sont :

Le nᵒ 1, qui y porte le même numéro; contrat de vente de l'esclave *Arbaïl-aširat*, pour 1 1/2 mine d'argent, dans l'éponymie de *Šin-šar-uṣur*, règne d'Assourbanipal (après 647 av. J. C.);

Le nᵒ 2, devenu le nᵒ 6 dans la nouvelle publication; contrat de vente d'un captif nommé *Usi'* (חושע) et de toute sa famille, composée

(1) P. 187-228. Les fac-similés de suscriptions araméennes, publiés dans ce mémoire par sir Henry Rawlinson, ont été reproduits dans les *Cuneiform inscriptions of Western Asia*, t. II, pl. 70.

de sept personnes, pour le prix de 3 mines d'argent, dans l'éponymie de *Dananu*, règne d'Assarahaddon (679 av. J. C.);

Le n° 3, devenu le n° 7 ; contrat de vente de l'esclave mâle *Alal-χazzi* et de sa mère *Aχatišu-ṭabat*, dans l'éponymie de *Mušallim-Aššur*, règne d'Assourbanipal (659 av. J. C.);

Le n° 4, dans l'édition complète n° 3; contrat d'échange d'un esclave mâle nommé *Aššat-dur-qali* contre une esclave femelle nommée *Tuliχa*, dans l'éponymie de *Šin-šar-ušur*, règne d'Assourbanipal;

Le n° 6, devenu le n° 5; contrat de vente de l'esclave femelle *Xambusu* contre 1 mine 6 drachmes d'argent, dans l'éponymie de *Mušallim-Aššur*, règne d'Assourbanipal ;

Le n° 9, désormais n° 4; bail à ferme d'un champ pour six ans, au prix d'une mine d'argent, dans l'éponymie de *Šin-šar-uṣur*, règne d'Assourbanipal.

Sur deux autres tablettes, les n⁰ˢ 7 et 15 de sir Henry Rawlinson, les lignes en langue et en écriture araméenne accolées au texte cunéiforme ne sont plus des suscriptions du même genre, mais des attestations de témoins, sans doute étrangers à la race assyrienne et faisant usage de leur écriture nationale. Le n° 7 en présente une seule, et le n° 15 deux. Toutes commencent par le mot שהד, dans lequel nous reconnaissons sans hésiter, avec le savant orientaliste anglais, l'équivalent des mots hébraïque שָׁהֵד, syriaque ܣܗܕ et arabe شهد, *testatus est*. Vient après le nom du témoin, puis, sur le n° 15 seulement, le pronom démonstratif דֵן, « ceci ».

L'acte auquel est jointe la signature n° 7 a été publié sous le n° 2 dans la pl. 46 du tome III des *Cuneiform inscriptions of Western Asia*. C'est le contrat de vente d'une esclave femelle nommée *Gula-rimat*, pour le prix de 10 1/2 mines d'argent, dans l'éponymie de *Nabu-šar-uṣur*, règne d'Assourbanipal (après 647).

On rencontre aussi dans la collection des tablettes bilingues du Musée Britannique un exemple de contrat de prêt; c'est le n° 12, dont la suscription mentionne, avec le nom de l'emprunteur, la nature et le chiffre de la dette, 10 drachmes d'argent. On trouvera dans le mémoire de sir Henry Rawlinson une analyse et une explication de ce dernier monu-

ment, que nous ne reprendrons pas ici, car nous n'avons à nous occuper
des tablettes de Ninive qu'au point de vue de la paléographie araméenne,
et non à celui de la philologie assyrienne. Le texte complet est publié
sous le n° 8 dans la pl. 46 du t. III des *Cuneiform inscriptions*; il est daté
de l'éponymie de *Bin-šallimmani*, règne d'Assourbanipal (après 647).

Deux contrats de vente de maisons, l'un du règne d'Assourbanipal
(n° 12 de la première publication, n° 9 de la seconde), l'autre de l'année
éponymique du roi Sennachérib, 686 av. J. C. (n° 13 de la première
publication, n° 10 de la seconde), ont sur la tranche, en caractères araméens, le nom des deux parties intéressées ou d'une seule.

Il faut ajouter à ces monuments une autre tablette (n° 17 du premier
mémoire de sir Henry Rawlinson) portant sur l'une de ses faces un
texte cunéiforme, et sur l'autre une longue inscription araméenne qui
doit en contenir la traduction, toutes deux trop mutilées pour qu'on
puisse en essayer le déchiffrement avec quelque chance de succès. Puis
deux tablettes encore, la première bilingue (n° 11) et la seconde purement araméenne (n° 16), relatives à des fournitures de grains (dans le
texte araméen שערן, dans le texte cunéiforme *šeirnu*) faites pour la
maison d'un prince (en araméen בר מלכא, dans le cunéiforme *pal
šarri*), par un certain *Neboiriban* (נבירבן), le 5 du mois khaziran
(חצרן), dans l'année éponymique de *Saru-Nerig* (סרנרג), altération
araméenne du nom assyrien *Šarru-Nirgal*. Cet éponyme est certainement de la fin du règne d'Assourbanipal ou de celui d'Assouredililani.

Les tablettes de Ninive publiées par M. Rawlinson ne sont pas les
seuls monuments araméens des septième et sixième siècles avant l'ère
chrétienne parvenus jusqu'à nous. On lit de courtes inscriptions assez
difficiles à interpréter, mais certainement araméennes par la langue en
même temps que conçues dans un caractère identiquement semblable à
celui des tablettes dont nous venons de parler, sur deux briques babyloniennes portant la légende cunéiforme de Nabuchodorossor, l'une
conservée au Cabinet des médailles de la Bibliothèque nationale (1),

(1) Kopp, *Bilder und Schriften der Vorzeit*, t. II, p. 15. — Hoffmann, *Grammatica syriaca*,
pl. I. — Gesenius, *Monumenta phoenicia*, pl. 32, n°ˢ LXXVIIa-LXXVIIaaa. — Rawlinson, *Journal of the Royal Asiatic Society*, 1864, p. 215.

l'autre au Musée Britannique (1), et sur une troisième brique portant la légende cunéiforme de Nergalsarossor, qui fait partie des riches collections du grand établissement scientifique d'outre-Manche (2). On en voit aussi sur deux fragments d'amphores en terre cuite exhumés dans les fouilles de Nimroud et transportés à Londres (3). Enfin, parmi les cylindres et cônes de travail assyrien et chaldéen à légendes non cunéiformes publiés jusqu'à ce jour, il en est dix dont les inscriptions sont araméennes et appartiennent à la même paléographie :

1° Cylindre du Musée Britannique, dont l'inscription n'a été bien expliquée que par M. de Vogüé (4) : ירפאל בר הרעדד.

2° Cône du Musée Britannique, ayant sous son plat, en deux lignes : לתמכאל בר מלכם (5).

3° Cylindre du Musée Britannique, avec l'inscription לפלתחדן (6).

4° Cône du Cabinet des médailles de Paris, sous le plat duquel on lit : לכברבע (7).

5° Cône babylonien, le long duquel on lit : שמשערכי (8).

6° Cône du Musée Britannique, avec l'inscription לפלזירשמש (9).

7° Agate bombée de la collection Péretié, portant la légende : לאחלכד (10)

(1) Rawlinson, *Journal of the Royal Asiatic Society*, 1864, p. 228; pl. n° 1.

(2) *Ibid.*, p. 229; pl. n° 2.

(3) *Ibid.*, p. 243; pl. n°s 19 et 20.

(4) Felix Jones, *Topography of Nineveh*, dans le *Journal of the Royal Asiatic Society*, 1855, p. 338. — A. Levy, *Phœnizische Studien*, fasc. II, pl. n° 3. — De Vogüé, *Revue archéologique*, nouv. sér., t. XVII, pl. XV, n° 25. — A. Levy, *Siegel und Gemmen*, pl. I, n° 2.

(5) A. Levy, *Phœnizische Studien*, fasc. II, pl. n° 5. — Rawlinson, *Journal of the Royal Asiatic Society*, 1864, p. 236; pl. n° 8.

(6) *Mém. de l'Acad. des Inscr.*, nouv. sér., t. XVII, part. I, pl. III, n° 4. — Layard, *Nineveh and Babylon*, p. 606. — A. Levy, *Phœnizische Studien*, fasc. II, pl. n° 7. — Rawlinson, *Journal of the Royal Asiatic Society*, 1864, p. 235, pl. n° 7.

(7) Lajard, *Recherches sur le culte de Vénus*, pl. III, n° 8. — A. Levy, *Phœnizische Studien*, fasc. II, pl. n° 10.

(8) Blau, *De numis Achaemenidarum aramaeo-porsicis*, pl. I, n° 6. — A. Levy, *Phœnizische Studien*, fasc. II, pl. n° 13.

(9) De Vogüé, *Revue archéologique*, nouv. sér., t. XVII, pl. XV, n° 31. — A. Levy, *Siegel und Gemmen*, pl. I, n° 7.

(10) De Vogüé, *Revue archéolog.*, nouv. sér., t. XVII, pl. XV, n° 29. — A. Levy, *Siegel und Gemmen*, pl. I, n° 13.

8° Cornaline du Cabinet royal de la Haye, à l'inscription : למראחד (1).

9° Gemme à la légende להנמי, publiée pour la première fois par M. Renan (2).

10° Scarabéoïde de la collection Péretié, dont l'inscription est fort difficile à lire (3).

On remarquera qu'une partie des noms propres sont purs assyriens.

Sur tous ces monuments l'alphabet est le même. Mais c'est spécialement aux suscriptions des contrats tracés sur les tablettes de terre-cuite de l'Assyrie, comme à des documents dont la date est précise, que j'ai emprunté les figures de lettres placées dans la première colonne de la seconde partie de la pl. IX. On peut à bon droit les considérer comme représentant le plus ancien alphabet dont se soient servis spécialement les Araméens, alphabet qui a été la souche première de tous les autres alphabets de cette famille aux nombreux dérivés.

Il demeura en vigueur, sans changement bien sensible, pendant les premiers temps de la domination des Achéménides, le fait de l'ouverture des boucles d'abord fermées, qui constituent la tête du ב, du ד et du ר, ainsi que de la partie supérieure du ע, allant toujours en se prononçant davantage et en se régularisant.

A cette époque du premier stage d'existence de l'écriture araméenne se rapportent un certain nombre de monuments.

Ce sont d'abord quelques gemmes à gravures en intaille, que leur style et la nature de leurs sujets rapportent avec certitude aux temps de la domination de la monarchie perse sur l'Asie. Elles ont été travaillées entre le sixième et le quatrième siècle avant notre ère, et l'on ne se trompera pas en rapportant la majeure partie d'entre elles au cinquième. Celles qui ont été publiées jusqu'à ce jour sont :

1° Cylindre du Musée Britannique, représentant Ahouramazdâ muni de quatre ailes, qui combat deux griffons dressés, avec la légende

---

(1) Gesenius, *Monumenta phoenicia*, pl. XXXI, n° 68.— De Vogüé, *Revue archéologique*, nouv. sér., t. XVII, pl. XV, n° 30. — A. Levy, *Siegel und Gemmen*, pl. I, n° 9.

(2) *Mission de Phénicie*, p. 144. — A. Levy, *Siegel und Gemmen*, pl. I, n° 14.

(3) De Vogüé, *Revue archéologique*, nouv. sér., t. XVII, pl. XV, n° 28.— A. Levy, *Siegel und Gemmen*, pl. I, n° 18.

הרתגל (1), nom propre purement assyrien, et spécialement propre à la Chaldée ;

2° Cylindre du Musée Britannique, décoré du même sujet, avec le nom propre הרחו (2) ;

3° Cylindre du même Musée, provenant de la collection Woodehouse ; il représente un cavalier en costume persique, la tête couverte d'une mitra dont les fanons enveloppent le menton ; sur son cheval au galop, ce personnage attaque avec un épieu l'animal fantastique que Ctésias appelle martichoras, lequel se dresse debout contre lui ; l'inscription est לכנתגם (3) ;

4° Gemme dont un dessin très-grossier a été donné par M. Mordtmann (4) ; on ne sait où elle se trouve aujourd'hui ;

5° Sorte de scarabéoïde gravé sur les deux faces, qu'a publié M. Blau (5) ; d'un côté y est un mouflon couché, de l'autre un sanglier courant, avec l'inscription ;

6° Cylindre du Musée Britannique, représentant la lutte d'un personnage initié avec un griffon et un taureau à face humaine, sous la protection d'Ahouramazdâ, scène accompagnée de la légende : חתם פרשנדת בר ארתדת (6) ; les deux noms propres sont purement perses. Il est, du reste, à remarquer que sur cette gemme et sur le n° 5 le type d'écriture incline déjà tellement à celui dont il sera question dans le chapitre suivant, qu'on peut hésiter sur la question de savoir à laquelle des deux catégories paléographiques il faut décidément rapporter ces monuments de transition.

Les lettres fournies par les légendes des cachets de l'époque des

---

(1) Rawlinson, *Journal of the Royal Asiatic Society*, 1864, p. 229 ; pl. n° 4. — A. Levy, *Siegel und Gemmen*, pl. I, n° 12.

(2) De Vogüé, *Revue archéologique*, nouv. sér., t. XVII, pl. XV, n° 30.

(3) A. Levy, *Siegel und Gemmen*, pl. I, n° 4a.

(4) *Zeitschr. der deutsch. Morgenl. Gesellsch.*, t. XIV, p. 556.

(5) *Zeitschr. der deutsch. Morgenl. Gesellsch.*, t. XVIII, p. 229.

(6) Lajard, *Recherches sur le culte de Mithra*, pl. L, n° 6. — Layard, *Nineveh and Babylon*, p. 606. — A. Levy, *Phœnizische Studien*, fasc. II, pl. n° 14. — Rawlinson, *Journal of the Royal Asiatic Society*, 1864, p. 233, pl. n° 10. — De Vogüé, *Revue archéologique*, nouv. sér., t. XVII, pl. XV, n° 32.

Achéménides sont réunies dans la deuxième colonne de la seconde partie de la pl. IX.

Dans la quatrième colonne nous avons placé les quatre lettres relevées sur une grosse darique d'argent au type du roi, monté sur son char de parade, et au revers de la galère (1), qui doit avoir été frappée dans l'intérieur de la Syrie ou à Babylone sous l'un des premiers successeurs de Darius, et dont une des faces porte la mystérieuse inscription מזדי, dont le sens paraît être « monnaie » ou « solde », mais dont l'étymologie est encore inconnue (2).

Dans l'inscription du poids de bronze en forme de lion découvert auprès d'Abydos, dans la Troade, et publié par M. de Vogüé (3), qui l'attribue avec les plus grandes vraisemblances au commencement du cinquième siècle avant l'ère chrétienne, les formes des lettres sont encore semblables à ce que nous les voyons sur les monuments assyriens et babyloniens du milieu du septième siècle, excepté celle du ם, qui s'est modifié par la substitution d'une ligne arrondie avec un trait transversal à l'ondulation du tracé originaire, de la même façon que le מ, dont on peut suivre la transformation dans notre pl. IX, où les signes empruntés au lion d'Abydos figurent dans la troisième colonne de la seconde partie.

II.

Il nous faut encore une fois revenir à la distinction fondamentale établie dans le complément à notre Introduction entre les deux types paléographiques de l'écriture phénicienne, le type à brisure anguleuse du מ et du ש et le type dans lequel ces deux lettres offrent un trait

(1) Gesenius, *Monumenta phoenicia*, pl. 36, VII, G. — Ch. Lenormant, *Trésor de numismatique, Numismatique des rois grecs*, pl. LXV, n° 20. — *Revue numismatique*, 1855, pl. III, n° 2. — Fr. Lenormant, *Essai sur le classement des monnaies d'argent des Lagides*, pl. VIII, n° 2.

(2) Voy. Waddington, *Mélanges de numismatique et de philologie*, t. I, p. 76 et suiv.

(3) *Revue archéologique*, nouv. sér. t. V, p. 30-39. — *Mélanges d'archéologie orientale*, pl. 179-196.

arrondi ou carré que traverse une branche verticale, c'est-à-dire le type primitif et le type sidonien.

Nous avons aussi fait voir précédemment que l'alphabet le plus ancien des Hébreux, conservé par esprit d'archaïsme sur les médailles dites asmonéennes, dérivait du type phénicien primitif ou type archaïque commun à tous les Sémites.

Il n'en est pas de même de l'alphabet araméen. Dans celui-ci, la plupart des lettres caractéristiques où se marque la différence entre les deux types de la paléographie chananéenne sortent bien évidemment du second type, du type sidonien. On peut facilement s'en convaincre en comparant les formes qu'ont dans l'araméen primitif et dans les deux variétés graphiques du phénicien les lettres ג, מ, ש, ח. Mais en revanche, pour quelques-unes des autres lettres caractéristiques, ו, ז, י, ל, ס, ק, l'araméen à son origine rappelle beaucoup moins les formes des lettres sidoniennes que celles des lettres phéniciennes du type le plus archaïque.

L'alphabet araméen primitif tient donc à la fois des deux types paléographiques du phénicien; il semble que sa dérivation se soit opérée dans le temps même où la transition se faisait de l'un à l'autre.

Nous avons déjà parlé, dans le complément de l'Introduction (p. 145-146), de cette époque de transition, et nous avons fait voir qu'elle était représentée par des monuments où les formes caractéristiques des deux grands types paléographiques chananéens se trouvent mêlées. Une partie de ces monuments appartiennent aux régions euphratiques, où il semble que l'alphabet araméen primitif ait pris naissance; ce sont les cônes et les cylindres du Musée Britannique publiés par le docteur A. Levy (1), par sir Henry Rawlinson (2) et par M. de Vogüé (3), ainsi que la souscription phénicienne d'un contrat assyrien du règne d'Assarahaddon (4). Ils appartiennent au temps des derniers rois d'Assyrie et de l'éclat momentané que les conquêtes de Nabuchodorossor jetèrent

---

(1) *Phœnizische Studien*, fasc. II, pl. n° 2.
(2) *Journal of the Royal Asiatic Society*, 1861, p. 237, 239 et 240; pl. nos 9, 11 et 14.
(3) *Revue archéologique*, nouv. sér., t. XVII, pl. XIV, nos 7 et 9.
(4) De Vogüé, *Journal asiatique*, août 1867, p. 172.]

sur la monarchie babylonienne. Ils sont donc contemporains des plus anciens monuments de l'écriture araméenne dont on puisse constater l'existence, et ils confirment en conséquence ce que nous avons cru déjà pouvoir établir plus haut, en nous appuyant sur d'autres arguments, que c'est dans la première moitié du septième siècle que l'alphabet des Araméens a pris une existence propre et s'est séparé de l'alphabet des Phéniciens, sa souche originaire.

Les observations que nous venons de faire ont une grande importance dans la discussion qui s'est élevée récemment au sujet de l'histoire et de la date respective des écritures sémitiques. Renouvelant, avec beaucoup d'esprit et de verve dans la polémique, une vieille opinion abandonnée depuis cinquante ans par la science, on a voulu faire remonter jusqu'au temps reculé des rois de Juda l'usage de l'alphabet hébraïque carré, que nous persistons à regarder, avec Kopp, Gesenius, de Wette, Hüpfeld, Ewald et tous les hébraïsants de la France, de l'Allemagne et de l'Angleterre, comme n'étant que de peu antérieur à l'ère chrétienne. Mais cet alphabet carré dérive incontestablement de notre alphabet araméen primitif, après deux ou trois degrés intermédiaires de filiation que nous allons suivre tout à l'heure. Si donc il devient prouvé que le plus ancien alphabet araméen doit son origine précisément au type mixte de l'écriture phénicienne qui était en usage dans la vallée de l'Euphrate pendant la première portion du septième siècle avant Jésus-Christ, toutes les conjectures laborieusement accumulées par M. de Saulcy sont renversées, l'édifice s'écroule par la base, car on se trouve en présence d'un de ces faits matériels et irréfutables devant la force desquels les systèmes les plus ingénieusement combinés doivent céder, et qui, du moment qu'ils sont bien constatés, ne laissent pas, dans leur rigide brutalité, de place à la discussion.

Ceci une fois posé, pour nous rendre bien exactement compte de la manière dont l'alphabet araméen primitif est dérivé de l'alphabet phénicien, mettons-les en regard dans un tableau harmonique, en ayant soin d'y faire figurer, pour ce qui est de l'écriture des fils de Chanaan, ses deux formes paléographiques, puisque l'araméen participe à la fois de l'un et de l'autre. Le lecteur trouvera ce tableau harmonique dans la planche IX, dont la première partie comprend les deux types fondamentaux de l'alphabet phénicien, et la seconde l'alphabet araméen primitif d'après ses principaux monuments.

La plupart des différences qui s'observent entre l'araméen et l'un ou l'autre des alphabets phéniciens tiennent à une tendance à simplifier le tracé des caractères pour rendre l'écriture plus cursive. Une semblable tendance avait déjà produit la plupart des changements de formes opérés dans le passage de la paléographie phénicienne archaïque à la paléographie sidonienne, par exemple celui du מ et du ש. Mais elle devait être plus forte que partout ailleurs à Babylone et à Ninive, où l'alphabet de vingt-deux lettres ne fut jamais un alphabet monumental, où il ne fut adopté que comme une écriture cursive pour servir aux affaires et aux usages communs de la vie, pour lesquels la complication excessive du système cunéiforme, avec son mélange d'idéographisme et de phonétisme, son énorme syllabaire, sa polyphonie, la difficulté d'en tracer rapidement les caractères, était un obstacle des plus incommodes.

Cette tendance vers une nature de plus en plus cursive produit une propension générale des lettres à passer des formes anguleuses aux formes arrondies, en réduisant par là le nombre des traits à tracer.

C'est également elle qui a donné naissance à la particularité la plus saillante qui distingue l'alphabet araméen de l'alphabet phénicien dans ses différents types, c'est-à-dire à l'ouverture de toutes les boucles fermées qui constituaient la tête d'un certain nombre de lettres, ב, ד, ע, ר.

Constatons aussi, comme un autre résultat de la nature essentiellement *diplomatique* (si l'on peut s'exprimer ainsi) de l'écriture araméenne, les débuts de la tendance à recourber la haste droite de certaines lettres, tendance bien moins prononcée au début que dans l'hébreu primitif, mais que nous verrons se développer davantage à mesure que nous suivrons les évolutions des alphabets araméens. On peut la suivre particulièrement dans les différentes variantes de forme du כ.

Les changements dont nous venons d'essayer de pénétrer la cause ont pour résultat d'établir une confusion inconnue à l'origine entre quelques lettres voisines comme forme, mais dont cependant les figures

étaient nettement distinctes dans l'écriture phénicienne proprement
dite, le ד, le כ, le ב et enfin le ר. Il est souvent très-difficile de dire
lequel de ces quatre signes a été tracé sur un monument, et cette hési-
tation possible constitue quelquefois un grand embarras pour les investigations des savants. Au reste, les confusions de ce genre se multiplient dans toutes les écritures à mesure qu'elles tendent à devenir
cursives.

III.

Tous les monuments primitifs de l'alphabet araméen que nous venons
d'étudier proviennent des pays situés le long du cours de l'Euphrate,
mais au-delà du fleuve, et, comme nous venons de le voir, tout semble
indiquer que c'est là que cet alphabet prit naissance.

Cette contrée peut-elle cependant être comptée au nombre des pays
araméens?

Malgré son nom biblique de אֲרַם נַהֲרַיִם, correspondant à l'expression
grecque de Μέση τῶν ποταμῶν Συρίη, en prenant les choses dans leur rigueur, on ne saurait ranger la Mésopotamie et la Babylonie dans l'Aramée. La langue originaire de Ninive et de Babylone, que les inscriptions
cunéiformes révèlent aujourd'hui aux recherches de la science, est un
idiome sémitique d'une nature toute particulière, et n'a rien de commun avec l'araméen, dont la limite primitive semble avoir été le cours
de l'Euphrate. Il est même à remarquer que, de toutes les langues de
la famille sémitique, celle dont l'assyrien s'éloigne le plus est l'araméen;
il y a autant de distance entre ces deux langues qu'entre le sanscrit et le
latin.

Cependant, d'assez bonne heure les éléments araméens commencèrent à tenir une place considérable dans la population de la Mésopotamie. Pour le nord de cette contrée, s'il fallait admettre les anciennes
interprétations qui reconnaissent la ville mésopotamienne de Harrân
dans la cité d'où Abraham partit pour le pays de Chanaan, et où Laban
résidait un peu plus tard, il faudrait en conclure que dès l'âge des Pa-

triarches c'était déjà un pays d'Araméens, puisque la Genèse l'appellerait ארם נהרים. Mais je crois, et j'espère pouvoir démontrer dans un autre travail, que les circonstances les plus précises et les plus caractéristiques déterminent la situation du Harrân de Nachor, de Bathuel et de Laban aux environs de Damas, et que le ארם נהרים de la Genèse est la plaine arrosée par le Chrysorrhoas et le Bardinès. Si cette opinion était admise, il n'y aurait plus aucune conséquence à tirer des Livres Saints sur une existence aussi antique d'Araméens dans le nord de la Mésopotamie. Et ceci serait d'accord avec le témoignage des monuments à inscriptions cunéiformes d'Arbân sur les bords du Khabour (1), ainsi que des récits des monarques assyriens sur leurs campagnes le long de cette rivière et jusqu'à l'Euphrate, où tous les noms d'hommes et de lieux se rapportent à une population parlant, sinon l'assyrien pur, du moins un dialecte très-voisin, laquelle aurait habité ces lieux sans recevoir encore l'empreinte araméenne jusqu'au huitième siècle avant notre ère.

L'époque où se produisit l'aramaïsation de la Mésopotamie septentrionale est donc jusqu'à présent impossible à déterminer. Mais, pour le midi du bassin de l'Euphrate et du Tigre, nous possédons quelques faits d'une nature plus positive. Ainsi les documents de l'épigraphie historique de l'Assyrie nous montrent des tribus d'origine araméenne, désignées sous le nom de *Aramu*, *Arimu* ou *Arumu*, qui ne saurait laisser place à l'équivoque, comme ayant dans la Chaldée un développement très-considérable dès le neuvième siècle. Elles sont mentionnées pour la première fois sous Salmanassar IV (2), puis sous Samsi-Bin III (3), sous Teglathphalasar II (4), à la fin du huitième siècle sous Saryukin (5), au septième sous Sennachérib (6).

(1) Voy. Layard, *Nineveh and Babylon*, p. 275-279.

(2) Stèle des sources du Tigre, col. 2, l. 38 : *Cuneiform inscriptions of Western Asia*, t. III, pl. 8.

(3) Stèle, col. 4, l. 39 : *Cuneif. inscr. of West. As.*, t. I, pl. 31.

(4) *Cuneif. inscr. of West. As.*, t. II, pl. 66, l. 6-9.

(5) Botta, *Monument de Ninive, Inscriptions*, pl. 86 et 157.

(6) Cylindre publié par Grotefend, l. 13-16; — Prisme de Taylor, col. 1, l. 37-46 : *Cuneif. inscr. of West. As.*, t. I, pl. 37. — Inscription de Nébi-Younès, l. 7 et 45 : *Cuneif. inscr. of West. As.*, t. I, pl. 43.

C'est sans doute le progrès de ces tribus et de leur influence qui fit qu'à partir du huitième siècle environ, pendant que la langue et l'écriture nationales tendaient à devenir comme une sorte d'idiome littéraire et de secret aux mains des prêtres et des savants, la langue d'Aram passa graduellement dans l'usage vulgaire du peuple de Ninive et de Babylone, et fut même adoptée comme l'idiome des affaires et des chancelleries, dans ce dernier cas au moins pour les rapports avec les autres populations sémitiques. Les tablettes de Ninive conservées au Musée Britannique nous ont fait voir l'araméen d'un emploi tellement habituel dans cette ville au septième siècle, que les officiers publics s'en servaient pour les suscriptions des minutes des actes dont ils écrivaient le contexte, suivant l'usage officiel, en langue assyrienne et en caractères cunéiformes. Dans les intailles, des personnages aux noms purement assyriens comme *Hur-taggil*, *Belit* (1)-*aχ-idin*, *Pal-zir·Šamaš*, préfèrent ce caractère au cunéiforme pour les légendes de leurs cachets. La Bible nous montre les hauts fonctionnaires de la cour d'Assyrie envoyés par Sennachérib pour parlementer avec Ézéchias, se servant de cette langue dans cette négociation, et les expressions mêmes placées dans la bouche des officiers du roi de Juda, chargés de conférer avec eux, montrent que c'était là la langue habituelle des envoyés du roi ninivite.

וַיֹּאמֶר אֶלְיָקִים בֶּן־חִלְקִיָּהוּ וְשֶׁבְנָה וְיוֹאָח אֶל־רַבְשָׁקֵה דַּבֶּר־נָא אֶל־עֲבָדֶיךָ אֲרָמִית כִּי שֹׁמְעִים אֲנָחְנוּ וְאַל־תְּדַבֵּר עִמָּנוּ יְהוּדִית בְּאָזְנֵי הָעָם אֲשֶׁר עַל־הַחֹמָה

« Eliakim, fils d'Helqiah, Schebnah et Joah, dirent au rab-schak : Parle à tes serviteurs en araméen (car nous le comprenons), et ne nous parle pas hébreu aux oreilles du peuple qui est sur la muraille (2). »

Devant ces preuves, on ne saurait contester que l'araméen n'ait pénétré de bonne heure dans les pays euphratiques. Mais, si cette action s'était produite, l'influence inverse, celle des grands centres de civilisation et de science de la vallée de l'Euphrate sur les con-

---

(1) Écrit פלת d'après la prononciation locale de Ninive; cf. *pal*, « fils », de la racine הבל, prononcé *bal* à Babylone.

(2) II Reg., XVIII, 26. — Cf. Is., XXXVI, 11.

trées araméennes, avait été bien autrement forte. Soumises à l'empire
d'Assyrie dès le début de sa puissance, les populations de ces contrées
avaient identifié leur cause et leurs intérêts avec ceux de la grande
monarchie mésopotamienne. A la cour de Ninive, dans les hautes fonc-
tions du gouvernement et de l'armée, il y avait autant de Syriens que
d'Assyriens. Aussi, comme l'ont déjà remarqué les savants (1), la pré-
pondérance décisive que prirent à une certaine époque, chez les Sémites
occidentaux, l'influence et la langue araméennes, vint-elle de l'importance politique que prit alors en Asie le bassin du Tigre et de l'Euphrate.
Partout cette langue représente la conquête assyrienne, et, pour les
monarques de Ninive aussi bien que pour leurs successeurs babyloniens,
la Palestine et la Phénicie semblent avoir été destinées à étendre le
domaine des Araméens.

L'abaissement politique des cités phéniciennes, par suite des guerres
des derniers conquérants ninivites, et un peu plus tard la ruine de Tyr
par Nabuchodorossor, en portant alors un coup irréparable au négoce
des Phéniciens, ouvrit aussi une nouvelle carrière à l'activité des Araméens, qui les supplantèrent sur beaucoup de points, et contribua à
faire de leur idiome la langue du commerce dans l'Asie sémitique.
Aussi, même lorsque la Palestine et la Phénicie furent soumises au
sceptre des rois de Ninive et de Babylone, jamais l'hébreu ou le phénicien ne paraissent avoir été admis comme langues officielles dans les
chancelleries assyrienne ou chaldéenne.

Il en fut de même sous les rois Achéménides, qui continuèrent les traditions de leurs prédécesseurs, et on voit par le livre d'Esdras (2) que,
lorsque le monarque de la Perse adressait un rescrit aux Juifs rétablis
dans leur patrie, cette pièce était conçue en langue araméenne. Et c'est
aussi vers cette époque que l'araméen paraît avoir commencé à envahir
l'Assyrie, privée de toute vie nationale depuis la chute de Ninive, et à y
supplanter l'assyrien, qui resta en usage à Babylone à côté de l'araméen
toujours grandissant, jusque sous les Séleucides, du temps desquels nous

---

(1) Renan, *Histoire des langues sémitiques* (1re édition), p. 198. — Voy. notre *Manuel d'histoire ancienne de l'Orient*, 3e édition, t. II, p. 135.
(2) VII, 12-28.

avons encore des documents cunéiformes. Il semble même ressortir des noms propres des rois de la Characène qu'au midi de la Chaldée, sur les bords du golfe Persique, si l'araméen s'implanta de bonne heure, l'assyrien ne s'effaça complétement que bien peu de temps avant l'avénement de la monarchie des Sassanides.

Reconnaissant des relations si étroites entre l'Assyrie et la Babylonie d'un côté, et l'Aramée de l'autre, une si grande influence des empires euphratiques sur les populations araméennes, nous ne devons rien trouver de surprenant ni d'invraisemblable à l'idée qu'une forme paléographique de l'alphabet de vingt-deux lettres, née à Ninive ou à Babylone, soit devenue l'écriture propre des Araméens et la source des différents alphabets qu'adoptèrent plus tard les fractions diverses de cette race.

CHAPITRE II.

L'ALPHABET ARAMÉEN SECONDAIRE.

I.

Le nom de Kopp est celui qu'on rencontre le premier dans toutes les voies de la paléographie sémitique. Avec une force d'intuition des plus remarquables, bien que n'ayant encore qu'un très-petit nombre de documents à sa disposition, il a tracé d'une manière si sûre l'histoire des écritures araméennes, que l'on a seulement, aujourd'hui que les informations se sont tant multipliées, à compléter le tableau dont il avait esquissé les principaux traits et à en rectifier quelques points de détail, mais sans y rien changer d'essentiel.

C'est ainsi que Kopp, ne connaissant en fait de monuments de l'araméen primitif que l'inscription de la brique du Cabinet des médailles, sut, tout en la désignant par le nom inexact de *Alt-babylonische Schrift* (1), distinguer cette écriture de celle des Phéniciens, en constater le rapport étroit avec celle des légendes placées sur certaines monnaies sorties des ateliers de l'Asie Mineure sous la domination des Achéménides, reconnaître qu'elle avait été propre à des populations

-----

(1) *Bilder und Schriften der Vorzeit*, t. II, p. 147 et suiv.

araméennes et qu'elle était la souche première d'où étaient sorties toutes les autres écritures employées à diverses époques par ces populations.

La distinction établie par le savant paléographe allemand entre les anciens alphabets araméens et l'alphabet phénicien fut pendant assez longtemps encore méconnue des autres érudits. Bien que venus après Kopp, Gesenius, et même plus récemment le duc de Luynes, dans son bel ouvrage sur la *Numismatique des satrapies*, ont continué à confondre avec le phénicien l'écriture des briques de Babylone et des monnaies sémitiques émises en Asie Mineure sous l'autorité des rois de Perse. C'est seulement les recherches de MM. Blau (1), le docteur A. Levy (2) et Waddington (3), dans les quinze dernières années, qui ont signalé de nouveau la distinction entre l'araméen et le phénicien, passée désormais dans la science à l'état de vérité incontestable et incontestée.

Nous venons de parler des monnaies sémitiques battues en Asie Mineure par les satrapes de l'empire des Achéménides; ce sont en effet presque les seuls monuments qui nous révèlent le second âge de l'écriture araméenne, la seconde phase de son développement et de sa dégénérescence.

Pendant très-longtemps ces monnaies étaient demeurées inexpliquées et confondues dans le chaos des pièces orientales de toute provenance et de toute fabrique que les numismatistes désignaient sous le nom d'*Incertaines de la Cilicie*. Au duc de Luynes revient l'honneur d'avoir donné l'impulsion définitive à l'étude de la numismatique asiatique ancienne, et d'avoir jeté les premières bases de son véritable classement. Le bel ouvrage où le noble et à jamais regrettable académicien a réuni presque tous les monuments connus en ce genre de l'Asie Mineure et de la Phénicie (4), restera pendant longtemps la mine

(1) *De numis Achaemenidarum aramaeo-persicis*, Leipzig, 1855, in-4°.

(2) *Zeitschr. der Deutsch. morgenl. Gesellsch.*, t. XIV, p. 23.

(3) *Revue numismatique*, 1860, p. 432-455; 1861, p. 1-22. *Mélanges de numismatique et de philologie*, p. 59-102.

(4) *Essai sur la numismatique des Satrapies et de la Phénicie sous les rois Achéménides*, Paris, 1846, 2 vol. gr. in-4°.

où chacun ira puiser des renseignements sûrs et des reproductions exactes des médailles. Le premier, le duc de Luynes a établi l'existence des monnaies frappées au nom des satrapes persans, et, bien que plusieurs de ses attributions aient été contestées avec raison, néanmoins le principe posé par lui n'a pas été ébranlé, et les lectures des noms de Pharnabaze, de Tiribaze et de quelques autres personnages, sont définitivement acquises à la science. Depuis la publication de son ouvrage, l'attention a été attirée sur cette branche de la numismatique, et les travaux de MM. Blau (1) et Levy en Allemagne, de M. Waddington (2) en France (3), contiennent tous, soit des documents nouveaux, soit des critiques et des observations utiles. Mais les derniers progrès dans l'étude des monnaies à légendes araméennes, frappées par les satrapes, ont été consommés par M. W. H. Waddington dans le si remarquable mémoire qu'il a intitulé : *Études de numismatique asiatique,* et publié pour la première fois dans la *Revue numismatique,* puis réimprimé dans le tome Ier de ses *Mélanges de numismatique et de philologie.* L'état présent de la science en cette matière y est résumé de la façon la plus intéressante et la plus complète, et en même temps l'auteur y double presque de son propre fonds la somme des résultats obtenus par ses prédécesseurs.

Les monnaies de satrapes et de dynastes héréditaires de l'Asie Mineure appartiennent toutes à l'époque qui suivit immédiatement la paix d'Antalcidas, époque où, d'un côté, les Hellènes de l'Asie furent définitivement abandonnés par leurs frères d'Europe, et, de l'autre, l'empire persan fut déchiré par une suite continuelle de révoltes.

La langue dans laquelle est conçue la légende de chacune d'elles est toujours celle de la province où elle a été frappée et où elle était destinée à circuler, règle banale en apparence, mais qui, avant M. Wad-

---

(1) Outre la brochure spéciale que nous avons citée à la page précédente: *Zeitschr. der Deutsch. morgenl. Gesellsch.,* t. VI, p. 463 et suiv. ; t. IX, p. 69 et suiv.

(2) Outre la dissertation citée à la page précédente : *Bulletin archéologique de l'Athenæum français,* 1851, p. 13.

(3) Qu'il nous soit permis de rappeler aussi quelques travaux personnels : *Description des médailles de la collection de M. le baron Behr,* Paris, 1857, in-8°. — *Revue numismatique,* 1860, p. 11-30.

dington, avait été méconnue de tous les savants qui s'étaient occupés de la question. Ainsi les monnaies de Pharnabaze sont grecques à Cyzique et araméennes à Tarse ; celles de Datame, grecques à Sinope, araméennes en Cilicie; celles des satrapes de la Lycie et de la Cappadoce, lyciennes et araméennes.

Nous apprenons par ces monnaies des satrapes que la langue en usage parmi les populations sémitiques de l'Asie Mineure, notamment celles de la Cilicie et de la Cappadoce, était l'araméen. Celles qui portent des légendes araméennes se divisent en effet en deux séries principales.

La première est sortie de l'atelier de Tarse en Cilicie, comme l'indique, sur la plupart des pièces qui la composent, la figure du dieu éponyme de la ville, accompagnée de son nom, בעל תרז. Elle porte tantôt les noms de dynastes locaux tels qu'Abdzohar, עבדזהראו, et Samès, סמ, inconnus à l'histoire, tantôt ceux de grands personnages d'origine persane qui furent investis à certaines époques du droit de battre monnaie dans l'atelier de Tarse, en qualité de commandants généraux des forces de l'empire rassemblées pour une grande expédition, comme Pharnabaze, פרנבזו, et Datame תדנמו (1). C'est en la même qualité que Tiribaze, lorsqu'il fut chargé de reconquérir Cypre, fit frapper des monnaies avec son propre nom, תריבזו, mais cette fois à Nagidus et non plus à Tarse.

La seconde série des monnaies araméennes des satrapes se compose de pièces aux noms des dynastes inconnus de la Cappadoce, Ariarathe, אריורת, et Abdémon, עבדמני, frappées en partie à Sinope, comme on peut en juger par le type de l'aigle pêcheur enlevant un dauphin, constant sur les autonomes de cette ville, et en partie à Gaziura, que désigne sur d'autres pièces la légende בעל גזור, inscrite à côté d'un dieu assis tout pareil au Baal-Tars des monnaies de Tarse.

Mentionnons encore les pièces émises, non plus en Asie Mineure, mais en Syrie et probablement à Hiérapolis ou Bambyce, par un roi-

---

(1) Ce nom y est écrit avec une particularité tout à fait propre à l'orthographe araméenne, l'insertion d'un נ avant une consonne qui doit être doublée dans la prononciation. Voy. Judas, *Revue numismatique*, 1863, p. 114.

telet du nom de *Ebed-hadad*, qui y a inscrit d'un côté son propre nom, עבדהדד, et de l'autre celui de sa déesse, עתרעתו, l'Atergatis des écrivains grecs, dont la tête décore ses monnaies ; puis la médaille d'argent, d'une origine inconnue, dont le droit nous montre un dieu assis comme le Baal-Tars, et le revers Anaïtis montée sur un lion, avec son nom, ענת (1).

Sur tous les monuments numismatiques que nous venons d'énumérer, l'alphabet est absolument le même ; il nous révèle l'état précis de l'écriture araméenne à la fin du cinquième et dans la première moitié du quatrième siècle avant Jésus-Christ, époque très-florissante pour l'aramaïsme, qui regagnait en Asie Mineure tout le terrain que perdait l'hellénisme par suite de la paix d'Antalcidas. Ce dernier fait est particulièrement marqué dans la numismatique de Tarse, où les monnaies grecques et bilingues, vers la fin du cinquième siècle, font place à des monnaies exclusivement araméennes, qui continuent après jusque sous la domination des Séleucides.

Nous donnons, du reste, dans la première colonne de notre planche X, la série complète des lettres de l'alphabet que fournissent les médailles araméennes des satrapes de l'Asie Mineure. Ces caractères sont exclusivement empruntés aux légendes proprement dites, car sur les monnaies où ces légendes sont aussi caractérisées que possible comme araméennes, on voit quelquefois dans le champ des lettres isolées qui n'appartiennent plus à l'alphabet araméen, mais à l'alphabet phénicien.

Quelques pierres gravées, que leurs représentations et leur travail rapportent avec certitude à l'époque des Achéménides, nous offrent des inscriptions en langue araméenne tracées avec le même alphabet que les légendes des monnaies dont il vient d'être question. Déjà je remarquais un peu plus haut que le scarabéoïde publié par M. Blau dans le Journal de la Société Asiatique allemande, et le cylindre de Parsandate fils d'Artadate, conservé au Musée Britannique, monuments tout à fait de transition par leur type paléographique, pouvaient aussi bien

---

(1) De Vogüé, *Mélanges d'archéologie orientale*, p. 47.

être classés sous la rubrique de l'alphabet araméen secondaire que sous celle de l'araméen primitif. Et il est même à remarquer que les inscriptions du sceau de Parsandate — lequel, remarquons-le en passant, prouve combien par le caractère purement iranien des noms du possesseur et de son père l'usage de l'araméen avait pénétré loin dans l'Asie au temps de la puissance de la monarchie des Achéménides, — que les inscriptions de ce sceau offrent encore plus d'affinité avec l'écriture du monument dont nous parlerons dans le paragraphe suivant qu'avec celle des monnaies des satrapes.

L'œuvre de glyptique qui présente avec ces monnaies la plus parfaite identité de paléographie est un cylindre du Musée Britannique, qui représente un chasseur vêtu de la courte tunique proprement persique, et coiffé d'une mitra pointue, ayant derrière lui le cheval dont il vient de descendre, et attaquant à pied un sanglier avec un épieu; au-dessus de cette scène est le nom propre, perse suivant toute apparence, פגזך (1).

II.

Un type plus récent, moins soigné, empreint de moins de régularité monumentale, mais se rattachant au même alphabet, nous est fourni par l'inscription tracée sur une pierre à libations découverte par M. Mariette dans ses fouilles du Sérapéum de Memphis, et aujourd'hui conservée au Louvre. Les premiers interprètes la regardèrent comme phénicienne, mais son caractère araméen ne saurait plus être contesté. Peu de monuments de l'épigraphie orientale ont, du reste, autant occupé les savants et ont donné lieu à un aussi grand nombre d'interprétations différentes. Le duc de Luynes (2), M. l'abbé Bargès (3), M. Ewald (4),

---

(1) A. Levy, *Siegel und Gemmen*, pl. I, n° 15.

(2) *Bulletin archéologique de l'Athenæum français*, août et septembre 1855.

(3) *Revue de l'Orient*, mars 1856.

(4) *Erklærung der grossen phœnikischen Inschrift von Sidon und einer ægyptisch-aramæischen*, Gœttingue, 1856. Extrait des Mémoires de la Société Royale de Gœttingue.

M. Renan (1) et M. le docteur Judas (2) ont successivement proposé les lectures les plus opposées. Parmi tous ces érudits, celui qui a le mieux réussi est M. Renan. Son explication, déjà entrevue par M. Ewald, est naturelle et bien justifiée ; on peut la tenir pour définitive. C'est lui qui a décidément fait reconnaître dans l'inscription du Sérapéum un monument de l'écriture araméenne, paléographiquement voisin des légendes des monnaies des satrapes, et formant la transition entre elles et les papyrus dont nous parlerons dans le chapitre suivant.

L'alphabet que fournit ce monument occupe la deuxième colonne de notre planche X.

III.

La parenté étroite, la filiation directe entre l'alphabet qui nous occupe en ce moment et l'araméen primitif est manifeste, et frappe immédiatement les yeux lorsqu'on place les deux alphabets en regard.

Comparé au caractère des tablettes de Ninive et des briques de Babylone, l'araméen secondaire des monnaies des satrapes de Cilicie et de Cappadoce, et de la pierre à libations du Sérapéum, n'est bien manifestement qu'une nouvelle évolution du même alphabet, suivant par une marche graduelle la loi de dégénérescence à laquelle toutes les écritures sont soumises avec le cours du temps. La forme de la plupart des lettres n'est pas sensiblement changée ; il n'y a que le ן, le ז et le י qui aient subi des modifications importantes.

Mais celles de ces deux dernières lettres sont si radicales et marquent si nettement une étape dans l'histoire des écritures araméennes, que nous avons cru devoir, avec M. le comte de Vogüé (3), consacrer à l'alphabet des monnaies frappées à Tarse, à Sinope et à Gaziura une division spéciale où il ne se trouvât pas confondu avec l'alphabet des monuments araméens plus anciens de l'Assyrie et de la Chaldée.

---

(1) *Journal asiatique*, 5e série, t. VII, p. 411 et suiv.
(2) *Revue archéologique*, t. XV, p. 677.
(3) *Revue archéologique*, nouv. sér., t. V, p. 33 ; t. XI, p. 329 et pl. VIII.

Suivant une ingénieuse remarque de M. Waddington, dans toutes les écritures d'une certaine antiquité, les deux lettres ד et ר, voisines de formes, ont une destinée parallèle et se modifient simultanément.

Dans le phénicien archaïque elles sont.................. Z et Z

dans le type sidonien elles deviennent.................. N N

De même, dans l'araméen primitif des tablettes de Ninive et

des briques de Babylone, nous les voyons............ Z Z

sur le lion de bronze d'Abydos, nous les retrouvons sous les

formes... 2 2

enfin, dans l'araméen secondaire, leur tracé à toutes deux

se réduit en même temps à....................... $|$ $\dashv$

Ce dernier changement, comme celui moins saillant du ר, est un nouveau résultat de la continuité d'action de la tendance vers une simplification toujours plus grande du tracé des caractères, que nous avons déjà signalée dans le passage du phénicien à l'araméen primitif.

CHAPITRE III.

I.

Nous voici maintenant en présence d'une écriture qui, bien qu'elle offre au premier abord un aspect assez particulier, ne diffère cependant par aucun caractère essentiel dans la forme des lettres de l'araméen secondaire. Aussi hésitons-nous beaucoup à y reconnaître un alphabet distinct, et sommes-nous plutôt disposé à y voir la forme de l'araméen secondaire usitée dans les manuscrits, tandis que les médailles des satrapes et l'inscription du Sérapéum nous en ont fourni la forme monumentale.

Les monuments assez nombreux de cette écriture, qui jusqu'à présent proviennent tous d'Égypte, ne sont cependant pas exclusivement des papyrus. Il y a dans le nombre des inscriptions gravées sur la pierre avec un très-grand soin. Mais il suffit de voir ces inscriptions pour reconnaître dans leurs traits, larges et pareils à ceux que trace le calame, le *fac-simile* fidèle d'une écriture de manuscrits, essentiellement conçue pour être dessinée sur le papyrus ou sur des peaux préparées. C'est pour cela que nous appelons cette écriture *araméen des papyrus*, quoique une partie de ses, monuments appartienne au domaine de l'épigraphie.

C'est de ceux-ci que nous nous occuperons d'abord.

Les inscriptions dans le caractère araméen des papyrus sont toutes gravées sur des stèles funéraires décorées de bas-reliefs de style égyptien.

La plus importante et la plus anciennement connue est la célèbre inscription de Carpentras, rapportée d'Égypte au commencement du dix-huitième siècle, et possédée successivement par Rigord, commissaire de la marine à Marseille, par le président de Mazauges, et enfin par M. d'Inguimbert, évêque de Carpentras, qui la légua avec sa bibliothèque à sa ville épiscopale. Publié d'abord par Rigord lui-même (1), mais d'une manière tout à fait fautive, par Montfaucon (2) et par Caylus (3), ce monument a été donné pour la première fois avec exactitude par l'abbé Barthélemy, dans les *Mémoires de l'Académie des Inscriptions* (4). Bien que privé de tout autre moyen de comparaison que celui des médailles phéniciennes, et ne connaissant aucun monument analogue, l'illustre antiquaire, qui fut le véritable fondateur de cette partie de la science archéologique, ne recula pas devant les difficultés d'une tentative d'interprétation. Il y déploya son génie habituel, et son travail, modifié en certaines parties, est demeuré la base de tout ce qu'ont fait sur le même monument les savants qui sont venus après lui. On doit même remarquer que, sauf sur deux ou trois points de détail, ceux qui se sont écartés de la lecture de Barthélemy sont tombés dans des erreurs que le maître avait su éviter, et qu'ont également évitées ceux qui ont plus fidèlement suivi ses traces. Tel a été le sort de Tychsen, dont l'interprétation est très-inférieure à celle de l'abbé Barthélemy (5), le sort de Hamaker (6), de l'abbé Lanci (7) et de M. le

(1) *Mémoires et journal de Trévoux*, juin 1704, p. 994.
(2) *Antiquité expliquée,* Supplément, t. II, p. 207.
(3) *Recueil d'antiquités*, t. I, p. 74; pl. XXVI.
(4) T. XXXII, p. 725; pl. I.
(5) *Nov. act. Upsal.*, t. VII, p. 92.
(6) *Diatribe de aliquot monumentis punicis*, p. 69-71.
(7) *Osservazioni sul bassorilievo fenico-egizio che si conserva in Carpentrasso*, Rome, 1825, in-4°. — Cf. ce qu'ont dit de ce travail : Rœdiger, *Allgem. Literat. Zeit.*, t. III, 1828, p. 267. — Mai, *Catalogo de' papiri egiziani della biblioteca Vaticana*, p. 31-78.

docteur Judas (1). Plus sages dans la direction donnée à leurs recherches et dans leur manière de procéder, Kopp (2), Beer (3) et Gesenius (4) ont été aussi plus heureux et sont parvenus à établir presque avec certitude le texte et la signification des différentes parties de l'inscription, excepté de la dernière ligne, qui, malgré tous leurs efforts, demeure encore aujourd'hui couverte d'obscurités.

Il n'entre pas dans notre plan de donner ici de nouveau le texte de ce précieux monument, bien connu, du reste, de tous ceux qui s'occupent d'épigraphie sémitique. Qu'il nous suffise de rappeler que la stèle de Carpentras contient l'épitaphe d'une femme nommé Ta-Baï, תבא (transcription araméenne de l'égyptien , « celle qui appartient à l'Esprit »), prêtresse d'Osiris, avec des expressions empruntées au formulaire habituel des Égyptiens, et particulièrement au *Rituel funéraire* (5). La langue dans laquelle elle est conçue est araméenne, mêlée cependant de quelques hébraïsmes.

Gesenius (6) a publié une seconde stèle du même genre, qui ne porte que le simple nom propre שמיתי

Enfin nous-même nous en avons fait connaître (7) une troisième, appartenant au musée égyptien du Vatican, qui contient l'épitaphe d'un prêtre d'Osiris du nom de Onkh-Hapi, ענחחפי (en égyptien , « Apis vivant »).

(1) *Étude démonstrative de la langue phénicienne*, p. 87.

(2) *Bilder und Schriften*, t. II, p. 229.

(3) *Inscriptiones et papyri veteres semitici quotquot in Aegypto reperti sunt*, Leipzig, 1833, in-4°.

(4) *Monumenta phoenicia*, p. 228.

(5) Voy. ce que nous en avons dit dans le *Journal asiatique*, 6ᵉ série, t. X, p. 513. — Ceci a été pourtant contesté par M. Derenbourg, qui donne une autre interprétation de la fin du texte : *Journal asiatique*, 6ᵉ série, t. XI, p. 277-287.

(6) *Monumenta phoenicia*, pl. XXIX, n° 72.

(7) *Journal asiatique*, 5ᵉ série, t. X, p. 511 et suiv.

II.

Dans les inscriptions qui viennent de nous occuper, les lettres sont un peu déformées, comme celles de toute écriture de manuscrits transportée à l'usage monumental, comme le sont par exemple les signes de l'écriture démotique égyptienne gravés sur le granit ou le grès dans les inscriptions de Rosette, de Philæ et de Canope. Sur les papyrus, elles reprennent leur forme et leur tournure naturelle.

Ces papyrus sont au nombre de huit jusqu'à présent connus : 1° celui de Turin ; 2° les deux de la collection Blacas, actuellement au Musée Britannique ; 3° celui du Musée Borgia, qui appartient aujourd'hui à la bibliothèque de la Propagande, à Rome ; 4° celui que l'on conserve à la bibliothèque Vaticane ; 5° celui du Musée du Louvre ; 6° deux fragments découverts dans les fouilles de M. Mariette, et déposés aujourd'hui au Musée du Caire.

Le premier a été publié par Raoul-Rochette (1), Hamaker (2), Beer (3) et Gesenius (4). Les papyrus Blacas, édités et expliqués d'abord par l'abbé Lanci (5), ont été reproduits par Beer (6), puis par Gesenius (7), qui en a fait l'objet d'une étude développée et en a fixé définitivement la lecture et le sens, entrevus par les premiers interprètes. M. l'abbé Bargès a mis aux mains du public et interprété dans un travail spécial le précieux fragment du Louvre (8). Le papyrus du Vatican a été publié et commenté de main de maître par M. le comte de Vogüé (9). Mais les

(1) *Journal asiatique*, 1re série, t. V, p. 20.

(2) *Miscellanea phoenicia,* pl. III, n° 3.

(3) *Inscriptiones et papyri semitici in Aegypto reperti,* pl. I.

(4) *Monumenta phoenicia,* p. 232 et suiv.; pl. 30.

(5) *La sacra Scrittura illustrata con monumenti fenico-assyri ed egiziani,* Rome, 1827, in-f°.

(6) *Op. cit.,* pl. II et III.

(7) *Mon. phoen.,* pl. 31 et 32.

(8) *Papyrus égypto-araméen appartenant au Musée égyptien du Louvre, expliqué et analysé pour la première fois,* Paris, 1862, in-4°.

(9) *Syrie centrale. Inscriptions sémitiques,* p. 125-131 ; pl. XVI.

trois autres, celui de la Propagande et ceux du Caire, demeurent encore inédits; on connaît seulement leur existence.

La langue de ces papyrus est la même que celle des inscriptions de Carpentras et du Vatican, araméenne mélangée d'hébraïsmes. Tous ceux que l'on a édités jusqu'à présent, sauf ceux du Louvre et du Vatican, ont été tracés par des Juifs établis en Égypte, et contiennent des fragments de prières ou de textes relatifs à l'Exode, dans lesquels étaient rapportées des traditions sur des faits et des personnages qui ne figurent pas dans les livres de Moïse, traditions orales analogues à celles qu'ont recueillies les auteurs des Talmuds et les rabbins du moyen âge. Voir l'araméen employé par des Juifs n'a rien qui doive nous surprendre. Dès le retour de la captivité, cette langue était devenue l'idiome populaire et habituel du peuple hébreu; l'ancienne langue des Livres Saints était passée à l'état de langue savante et littéraire. Même dans le canon des Écritures sacrées, on avait admis des compositions écrites en araméen, comme certaines parties du livre de Daniel. Mais nous reviendrons plus loin sur ces faits, à propos de l'écriture carrée des Juifs.

Quant aux papyrus du Louvre et du Vatican, ils sont d'une nature toute particulière. Ce ne sont plus des fragments de livres; le premier contient le compte de l'intendant de la maison de quelque grand personnage, relatif à sa cave et au commerce qu'il semble avoir fait du vin de ses propriétés. Celui du Vatican est un feuillet des registres d'une administration publique de la Basse-Égypte.

III.

Tous les monuments dont nous venons de parler sont de date assez récente; aucun ne remonte avant l'époque des Ptolémées, comme l'ont très-bien vu l'abbé Lanci, Beer et Gesenius. Le classement chronologique de ces monuments est facile à faire d'après la marche de la déformation des caractères. La stèle de Carpentras et celle du Vatican doivent y être placées en tête, comme plus anciennes que tout le reste;

vient ensuite le papyrus de Turin, puis les papyrus Blacas, celui du Vatican, et enfin celui du Louvre, dans lequel les signes de l'écriture sont le plus éloignés du type originaire.

C'est la disposition que nous avons adoptée dans notre planche XI.

Nous avons, en commençant ce chapitre, posé en principe l'identité fondamentale de l'araméen des papyrus et de l'araméen secondaire, tel qu'il est fourni par les médailles des satrapes et par les pierres à libations du Sérapéum. Il est facile de justifier cette assertion. On n'a besoin pour cela que de comparer l'une à l'autre nos planches X et XI, dont la première contient les lettres relevées sur les médailles frappées au nom des représentants du roi de Perse en Cilicie et en Cappadoce, puis les lettres de l'inscription de Memphis, tandis que la seconde, comme nous venons de le dire, réunit tous les éléments jusqu'à présent acquis à la paléographie de l'araméen des papyrus.

Toutes les différences qui peuvent se remarquer entre ces deux écritures tiennent à la différence des matières auxquelles ces écritures devaient originairement s'appliquer, à ce que l'une est une écriture monumentale et l'autre une écriture de manuscrits, à l'effet de la calligraphie et à la nature de plus en plus cursive du système graphique. Mais, par là même que l'araméen des papyrus est le cursif de l'araméen secondaire, il marque un degré de plus dans la dégénérescence, et un degré important, car, en suivant la filiation des écritures de la famille araméenne, il est facile de constater que toutes supposent nécessairement le passage par cet état.

Les tendances tenant à la propension à rendre le tracé de l'écriture de plus en plus rapide, que nous avons déjà signalées dans le passage du phénicien à l'araméen primitif, et de celui-ci à l'araméen secondaire, se prononcent encore plus dans l'araméen des papyrus, et vont en s'y marquant toujours davantage pendant la durée de son existence.

Les hastes des lettres ו, כ, מ, נ, פ, צ, ר, ת, restées droites dans les légendes des monnaies ciliciennes et cappadociennes, commencent sur la stèle de Carpentras à présenter une tendance à l'inflexion et sont décidément courbées dans l'écriture des papyrus Blacas, plus encore dans celle du papyrus du Louvre.

Cette tendance et ses progrès sont capitaux à noter, car nous la verrons désormais se dessiner toujours davantage dans les alphabets divers sortis de l'araméen, et former un de leurs caractères distinctifs les plus accusés.

Il en est de même de l'ouverture des boucles supérieures du ב, du ד et du ר, que nous avons signalée comme la première différence qui se produise entre l'araméen primitif et le phénicien. Dans l'araméen des papyrus, ces boucles vont en s'ouvrant de plus en plus, et finissent par se réduire à un trait horizontal légèrement courbé.

Notons enfin la simplification progressive des formes de quelques lettres, comme י et ס.

Les particularités dont nous venons de parler commençaient à se marquer, nous l'avons déjà dit, en passant du phénicien à l'araméen primitif, puis à l'araméen secondaire. Il en est d'autres qui sont spéciales à l'araméen des papyrus.

Ainsi nous y voyons apparaître pour la première fois une tendance que nous observerons dans la plupart des écritures qui marquent des dérivations postérieures, la tendance à la liaison des lettres entre elles. Cette disposition tient au caractère essentiellement cursif de l'écriture, et, avant de devenir une règle d'enjolivement calligraphique, est d'abord le résultat de la facilité avec laquelle le pinceau ou le calame, glissant sur le papyrus, passe, sans que le scribe ait besoin de s'y reprendre à chaque fois, du tracé d'une lettre à celui d'une autre. On ne remarque de lettres liées ni sur la stèle de Carpentras, ni sur celle du Vatican, ni dans les papyrus Blacas; mais elles paraissent avoir été multipliées dans le papyrus de Turin. Sur les deux lignes dont se compose le fragment de ce papyrus qui est parvenu jusqu'à nous, on trouve deux ligatures, dont la première est répétée à deux reprises et la seconde une fois seulement. Dans le papyrus du Louvre, toutes les fois que les deux lettres רו se rencontrent l'une à côté de l'autre, elles sont liées.

Enfin, dans tous les monuments connus de cette écriture, les mots sont constamment séparés, circonstance qui ne se présente jamais dans les inscriptions phéniciennes ni dans les monuments araméens antérieurs, et qui facilite singulièrement la lecture. De cette habitude graphique, sortie d'un besoin de clarté, en naît une autre, celle de donner à certaines lettres, lorsqu'elles se présentent à la fin des mots, une forme différente de celle qu'elles ont lorsqu'elles sont initiales ou médiales, forme qui se distingue toujours par son allongement plus grand. Les lettres finales avec une figure particulière ne se rencontrent ni sur la stèle de Carpentras, ni sur celle du Vatican, ni dans le papyrus de Turin, mais on les observe constamment dans les papyrus Blacas et dans celui du Louvre. Deux signes y offrent cette particularité, le ד et le נ. De plus, dans les papyrus du Vatican et du Louvre, nous avons trois ל, initial, médial et final. La dernière de ces formes est tout à fait analogue à celle que la même lettre a constamment dans le papyrus de Turin. Elle est plus compliquée que ne l'est le ל dans les deux types antérieurs de l'araméen aussi bien que dans le phénicien archaïque, et elle semble due à l'influence de l'écriture phénicienne du type sidonien. Il faut, du reste, en tenir soigneusement compte dans l'histoire des alphabets de la famille araméenne, car c'est celle que nous allons voir reparaître dans les deux écritures dérivées parallèlement au degré suivant de filiation, le palmyrénien et l'hébreu carré.

IV.

Une dernière question se présente à notre examen. L'écriture que nous venons d'étudier était-elle particulière à une seule région, ou bien commune à tous les peuples araméens ou aramaïsés ?

Beer et Gesenius ont adopté la première manière de voir; nous tenons pour la seconde.

Aux yeux de Beer, ce qui reste de cette écriture, aussi bien l'inscription de Carpentras que les papyrus Blacas et de Turin, est l'œuvre de Juifs aramaïsants établis en Égypte, et il pense que tous les monuments que l'on rencontrera dans l'avenir, conçus dans la même écriture, devront être rapportés à cette origine. Le principal argument sur lequel il se fonde est la présence de nombreux hébraïsmes dans la langue de ces monuments.

Il nous est impossible, aussi bien qu'à M. l'abbé Bargès et à M. de Vogüé, d'adopter les vues de Beer. Nous ne saurions en effet admettre que des inscriptions aussi positivement païennes que celles de Carpentras et du Vatican, gravées sur les tombes d'un prêtre et d'une prêtresse d'Osiris; que le papyrus du Louvre, où il est question des fêtes de plusieurs divinités de l'Égypte, et celui du Vatican, qui émane d'une administration publique dans un des districts de ce pays, aient été exécutés par des Juifs. Des apostasies du genre de celles que révéleraient ces monuments étaient très-rares dans un pays où les Israélites jouissaient d'une liberté religieuse aussi grande que celle qui leur était accordée en Égypte sous les Ptolémées. L'histoire ne nous en a conservé qu'un seul exemple un peu saillant, celui de ces Juifs qui, sous le règne de Ptolémée Philopator, se firent initier aux mystères dionysiaques (1). Mais elle rapporte en même temps le châtiment solennel dont ces apostats furent l'objet de la part de leurs coreligionnaires, auxquels le roi d'Égypte permit d'exercer librement leur vengeance.

M. Renan, qui n'était pas éloigné, dans la première édition de son *Histoire des langues sémitiques* (2), de partager l'opinion de Beer, objectait à cela : « On possède en grec des proscynèmes adressés par des « Juifs à une divinité égyptienne, avec quelques réserves destinées à « satisfaire aux scrupules du monothéisme. » Mais cet érudit, qui du reste a renoncé depuis à une semblable manière de voir, ne nous semble pas avoir alors exactement rendu l'intention qui a dicté les proscynèmes de l'*hydreuma du Panium* (3), auxquels il faisait allusion. Le procédé employé par les auteurs de ces inscriptions a toujours été employé par les Juifs; c'est celui qui dicte les paroles d'Abraham lorsqu'il reçoit la bénédiction de Melchisédech, prêtre de El-Elioun : « Et Mel- « chisédech, roi de Salem, offrit le pain et le vin; car il était prêtre « du Dieu Très-Haut (אֵל עֶלְיוֹן) — et il bénit Abram et dit : Béni soit « Abram par le Dieu Très-Haut, El-Elioun, qui a créé le ciel et la terre. « — ... Et Abram répondit : J'élève mes mains vers Jéhovah, qui est

(1) Macchab., II, 30.
(2) P. 200.
(3) Letronne, *Inscriptions de l'Égypte*, t. II, p. 252 et suiv.

« le Dieu Très-Haut, possesseur du ciel et de la terre (1). » C'est là
exactement ce que font les Juifs auteurs des inscriptions publiées par
Letronne. Échappés aux dangers qu'ils ont courus dans le désert, ils
expriment par des inscriptions pieuses leur joie d'être sains et saufs, au
même lieu et peut-être dans le même temps que d'autres voyageurs,
ceux-là païens. Mais, tandis que ces derniers adressent leurs proscynèmes à la divinité du lieu, ils dédient les leurs à Dieu, au Dieu unique
et véritable. Rien de semblable ne se trouve sur la stèle de Carpentras
ni sur celle de Vatican. Ce sont deux monuments purement païens et
qui n'ont rien de commun avec les inscriptions dont on a cherché à
les rapprocher.

Quant aux hébraïsmes signalés par Beer, Gesenius a déjà établi qu'ils
ne constituaient pas une marque incontestable d'origine juive. Voici,
du reste, les propres paroles de cet illustre philologue : *Quae ad linguae
hebraeae analogiam accedunt hujus nostri monumenti idiomata, non
minus bene explicari possunt oratione Syrorum, qui in patria sua Phoe-
nicibus undique cincti vixerunt, quam Judaeorum linguae sacrae formas
profanae admiscentium* (2).

Gesenius a fort bien réfuté l'opinion de Beer, mais lui-même ne
semble pas s'être tenu exactement dans la vérité. On peut en effet conclure, malgré quelques phrases où il semble avoir changé d'avis, d'après
le nom d'*araméo-égyptien* qu'il donne à l'écriture dont nous nous occupons, qu'il en considérait l'usage comme ayant été restreint à l'Égypte
ou aux contrées tout à fait avoisinantes, et son expression, fautive à
mes yeux, a été adoptée par plusieurs érudits, tels que le docteur
A. Levy.

Deux arguments nous empêchent d'adopter l'opinion de Gesenius,
aussi bien que le nom qu'il a proposé.

Le premier, qui nous semble tout à fait décisif, consiste en ceci, que
l'alphabet des papyrus et des stèles dont nous avons parlé dans ce chapitre représente un degré de dégénérescence de l'écriture araméenne
nécessaire à supposer dans la filiation de tous les dérivés de cette

(1) Genes., XIV, 15-22.
(2) *Monum. phoen.*, p. 232.

famille, pour se rendre un compte exact de la manière dont elle s'est opérée. D'où il résulte, indubitablement selon nous, que l'alphabet dont nous traitons en ce moment, si une seule contrée jusqu'à présent nous en a conservé les vestiges monumentaux, n'en a pas moins dû être commun à tous les Araméens.

Le second se tire de l'existence de monuments de l'écriture araméenne à un état presque pareil à celui que nous révèlent les inscriptions et les papyrus trouvés en Égypte, monuments qui sont étrangers aux bords du Nil.

C'est d'abord une médaille publiée par le duc de Luynes (1), portant d'un côté une tête de femme parée de colliers et de pendants d'oreille, que nous considérons comme celle de Vénus, avec une légende araméenne fort difficile à lire, plus un ב dans le champ, et sur l'autre face un lion dévorant un taureau, avec une seconde légende araméenne, plus un ך dans le champ.

M. le duc de Luynes a transcrit la légende du droit בקהם, et celle du revers אלגםורך, mais sans expliquer ni l'une ni l'autre. Pour nous, après un examen attentif de la forme des lettres sur l'original, qui est maintenant à la Bibliothèque Nationale, nous ne pouvons pas voir au revers autre chose que אלכסנדר (2), c'est-à-dire le nom d'Alexandre écrit comme il l'est constamment dans les textes sémitiques. Quant à la légende du droit, elle nous semble devoir être transcrite עתהם, comme la lit M. Brandis, ou בתהם, ce qui n'est guère, dans un cas ni dans l'autre, facile à expliquer. Peut-être est-ce quelque nom de ville commençant par le mot בית, écrit *defective* בת. Quoi qu'il en soit, la lecture du nom d'Alexandre nous semble impossible à contester. Et quiconque a l'habitude des monuments numismatiques reconnaîtra que cette pièce, par son style et sa fabrique, appartient certainement au nord de la Syrie. Or, la forme des caractères s'y montre exactement in-

---

(1) *Numismatique des Satrapies*, pl. XVI, n° 1. — Nous la reproduisons sous le n° 1 dans notre planche XIV.

(2) Cette lecture est déjà donnée par M. Brandis (*Das Münz-, Mass- und Gewichtswesen in Vorderasien*, p. 430), mais j'en réclame la priorité, et le savant de Berlin ne l'a enregistrée que d'après la communication que je lui en ai faite en 1864.

termédiaire entre celle de l'inscription du Sérapéum et celle de la stèle de Carpentras, formant le lien entre ces deux types paléographiques.

Quant au type même des lettres de la stèle de Carpentras et des papyrus de Blacas, nous le trouvons très-exactement reproduit sur une œuvre de glyptique. C'est la belle intaille publiée par M. de Vogüé, sur laquelle on voit deux têtes de bélier affrontées avec la légende : חתם נרגש בר שרש (1). Le style des figures est inspiré de l'art grec et dénote la fin du cinquième siècle ou le commencement du quatrième. Ce petit monument n'appartient certainement pas à l'Égypte, mais à la Syrie ou à la Cilicie.

---

(1) *Revue archéologique,* nouv. sér., t. XVII, pl. XV, n° 33. — A. Levy, *Siegel und Gemmen,* pl. I, n° 17.

CHAPITRE IV.

L'ALPHABET ARAMÉEN TERTIAIRE OU PALMYRÉNIEN.

I.

L'alphabet dant nous avons à nous occuper maintenant est désigné d'ordinaire dans la science par le nom de *palmyrénien*, tous ses monuments connus, sauf un seul, ayant été découverts à Palmyre ou exécutés par des Palmyréniens en dehors de leur pays natal.

Les originaux existant en Europe se réduisent à neuf : trois inscriptions découvertes à Rome et qui y sont conservées, trois rapportées de Palmyre et déposées à Oxford, enfin trois autres au musée du Louvre. Il faut y ajouter encore quelques petites tessères de terre-cuite et de bronze, qui font partie des collections du Louvre, de la Bibliothèque Nationale et de M. le comte de Vogüé ou d'autres collections privées; ce dernier savant possède aussi une lampe en terre-cuite rapportée par lui de Palmyre et ornée d'une dédicace au dieu Malachbel (1).

Les deux inscriptions de Rome les plus anciennement connues, qui se voient au musée du Capitole, ont été publiées d'abord par Gruter (2),

---

(1) *Bulletin archéologique de l'Athenæum français*, 1855, p. 102 et uiv.
(2) P. LXXXVI.

Spon (1), Hyde (2), Reland (3) et le P. Georgi (4), puis enfin plus récemment, et d'une manière plus conforme à l'original, par l'abbé Lanci (5). La troisième, exhumée en 1859, a été éditée dans le tome XXXII des *Annales de l'Institut de correspondance archéologique*. Celles d'Oxford ont été données par Chandler (6) et ensuite par Kopp (7). Quant aux inscriptions du Louvre, une a été éditée par M. de Longpérier (8), mais non en *fac-simile* (9), et une autre par M. de Vogüé (10).

Pour ce qui est des copies des inscriptions demeurées en place à Palmyre, toutes celles que l'on possédait jusqu'à ces derniers temps se trouvaient dans l'ouvrage de Dawkins et Wood (11), sauf une seule publiée depuis par M. le comte de Vogüé (12), et le recueil de tous les monuments alors connus de l'épigraphie palmyrénienne avait été formé en 1864 par M. le docteur A. Levy dans un très-remarquable mémoire (13). Mais depuis cette étude a été véritablement renouvelée, et ses ressources sont devenues d'une admirable richesse. Dans son voyage de Syrie, si fécond en résultats, M. Waddington a pu prendre d'excellentes copies de toutes les inscriptions de Palmyre, et ces copies, montant au nombre de cent vingt-quatre, ont été publiées, avec vingt-six tessères, par M. de Vogüé dans un splendide volume, où la science des commentaires le dispute à l'intérêt des textes édités (14). En outre, le

(1) *Recherches curieuses d'antiquités*, p. 359.
(2) *De religione veterum Persarum*, pl. XIV.
(3) *Palaestina*, p. 526.
(4) *Epistola de inscriptionibus palmyrenis, quae in Museo Capitolino asservantur*. Rome, 1782, in-8°.
(5) *Osserv. sul bassorilievo di Carpentrasso*, p. 142.
(6) *Marm. Oxon.*, nᵒˢ 8-11.
(7) *Bilder und Schriften*, t. II, p. 133, 251 et 256.
(8) *Catalogue des monuments assyriens du Musée du Louvre*, 2ᵉ édition, p. 141.
(9) On en trouve un fac-similé, mais fort mauvais, dans la *Revue archéologique*, t. XVI, pl. 356.
(10) *Syrie centrale. Inscriptions sémitiques*, pl. IX, nᵒ 84.
(11) *The ruins of Palmyra*, Londres, 1753, in-fᵒ.
(12) *Bullet. arch. de l'Ath.*, 1855, p. 34-38.
(13) *Zeitschr. der Deutsch. Morgenl. Gesellsch.*, t. XVIII, p. 65-117. — Voy. aussi un travail de M. Merx : *Zeitschr. der Deutsch. Morgenl. Gesellsch.*, t. XXII, p. 675 et suiv.
(14) *Syrie centrale. Inscriptions sémitiques*, Paris, 1869, gr. in-4°. — Voy. également l'important article de M. Derenbourg sur cet ouvrage, *Journal asiatique*, 6ᵉ série, t. XIII, p. 360-377.

duc de Luynes, au retour de son expédition en Orient, avait formé et
mis à la disposition des savants un magnifique album photographique
exécuté sur les estampages des plus importantes inscriptions de cette
ville célèbre, par M. le lieutenant de vaisseau Vignes.

Mais là ne se bornent pas encore les richesses actuelles de l'épigraphie palmyrénienne. L'Algérie a fourni, depuis qu'elle est terre française, quatre inscriptions de cette classe. Deux sont bilingues, latines
et palmyréniennes, et ont été trouvées dans un district de la province
de Constantine, où les inscriptions latines, étudiées par M. Léon Renier,
révèlent la station d'un corps d'archers palmyréniens; une a été publiée par le duc de Luynes (1) et l'autre par M. Léon Renier (2). Deux
autres sont simplement palmyréniennes et ont été découvertes à Constantine même; la première a été éditée dans l'*Annuaire de la Société
archéologique de Constantine*, cahier de 1854-1855 (3); quant à la
seconde, M. le docteur Judas l'a fait connaître (4) d'après une copie de
M. Cherbonneau, évidemment fort défectueuse, car on ne parvient à
y rien déchiffrer de certain.

Rhenferd est le premier, au commencement du dix-huitième siècle,
qui ait tenté sérieusement et par des moyens scientifiques d'expliquer
les inscriptions palmyréniennes connues de lui, qui se réduisaient aux
deux pierres du Capitole (5); mais ses efforts ne furent pas couronnés
de succès. Cinquante ans après, l'abbé Barthélemy et Swinton tournè-
rent leurs études vers ce sujet. Les travaux de ces deux illustres érudits
parurent la même année, en 1754, celui de Barthélemy dans les *Mémoires de l'Académie des inscriptions* (6), et celui de Swinton dans les
Transactions philosophiques (7). Quoique ne s'étant aucunement com-

(1) *Revue archéologique*, t. IV, p. 702.
(2) *Recueil des inscriptions romaines de l'Algérie*, n° 1365.
(3) M. le docteur Judas en a publié un essai de traduction, dans le même *Annuaire*, cahier de 1856-1857.
(4) *Revue archéologique*, t. XVI, pl. 356.
(5) *Periculum palmyrenum, sive literaturae veteris Palmyrenae indagandae et eruendae ratio et specimen*. Franequerae, 1704.
(6) T. XXXVI, p. 579 et suiv. — Tiré à part sous ce titre : *Réflexions sur l'alphabet et la langue dont on se servait autrefois à Palmyre*. Paris, 1754, in-4°.
(7) T. XLVIII, part. II, p. 690 et suiv.

muniqué les résultats de leurs recherches, ils arrivaient tous deux à des conclusions communes, et donnaient le même alphabet, auquel les travaux postérieurs n'ont rien fait trouver à changer.

Depuis eux, les inscriptions palmyréniennes furent encore l'objet des études de Hartmann et du P. Georgi, qui tous les deux ne firent guère avancer la question, puis de celles de Kopp (1), de Gesenius (2) et de l'abbé Lanci (celui-ci n'a parlé que des inscriptions du Capitole), lesquels confirmèrent et complétèrent les données recueillies par Barthélemy et par Swinton.

Ce qui gagna surtout aux recherches de ces derniers savants fut la connaissance paléographique exacte de la forme des lettres et de leurs variantes. Les deux fondateurs de cette branche de l'archéologie sémitique avaient opéré sur les copies de Wood, et l'alphabet qu'ils en avaient extrait, quoique parfaitement exact sous le rapport de la valeur des signes, ne donnait qu'une idée fort imparfaite de l'aspect véritable des caractères. Kopp est le premier qui ait donné une liste des lettres palmyréniennes relevées sur les originaux, avec leur tournure épaisse, leurs *apices*, leurs pleins et leurs déliés, que l'on n'eût pu deviner dans les caractères grêles des copies de Wood. Mais son alphabet n'était pas complet; il était uniquement tiré des inscriptions d'Oxford, et celles du Capitole donnent pour certains signes des figures notablement différentes. Hoffmann y ajouta les formes de ces deux derniers monuments d'après la copie du P. Georgi, et dressa du tout un tableau qu'il inséra à la fin de sa *Grammaire syriaque* (3). Enfin Gesenius, vérifiant les signes sur les originaux, publia dans ses *Monumenta phoenicia* (4) un alphabet palmyrénien, le meilleur et le plus complet qui eût encore été composé.

Cependant, avec les nombreux secours dont nous disposions, grâce aux copies de M. Waddington et aux photographies de M. Vignes, nous avons pu nous rendre encore mieux compte que Gesenius et nos autres

(1) *Bilder und Schriften,* t. II, p. 245 et suiv.
(2) *Mon. phoen.,* p. 80 et suiv.
(3) Pl. III.
(4) Pl. 5.

16

prédécesseurs des divers types de la paléographie palmyrénienne et de leurs dates respectives. C'est ainsi que nous sommes parvenu à dresser le tableau que le lecteur trouvera dans la planche XII. Nous y avons entièrement laissé de côté les inscriptions du Capitole, qui représentent une variété particulière de l'écriture sur laquelle nous aurons à revenir un peu plus loin dans le cours de ce chapitre, et nous nous sommes borné à y comprendre les lettres du caractère le plus soigné et le plus monumental. La seconde colonne contient, d'après la copie de M. Waddington, les lettres que nous offre une inscription datée de l'an 304 de l'ère des Séleucides (1) (9 av. J.-C,) ; la troisième, les lettres de la plus vieille des inscriptions conservées à Oxford, portant la date de 360 des Séleucides (48 apr. J.-C.); la quatrième, les formes employées dans un texte épigraphique de 450 des Séleucides (2) (139 apr. J.-C.); enfin, la cinquième, le type constant dans les inscriptions du temps d'Odénath et de Zénobie.

II.

Il suffit d'un coup d'œil jeté sur l'alphabet des inscriptions de Palmyre pour se convaincre qu'il est issu de celui que nous ont fait connaître les monuments araméens de l'Égypte. On pourrait même dire jusqu'à un certain degré que tous les deux ne constituent qu'un seul et même alphabet, déformé sur les monuments de Palmyre par l'exagération de certaines tendances que nous avons signalées dans le chapitre précédent, et par des ornements purement calligraphiques. Le tableau comparatif qui occupe notre planche XII rendra ce que nous disons évident. Nous y avons placé dans la première colonne les lettres de l'araméen des papyrus, prises dans leur forme la plus récente, en regard ·

---

(1) De Vogüé, n° 38. — C'est le plus ancien monument jusqu'à présent connu de l'épigraphie palmyrénienne.

(2) De Vogüé, n° 1.

de celles du palmyrénien, prises dans leur forme la plus ancienne, telles qu'elles nous sont fournies par l'inscription de l'an 304.

Comme celle dont nous avons parlé dans le chapitre précédent, l'écriture des inscriptions de Palmyre est essentiellement et originairement une écriture de manuscrits. De là les traits épais et carrés comme ceux que l'on obtient avec un calame ; de là les pleins et les déliés que l'on remarque dans toutes les lettres. Mais cette écriture, nous ne la connaissons que transportée à l'usage monumental, gravée sur la pierre, ce qui naturellement a amené des déformations, a rendu anguleux beaucoup de traits qui devraient être arrondis, et c'est là certainement une des causes qui amènent le plus de différences extérieures dans le premier aspect d'une inscription palmyrénienne et d'un texte dans l'araméen des papyrus, placés en comparaison l'un à côté de l'autre.

Nous avons, d'ailleurs, signalé au commencement de ce paragraphe deux causes qui ont dû amener la modification des lettres araméennes par laquelle a été produit le nouvel alphabet dont nous nous occupons maintenant. Essayons de faire la part de ces deux causes, de déterminer les modifications qui tiennent à une pure recherche d'élégance calligraphique, et celles qui, tenant à une cause fondamentale, se sont perpétuées dans tous les alphabets dérivés de ce nouveau type de l'araméen.

A la première cause doivent être rattachés :

1° Les larges *apices* qui terminent presque toutes les lettres dans les inscriptions palmyréniennes ;

2° La manière dont les hastes perpendiculaires de certaines lettres, ד, ו, כ, פ, ר, sont brisées et tracées en zigzag.

En se reportant au tableau de la planche XII, où nous avons donné la série des formes de l'alphabet palmyrénien aux différentes époques de son existence, on y verra que ces deux particularités vont toujours en se prononçant davantage et en s'exagérant à mesure que l'alphabet est plus éloigné de son point de départ. C'est dans l'inscription de l'an 304 qu'elles sont le moins marquées ; c'est dans celles des règnes d'Odénath et de Zénobie qu'elles se manifestent avec le plus de développements. Elles font défaut dans l'écriture cursive palmyrénienne, à laquelle nous consacrerons le paragraphe suivant.

Quant aux modifications essentielles et fondamentales, nous croyons
être autorisé à regarder comme telles :

1° L'ouverture de plus en plus grande de la boucle supérieure du
ב, du ד et du ר.

2° La courbure de plus en plus forte des hastes du כ, du ב, du ם
et du פ, verticales dans le type primitif. Dans les papyrus provenant
d'Égypte, quand ces traits se courbaient un peu plus qu'à l'ordinaire,
c'était l'effet de la rapidité de l'écriture et du mouvement naturel du
calame lancé par une main qui se hâte; mais on sentait bien que dans
le type normal le trait demeurait droit, ou à peu près. Sur les monuments palmyréniens, au contraire, la courbure, tellement prononcée
qu'elle tourne à devenir anguleuse, est systématiquement cherchée et
voulue dans des textes lentement et péniblement gravés sur la pierre.

3° L'importance donnée dans le tracé de certaines lettres à des traits
qui étaient secondaires ou même n'existaient pas dans les types araméens
antérieurs.

Ainsi la barre centrale du מ, qui dans l'araméen primitif et l'araméen
secondaire ne dépasse que très-légèrement la ligne horizontale, qui reste
fidèle au même type sur la plupart des monuments de l'araméen des
papyrus, s'est offerte à nous dans le papyrus du Louvre agrandie d'une
manière exagérée aux dépens de la partie de la lettre placée à sa
gauche, qui s'atrophie presque complétement. C'est ce dernier type qui
sert de point de départ à la forme palmyrénienne. Il se reconnaît, bien
qu'un peu plus dégénéré, dans le מ de l'inscription de l'an 304. Mais
là ne s'arrête pas la déformation, et sur les monuments de l'époque
d'Odénath l'ancienne barre médiale devient une seconde haste, égale,
parallèle et en tout semblable à celle qui commence la lettre sur la
droite.

L'importance donnée à un trait parasite modifie encore plus la forme
du ע. La forme primitive et originaire de ce caractère en phénicien
était, on le sait, celle d'un cercle parfait. Dans l'araméen primitif et
l'araméen secondaire, nous avons vu le cercle s'ouvrir, et c'est encore
la même figure que nous ont offerte les plus anciens types de l'araméen
des papyrus. Sur les papyrus Blacas et sur ceux du Vatican et du

Louvre, nous constatons une petite modification qui tient à la marche rapide de la plume ; au lieu de se composer d'un seul trait courbe, le 𝒴 est fait de deux traits qui dessinent la même forme, mais dont celui de droite, par un glissement naturel de la plume ou du roseau, dépasse quelque peu par le bas la courbe essentielle et primitive. Cette déformation, qui n'était qu'accidentelle dans l'araméen des papyrus, devient de règle dans le palmyrénien ; le trait de droite s'allonge démesurément, se recourbe et finit par devenir la partie principale de la lettre. Nous le verrons même tout à l'heure, dans le type cursif du palmyrénien, passer entièrement au-dessous de la ligne, tandis que le trait de gauche, légèrement infléchi, représente seul les restes de l'ancien demi-cercle, ce qui produit une forme ⟍ dont il serait impossible, de prime abord et sans avoir suivi tous les intermédiaires, de deviner le rapport avec le type phénicien originaire, O.

Dans l'écriture des inscriptions de Palmyre, comme dans l'araméen des papyrus, certaines lettres ont une forme finale différente de leur forme initiale ou médiale. Sur les papyrus Blacas nous avions constaté cette particularité pour le ך et le ן ; les papyrus du Vatican et du Louvre nous l'avaient en outre présentée pour le ל ; sur les monuments palmyréniens elle ne s'observe que pour le seul ן. Il est assez curieux, du reste, de retrouver dans une écriture, où l'habitude de séparer les mots n'existe pas, un fait dont l'origine ne s'explique que par cette habitude. Kopp (1) avait voulu tirer de là des conclusions à perte de vue, mais Gesenius (2) a fort bien fait remarquer que la présence de lettres finales dans le palmyrénien, quoique les mots n'y soient point séparés, n'avait rien qui dût surprendre et qu'on ne pût expliquer naturellement, cette écriture sortant d'un alphabet où les lettres finales existaient déjà et tenaient à l'usage de séparer les mots par un intervalle.

La tendance à lier les lettres entre elles, que nous avons observée pour la première fois dans les papyrus araméens de Turin et du Louvre, devient habituelle sur les monuments de Palmyre et commence à s'y présenter avec des règles fixes. Les signes de l'écriture qui se terminent

(1) *Bilder und Schriften*, t. II, p. 132.
(2) *Monum. phoenic.*, p. 82.

en se recourbant vers la gauche, comme le ב, le ה, le מ, le נ et le ק, se rattachent à la lettre suivante lorsqu'elle offre comme élément principal un trait droit, par exmple ד, ה, ו, ר, ou bien un trait oblique dont la base est à droite, א, ou bien enfin lorsque son trait de droite se recourbe plus ou moins légèrement dans la direction du point de départ de l'écriture, ת. Ainsi, dans les inscriptions d'Oxford, les copies de M. Waddington, publiées par M. de Vogüé, et les photographies de M. Vignes, nous relevons comme ligatures habituelles et presque constantes celles des lettres בא, בד, בו, בר, חו, מא, מו, מה, מר, נת et קו. En général, toutes les ligatures se font par la base; cependant nous avons trouvé *un seul* exemple d'un מ qui s'attache au ו suivant et dont la liaison se fait par le milieu du corps de la lettre.

III.

En même temps que le caractère soigné et ornementé qui vient de nous occuper et auquel, empruntant une expression du langage de la paléographie grecque et latine, nous donnerons le nom d'*oncial,* car ceux de *monumental* et d'*épigraphique* ne conviendraient pas également bien à sa nature qui participe essentiellement de la paléographie des manuscrits; — en même temps, disons-nous, que le caractère oncial, les monuments de Palmyre nous offrent quelques exemples d'un caractère différent et plus cursif. Il est employé sur les pierres du Musée du Capitole, dans quelques inscriptions privées de Palmyre même, sur la lampe de M. le comte de Vogüé et sur une partie des tessères de terre-cuite dont nous parlions au commencement de ce chapitre. Son usage a été contemporain de celui du caractère oncial, car l'une des inscriptions du Capitole porte la date de 547 de l'ère des Séleucides (235 apr. J.-C.), ce qui la met au temps même où l'on se servait sur les monuments officiels de la forme de lettres reproduite dans la dernière colonne du tableau de notre planche XII.

De même que l'écriture onciale, l'écriture cursive des Palmyréniens a subi des modifications assez marquées pendant le cours des siècles où elle a été en usage. Ces modifications sont marquées dans le tableau de notre planche XIII, dont la seconde colonne contient les signes relevés dans quatre inscriptions funéraires d'un même tombeau du commencement du cinquième siècle des Séleucides, photographiées par M. Vignes (1), la troisième, les lettres que fournit le marbre latino-palmyrénien sans date du Musée du Capitole, la quatrième enfin, où se marque le dernier degré de déformation, les lettres de l'inscription gréco-palmyrénienne du Capitole, datée de l'an 547 des Séleucides.

Les *apices* et les autres enjolivements purement calligraphiques qui tenaient tant de place dans le caractère oncial, font absolument défaut dans celui-ci; en même temps les formes des lettres sont plus coulantes et plus arrondies. Ces deux circonstances font que les inscriptions qui ont fourni la matière de la seconde colonne de la planche XIII s'éloignent beaucoup moins que tous les autres monuments épigraphiques de Palmyre de l'aspect général d'un texte écrit avec le caractère araméen des papyrus. L'alphabet de cette seconde colonne diffère, du reste, au fond, fort peu de celui du monument de l'an 304 (dont nous répétons l'alphabet dans la première colonne de la pl. XIII) et marque assez exactement le point de départ de l'écriture cursive palmyrénienne.

Dans les deux colonnes suivantes, qui représentent des époques postérieures de la même écriture, la dégénérescence est beaucoup plus marquée et suit un cours rapide. Le propre d'une écriture cursive est d'exagérer chaque jour davantage les tendances à la déformation que portait déjà en elle-même l'écriture plus posée dont elle dérive. C'est ce que nous observons ici comme partout ailleurs. Avec le cours du temps, les signes de l'écriture cursive s'altèrent dans le même sens que ceux de l'écriture onciale, mais d'une manière bien plus forte. En même temps le tracé trop compliqué de certaines lettres tend à se simplifier et éprouve par l'effet de cette tendance des modifications profondes. Nous avons étudié déjà dans le paragraphe précédent celle du ע, qui a pour effet de l'amener si loin de son type primitif. Celle du ל n'est pas

(1) De Vogüé, nᵒˢ 49-51.

moins forte, mais elle a eu un effet tout contraire, celui de ramener la lettre très-près de la forme qu'elle a dans les alphabets araméens plus anciens, sauf que sa courbure inférieure se produit dans le sens opposé.

La connaissance de l'écriture cursive de Palmyre est importante pour établir la filiation des alphabets de la famille araméenne, car c'est de cette écriture, comme du type le plus déformé du palmyrénien, que sortent tous ses dérivés, tels que l'estranghelo et les alphabets syriaques, d'un côté, l'auranitique et le nabatéen, d'un autre.

IV.

Jusqu'à présent nous avons désigné l'écriture qui fait le sujet de ce chapitre par le nom de *palmyrénienne,* qu'on lui donne habituellement. Mais nous croyons ce nom peu exact, comme impliquant une notion trop restreinte, et nous pensons qu'il vaudrait mieux y substituer celui d'*araméen tertiaire,* que nous avons inscrit en tête du chapitre. Il nous faut justifier ce dernier nom, dont Swinton, Kopp, Gesenius et Hoffmann ont déjà, d'ailleurs, reconnu la plus grande exactitude.

Les Palmyréniens, en effet, n'avaient pas un alphabet qui leur fût particulier. Saint Épiphane (1) nous apprend que celui dont ils faisaient usage ne différait pas de celui des Syriens, et, lorsque les historiens antiques parlent de la correspondance échangée entre Aurélien et Zénobie, ils disent que la lettre de cette reine était écrite en syriaque (2).

D'ailleurs une des inscriptions expliquées par Swinton provient, non de Palmyre, mais de Taïybeh, à plusieurs journées au N.-O. de cette ville (3), et montre, par conséquent, que l'alphabet avec lequel elle est

(1) *Adv. haeres.,* p. 629, ed. Petau.
(2) Vopisc., *Aurelian.,* 27 et 30.
(3) *Philosoph. transact.,* t. XLVIII, part. II, p. 748.
L'original de ce monument bilingue, grec et palmyrénien, ou, pour parler plus exactement, araméen, a été transporté en Angleterre et se trouve maintenant au Musée Britannique. Le docteur A. Levy en a publié un excellent fac-similé, accompagné d'un remarquable commentaire:

tracée était en usage dans d'autres parties de l'Aramée que la Palmyrène proprement dite.

Il nous paraît également bien difficile d'admettre que l'inscription unilingue de Constantine, publiée dans l'Annuaire de la Société Archéologique de cette ville pour 1854-1855, ait eu pour auteur un homme originaire de Tadmor même, car on y remarque des particularités de langue étrangères aux inscriptions de Palmyre et dont la plus saillante est l'emploi du mot בֵּן au lieu de בַּר pour désigner l'idée de « fils ».

Mais la preuve la plus puissante est encore celle-ci : que, si l'hébreu carré est issu de l'araméen des papyrus concurremment et parallèlement au palmyrénien (comme nous le démontrerons un peu plus loin), toutes les écritures propres aux peuples de race araméenne, Syriens proprement dits, Auranites, Nabatéens et Sabiens, supposent nécessairement dans leur filiation l'existence antérieure du palmyrénien, par lequel elles ont passé avant d'arriver à une existence distincte. Nous devons donc forcément regarder le palmyrénien comme le dernier état d'écriture commun à tous les peuples d'Aram, qui s'est immobilisé et conservé intact à Palmyre (par suite de la position isolée de cette ville), tandis que dans les autres parties de son ancien domaine il faisait place à des alphabets distincts et locaux, sortis de sa déformation.

Les inscriptions palmyréniennes jusqu'à présent connues et datées vont de l'an 304 à l'an 596 de l'ère des Séleucides (de 8 avant à 257 après notre ère), époque du grand éclat de Palmyre. Mais il faut faire remonter notablement plus haut les débuts de l'existence de cette écriture. Dans le Haouran nous avons des inscriptions de la première moitié du premier siècle de l'ère chrétienne, tracées avec un alphabet sorti d'un type palmyrénien déjà très-déformé, ce qui assure à cette écriture une période d'usage antérieur assez longue. Et ceci est d'accord avec le témoignage des monuments que nous allons étudier dans le chapitre suivant.

Zeitschr. der Deutsch. morgenl. Gesellsch., t. XV, p. 615 et suiv. — Voy. aussi de Vogüé, *Syrie centrale, Inscriptions sémitiques*, p. 50.

L'inscription de Taiybeh est datée de l'an 445 des Séleucides, 134 de Jésus-Christ.

CHAPITRE V.

L'ALPHABET PAMPHYLIEN.

I.

Münter a publié le premier (1) une curieuse monnaie d'argent représentant, d'un côté, Minerve debout et dans le champ une grenade, de
l'autre, dans un carré creux légèrement indiqué, Apollon, également
debout, tenant son arc et un rameau de laurier, avec un autel placé
devant lui et la légende :

$$\text{ЈЧЭЈƳЛЧР}$$

Gesenius a reproduit cette pièce, en désignant la légende comme
pseudo–phénicienne, et sans tenter de l'expliquer (2). Enfin, le duc de
Luynes l'a donnée de nouveau (3), mais en l'accompagnant de quatre
autres monnaies analogues.

De ces quatre nouvelles monnaies, la première (4) offre identique-

(1) *Ueber Sardische Idole,* p. 12.
(2) *Monum. phoen.* p., 286.
(3) *Numismatique des Satrapies,* pl. III, nᵒˢ 1 et 1 *bis*, p. 22. — Voy. notre pl. XIV, nᵒ 2.
(4) *Ibid.,* pl. III, nᵒ 2. — Voy. notre pl. XIV, nᵒ 3.

ment les mêmes types, mais le style en est plus récent et la légende offre quelques variantes :

𐤄𐤍𐤉𐤑

La seconde (1) est encore pareille pour les types, mais porte une inscription dans laquelle nous trouvons des éléments nouveaux ; cette inscription est en deux lignes,

𐤉𐤑𐤑𐤉

devant la figure d'Apollon, et derrière :

𐤐𐤄𐤍𐤉

Sur la troisième (2), les types sont quelque peu changés, et le style est plus fin et plus avancé que celui des précédentes. Au droit on voit toujours Minerve debout, et dans le champ une grenade ; mais un olivier est placé derrière la déesse, et, au lieu de porter la chouette sur la main, elle tient une Victoire ; au revers il n'y a plus trace de carré creux, et l'Apollon, au lieu de tenir l'arc et le rameau de laurier, s'appuie sur une haste pure et fait une libation sur l'autel placé devant lui. La légende est :

𐤄𐤍𐤉𐤉𐤑

Enfin la quatrième (3), semblable comme types, porte au revers les lettres :

𐤐𐤄𐤍𐤉𐤉.

Quant aux nouvelles monnaies de la même série, au nombre de onze, publiées par M. Blau (4), elles portent toutes le second type, sans carré creux, et offrent du côté de l'Apollon une légende toujours la même :

𐤐𐤄𐤍𐤉𐤉𐤑𐤔𐤉𐤀

La seule différence entre les exemplaires consiste dans quelques lettres d'un autre alphabet que la légende (particularité que nous avons déjà signalée sur certaines monnaies araméennes sorties de l'atelier de

---

(1) *Ibid.*, n°ˢ 3 et 4. — Voy. notre pl. XIV, n° 4.
(2) *Ibid.*, n° 5. — Voy. notre pl. XIV, n° 5.
(3) *Ibid.*, n° 6. — Voy. notre pl. XIV, n° 6.
(4) *Zeitschr. der Deutsch. morgenl. Gesellsch.*, t. IX, p. 69-79, pl.

Tarse), placées au milieu du champ, du côté de la Minerve, lesquelles varient d'une pièce à l'autre (1).

Le style et la nature du travail, pareil à celui des pièces de Nagidus, indique comme lieu d'émission une ville pamphylienne, et l'atelier de Sidé est précisé par la figure de Minerve, et surtout par la grenade (σίδη) placée dans le champ, symbole parlant de cette cité, qui se retrouve sur toutes ses médailles.

II.

Le duc de Luynes fut frappé du rapport — manifeste en effet dès le premier coup d'œil — des lettres des légendes que nous venons de donner avec le palmyrénien. Il considéra comme la plus exactement écrite celle de la pièce publiée par Münter, et il la lut צרנשו סדז, ce qui serait, en palmyrénien complétement régulier,

(légende paléographique)

En conséquence, il proposa d'attribuer la pièce à Dernès, satrape de Phénicie et d'Arabie au temps de la révolte du jeune Cyrus, dont nous parle Xénophon (2). Quant aux autres légendes, il les regarda comme fautives, gravées par des artistes qui ne les comprenaient pas. Celle de son nº 2 lui parut devoir être transcrite צרנשו ס pour צרנשו סדז, celles des nºˢ 5 et 6, צרנשו et צרנש. Enfin, sur ses nº 3 et 4, il pensa que

(légende paléographique)

devait être écrit d'une manière tout à fait inexacte pour

(légende paléographique)

qu'il transcrivait צונסם, et où il voyait le nom de Syennesis, satrape de la Cilicie en même temps que Dernès l'était de la Phénicie (3).

Le rapprochement établi par le duc de Luynes entre le caractère dans lequel sont écrites les légendes de ces médailles et le palmyrénien

(1) Nous donnons deux de ces pièces dans notre pl. XIV, sous les nºˢ 7 et 8.

(2) *Anabas.*, VII, 8, 25.

(3) Xenoph., *Anabas.*, I, 11, 12-27. — Diod. Sic., XIV, 20.

ou araméen tertiaire est incontestable, et nous ne croyons pas qu'il soit possible de le nier. La lecture סדז pour la dernière partie de l'inscription sur la pièce la plus anciennement connue, confirmée par les indications du style et des types d'où résulte que le lieu d'émission a dû être la ville de Sidé, nous paraît aussi certaine et vient apporter une preuve de plus en faveur de l'assimilation des caractères avec le palmyrénien. Mais nous ne pouvons nous trouver d'accord avec le noble académicien pour les noms de satrapes qu'il prétend reconnaître.

Nous ne discuterons pas la lecture du nom de Syennesis. Historiquement, il conviendrait assez bien, car on sait que ce satrape possédait dans son gouvernement, outre la Cilicie, au moins une portion de la Pamphylie, entre autres la ville d'Aspendus. Mais la forme qu'on trouve sur la médaille est trop éloignée de celle que le duc de Luynes propose d'y substituer pour que l'on puisse admettre sa conjecture.

Quant au nom de Dernès, d'insurmontables difficultés s'opposent aussi à ce qu'on le reconnaisse. Il est d'abord fort peu admissible que le nom d'un satrape de la Phénicie soit inscrit sur une monnaie frappée à Sidé de Pamphylie. Dans cette ville, comme dans l'atelier monétaire de Tarse, on n'a dû frapper de pièces que pour des satrapes d'Asie Mineure ou des commandants de la flotte du Grand Roi. De plus, nous ne pouvons croire que sur des pièces gravées avec autant de soin que les n°s 2-6 du duc de Luynes, les légendes soient remplies de fautes aussi grossières que l'a pensé ce savant. Il nous semble, au contraire, qu'on doit leur attribuer une aussi grande autorité qu'à l'inscription de la médaille n° 1. Dès lors la ligature  que présente cette inscription ne doit pas être décomposée en , mais en 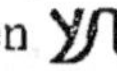, et il est, par conséquent, impossible d'y voir un ש, car dans aucune des écritures sémitiques cette lettre n'est figurée avec moins de trois pointes, excepté dans le dérivé très-postérieur du syriaque. En outre,  ne saurait être un נ. Le caractère palmyrénien auquel le duc de Luynes compare ce signe est bien un נ, mais final, qui ne saurait en aucun cas se trouver au milieu d'un mot, et qui présente cette particularité constante de dépasser la ligne par en bas. La forme initiale ou médiale du נ est , qui n'offre aucun rapport avec le caractère de la médaille. Dans le cours d'un mot, celui-ci ne peut être qu'un ﬧ analogue au palmyrénien ﬨ.

Nous ne parlerons que pour mémoire des deux lectures inadmissibles et de pure fantaisie qui ont été proposées, depuis la publication de l'ouvrage du duc de Luynes, par M. Blau (1) et par nous-même (2), dans un temps où nous n'avions qu'une très-médiocre expérience de la paléographie sémitique. Ni l'une ni l'autre ne tiennent devant l'examen.

S'il nous fallait aujourd'hui proposer une lecture pour le nom propre que le duc de Luynes a pris pour celui de Dernès, nous transcririons צריבז et צריבזו, ce qui serait en palmyrénien

$$ע׳ר׳ב׳ן \quad \text{et} \quad ע׳ר׳ב׳נ׳$$

Sous cette forme צריבזו nous proposerions de reconnaître le nom d'un des plus célèbres satrapes de l'empire perse dans la première moitié du quatrième siècle avant notre ère, celui de Tiribaze. Contemporain et rival de Pharnabaze, dont il n'eut pas la longue carrière, Tiribaze figure dans l'histoire depuis l'an 400 jusqu'en 384. Nous le trouvons d'abord gouverneur de l'Arménie et commandant les troupes de terre du Grand Roi à l'époque de la retraite des Dix mille (3). Un peu plus tard, en 393, il était satrape de Lydie, d'Ionie et des contrées voisines, et avait sous ses ordres la flotte des Perses, commandée par l'amiral athénien Conon. Ce fut par lui qu'à l'instigation du Spartiate Antalcidas, ce guerrier illustre fut jeté en prison à Sardes, comme coupable d'avoir destiné les forces navales placées sous sa direction à restituer aux Athéniens l'Ionie et l'Éolie (4). Artaxerxe Mnémon approuva dans cette circonstance la conduite de Tiribaze, et le chargea de négocier la paix avec les Lacédémoniens. Sept ans après, en 386, Tiribaze fut nommé, avec Orontès, chef de la flotte et de l'armée envoyées pour réduire à l'obéissance Évagoras, roi de Salamis, et les révoltés de Cypre. Calomnié par Orontès, il fut arrêté et envoyé au roi,

---

(1) *Zeitschr. der Deutsch. morgenl. Gesellsch.*, t. IX, p. 69-79.
(2) *Catalogue Behr*, p. 157.
(3) Diod. Sic., XIV, 27.
(4) Xenoph., *Hellenic.*, IV, 8, 13, 16. — Cornel. Nep., *Vit. Conon.*, 5. — Diod. Sic., XIV, 85.

qui le retint dans une situation inférieure jusqu'au temps de sa campagne contre les Cadusiens. Sauvé par Tiribaze dans cette campagne, Artaxerxe lui rendit sa confiance, le combla d'honneurs et lui fiança même une de ses filles (1). Mais, changeant ensuite d'avis, le roi refusa au satrape l'alliance qu'il lui avait promise. Tiribaze, irrité de ce manque de parole, ourdit une conspiration avec Darius, fils aîné d'Artaxerxe ; les secrets de cette trame furent découverts, et Tiribaze mis à mort par les gardes du roi (2). Il existe des monnaies de Tiribaze avec légende araméenne du même caractère que celles qu'on lit sur les pièces sorties de l'atelier de Tarse (3). Le nom du fameux satrape y est écrit תריבזו, forme qui ne diffère pas énormément de צריבזו, que nous croyons déchiffrer sur les médailles frappées à Sidé.

Cependant nous n'osons proposer cette lecture que très-dubitativement et avec une grande réserve. En effet, si paléographiquement et philologiquement elle paraît fort vraisemblable, elle souffre de grandes difficultés numismatiques. Les monnaies où nous croirions lire le nom de Tiribaze sont de plusieurs styles ; il y en a de presque archaïques, avec les restes du carré creux, tandis que les autres sont d'un travail qui semble plus récent d'un demi-siècle. A ce point de vue il est donc très-difficile d'admettre qu'elles portent le nom d'un même homme, surtout d'un homme dont la carrière en évidence a été aussi courte que celle de Tiribaze. M. Waddington voit là une fin de non-recevoir absolue pour toute tentative de lecture des inscriptions de ces monnaies par un nom d'homme. Cependant il faut remarquer qu'elle n'a point été jugée aussi décisive par le duc de Luynes, dont le tact numismatique était pourtant si fin et l'expérience si grande. Elle ne l'a pas empêché, en effet, de proposer son explication de Dernès, à laquelle on pourrait opposer exactement la même objection qu'à notre lecture de Tiribaze. Le savant académicien semble en effet avoir pensé que les différences de style que l'on remarque entre ces monnaies pouvaient ne pas être d'une manière absolument nécessaire les indices

(1) Diod. Sic., XV, 2 ; 8 ; 10.
(2) Plutarch., *Artaxerx.*, 27-29.
(3) D. de Luynes, *Num. des Satrap.*, pl. I ; p. 1.

d'une notable différence d'époques, mais aussi s'expliquer par l'emploi simultané, pour graver les coins, d'artistes trop façonnés au vieux style pour l'abandonner et d'artistes plus jeunes représentant le progrès. Des faits de ce genre s'observent dans l'histoire de l'art à toutes les époques de transition.

Quoi qu'il en soit, du reste, notre lecture peut être fautive, et nous ne prétendons pas la donner comme le dernier mot de la science à ce sujet (1). Mais, quand même on devrait la rejeter, il nous semble impossible de méconnaître le point essentiel établi par le duc de Luynes, la presque identité de l'alphabet national des Pamphyliens, révélé par les monnaies dont nous venons de parler, avec l'alphabet palmyrénien.

Ce fait soulève plusieurs questions d'un grave intérêt relativement à l'époque où les différents alphabets araméens s'introduisirent dans l'usage.

III.

L'opinion la plus répandue considère cette époque comme assez récente, surtout pour le palmyrénien. Voici quelles sont les dates que l'on assigne (2) à l'apparition successive des diverses écritures que nous avons étudiées jusqu'à présent dans cette partie de notre ouvrage :

Fin du septième ou commencement du sixième siècle avant Jésus-Christ. — Araméen primitif.

Fin du cinquième siècle. — Araméen secondaire.

---

(1) Quant à la légende qui, sur une seule des pièces de cette catégorie, accompagne la figure d'Apollon, je crois qu'il faut la lire זובין, ce qui est exactement conforme au palmyrénien, et y voir un surnom local du dieu. Il me semble même qu'il doit être composé de l'appellation de Ζουάνας, זון, donnée dans quelques parties de la Phénicie (Hesych., s. v.) à un autre dieu jeune et solaire, Adonis, comme présidant au mois vernal de *ziv* (II Reg., VI, 1 et 37), le même que *iyar*.

(2) Voy. de Vogüé, *Revue archéologique,* nouv. sér., t. XI, p. 329 et suiv.

Troisième siècle. — Araméen des papyrus.

Fin du premier siècle. — Palmyrénien.

Cependant nous avons ici des médailles qui remontent, d'après leur style et leur travail, que l'on admette ou non notre attribution à Tiribaze, jusqu'à la fin du cinquième ou au commencement du quatrième siècle avant notre ère, c'est-à-dire au moins quatre-vingts ans avant la date du monument le plus antique que nous ayons pu signaler de l'araméen des papyrus. Ces médailles portent des légendes dans une écriture qui doit être considérée, sinon comme dérivée du palmyrénien ou araméen tertiaire, du moins comme sortie au même degré et probablement à la même époque du type araméen plus ancien. Il faut donc modifier quelque peu l'opinion généralement reçue, non pas en ce qui est de l'ordre de filiation des écritures araméennes (nous avons montré dans les chapitres précédents son exactitude parfaite sur ce point), mais en ce qui est des dates chronologiques que l'on a cru pouvoir assigner à la formation des deux dernières.

Il faut admettre — comme le pamphylien, aussi bien que le palmyrénien, suppose nécessairement l'existence antérieure de l'araméen des papyrus, qui sert d'intermédiaire entre eux et l'araméen secondaire — que ces deux alphabets étaient déjà employés chez les nations d'Aram pour la transcription des manuscrits, lorsque le type d'où elles les avaient tirés était encore en usage comme écriture monumentale.

Ceci ne modifie en rien les dates que nous avons attribuées, d'accord avec M. le comte de Vogüé, à la naissance de l'araméen primitif et de l'araméen secondaire, dates qui nous semblent appuyées sur des preuves solides et certaines. Mais nous sommes obligés de supposer — ce qui n'a rien, du reste, de contraire aux vraisemblances — que lorsque l'alphabet araméen se fut définitivement constitué dans son type secondaire, la nécessité de rendre l'écriture plus cursive et les prétentions d'élégance des scribes, ces deux grands éléments de déformation et de dégénérescence de toutes les écritures, en firent très-vite sortir deux types nouveaux, l'un employé comme plus simple et plus courant, pour les circonstances ordinaires de la vie, l'autre plus orné, réservé aux usages plus distingués et à la haute calligraphie, et que ces deux

17

types nouveaux servirent concurremment pendant plusieurs siècles, tandis que le type plus monumental d'où ils avaient procédé était encore celui qui s'employait le plus habituellement dans les inscriptions et les légendes des monnaies (1).

Une fois formés comme nous venons de le dire, les deux types paléographiques nouveaux de l'araméen, réservés d'abord à l'usage des manuscrits, tendirent à se localiser dans deux parties différentes du domaine de l'aramaïsme, où ils finirent l'un et l'autre par être admis au rôle d'écriture monumentale, le premier en Égypte et dans le midi de la Syrie, le second dans le nord de la même région.

Quoi qu'il en soit, l'emploi d'une écriture d'origine araméenne n'implique pas que les Pamphyliens appartinssent à ce rameau, ou même à toute autre branche de la race de Sem. Nous ne prétendons pas discuter ici la question de leur origine, mais le peu de mots que nous possédons de leur langue ne se rattache en aucune façon au groupe sémitique. Ils auront donc adopté l'alphabet araméen et l'auront appliqué aux sons de leur langue, comme les Grecs, les Ibères, les peuples germano-scandinaves et les Indiens firent pour le phénicien. Quant à la voie par laquelle les habitants de la Pamphylie reçurent la notion de l'écriture, ce ne fut certainement pas celle des relations maritimes, car dans ce cas ils auraient connu et adopté les formes de l'alphabet phénicien et non celles d'un alphabet araméen. C'est par l'intérieur des terres que l'usage dut leur en parvenir. Nous avons vu, en effet, dans notre II° chapitre, qu'une partie des populations les plus voisines, celles de la Cilicie et de la Cappadoce, par exemple, et même d'une portion de la Pamphylie (à Nagidus par exemple), faisaient usage de la langue et de l'écriture araméennes.

---

(1) C'est ainsi qu'en Égypte on vit pendant un certain temps les hiéroglyphes, l'hiératique et le démotique concurremment en usage.

CHAPITRE VI.

L'ALPHABET HÉBRAÏQUE CARRÉ.

I.

Les questions relatives à l'origine et au plus ou moins d'antiquité de l'hébreu carré, le כְּתָב מְרֻבָּע des grammairiens juifs (1), ont repris dans les dernières années une sorte d'actualité, par suite des polémiques engagées à l'occasion des monuments de Jérusalem. Tandis que le docteur A. Levy (2) en Allemagne, et M. Madden (3) en Angleterre, se livraient à l'examen du même sujet, un débat s'élevait en France entre M. de Saulcy et M. le comte de Vogüé sur le terrain des questions touchant à cet alphabet. Ce débat a eu les avantages qu'a d'ordinaire la discussion dans toutes les sciences, et particulièrement en archéologie. Il a fait produire de nouveaux éléments dans la question, provoqué un examen plus approfondi des textes, et mis en lumière des monuments que l'on n'avait point suffisamment étudiés

---

(1) Buxtorf, *Lexic. talmud.*, p. 241 ; *Dissert. philol. theol.*, p. 235. — Gesenius, *Geschichte der hebræischen Sprache*, p. 142.

(2) *Geschichte der Jüdischen Münzen*, Breslau, 1862.

(3) *History of the jewish coinage*, Londres, 1864.

jusqu'alors. Les savants nos prédécesseurs, lorsqu'ils s'occupaient des origines et de la formation du caractère carré, devaient le prendre dans la forme que lui donnent les manuscrits juifs depuis le onzième siècle de notre ère. Il leur était impossible de remonter plus haut, faute de monuments. Grâce aux recherches nouvelles, nous n'en sommes plus au même point. Nous avons maintenant des inscriptions juives qui remontent au moins jusqu'au premier siècle avant l'ère chrétienne, et depuis cette époque il nous est possible de suivre pas à pas et sans aucune lacune les vicissitudes de l'histoire de l'écriture carrée.

C'est principalement sur les documents nouveaux acquis de cette manière à la science que nous nous appuierons dans cette partie de notre travail. Nous éviterons d'entrer d'une manière directe dans la discussion engagée entre M. de Saulcy et M. de Vogüé, car notre Essai doit être une œuvre didactique et non polémique. Nous essayerons de faire voir comment nous comprenons que l'écriture adoptée par les Juifs pour la transcription de leurs Livres Saints a dû se former, et à quelle époque elle a pris naissance. Cette tentative nous donnera, d'ailleurs, l'occasion d'examiner et de discuter successivement à notre tour tous les passages d'auteurs et tous les monuments qui ont été produits dans le débat.

Nous commençons, afin de nous procurer les premiers éléments qui serviront de point de départ à nos recherches, par passer en revue dans l'ordre chronologique de leurs dates tous les monuments vraiment anciens de l'alphabet carré hébraïque qui sont connus aujourd'hui.

1° *Inscription du tombeau dit de saint Jacques, à Jérusalem.*

Cette inscription, gravée sur l'architrave d'un tombeau d'ordre dorique de la vallée de Josaphat, est la plus ancienne de toutes. Elle a été découverte par M. de Saulcy, publiée d'abord par M. de Vogüé (1), puis par M. de Saulcy (2), et c'est à son occasion que leur polémique

---

(1) *Revue archéologique*, nouv. sér., t. IX, p. 200-210, pl. VII; t. XI, p. 317-341. — *Le temple de Jérusalem*, p. 150, pl. XXXVII, n° 1.

(2) *Revue archéologique*, nouv. sér., t. XI, p. 137-153; p. 398-485. — *Voyage en Terre Sainte*, t. II, p. 169.

a débuté (1). C'est l'épitaphe de huit personnages de la famille sacerdotale des Béni-Hézir (2), Éléazar, Honiah, Joazer, Judas, Siméon et Jochanan, fils de Joseph, fils de Azer, et ..... et Éléazar, fils de Ho-, niah. Elle ne contient que leurs noms et l'indication de leur origine, le tout précédé de la formule ל ····ו מבר זה « ce tombeau et .... « (appartiennent) à. »

M. de Vogüé, d'après le style de l'architecture du tombeau et la forme des lettres de l'inscription, la considère comme datant de la seconde moitié du premier siècle avant l'ère chrétienne. M. de Saulcy s'est efforcé de la faire remonter jusqu'au milieu du troisième siècle, en s'appuyant sur des rapprochements fort spécieux entre les noms des grands pontifes juifs de cette époque et ceux de quelques-uns des personnages mentionnés dans l'épitaphe. Malheureusement tous ces raisonnements s'écroulent par la lecture, aujourd'hui certaine, des noms du père et du grand-père des six premiers personnages, יוסף et עזר, tandis que, dans le système de M. de Saulcy, ce devraient être ינתן et ידוע. Le monument reste donc sans date fixe; on ne peut en déterminer l'époque que par conjecture et d'une manière approximative. Mais dans ces données il nous semble que celui qui a émis l'opinion la plus probable est M. de Vogüé, car nous avons vu dans notre chapitre III qu'au deuxième siècle avant Jésus-Christ les Juifs d'Égypte, qui devaient alors suivre fidèlement les usages de ceux de la Palestine, se servaient encore de l'araméen des papyrus, et en même temps les monuments hébraïques du premier siècle de l'ère chrétienne nous offrent un type de caractères trop voisin encore de celui de l'inscription des Béni-Hézir, pour que l'on ne les considère pas comme de très-peu postérieurs.

2° *Fragment du Haram-esch-schérif.*

M. de Saulcy, lors de son second voyage à Jérusalem, a découvert dans le canal souterrain par où s'écoulaient les eaux du Temple, un fragment d'une belle écriture monumentale en grandes lettres gravées

---

(1) Voy. en outre Bonnetty, *Annales de philosophie chrétienne,* t. LXVIII, p. 416-433.
(2) I Chron. XXIV, 15.

profondément, à la première ligne duquel on lit clairement יהם, « il se taira », et à la seconde ‥ ן כל א‥, qui se complète naturellement et avec une certitude presque entière en הן כל אדם, « ici tout homme ». On en trouvera le fac-similé dans son *Voyage en Terre sainte* (1). M. de Saulcy conjecture, avec toute vraisemblance, que ce fragment doit provenir d'une des stèles-affiches en trois langues, hébreu, grec et latin, placées dans le Temple d'Hérode pour rappeler à l'observation du respect dû au lieu saint, et pour défendre aux Gentils d'outre-passer le parvis qui leur était réservé (2). Ce serait donc un monument à date certaine, dont l'époque coïnciderait assez exactement à celle que nous assignons au tombeau des Béni-Hézir. Or, la forme des caractères y est précisément celle de l'inscription de ce tombeau, seulement plus régulière et plus monumentale.

3° *Inscription d'un tombeau situé au nord-ouest de Jérusalem, sur la route du Tombeau des Juges.*

Cette inscription, dont il ne reste que le commencement, a été publiée par M. de Vogüé (3) et M. de Saulcy (4). Sa paléographie est très-voisine de celle des monuments datant du milieu du premier siècle de notre ère, dont nous allons parler immédiatement après ; mais, comme elle forme l'intermédiaire entre ces monuments et l'inscription du tombeau dit de saint Jacques, nous croyons qu'il faut la rapporter au commencement du même siècle.

4° *Inscription du tombeau dit des Rois, à Jérusalem.*

Lors de son dernier voyage à Jérusalem, M. de Saulcy a eu le bonheur de découvrir, dans une crypte inférieure encore inconnue du tombeau dit des Rois, un sarcophage inachevé portant une inscription, qu'il a rapporté au Musée du Louvre.

Cette inscription assez grossièrement gravée, que le savant auteur de

---

(1) T. II, p. 12.
(2) Joseph., *Ant. jud.*, XV, 11, 5.
On connaît l'admirable découverte, récemment faite par M. Clermont-Ganneau, d'un exemplaire grec de ces fameuses stèles : *Revue archéologique,* nouv. sér., t. XXIII, p. 214-234, 290-296, pl. X.
(3) *Revue archéologique*, nouv. sér., t. IX, pl. VII, n° 2. — *Le Temple de Jérusalem*, p. 151.
(4) *Voyage en Terre Sainte,* t. II, p. 207.

la découverte a publiée lui-même (1), se compose de deux lignes, l'une en syriaque estranghelo, l'autre en hébreu carré, parfaitement caractérisé, mais de date assez ancienne pour cette écriture. Nous n'avons pas à nous occuper ici de la première ligne, réservant les questions qui la concernent pour le chapitre suivant, où nous traiterons des écritures syriaques. Quant à la seconde, elle est ainsi conçue : צרה מלכתה ou צדה *Sadah* ou *Sarah*, *reine* ou *princesse*, avec une duplication fort bizarre des formes féminines dans le mot מלכתה, qui régulièrement devrait être מלכת ou מלכה.

M. Renan et M. l'abbé Bargès, l'un dans une communication verbale à l'Académie des inscriptions et belles-lettres (2), l'autre dans une note adressée aux journaux quotidiens, ont émis l'opinion que cette inscription datait du premier siècle de l'ère chrétienne, et se rapportait à une femme de la famille de la célèbre Hélène, reine d'Adiabène. M. de Saulcy, au contraire, a prétendu la faire remonter jusqu'au temps des rois de Juda.

Il est certain qu'elle ne peut pas être postérieure au siége de Jérusalem par Titus, puisqu'elle était déjà enfermée dans un des caveaux de la tombe dite des Rois lorsque le vestibule en servit de charnier de guerre pendant ce siége, ainsi que l'ont prouvé les fouilles de M. de Saulcy. D'un autre côté la forme des lettres est plus récente que celle de l'inscription du tombeau des Béni-Hézir, et incline vers celle des inscriptions de la catacombe de la *Via Portuensis*, dont nous allons parler dans un instant. Ces deux faits établissent des limites extrêmes d'où nous croyons impossible, en bonne critique, de faire sortir l'inscription du tombeau des Rois. Ils en fixent l'exécution dans la première moitié du premier siècle de l'ère chrétienne, quelque opinion, du reste, que l'on puisse se former sur ce qu'était la reine ou la princesse inconnue à l'histoire dont M. de Saulcy a retrouvé le sarcophage.

---

(1) *Annales de philosophie chrétienne*, t. XLVIII, p. 408-415. — *Voyage en Terre Sainte*, t. I, p. 385.

(2) Cette communication a été publiée depuis par M. Renan, avec d'importantes additions : *Journal asiatique*, décembre 1865, p. 550-560.

L'inscription d'un petit coffret à ossements découvert à Jérusalem nous offre un type de caractères qui se rapproche beaucoup de celui du sarcophage du tombeau des Rois, avec un ׳ tout à fait analogue à celui du fragment du Haram-esch-schérif. Elle a été publiée en fac-similé par M. de Saulcy (1) et très-bien expliquée par M. Renan (2), qui y lit מחפי יאיר, *theca Jairi*.

5° *Inscriptions de la catacombe juive de la* Via Portuensis, *à Rome.*

La catacombe d'où proviennent les monuments dont nous avons à nous occuper maintenant fut découverte au commencement du dix-septième siècle. Bosio (3) a raconté les circonstances de cette trou-vaille, à laquelle il avait assisté; de nos jours un éminent érudit, l'abbé Greppo, s'est attaché à expliquer dans une dissertation spéciale (4) les diverses particularités qu'offraient, d'après le rapport de l'illustre explorateur de la Rome souterraine, les sépultures juives du cimetière déblayé il y a deux cents ans, mais aujourd'hui perdu.

Les inscriptions provenant de cette catacombe sont actuellement dispersées dans les différents musées de l'Italie. A Rome il y en a au Capitole, dans la collection du Collége Romain et dans le cloître de Saint-Paul-hors-les-murs; il y en a aussi à Naples, dans le Musée Bour-bon, où elles sont venues avec une grande partie des marbres de la collection Borgia. Elles sont toutes conçues en grec ou en latin, mais au bas du plus grand nombre on remarque des formules tracées en ca-ractères hébraïques. Les noms propres des personnages indiquent le deuxième et le troisième siècle de Jésus-Christ. Des épitaphes juives de cette époque, avec des exemples du caractère carré tel qu'il était alors, sont des monuments assez intéressants pour que l'on ait lieu d'être surpris que les orientalistes n'en aient pas encore tiré parti. Mais cela s'explique lorsque l'on se rappelle que ces inscriptions, publiées pour la plupart dans d'anciens ouvrages d'épigraphie, n'ont jamais été don-nées en fac-similé; que dans les copies qui en existent à la disposition

(1) *Bulletin archéologique du Musée Parent*, p. 24.
(2) *Journal asiatique*, juin 1868, p. 539 et suiv.
(3) *Roma sotterranea*, l. II, c. 23. — Aringhi, *Rom. subterran.*, t. I, l. II, c. 23.
(4) *Notice sur des inscriptions antiques tirées de quelques tombeaux juifs à Rome*, Lyon, 1835, broch. in-8°.

des érudits, les mots hébreux qui les terminent sont rapportés avec la plus grande inexactitude dans la forme des lettres, de manière à être souvent méconnaissables.

Nous avons profité d'un de nos séjours à Rome, en 1860, pour relever avec le plus grand soin toutes les inscriptions provenant de la catacombe de la *Via Portuensis* qui existent dans les collections de la Ville éternelle, et nous avons surtout apporté une attention très-particulière à recueillir d'une manière exacte les formules en lettres hébraïques. Les types des caractères employés dans ces formules sont reproduits en fac-similé dans la sixième colonne de notre planche XV. Ici nous nous bornerons à donner en lettres cursives le texte des inscriptions, avec la leçon exacte des mots hébreux.

I. Au Collége Romain. L'inscription est gravée dans un cartel, sur un débris de sarcophage :

’Ενθάδε κεῖ–ται Φαυστίνα. — שלום (1).

Les symboles qui accompagnent cette inscription sont le chandelier à sept branches (2), la palme (3) et la corne (4), emblèmes fréquents sur les monuments juifs.

Le nom propre de la défunte, Faustine, indique la fin du deuxième siècle de notre ère ; il n'a pu, en effet, être porté que par une femme née sous Antonin le Pieux ou sous Marc-Aurèle, au temps d'une des deux impératrices du nom de Faustine.

II. Au Collége Romain :

’Ενθάδε κεῖται Τουβιᾶς [Βαρζαα]ρῶ—να καὶ Παρηγόριος υἱὸς Τουβιᾶ — Βαρ-ζααρῶνα.

---

(1) Lupi, *Epitaphium Severae martyris*, p. 177. — Muratori, t. III, p. MDCLXXIV, n° 3. — *Corp. inscr. graec.*, n° 9920.

Cette inscription ne provient pas, comme les autres, de la catacombe sise sur la *Via Portuensis*. Elle a été découverte, en 1732, auprès de la Voie Appienne.

(2) C'est le symbole qui caractérise d'ordinaire les monuments juifs. Il était peint sur les murailles de la catacombe de la *Via Portuensis*. On le trouve aussi sur des verres à figures d'or, d'origine juive : Buonaruotti, *Vetri antichi*, pl. II, n° 5 ; pl. III, n° 2. — Garrucci, *Vetri ornati di figure in oro*, pl. V.

(3) Sur ce symbole, voy. ce que dit le R. P. Garrucci, *Op. cit.*, p. 16.

(4) C'est le vase en forme de corne, où l'on conservait l'huile des onctions. Garrucci, *Op. cit.*, p. 17.

Hic est positus — Tubias Barzaha—rona et Parecorius filius — Tu-biae Barzaharona.

(1) שלום·שלום·שלום·שלום

Tubias Barzaharona est le nom propre טוֹבִיָּה בַּר זֹהָרָן, « Tobie, fils de Zaharon. » Ce dernier vient de la racine זהר, *splenduit,* et doit signifier *splendidus.* Quant à Παρηγόριος, c'est la traduction grecque d'un nom comme celui de נַחוּם.

Entre les premier et second, troisième et quatrième mots de la ligne hébraïque, le chandelier à sept branches est deux fois répété ; entre le second et le troisième mot on voit une grande feuille.

III. Cloître de Saint-Paul-hors-les-Murs :

'Ενθάδε κ[εῖ]τ[αι] (κιτε) Εἰρήν[η] — Παρθενικὴ σύμβιος — Κλωδίου, ἀδελφο[ῦ] (αδελφος) — Κου[ί]ντου Κλαυδίου — Συνεσίου πατρὸς — συναγωγῆς Καμπη—σίων Ῥώμης. — שלום (2).

Sur le sens du titre πατὴρ συναγωγῆς, ainsi que sur la Synagogue τῶν Καμπησίων, voyez ce qu'ont dit Osann et les auteurs du *Corpus inscriptionum graecarum* (3).

Le nom grec Εἰρήνη devait être d'autant plus volontiers adopté par les Juifs qu'il rappelait un nom de femme assez habituel chez eux, שְׁלֹמִית, *pacifica,* que les Évangiles rendent par *Salome.*

IV. Cloître de Saint-Paul-hors-les-Murs :

'Ενθάδε ἐκεῖθεν (4) — Σαββατὶς δὶς ἄρχων (5). — Ἔζησεν (ἐτῶν) ἔτη λε'. — 'Εν [ε]ἰρήνη κ[οί]μησις (ιρηνη κυμησις) αὐτοῦ. — שלום על ישראל (6).

(1) Inédite.

(2) Nicolai, *Basilica di S. Paolo,* p. 163, n° 270. — Osann, *Sylloge,* p. 472, n° 1. — *Corp. inscr. graec.,* n° 9905.

Dans ces différents ouvrages, les copies de ce monument sont extrêmement fautives, la fin de toutes les lignes manque, ce qui a fait croire à Osann et aux auteurs du *Corpus* que cette pierre contenait l'épitaphe d'un jeune homme appelé Παρθενικός. Quant au mot hébraïque qui termine, Nicolai a lu, et tous ceux qui sont venus après lui, ont répété, à la place de שלום, les lettres שצם, qui ne fournissent aucun sens.

(5) T. IV, p. 588.

(4) Forme barbare, produite par la confusion de κεῖται et de l'adverbe de lieu ἐκεῖθεν.

(5) Titre non encore expliqué d'une manière satisfaisante. Dans une autre inscription de la même catacombe on lit : Ἄρχων Καμπησίων καὶ Ἀγριπησίων. Voy. *Corp. inscr. graec.,* n° 9906.

(6) Nicolai, *Basilica di S. Paolo,* p. 163, n° 269. — Osann, *Sylloge,* p. 474 *bis,* n°s 11 et 13. — *Corp. inscr. graec.,* n° 9910.

Dans ces différentes copies, la phrase hébraïque est rendue fautivement שליבעל ישראל

Au milieu de la ligne hébraïque est le chandelier à sept branches, accompagné de deux cornes.

V. Cloître de Saint-Paul-hors-les-Murs :

Ενθαδε κιτεν Ιουδας — νιπιους εν ειρνε κυμυ—σες αοτου. C'est-à-dire : Ἐν-θάδε κ[εἴ]τ[αι] Ἰούδας ν[ή]πι[ο]ς. Ἐν εἰρ[ή]ν[η] κ[οί]μ[η]σ[ι]ς α[ὐ]τοῦ (1). ישראל.

Le chandelier à sept branches est encore figuré au bas de cette épitaphe, coupant en deux la ligne hébraïque.

Nous n'avons pas vu par nous-même et relevé les inscriptions analogues et provenant de la même catacombe, qui sont à Naples ; nous nous abstiendrons donc d'en parler.

On a découvert en septembre 1853 à Venosa, dans les anciens États napolitains, une autre catacombe juive, où l'on signale l'existence de vingt-quatre inscriptions portant des mots hébreux (2). Malheureusement aucune de ces inscriptions n'ayant été publiée jusqu'à ce jour, nous ne pouvons nous en servir et nous devons seulement les mentionner pour mémoire. Il en est de même de celles trouvées dans la même région, à Lavello, pendant le siècle dernier, et à Oria, en 1854 (3). La grande quantité de Juifs établis en Pouille et en Calabre jusqu'au quatrième siècle est attestée par une loi de l'empereur Honorius, rendue en 398 : *Vacillare per Apuliam et Calabriam plurimos ordines civitatum comperimus, quia Judaicae superstitiones sunt* (4).

6° *Épitaphes primitives des Juifs Karaïtes de la Crimée.*

Les communautés des Juifs Karaïtes de la Crimée prétendent remonter à la plus haute antiquité et rattacher leur origine aux dix tribus du royaume d'Israël, dont une fraction aurait été établie dans la Médie par les rois assyriens après la prise de Samarie, puis, plus tard, transportée au milieu des Scythes par Cambyse. Nous n'avons pas à examiner ici la valeur de ce roman, auquel certains savants ont prêté

---

(1) Nicolai, *Op. laud.*, p. 163, n° 268. — Marini, *Atti degli fratelli Arvali*, t. I, p. 342. — Osann, p. 172, n° 2. — *Corp. inscr. graec.*, n° 9919.

Au lieu de ישראל on a lu עראל.

(2) Murray, *Handbook for Southern Italy*, p. 361.

(3) Madden, *History of jewish coinage*, p. 319.

(4) *Cod. Theodos.*, XII, 1 ; p. 158.

une foi beaucoup trop grande. Mais il est un point certain aujourd'hui et prouvé par des monuments incontestables, c'est que les communautés juives dont descendent les Karaïtes d'aujourd'hui existaient déjà en Crimée et y étaient florissantes dès le commencement du premier siècle de l'ère chrétienne.

Il y a quelques années, un Karaïte très-riche et fort instruit, qui s'est entièrement voué à reconstituer l'histoire de ses coreligionnaires, M. Firkowitz, rapporta de la Crimée et particulièrement des antiques cimetières de Tchoufout-Kaleh et de Baktchi-Séraï, signalés par les voyageurs dès le siècle dernier, les copies de plusieurs centaines d'inscriptions hébraïques, pour la plupart extrèmement anciennes et dont certaines même, d'après leurs dates, étaient regardées par lui comme à peine postérieures à notre ère. Il déposa ces copies entre les mains de l'Académie impériale de Saint-Pétersbourg, avec une nombreuse collection de manuscrits dont nous aurons à reparler plus loin. Mais, en général, ses découvertes ne rencontrèrent qu'incrédulité parmi les savants; on ne voulut pas croire à l'authenticité ou du moins à l'ancienneté des inscriptions. M. Firkowitz repartit alors pour la Crimée et en rapporta des estampages des monuments que l'on contestait. C'est sur ces estampages que M. Chwolsohn a publié récemment dix-huit inscriptions, choisies parmi les plus vieilles et les plus intéressantes, dans le recueil de l'Académie de Saint-Pétersbourg (1); elles y sont reproduites en fac-similé et commentées dans un remarquable mémoire.

En présence des estampages il n'est plus possible de mettre en doute l'existence des monuments. La paléographie de leurs inscriptions ne permet pas non plus, nous croyons pouvoir l'affirmer hautement, d'en contester l'authenticité et l'ancienneté, non plus que la manière dont M. Firkowitz et M. Chwolsohn en ont interprété les dates. Ces dates sont exprimées au moyen de trois ères encore en usage parmi les Juifs karaïtes du Midi de la Russie : l'ère mondaine, comptée à dater de 369 avant J. C.; l'ère mondaine ordinaire, ou *grand comput,* appelé

1) VIIe série, t. IX, fasc. VII : *Achtzehn hebræische Grabschriften aus der Krim.*

sur ces monuments comput de Tamatarka ; puis une ère de l'exil, dont le point de départ est l'année 696 avant J. C., ce qui ne pourrait se rapporter qu'au pays d'Israël. Certaines doubles dates établissent leur coïncidence d'une manière positive et les déterminent avec certitude (1). On voit par là que, dès le premier siècle de notre ère, comme encore aujourd'hui, les Juifs de la Crimée avaient la prétention de descendre des Dix Tribus. En effet, les deux plus anciennes inscriptions de la collection portent des dates qui correspondent aux années 6 et 30 après J. C.

Dans ces deux inscriptions la forme des caractères est exactement conforme à ce que nous ont fourni les inscriptions de Jérusalem appartenant à la même époque, et certainement un faussaire, à quelque époque qu'il ait vécu, même de nos jours, n'aurait pas été capable d'inventer cette paléographie. Nous allons voir dans un instant que le type de l'écriture subit bientôt quelques modifications, légères mais pourtant appréciables, en Palestine et chez les Juifs établis dans les diverses parties du littoral de la Méditerranée. Dans les textes épigraphiques de la Crimée publiés par M. Chwolsohn, l'écriture ne suit pas exactement ces vicissitudes ; jusqu'à la fin du quatrième siècle nous la voyons demeurer conforme à son plus ancien type et comme immobilisée. Ceci, du reste, est pleinement d'accord avec les vraisemblances historiques. A dater de la prise de Jérusalem par Titus et de la ruine du Temple, le lien que les pèlerinages obligatoires à y faire établissaient nécessairement entre les Juifs de la Chersonèse Taurique et ceux de la Palestine s'était trouvé rompu, et par suite les communautés israélites du fond de la Mer Noire avaient dû vivre dans un profond isolement. Leur paléographie, pendant quelques siècles après cet évé-

---

(1) Voy. cependant les doutes élevés à ce sujet par M. de Vogüé : *Mélanges d'archéologie orientale*, II, p. 172-178. Le savant académicien pense que toutes les dates admises par M. Chwolsohn devraient probablement être abaissées de 151 ans. Cependant il reconnaît que le système de l'orientaliste de Saint-Pétersbourg offre des vraisemblances considérables au point de vue paléographique.

Il faut également voir, sur la valeur très-sérieuse de l'ère karaïte de l'Exil, qui ne coïncide pas avec la prise de Samarie, mais peut-être avec une seconde transportation postérieure, les remarques de M. Bosanquet dans Smith, *History of Assurbanipal*, p. 364-366.

nement, devait donc, suivant toutes les probabilités, se trouver en désaccord avec celle des autres Juifs et n'en pas suivre les changements. Par suite de cette circonstance, nous n'avons emprunté aux inscriptions de la Crimée, pour les faire figurer dans le tableau général de la planche XV, que les formes des lettres fournies par les deux textes de l'an 6 et de l'an 30 après J. C. Mais nous consacrons une planche spéciale, la planche XVI, à la paléographie de ces inscriptions; elle comprend dans ses huit colonnes la reproduction fidèle des lettres des huit monuments qui, dans la publication de M. Chwolsohn, s'échelonnent du premier au quatrième siècle. Ce sont, pour les énumérer dans l'ordre même des colonnes consacrées à chacun d'eux dans la planche XVI :

1° L'épitaphe de Bouqi, fils du cohen Isaac, datée de l'an 702 de l'exil (6 ap. J. C.). — Chwolsohn, pl. I, n° 1.

2° Celle de Rabbi Moïse le Lévite, datée de l'an 726 de l'exil (30 ap. J. C.). — Chwolsohn, pl. I, n° 2.

3° Celle de Sadoc le Lévite, fils de Moïse, datée de l'an 4000 de la Création, 785 de l'exil (89 ap. J. C.). — Chwolsohn, pl. I, n° 3.

4° Celle de Parlak, datée de l'an 4090 de la Création (179 ap. J. C.). — Chwolsohn, pl. II, n° 1.

5° Celle de Gouleph, fille de Schabthaï, datée de l'an 4108 de la Création (197 ap. J. C.). — Chwolsohn, pl. II, n° 2.

6° Celle de Toqtamisch, fils de Bakchi, datée de l'an 4173 de la Création (262 ap. J. C.). — Chwolsohn, pl. II, n° 3.

7° Celle de Hillel, fils de Rabbi Moïse, datée de l'an 4216 de la Création (305 ap. J. C.). — Chwolsohn, pl. III, n° 1.

8° Celle de Rabbi Joseph, fils de Rabbi Eliah, datée de l'an 4280 de la Création, 1065 de l'exil (369 ap. J. C.). — Chwolsohn, pl. III, n° 2.

Nous ignorons si la collection Firkowitz renferme quelques estampages d'inscriptions du cinquième et du sixième siècle, mais la publication de M. Chwolsohn n'en contient pas. En revanche, elle en comprend quatre du septième et du huitième siècle. Nous n'en parlerons pas en ce moment, mais nous y reviendrons un peu plus loin. Ces inscriptions ne nous offrent plus, en effet, la paléographie immobilisée de celles du premier au quatrième siècle; l'écriture y suit les vicissitudes que l'on observe dans les monuments des communautés juives des autres contrées à la même époque. Les Juifs de la Crimée étaient donc bien évidemment, dans l'intervalle entre le quatrième et le septième siècle, et sans aucun doute par l'intermédiaire de Constantinople qui venait de se fonder, sortis de leur isolement, et avaient renoué des relations avec les principaux centres de la vie de leurs coreligionnaires. Il est à noter que les traditions des Karaïtes du Midi de la Russie, auxquelles on ne saurait accorder, du reste, une confiance implicite, placent à cette même époque des rapports entre leurs ancêtres et l'école rabbanite de Babylone.

7° *Inscriptions des synagogues de Kefr-Bereim, en Galilée.*

Ces inscriptions sont au nombre de deux, l'une monumentale et dédicatoire, l'autre plus cursive et d'une exécution moins soignée, contenant un simple nom propre, probablement de pèlerin. Mais malgré ces différences dans leur exécution on peut les regarder comme environ contemporaines l'une de l'autre.

Elles ont été publiées par M. Renan (1), qui les attribue à la fin du deuxième siècle, d'après les données archéologiques, linguistiques et paléographiques, qui toutes concordent pour indiquer cette époque. La langue, en effet, bien qu'hébraïque, renferme un certain nombre de mots du dialecte de la Mischna, et la forme des lettres, quelque peu postérieure à celle de l'inscription du tombeau des Rois, est du même temps qu'une partie des épitaphes de la catacombe de la *Via Portuensis*.

8° *Poteries cabalistiques de Babylone.*

M. Layard, dans le cours de ses précieuses explorations, a découvert à Babylone toute une série de coupes en terre cuite, aujourd'hui déposées au Musée Britannique, lesquelles portent à l'intérieur de lon-

---

(1) *Journal asiatique*, décembre 1864, p. 531-540. — Voy. un article de M. de Saulcy, dans la *Revue archéologique*, nouv. sér., t. II, p. 69-73. — Frankel, *Monatsschrift für Geschichte und Wissenschaft des Judenthums*, avril 1865. — Geiger, *Jüdische Zeitschrift*, 3e année, p. 230 et suiv. — Et un nouveau travail de M. Renan, *Journal asiatique*, décembre 1865, p. 561-569.

gues inscriptions d'une nature cabalistique, tracées en caractères hébreux et avec un dialecte analogue à l'idiome mischnique (1).

Ces coupes et leurs inscriptions ne sont pas toutes de la même date. On peut y distinguer deux types de caractères distincts, correspondant à deux époques. Le plus ancien, bien manifestement, est celui que l'on remarque sur les coupes désignées sous les n°⁵ 1-4 dans l'ouvrage de M. Layard ; le plus récent, celui du n° 5.

M. Renan (2) a démontré de la manière la plus convaincante que, d'après la langue même dans laquelle sont conçues les inscriptions des coupes de terre cuite de Babylone, les idées de kabbale qu'elles renferment, enfin la présence dans la même découverte d'autres vases portant des textes analogues en lettres syriaques, les plus anciens de ces monuments ne pouvaient pas être antérieurs au quatrième ou au cinquième siècle de notre ère, c'est-à-dire à l'époque de la grande école juive des bords de l'Euphrate, qui produisit le Talmud de Babylone. Quant aux plus récents, le docteur A. Levy, dont le jugement fait autorité en pareille matière, les considère comme descendant jusqu'au septième siècle (3).

9° *Inscription de la colonne sous El-Aksa.*

M. de Saulcy a découvert et publié (4) une inscription hébraïque tracée sur le fût de la fameuse colonne monolithe des souterrains au-dessous de la mosquée El-Aksa, dans le Haram-esch-Schérif ou enceinte du Temple de Jérusalem. C'est le proscynème de deux pèlerins juifs, Jonas et Schabthiyah sa femme, venus de Sicile pour prier dans le Temple ou sur son emplacement. Semblable inscription ne peut avoir été gravée en ce lieu qu'avant le règne d'Hadrien, avant l'expulsion des Juifs de Jérusalem devenue la colonie Ælia Capitolina, ou bien sous le règne de Julien l'Apostat, lorsque ce prince entreprit de relever le Temple de Salomon pour faire mentir les prophéties. La

(1) Layard, *Nineveh and Babylon*, p. 509-526.
(2) *Histoire des langues sémitiqnes*, 1ʳᵉ édition, p. 66.
(3) *Geschichte der jüdischen Münzen*, p. 142. — Cf. Madden, *History of jewish coinage*, p. 316.
(4) *Voyage en Terre Sainte*, t. II, p. 326.

forme des caractères de ce proscynème n'est aucunement celle des inscriptions du premier et du deuxième siècle que nous avons passées en
revue; elle coïncide au contraire avec la paléographie des plus anciennes coupes de Babylone. Il faut donc rapporter l'inscription de la
colonne sous El-Aksa au temps de Julien, et pour notre compte nous
n'hésitons pas à l'enregistrer comme un monument du milieu du quatrième siècle.

10° *Inscription de Byblos.*

C'est par M. Renan que cette inscription a été découverte au milieu
des ruines de Djébaïl, l'antique Byblos, et publiée (1). Elle se compose
de fragments de cinq lignes, mais est trop mutilée pour qu'on en
puisse déterminer avec certitude le sens, qui paraît cependant avoir
été religieux. Les lettres s'y reconnaissent, du reste, fort bien, et nous
paraissent être du commencement du quatrième siècle, car, quoique
très-analogues à la paléographie des coupes de Babylone et de l'inscription de la colonne sous El-Aksa, elles offrent quelques particularités qui dénotent une date un peu plus ancienne.

11° *Inscription d'Arles.*

C'est encore au quatrième siècle que je crois devoir rapporter le
beau fragment d'inscription hébraïque conservé au Musée d'Arles et
provenant des Aliscamps. La date m'en paraît ressortir clairement
de sa paléographie. Je n'en parle, du reste, que pour mémoire, car
il est encore inédit, bien que méritant toute l'attention des savants
et digne d'être publié en fac-similé. C'est l'épitaphe d'un personnage
du nom de מאיר.

12° *Inscriptions des États des rois wisigoths.*

Nous rangeons sous cette rubrique la précieuse inscription trilingue,
hébraïque, latine et grecque, découverte à Tortose en Espagne, que
MM. Le Blant et Renan ont publiée en fac-similé et expliquée dans un
savant commentaire (2), puis celle d'une pierre de Narbonne. Cette

(1) *Mission de Phénicie*, p. 193.
(2) *Revue archéologique*, nouv. sér., t. II, p. 345-350. — Renan, *Journal asiatique*, décembre
1865, p. 569 et suiv. — Voy. aussi la dissertation postérieure de M. Derenbourg, *Journal asiatique*, septembre-octobre 1867, p. 354-358.

dernière, citée par MM. Le Blant et Renan (1), n'a pas encore été donnée en fac-similé. Elle est latine, mais elle porte à sa neuvième ligne les mots שלום על ישראל.

L'inscription de Narbonne est datée du règne d'Egica (687-701); celle de Tortose, comme l'ont reconnu avant nous ses savants éditeurs, doit être un peu plus ancienne et remonter à la fin du sixième ou au commencement du septième siècle.

C'est de la même époque qu'est certainement l'épitaphe d'un certain Samuel, découverte à Vienne en Dauphiné, et conservée dans le Musée de cette ville. Elle présente en effet identiquement le même type de caractères. Comme tous les monuments de l'ancienne épigraphie juive du midi de la France, elle demeure inédite.

13° *Épitaphes karaïtes de la Crimée.*

L'important mémoire de M. Chwolsohn auquel nous avons fait tout à l'heure de nombreux emprunts, contient les fac-similés de quatre épitaphes de Juifs karaïtes, provenant de Tchoufout-Kaleh et de Baktchi-Seraï, dont les dates se rapportent au septième et au huitième siècle :

1. Celle d'Esther, fille de Salomon, datée de l'an 4536 de la Création, 4365 de l'ère de Tamatarka (625 apr. J. C.). — Chwolsohn, pl. III, n° 3.

2. Celle de Severgelin, fille de Rabbi Lévi, datée de l'an 4581 de la Création (670 apr. J.-C.). — Chwolsohn, pl. IV, n° 1.

3. Un fragment daté de l'an 4589 de la Création (687 apr. J.-C.).— Chwolsohn, pl. IV, n° 2.

4. L'épitaphe d'Aini, fils d'Eliasaph, datée de l'an 4630 de la Création (719 apr. J.-C.). — Chwolsohn, pl. IV, n° 3.

La troisième est tellement mutilée qu'on n'y voit qu'un très-petit nombre de lettres, mais les autres sont en excellent état.

Nous avons déjà dit plus haut que ces inscriptions n'offraient plus le même type paléographique immobilisé que celles de la même contrée qui ont été gravées du premier au quatrième siècle. Elles suivent

_____

(1) *Revue archéologique,* nouv. sér., t. II, p. 348.

les changements et les vicissitudes de la paléographie des monuments hébraïques du même temps dans les autres contrées, et méritent d'être comptées au nombre des monuments les plus intéressants pour l'histoire du caractère carré.

14° *Inscriptions juives d'Aden.*

Ces inscriptions, rapportées au Musée Britannique où l'on peut maintenant les consulter, sont au nombre de quatre. Deux portent des dates, sur l'une correspondant à 707-708 de l'ère chrétienne, sur l'autre à 916-917 (1). Elles représentent deux paléographies bien distinctes. La plus récente offre cette particularité curieuse de la substitution au א hébraïque de la lettre correspondante dans l'alphabet himyaritique, ሕ. La plus ancienne a été publiée par le docteur A. Levy (2).

15° *Alphabet du manuscrit des Jésuites.*

Montfaucon a découvert dans un manuscrit grec des Lamentations de Jérémie d'après le texte des Septante, datant du huitième siècle, qui faisait partie de la bibliothèque des Jésuites du collége Louis-le-Grand, un alphabet hébraïque évidemment tracé par un calligraphe qui avait des notions solides sur cette langue. Publié d'abord par l'illustre éditeur des *Hexaples* d'Origène (3), et plusieurs fois reproduit depuis (4), cet alphabet, que l'on a pris l'habitude de désigner par le nom d'*Alphabetum Jesuitarum,* acquiert une grande autorité par sa comparaison avec les monuments juifs aujourd'hui connus des septième et huitième siècles, et doit avoir sa place dans l'histoire du caractère encore en usage pour écrire l'hébreu.

16° *Manuscrits primitifs des Juifs karaïtes du midi de la Russie.*

La bibliothèque de Saint-Pétersbourg se vante de posséder les plus anciens manuscrits hébraïques de l'Europe, manuscrits qui proviennent tous des synagogues karaïtes de la Crimée.

---

(1) Madden, *History of jewish coinage;* p. 318.

(2) *Zeitschr. der Deutsch. morgenl. Gesellsch.,* t. XXI, p. 156 et suiv.

(3) *Prolegomen. ad* Origen., *Hexapl.,* p. 22.

(4) *Nouveau traité de diplomatique,* t. I, part. II, pl. VIII, col. 1. — Cf. Gesenius, *Geschichte der hebr. Sprache,* p. 177. — Kopp, *Bilder und Schriften,* t. II, p. 275.

C'est d'abord une série de rouleaux du Pentateuque, qui faisait partie de la collection Firkowitz (1). Tous ces rouleaux portent des souscriptions datées, dont la plus ancienne est ainsi conçue :

הוקדש פה

ק׳ טמטרקא

לפנים טמירקא

ש׳ אשדת ליצ׳ה׳

א׳ק׳פ׳ה׳ לגלותנו

« Dédié ici à la communauté (2) de Tamatarka (3), autrefois Tami-
« raka, l'an 4400 de la Création, 1185 de notre exil. »

Cette double date, d'après le comput en usage chez les Juifs karaïtes de la Crimée et dont nous avons déjà vu plus d'un exemple, correspond à celle de l'an 489 de l'ère chrétienne.

D'autres rouleaux de la même collection portent les dates : 1335 de l'exil = 639 ap. J.-C.; 1460 de l'exil = 764 ap. J.-C.; 4541 de la Création = 781 ap. J.-C. ; 1485 de l'exil et [4]700 de la Création = 789 ap. J.-C. ; 1494 de l'exil = 798 ap. J.-C. ; 4565 de la Création et 1501 de l'exil = 805 ap. J.-C. ; [4]726 de la Création = 815 ap. J.-C.; 1544 de l'exil = 848 ap. J.-C. ; 4608 de la Création = 848 ap. J.-C. La plupart contiennent des récits historiques, principalement sur les princes khazars ; il en est même un dont la souscription, très-développée, renferme tout le roman sur les Dix Tribus et leur transplantation, d'abord en Médie, puis en Crimée.

On conçoit quel serait l'intérêt de ces manuscrits dont les souscriptions s'échelonneraient depuis le cinquième jusqu'au neuvième siècle, si l'authenticité de leurs dates était parfaitement certaine. Mais ils ne sont pas dans le cas des épitaphes lapidaires de la même contrée. M. Wright (4), M. Neubauer et M. Munk (5), ont élevé sur ce sujet

---

(1) Voy. Chwolsohn, dans les *Mém. de l'Acad. de Saint-Pétersb.*, VIIᵉ série, t. IX, fasc. VII, p. 40-80.

(2) ק׳ est évidemment l'abréviation de קהל ou קהילת.

(3) Aujourd'hui *Taman*.

(4) *Journal of sacred literature*, janvier 1864, p. 476.

(5) *Journal asiatique*, 1865, p. 543 et suiv.

les doutes les plus sérieux, en relevant toutes les impossibilités historiques et géographiques que renferment les souscriptions des rouleaux
de la collection Firkowitz. En présence de l'autorité de ces savants,
nous avons cru plus prudent de laisser entièrement de côté les manuscrits dont ils contestent l'ancienneté, et dont, du reste, aucun fac-
similé n'a été publié jusqu'ici. Remarquons aussi qu'un des savants
qui ont le plus fermement cru à l'authenticité des souscriptions des
rouleaux de la collection Firkowitz, M. Grætz (1), est obligé de reconnaître qu'une partie, et surtout les plus développées, ne peuvent être
tenues que pour des compositions purement imaginaires, combinées
dans un esprit de mystification et pour illustrer en même temps que
pour vieillir sa race, par quelque Karaïte de date récente.

Les mêmes doutes ne sauraient s'élever sur le compte des manuscrits décrits par Pinner alors qu'ils se trouvaient encore à Odessa (2).
Le plus certainement ancien et le plus précieux pour la science porte
une date correspondant à l'an 916 de Jésus-Christ, et contient Isaïe,
Jérémie, Ezéchiel et les Petits Prophètes. Il y a déjà des points-
voyelles, mais disposés d'après un système particulier sur lequel nous
reviendrons dans la suite de ce chapitre. Le docteur A. Levy en a publié l'alphabet (3).

M. Heidenheim (4) avait cru découvrir au Musée Britannique un
manuscrit des Prophètes datant du sixième ou du huitième siècle. Mais
cette opinion ne saurait être admise, et le manuscrit que le savant allemand voulait faire remonter si haut ne peut pas être regardé comme
antérieur au treizième siècle (5).

La revue que nous venons de faire de tous les monuments connus
d'une date ancienne du caractère hébreu carré, nous a conduits depuis

(1) *Geschichte der Juden,* t. V, p. 551.
(2) *Prospectus der der Odessæer Gesellschaft gehœrenden æltesten hebræischen und rabbinischen Handschriften,* Odessa, 1845.
(3) *Zeitschr. der Deutsch. Morgenl. Gesellsch.,* t. IX, p. 478 et suiv.
(4) *Deutsche Vierteljahrschrift,* t. 1, p. 259.
(5) Voy. Madden, *History of jewish coinage,* p 318.

le premier siècle avant l'ère chrétienne jusqu'au seuil du onzième siècle de cette ère, époque où l'écriture employée par les Juifs à la transcription des Livres Saints prit définitivement la forme calligraphique qui s'immobilisa jusqu'à nos jours et a été adoptée pour les types de l'imprimerie.

La planche XV contient un tableau dans lequel nous avons réuni, en les classant dans l'ordre chronologique de leurs dates, les signes d'écriture que fournissent les principaux des monuments que nous avons passés en revue. Ce tableau permettra de suivre siècle par siècle les vicissitudes de l'existence du caractère carré, et ses évolutions pendant la longue période de onze cents ans qui s'étend depuis sa première apparition jusqu'à sa régularisation complète.

II.

Depuis Kopp et Gesenius, l'opinion générale considère l'hébreu carré comme sorti de l'araméen tertiaire ou palmyrénien. En effet, dans sa dernière forme, la seule que l'on ait connue pendant bien longtemps, cet alphabet approche plus du palmyrénien que d'aucune des écritures antérieures. Mais il n'en est plus de même si l'on prend le type premier de l'inscription des Béni-Hézir, depuis lequel nous avons suivi les évolutions de l'alphabet carré jusqu'au type des manuscrits du moyen âge. C'est avec l'araméen des papyrus que ce premier type offre une ressemblance étroite, c'est de l'araméen des papyrus qu'il procède manifestement. Si plus tard, dans le cours de ses évolutions propres, l'alphabet carré en est venu à offrir plus de ressemblance avec le palmyrénien, cela tient à ce que les deux écritures se sont modifiées parallèlement pendant la durée de leur existence, par l'action de tendances très-analogues qui étaient dans leur essence à l'une et à l'autre. L'écriture des Palmyréniens ou plutôt de tous les Araméens septentrionaux et l'écriture carrée des Hébreux ne sont donc pas, comme on l'avait cru, une fille et une mère, mais deux sœurs,

sorties d'une même souche, qui se sont développées simultanément,
l'une à côté de l'autre.

Pour justifier cette assertion il nous suffira de mettre en regard,
dans un même tableau comparatif (planche XVII), la forme la plus ancienne de l'hébreu carré et la forme la plus récente de l'araméen des
papyrus, celle que révèle le papyrus du Louvre et qui a dû être en
usage, soit à la fin du deuxième soit au commencement du premier
siècle avant l'ère chrétienne. La filiation que nous indiquons ressortira
incontestable de ce tableau et l'on y verra combien de l'un à l'autre
alphabet la transition est insensible.

En se reportant au tableau comparatif de l'araméen des papyrus et
du palmyrénien, que nous avons donné dans la planche XII, le lecteur devra remarquer que l'hébreu carré sous sa forme première est
moins éloigné que le palmyrénien du type graphique qui leur a donné
naissance à tous deux; la transition de ce côté s'est faite d'une manière
encore plus graduelle.

Un petit nombre d'observations nous suffiront au sujet des changements de formes que certaines lettres ont subies en passant de l'araméen des papyrus dans l'hébreu carré, changements qui tiennent à des
tendances essentielles de l'écriture, qui par conséquent ont été en se
prononçant toujours davantage à mesure que l'alphabet hébraïque
voyait son existence se prolonger, et du premier au douzième siècle
l'ont éloigné de plus en plus de l'araméen des papyrus. La plupart des
tendances qui ont produit ces changements sont communes à toutes
les écritures d'origine araméenne.

Nous voyons d'abord les anciennes boucles des lettres phéniciennes
ב, ד et ר, dont l'ouverture avait constitué la particularité distinctive
de l'araméen primitif, s'ouvrir chaque jour davantage et finir par disparaître entièrement pour faire place à un trait horizontal.

Les hastes des lettres כ, מ, נ, ס, פ et צ se replient définitivement
vers la gauche. Nous avons noté précédemment, en parlant des alphabets araméens, la première apparition et les développements successifs
de cette tendance, très-marquée déjà dans l'araméen tertiaire ou palmyrénien. Elle est encore plus sensible dans l'hébreu carré, et surtout

la partie de cette haste qui en se courbant est devenue horizontale, égale comme longueur et comme importance la partie verticale.

Dans le ם même, que l'araméen des papyrus figurait 𐤟, ce trait horizontal se replie encore une fois en se redressant à son extrémité et vient se confondre avec ce qui reste de la partie dentelée qui surmontait le caractère primitif, de manière à produire une lettre entièrement fermée, ▽, qui devient ם dans l'écriture des manuscrits du moyen âge, adoptée par notre typographie.

Une figure presque entièrement semblable est celle du מ, lorsqu'il est placé à la fin des mots. Mais ici ce n'est pas le trait horizontal qui se redresse; il se prolonge seulement de manière à se joindre avec le trait descendant placé à la gauche du caractère. Dans plusieurs autres écritures sorties de la souche araméenne nous retrouverons la figure fermée en usage pour le מ dans tous les cas sans exception. En hébreu cette forme, par une élégance de calligraphes, est réservée pour le rôle de finale.

Le nombre des lettres dont la forme se modifie à la fin des mots est, en effet, beaucoup plus considérable en hébreu que dans les alphabets étudiés par nous précédemment, et constitue une des élégances de cette écriture. Dans l'araméen des papyrus nous avons constaté l'existence de formes finales pour le ך et pour le ן; dans le palmyrénien, où les mots ne sont pas séparés, nous n'en avons trouvé que pour le ן. L'hébreu carré en possède pour le ך, le ם, le ן, le ף et le ץ (1). A part celle du ם, qui est fermée, ainsi que nous venons de le dire, toutes ces formes se distinguent de la figure des mêmes lettres au commencement et au milieu des mots, en ce que les hastes primitivement droites cessent d'être courbées vers la gauche, reprennent leur

_____

(1) Le ף final se montre à nous pour la première fois dans les inscriptions de Kefr-Bereïm, le ך sur les coupes de Babylone. Par une circonstance curieuse, aucun des monuments anciens que nous avons étudiés dans notre premier paragraphe ne renferme de mots terminés par ץ. Mais nous savons positivement que pour ces différentes lettres l'écriture carrée a toujours eu des formes finales distinctes des formes initiales et médiales. Il en est question, en effet, dans le Talmud, dans saint Jérôme et dans le quatrième chapitre du traité d'Epiphanius, *De ponderibus et mensuris* (cf. Leusden, *Philol. hebr.*, p. 128. — Tychsen, dans le *Repertorium für bibl. und morgenlænd. Literatur*, part. III, p. 140. — Gesenius, *Geschichte der hebr. Sprache*, p. 172).

ancienne direction et se prolongent verticalement au-dessous de la ligne. Par suite, le ד, le ן, le ף, le ץ, dans leur figure de la fin des mots, reviennent à un type plus voisin de celui des papyrus araméens du troisième siècle avant l'ère chrétienne que de celui des papyrus du commencement du premier siècle.

Enfin, et ce caractère qui marque l'écriture carrée dans toutes ses formes et à toutes les époques de son existence, mais cependant prend plus de développement avec le temps, fera l'objet de notre dernière observation, les confusions possibles entre certaines lettres, dont plusieurs existaient déjà dans l'araméen secondaire et dans l'araméen des papyrus, se multiplient en hébreu carré dans une proportion très-considérable. Elles constituent pour les commençants une des plus sérieuses difficultés dans l'exercice de la lecture hébraïque et ont marqué leur trace dans les nombreuses variantes de leçons qui surchargent les marges des Bibles en hébreu.

III.

Nous avons constaté que l'hébreu carré ne constituait pas essentiellement autre chose qu'une modification ou évolution particulière de l'écriture araméenne, parallèle au palmyrénien. Ceci nous servira beaucoup pour éclaircir la question d'origine et de date de ce caractère. Mais avant d'aller plus loin nous devons rechercher dans les traditions des rabbins ce qui se rapporte à cette question.

Il nous faut d'abord rappeler le passage du Talmud de Babylone, que nous avons cité dans la partie précédente de notre Essai (p. 176), à l'occasion de l'écriture primitive des Hébreux : « D'abord la Loi a « été donnée aux Israélites dans l'ÉCRITURE HÉBRAÏQUE (בכתב עברי) et « la langue sainte; ensuite elle leur fut donnée de nouveau du temps « d'Esdras dans l'ÉCRITURE ASSYRIENNE (אשורית) et la langue araméenne. Or les Israélites choisirent pour eux l'écriture ASSYRIENNE « et la langue sainte, laissant aux ignorants l'écriture HÉBRAÏQUE et la

« langue araméenne. Qui sont ces ignorants? Rabbi Khasda dit : Les
« Cuthéens (Samaritains) (1). » On lit encore au commencement du
même traité du même livre : « Quoique la Loi n'ait pas été donnée par
« sa main (d'Esdras), cependant l'écriture fut changée par sa main ;
« d'où vient le nom de cette écriture, אשורית, parce qu'elle monta
« avec eux d'Assyrie. » Le Talmud de Jérusalem contient des expressions analogues (2).

Par suite de ces traditions, le nom de l'écriture carrée chez les Juifs
était celui d' « écriture assyrienne », כְּתָב אַשּׁוּרִית (3), employé au
moins aussi fréquemment que celui de כְּתָב מְרֻבָּע. Dans ce nom et
dans les passages des deux Talmuds, le nom d'Assyrie, nous n'avons
pas besoin de le faire remarquer, est mis pour celui de Chaldée, comme
on le trouve très-fréquemment dans les Livres Saints (4). Quelques
docteurs juifs ont voulu raffiner sur le sens de l'appellation כְּתָב
אַשּׁוּרִית. Rabbi Judas le Saint (5) nomme le caractère carré מְאֻשֶּׁרֶת,
(scriptura) beata, beatifica, comme servant à la transcription des Écritures, par opposition avec le caractère plus cursif dont les lettrés juifs
faisaient usage pour leurs correspondances et pour les autres rapports
ordinaires de la vie. Enfin, parmi les chrétiens, Michaëlis (6) a prétendu tirer אַשּׁוּרִית de la racine אָשַׁר, « être droit » ; כְּתָב אַשּׁוּרִית,
dans son opinion, aurait donc désigné une « écriture droite, aux traits
droits », et par conséquent aurait été un équivalent assez exact de
כְּתָב מְרֻבָּע, « écriture carrée ».

La tradition que nous venons de trouver dans les écrits des rabbins
était déjà connue et adoptée par Origène et par saint Jérôme. Le premier de ces Pères dit en effet : Φασὶ τὸν Ἔσδραν ἑτέροις χρήσασθαι (γράμμασι)
μετὰ τὴν αἰχμαλωσίαν (7). Quant à saint Jérôme, il est encore plus affirmatif dans l'adoption de cette opinion traditionnelle : Ceterum est,

---

(1) Tr. Synhédrin, sect. 2, fol. 21, col. 2, et fol. 22, col. 1.
(2) Tr. Megillah, fol. 71, col. 2.
(3) Buxtorf, Lexic. Talmud., p. 241 ; Dissert. philol. theol., p. 235.
(4) Levitic., XXIV, 22 et 24. — Cf. Bertholdt, Einleit. in das Alt und Neu Testam., p. 793.
(5) Buxtorf, Lexic. Talmud., p. 241 ; Dissert. philol., theol. p. 235.
(6) Biblioth. Orient., t. XXII, p. 133.
(7) Hexapl., t. I, p. 86, ed. Montfaucon ; t. II, p. 94, ed. Bahrdt.

*Esdram scribam legisque doctorem, post captam Hierosolymam, et ins-
taurationem templi sub Zorobabel, alias litteras reperisse, quibus nunc
utimur; cum ad illud usque tempus iidem Samaritanorum et Hebraeorum
characteres fuerint* (1).

On le voit, cette tradition a pour elle une antiquité respectable, et ce
qui lui donne une sérieuse valeur est : 1° d'avoir conservé le souvenir
de l'identité de l'écriture primitive des Hébreux avec celle qu'ont gar-
dée plus tard les Samaritains; 2° de concorder exactement avec les résultats, certains croyons-nous, que nous a fournis l'étude paléographique des monuments eux-mêmes. Elle mérite donc de notre part la
plus sérieuse attention, et doit suffire pour nous faire rejeter dès l'abord,
sans entrer dans une longue discussion où nous n'aurions qu'à reproduire les mêmes faits énoncés déjà par nous, l'opinion de quelques
rabbins d'époque postérieure (2), adoptée par Buxtorf le Jeune (3) et
par quelques autres hébraïsants (4), renouvelée de nos jours par M. de
Saulcy (5), opinion d'après laquelle l'écriture carrée aurait remonté
aux plus anciens temps juifs et aurait été en usage, comme écriture
sacrée, en même temps que le caractère d'où est sorti le samaritain
servait d'écriture vulgaire (6). Le texte de la Bible lui-même proteste

(1) *Prolog. galeat. ad lib. Regum; Opp.,* t. IV, p. 7.

(2) Obad. Bartenora *ad Mischnam, truct. Jadaim,* c. 4, n° 5. — Rabbi Jacob, *in En Israël,*
fol. 413. — Gedalja, *Schalscheleth in Hakkabala,* fol. 89.

(3) *De litterarum hebraicarum genuina antiquitate,* inséré dans ses *Dissert. philol. theol.,*
diss. 4.

(4) Alting, *Fundamenta punctationis,* § 2. — Wasmuth, *Vindiciae sacrae hebraicae scriptu-
rae,* p. 35 et suiv. — Gousset, *Comment. ling. hebr.,* v° סָפַר, p. 567; — Hottinger, *Exercitat.
antimor.,* p. 33 et suiv. — Frœlich, *Annal. reg. Syr.,* prolegomen., p. 75. — G. O. Tychsen,
Tentamen, p. 63.

(5) *Annales de philosophie chrétienne,* t. LXVIII, p. 408-415; *Revue archéologique,* nouv.
sér., t. XI, p. 137-153.

(6) Un des principaux arguments sur lesquels se fondait cette opinion était la mention dans
la Bible à certains passages d'une écriture compréhensible pour tout le monde, qui semble supposer celle d'une écriture plus relevée, mais en même temps plus obscure.

Ainsi on lit dans le livre de Josué (VIII, 1) : « Prends une grande table et écris dessus en
« caractères humains, בְּחֶרֶט אֱנוֹשׁ. On trouve également en chaldaïque l'expression כתב
מפרש, « écriture distincte, claire, » et Buxtorf expliquait dans ce sens la phrase de Habacuc
(II, 2) : כְּתֹב חָזוֹן וּבָאֵר « écris ce que tu as vu, et (cela) très-clairement; » mais, il faut l'avouer,
ce passage a un sens trop clair et trop simple pour que l'on soit obligé de recourir à une interprétation si recherchée.

contre cette opinion, car nous avons vu dans la partie précédente de notre Essai (p. 178) ses variantes de leçons porter témoignage du fait qu'à une certaine époque les Livres Saints ont été écrits avec l'alphabet d'où est dérivé le samaritain, alphabet qui jouait donc alors le rôle d'écriture sacrée aussi bien que d'écriture vulgaire.

IV.

Maintenant, dans quelle mesure et de quelle manière devons-nous accepter le témoignage de la tradition juive? car nous ne saurions plus aujourd'hui l'adopter purement et simplement, sans contrôle et sans modification, comme l'ont fait un assez grand nombre d'érudits avant de posséder tous les documents et tous les moyens de comparaison qui sont maintenant à notre disposition (1).

En effet, si ces traditions contiennent, ainsi que nous venons de le dire, certaines choses qui ne permettent pas de les traiter avec mépris, il y a d'autres de leurs assertions qu'il est impossible de prendre au pied de la lettre. Quelque antiquité que l'on soit disposé à accorder au caractère carré, quelque déterminé que l'on soit à rejeter les idées de Kopp (2) sur la date tout à fait récente de ce caractère, on ne saurait cependant le faire remonter, soit sous la forme première que nous présente l'inscription des Béni-Hézir, soit encore moins sous celle qu'on trouve dans les manuscrits, jusqu'à l'époque du retour de la captivité.

Les papyrus du musée de Turin et de la collection Blacas nous four-

---

(1) Rabbi Joseph Albo, in *Sepher Ikkarim*, III, 16; fol. 81, col. 2.—Morin, *Exercit. in Penta-teuch. sam.*, p. 91 et suiv.—Scaliger, *Animadv. ad Euseb. Chronic.*, p. 62. — Capelle, *Arcanum punctorum*, I, 6; *Diatribe de veris et antiquis Hebraeorum litteris*, Amsterdam, 1645. — Walton, *Prolegomen.*, part. III, p. 30 et suiv. — Houbigant, *Prolegomen.*, p. 49. — Dobrowsky, *De antiquis Hebraeorum characteribus*, Prague, 1785, in-8°.— Eichhorn, *Einleit. in das Alt. Tes-tam.*, § 64. — Augusti, *Einleit.*, p. 35. — Bertholdt, *Einleit.*, § 49. — Hug, *Geschichte der Buchstabenschrift*, p. 6.

(2) *Bilder und Schriften*, t. II, p. 166 et suiv.

nissent ici une date positive et précieuse. Ils nous attestent, en effet,
qu'au troisième et au deuxième siècle avant Jésus-Christ les Juifs employaient pour leurs livres, non l'écriture carrée telle qu'elle s'est définitivement formée plus tard et qu'elle leur est devenue propre, mais
l'alphabet commun à tous les Araméens, qui (nous l'avons montré tout
à l'heure) a été la source de cette écriture carrée. Leur témoignage est
pleinement confirmé par la précieuse découverte qu'a faite M. de
Saulcy (1) d'une inscription, conçue dans un caractère exactement
semblable à celui des papyrus Blacas, laquelle est peinte en couleur
rouge, maintenant à demi effacée par les siècles, sur une paroi des
substructions antiques supportant la mosquée El-Aksa, dans le Haram-
esch-Schérif de Jérusalem. Cette inscription, qui paraît contenir une
suite de noms propres, est très-difficile à lire par suite de son état de
mutilation ; mais on ne saurait se méprendre sur la nature de l'alphabet
avec lequel elle est tracée. C'est l'œuvre de dévots venus prier dans
le Temple au temps où les Juifs employaient encore l'araméen des papyrus, et la date doit, suivant toutes les vraisemblances, en être fixée
au troisième ou au deuxième siècle avant notre ère (2).

Nous remontons plus haut avec la courte inscription de Araq-el-
émir (3), que le docteur A. Levy a si bien lue par le nom propre
מוביה (4). Ici ce n'est plus l'araméen des papyrus que nous rencontrons, mais l'araméen primitif de notre planche IX, conservé assez tard
non loin de Jérusalem comme écriture monumentale. Les formes des
lettres sont tout à fait caractéristiques, et l'inscription de Araq-el-émir
enrichit de plus l'alphabet, tel que nous l'avons donné, d'un ט fort
analogue à celui de la pierre à libations du Sérapéum (pl. X, col. 2)
et des papyrus de la collection Blacas et de Rome (pl. XI, col. 3 et 4).

<hr />

(1) *Voyage en Terre Sainte*, t. II, p. 327.

(2) Il est inutile, croyons-nous, d'insister sur l'importance capitale qu'a l'existence de cette
inscription, dans la question, si controversée depuis quelques années, de la date des débris sub-
sistants au temple de Jérusalem. Le mur sur lequel elle est tracée ne peut pas être du temple
d'Hérode, mais pour le moins de celui de Zorobabel.

(3) De Saulcy, *Voyage en Terre Sainte*, t. I, p. 215.

(4) Voy. De Vogüé, *Mélanges d'archéologie orientale*, p. 162.

Or, M. de Saulcy (1) a établi, d'une manière qui me semble décisive, que le personnage auquel se rapporte cette inscription, et qui fit exécuter les travaux dont elle indique l'auteur, est Tobiah l'Ammonite, l'adversaire de Néhémie (2). Ce monument de l'emploi de l'alphabet araméen primitif, sinon par les Juifs eux-mêmes, du moins par les populations palestiniennes qui les entouraient, date donc du milieu du quatrième siècle avant Jésus-Christ, suivant le système chronologique de M. de Saulcy, ou de la seconde moitié du cinquième siècle, suivant l'opinion vulgaire.

Mais l'observation que nous avons faite sur la nature véritable du caractère carré, sa parenté étroite et l'on peut même dire son identité fondamentale avec l'araméen, fournit la clef de l'interprétation que l'on doit donner à la tradition conservée par Origène, par saint Jérôme et par les deux Talmuds. En n'entendant pas, en effet, cette tradition à la lettre, en l'expliquant par l'adoption du type d'écriture araméen et sa substitution à l'ancien type hébraïque, on obtient une donnée parfaitement raisonnable et conforme à tous les autres faits relatifs à l'histoire de la langue chez les Juifs.

L'époque du retour de la captivité est, en effet, celle où l'influence araméenne se dessina d'une manière puissante et prit le dessus chez les Israélites (3).

Au temps d'Ézéchias, l'hébreu proprement dit, יהודית, était la langue vulgaire de la Palestine, la seule que le peuple comprît ; l'araméen n'était entendu à Jérusalem que par les lettrés. C'est ce qu'attestent formellement les passages d'Isaïe (4) et du livre des Rois (5), que nous avons cités plus haut, et où les envoyés d'Ézéchias, gens savants parmi lesquels figurent un scribe et un historiographe royal, prient le rabschak envoyé par le monarque assyrien de parler *araméen* et non *hébreu,* afin que la foule qui les entoure ne comprenne pas leur con-

(1) *Étude chronologique des livres d'Esdras et de Néhémie,* p. 105 et suiv.
(2) Nehem., II, 10 et 19; IV, 1 ; VI, 12 et 14.
(3) Voy. Renan, *Histoire des langues sémitiques,* 1re édition, p. 134.
(4) XXXVI, 11 et 13.
(5) II Reg., XVIII, 26 et 28.

versation. Moins de deux cents ans plus tard, lorsque Esdras et Néhémie rétablirent solennellement le culte, la masse du peuple ne comprenait pas la langue des Écritures.

M. Renan (1) a fort ingénieusement tiré cette conclusion d'un verset du livre de Néhémie (2), dans lequel il est question de la lecture publique de la Loi par ordre d'Esdras :

וַיִּקְרְאוּ בַסֵּפֶר בְּתוֹרַת הָאֱלֹהִים מְפֹרָשׁ וְשׂוֹם שֶׂכֶל וַיָּבִינוּ בַּמִּקְרָא

« Ils (les Lévites) lurent dans le livre de la loi de Dieu, clairement et distinctement, et ils expliquèrent ce qu'ils avaient lu. »

Ce passage avait été allégué plusieurs fois comme preuve de ce que la langue hébraïque était tombée en désuétude à l'époque du retour de la captivité (3). Mais, chose bizarre, cette conclusion fort juste était appuyée sur une fausse interprétation de l'expression מְפֹרָשׁ. On traduisait en effet ce mot comme indiquant une version en langue vulgaire. Il n'a pas été difficile à Gesenius (4) de montrer l'inexactitude de cette traduction. מְפֹרָשׁ en hébreu ne peut avoir qu'un sens, celui de « clairement, distinctement », par lequel les Septante et saint Jérôme l'ont traduit dans le passage qui nous occupe. On ne peut, en effet, citer dans toute la Bible aucun passage où le verbe פרשׁ se présenterait avec le sens de « traduire », lequel est constamment exprimé par תרגם (5). Et cette impossibilité d'attribuer à פרשׁ l'expression de l'idée de *traduction* n'est pas particulière à l'hébreu ; on la retrouverait dans tous les autres idiomes sémitiques. פרשׁ rend toujours la *clarté*, la *distinction* (6), et l'expression כְּתָב מְפֹרָשׁ se présente dans le Targum d'Onkélos (7) avec le sens d' « écriture claire et distincte ». Il est vrai — et c'est sur ce fait que s'appuyaient les érudits réfutés par Gesenius — que

---

(1) *Histoire des langues sémitiques,* 1re édition, p. 137.

(2) VIII, 8.

(3) Hottinger, *Thes. philol.*, p. 279. — Walton, *Prolegomen.*, part. III, § 124. — Buxtorf, *Dissert. philol. theol.*, p. 157.

(4) *Geschichte der hebræischen Sprache,* p. 45. — Cf. Luzzatto, *Prolegomeni ad una grammatica raggionata della lingua ebraica,* p. 95.

(5) Esdr., IV, 7.

(6) Num., XV, 34. — Levitic., XXIV, 12.

(7) Exod., XXVIII, 11.

dans le chaldaïque du livre d'Esdras se rencontre un verset un peu
obscur, dans lequel figurent les expressions mêmes du verset de Néhémie (1). C'est dans la réponse du roi Artaxerxe aux accusations portées
contre les Juifs. Le monarque perse y dit :

נִשְׁתְּוָנָא דִּי־שְׁלַחְתּוּן עֲלֶינָא מְפָרַשׁ קֱרִי קָדָמָי

Ce que saint Jérôme traduit : *Accusatio, quam misisti ad nos, manifeste
lecta est coram me.* C'est là le sens le plus simple et le plus probable.
Mais on objecte qu'une pièce araméenne adressée au roi de Perse devait
avoir besoin d'être traduite pour qu'il pût la comprendre. Cela est vrai
en fait, mais officiellement les choses ne devaient pas être censées se
passer ainsi, car l'araméen était une des langues légales de la chancel-
lerie des rois Achéménides.

Quoi qu'il en soit, du reste, la véritable importance du verset de Néhémie ne réside pas dans l'expression מְפָרַשׁ, mais, ainsi que l'a fait
remarquer M. Renan, dans le second membre du parallélisme, וְשׂוֹם
שֶׂכֶל וַיָּבִינוּ בַּמִּקְרָא, d'où il résulte clairement que dès lors le texte de
la Loi ne pouvait plus être compris de la masse du peuple juif qu'à
l'aide d'une interprétation.

Ce que nous concluons de ce passage est pleinement confirmé par la
tradition rabbinique, laquelle sous ce rapport est constante et unanime.
Outre les expressions du Talmud de Babylone (2), que nous avons
citées plus haut, il nous serait facile de rapporter des témoignages analogues empruntés aux différents traités du Talmud de Jérusalem (3).
Enfin, les grammairiens juifs du moyen âge, Ephodæus (4), Elias Levita (5), Rabbi Kimchi (6), sont d'accord pour fixer à l'époque du
retour de la captivité l'extinction de l'hébreu comme langue usuelle et
son remplacement par l'araméen.

Les deux arguments que l'on a employés pour combattre cette tradition ne nous paraissent pas avoir une bien grande valeur.

(1) Esdr., IV, 18.
(2) Tr. *Synhédrin,* sect. 2, fol. 22, col. 1.
(3) Tr. *Megillah,* fol. 3, col. 1. — Tr. *Nedarim,* fol. 37, col. 2.
(4) *Grammat.,* c. 7.
(5) *Praefat. lib. Methurgeman.*
(6) *Praefat. ad Michlol.* — Cf. Buxtorf, *Dissert. philol. theol.,* p. 157.

Le premier se tire d'un verset de Néhémie ainsi conçu : « En ce temps-là, je vis des Juifs qui prenaient des femmes azdodites, ammonites, moabites, et leurs enfants parlaient à moitié azdodite, et ils ne savaient pas parler *juif* (יְהוּדִית), mais ils parlaient selon la langue de chacun de ces peuples (1). » Rien n'est moins sûr, d'abord, que l'indication de la langue purement hébraïque par le mot יְהוּדִית. Il signifie simplement la langue juive, et si, par suite de cette signification, il s'appliquait à l'hébreu du temps d'Ézéchias, il aura pu tout aussi bien se rapporter à un autre idiome qui aura remplacé celui-ci dans l'usage du peuple juif. C'est ainsi que, dans des temps plus rapprochés de nous, les mots de *lingua romana, lingua gallica, lingua francica*, ont désigné successivement des langues entièrement différentes (2). De plus, quand même cette expression aurait le sens qu'on lui a souvent donné, le passage de Néhémie ne prouverait pas la persistance de la langue hébraïque, mais au contraire sa tendance à disparaître à ce moment de l'histoire des Juifs.

Quant au second argument, on le cherche dans les médailles dites asmonéennes, dont les plus anciennes remontent en réalité, comme nous l'avons dit, au temps des Perses, et dont les légendes sont conçues en hébreu très-pur. Mais sur ces monnaies l'hébreu ne figure, aussi bien que le caractère hébraïque primitif, que par une affectation d'archaïsme dont nous examinerons un peu plus loin la cause. Il en est de ces légendes hébraïques comme des légendes latines que portent toutes les monnaies du moyen âge et qui s'inscrivent même encore sur les espèces mises en circulation dans quelques pays de l'Europe ; elles prouvent que la tradition de l'hébreu n'était pas perdue alors, que l'on pouvait s'en servir dans quelques livres et pour certains usages monumentaux, mais elles n'ont aucune valeur pour établir quel était l'idiome vulgaire au temps où on les inscrivit sur la monnaie. D'ailleurs, si l'on voulait tirer un argument des légendes monétaires, il faudrait en conclure que l'hébreu serait demeuré dans l'usage populaire jusqu'à l'époque de Barchocébas, puisque les inscriptions des médailles

(1) Nehem., XIII, 23-24.
(2) Renan, *Histoire des langues sémitiques*, 1ʳᵉ édition, p. 137.

19

de ce chef révolté sous Hadrien sont en hébreu aussi pur que celui des médailles asmonéennes. Or, nous n'avons pas besoin de faire remarquer l'absurdité de la conclusion à laquelle on serait ainsi amené. S'il a pu s'élever quelques difficultés au sujet du langage de la Palestine dans la période qui s'étend du retour de la captivité à la domination des Macchabées, il ne saurait y en avoir aucune sur l'idiome que l'on parlait dans cette contrée au temps du Sauveur et dans les premiers siècles de notre ère. Le syro-chaldaïque était alors la langue de tout le monde (1); la langue sainte, לשון הקדש, c'est-à-dire la langue des Écritures, était complétement morte, les savants eux-mêmes ne l'écrivaient plus; ils se servaient dans leurs livres d'un idiome encore hébraïque, mais profondément aramaïsé, idiome purement littéraire (2), dont la Mischna est le monument, qu'ils distinguaient de la langue vulgaire, לשון הדיוט (ἰδιωτῶν γλῶσσα), objet de leur mépris, mais qu'ils reconnaissaient cependant n'être pas la langue sainte, לשון הקדש, ou langue de la Loi, לשון תורה (3).

L'importance, pour la question qui nous occupe, de bien fixer l'époque où la langue araméenne fut adoptée dans l'habitude par les Juifs — car ce fut à la même époque qu'ils durent aussi prendre l'usage de l'écriture des Araméens — l'importance de bien fixer son époque explique la longueur de la digression à laquelle nous venons de nous livrer. Il en ressort clairement, croyons-nous, que l'opinion de Gesenius (4) et de Winer (5) sur la permanence de l'hébreu jusqu'au temps des Macchabées ne saurait être acceptée, et que dès l'époque d'Esdras et de Néhémie l'idiome usuel des Juifs était l'ara-

---

(1) De' Rossi, *Della lingua propria di Cristo*, Parme, 1772. — Pfannkuche, *Ueber die Palæstinische Landessprache in dem Zeitalter Christi und der Aposteln*, dans la *Bibliothèque* d'Eichhorn, part. VIII, p. 365 et suiv. — Wiseman, *Horae syriacae*, part. I, append. — Ewald, *Jahrbücher der biblischen Wissenschaft*, t. II, 1850, p. 184 et suiv. — Renan, *Histoire des langues sémitiques*, p. 211.

(2) Rabbi Jochanan, collecteur du Talmud de Jérusalem vers l'an 300 de notre ère, appelle la langue de la Mischna לשון חכמים, « langue des savants ». — Voy. Luzzatto, *Prolegomen.*, p. 98-99.

(3) Renan, *Histoire des langues sémitiques*, 1re édition, p. 149.

(4) *Geschichte der hebræischen Sprache*, p. 44 et suiv.

(5) *Grammat. der bibl. und targum. Chald.*, p. 4. — *Bibl. Realwœrt.*, t. II, p. 501.

méen. Tout ce qu'on peut admettre est l'idée de M. Fürst (1), d'après
laquelle l'araméen parlé par les Israélites serait toujours demeuré
mélangé d'une assez forte proportion d'hébraïsmes qui lui donnaient
une physionomie originale, analogue à celle de la langue des papyrus Blacas, et qui justifiaient à un certain degré la distinction que
les Juifs continuaient à établir entre l'idiome dont ils faisaient usage,
ἑϐραῒς διάλεκτος, πάτριος φωνή (2), et l'araméen, présenté encore dans
quelques écrits de cette époque comme une langue étrangère (3). Quant
à l'hébreu, c'était dès lors la langue des lettrés (סֹפְרִים); on l'écrivait
encore, comme le latin dans le moyen âge et dans les siècles modernes,
mais on ne le parlait plus dans l'usage vulgaire, et sous la plume des
écrivains les plus habiles et les plus classiques de cette époque on peut
remarquer dans bien des formes grammaticales la trace manifeste du
triomphe de l'araméen (4).

On le voit, entendue dans le sens que nous croyons devoir lui assigner, la tradition juive sur l'origine de l'écriture carrée a pour elle les
concordances historiques les plus significatives. Mais si nous nous
trouvons ainsi rendre une autorité considérable à ce que rapportent à
ce sujet les rabbins, il est une partie de leur témoignage que nous ne
saurions accepter. L'adoption de la langue et de l'écriture araméennes
par les Juifs correspond bien au temps du retour de la captivité, mais
on ne doit pas attribuer cette adoption personnellement à Esdras, et on
ne doit pas croire non plus que la culture et l'influence araméennes,
écriture aussi bien que langue, soient venues de Babylone en Judée,
rapportées par ceux qui rentraient dans leur patrie après l'exil de
soixante-dix ans.

En ce qui concerne d'abord le rôle personnel d'Esdras, nous n'avons
pas besoin d'insister longuement. Il est dans le génie de tous les peu-

(1) *Lehrgebæude der aramæischen Idiome*, p. 3 et suiv.; p. 11 et suiv.
(2) I Macch., XVII, 21 et 27; XII, 37; — Joh., V, 2; XVII, 20; XIX, 13. — Act. apost., XXI,
40; XXII, 2; XXVI, 14. — Joseph., *De bell. iud.*, proœm., 1; V, 6, 3; V, 9, 2; VI, 2, 1; *Antiquit. jud.*, XVIII, 6, 10.
(3) Daniel, II, 4.
(4) Gesenius, *Geschichte der hebr. Sprache*, p. 28. — Renan, *Histoire des langues sémitiques;*
1re édition, p. 143.

ples d'assigner à chaque grande invention, même à celles qui ne sont venues que par une succession d'efforts ou un concours d'influences, un créateur unique, dans lequel se personnifient les travaux et les faits qui ont amené cette invention. Tantôt pour ce rôle les souvenirs populaires choisissent un personnage réellement historique, tantôt ils mettent en avant un nom réellement fictif. En Grèce, nous trouverons l'invention de l'écriture attribuée à Cadmus, « l'oriental », et à Palamède, un des héros du siége de Troie; dans la tradition rabbinique, le rôle d'Esdras est le même que celui de ces deux héros. Seulement, pour personnifier l'introduction de l'écriture araméenne chez les Juifs, le nom du reconstructeur du temple, nous devons le reconnaître, a été fort bien choisi. Esdras, en effet, fut celui qui rapporta les livres de la Loi à la portion du peuple hébreu qui était restée en Palestine après la prise de Jérusalem; il en fit une lecture publique qui dura sept jours entiers (1); il en multiplia les copies, que l'on avait cessé de posséder, et dans ces copies il dut être le premier qui, pour qu'elles fussent plus facilement lues et comprises du grand nombre, employa le caractère araméen à la transcription des Saintes Écritures.

Quant à la seconde partie de la question, bien que nous ayons vu plus haut que la langue araméenne avait pénétré à Babylone et y avait pris une certaine importance dans l'usage vulgaire, nous ne croyons pas que ce fut de là que cet idiome fut ramené en Judée. La transportation n'avait pas frappé la masse de la population hébraïque. Une petite partie de la nation y fut soumise, mais ce fut la tête, l'élite, et surtout les classes instruites, où résidait la tradition religieuse et la culture de la langue sacrée (2). Affaibli, privé de ses institutions conservatrices, le peuple demeuré sur sa terre natale fut livré sans défense à toutes les influences du dehors. A quelques lieues de Jérusalem, sur le territoire du royaume d'Israël, on parlait une langue déjà presque entièrement araméenne (3). De plus, l'influence des Syriens dans toutes

---

(1) Voy. le chapitre VIII tout entier du livre de Néhémie.

(2) Winer, *Bibl. Realwœrterb.*, art. *Exil.* — Bertheau, *Zur Geschichte der Israëliter*, p. 85 et suiv.

(3) Juynboll, *Comment. in hist. gentis Samaritanae*, Leyde, 1846. — Ewald, *Kritische Gram-*

ces contrées était devenue prépondérante, par suite de l'établissement
de la domination babylonienne. Le peuple juif, tandis que ses rois et
ses chefs étaient traînés en captivité, avait été placé sous l'autorité de
satrapes de race araméenne; n'ayant plus la surveillance vigilante des
gardiens de sa loi, il avait oublié plusieurs des préceptes de Moïse et
s'était allié à des femmes étrangères, dont les unions avaient corrompu
la pureté de sa race (1). Ce fut dans ces circonstances que la langue
des Livres Saints fut oubliée et que l'araméen vint la remplacer dans
la bouche du peuple (2).

Ce qui prouve bien, d'ailleurs, que la substitution de l'araméen à
l'hébreu s'opéra dans l'usage des Juifs en Palestine, et non à Babylone,
est ce fait incontestable que l'esprit et la langue du Peuple Saint se conservèrent beaucoup mieux durant la captivité sur les bords de l'Euphrate que sur ceux du Jourdain. Quelques-uns des morceaux les plus
achevés de la seconde époque de la littérature hébraïque ont été écrits
dans l'exil. Certains psaumes, dont le plus célèbre est l'admirable can-
tique de tristesse : *Super flumina Babylonis*, se rattachent certainement
à cette origine, et on y attribue aussi avec vraisemblance les fragments
réunis à la suite des œuvres d'Isaïe, qui en forment les vingt-six derniers chapitres, de XL à LXVI. Pour l'élévation du style et la pureté
de la langue, ces morceaux ne le cèdent en rien aux plus belles pro-
ductions de l'époque indépendante, à partir de la renaissance littéraire
qui marque les règnes de David et de Salomon. Dès lors, Babylone et
la contrée environnante, où, même après Esdras et Néhémie, une nombreuse population juive continua à résider, devint comme une seconde
capitale du judaïsme, jusqu'au moment où, après la destruction de
Jérusalem par les Romains, elle en fut le foyer principal (3). Aussi

---

matik, § 6; *Grammatik der hebræischen Sprache*, § 5. — Renan, *Histoire des langues sémitiques*, 1re édition, p. 132.

(1) Esdr., IX, 1 et 2. — Nehem., XIII, 23 et 24.

(2) Fürst, *Lehrgeb. der aram. Idiom.*, p. 11 et suiv. — Renan, *Histoire des langues sémitiques*, 1re édition, p. 135.

(3) Ewald, *Geschichte des Volkes Israël*, t. III, 2e part., p. 147-148. — Fürst, *Lehrgeb. der
aram. Idiom.*, p. 12-13; *Kultur- und Literaturgeschichte der Juden in Asien*, p. 2 et suiv. —
Renan, *Histoire des langues sémitiques*, 1re édition, p. 136.

voyons-nous les restaurateurs du culte mosaïque et de l'autorité des Livres Saints en Palestine, comme Esdras et Néhémie, arrivant de Babylone, bien loin d'apporter un idiome nouveau, différent de celui de la Loi, s'indigner de l'ignorance et de la corruption du langage de leurs coreligionnaires de la Judée (1).

Il nous paraît donc évident que ce fut en Palestine, et pendant le temps où la tête de la nation se trouvait traînée en captivité, que les Juifs, influencés par le contact et l'exemple de leurs voisins, adoptèrent l'usage de l'écriture comme de la langue araméenne. L'inscription de Araq-el-émir montre, en effet, que dans l'âge des retours de la Captivité ces populations voisines, qui entouraient et pressaient les débris des Juifs, écrivaient avec l'alphabet araméen. Mais si nous nous refusons ainsi à admettre que cette écriture fut rapportée de Babylone par les exilés qui rentraient après soixante-dix ans d'absence, nos observations n'infirment en rien la valeur du nom de אשורית ou « écriture assyrienne », donné par la tradition rabbinique au système d'écriture d'origine araméenne en usage depuis la captivité et à l'alphabet carré qui en dériva. Nous croyons avoir démontré, dans le premier chapitre du présent livre de notre Essai, que l'écriture araméenne avait dû prendre naissance dans le bassin de l'Euphrate, et que c'était de là qu'elle avait rayonné sur toutes les contrées qui formèrent plus tard son domaine. Elle méritait donc pleinement le nom de אשורית, que les Araméens lui donnaient peut-être avant les Hébreux. Ceux-ci ne la reçurent pas directement de l'Assyrie ou de la Chaldée; elle leur fut communiquée par l'intermédiaire des populations araméennes de leur voisinage, mais elle n'en était pas moins l' « écriture assyrienne », l'écriture inventée chez les Assyriens.

En même temps que les Juifs, d'autres exilés rentrèrent aussi en Palestine. Après la destruction du royaume d'Israël par les monarques assyriens, les vainqueurs avaient mis en pratique, pour assurer leur domination, des procédés semblables à ceux que Nabuchodorossor employa un peu plus tard dans le royaume de Juda. Les classes supérieures de la

_____

(1) Nehem., XIII, 23-25.

nation avaient été transportées dans la vallée de l'Euphrate, la masse
du peuple avait été laissée dans son pays. Mais, pour rompre son unité et
son existence nationale, de nombreuses colonies d'étrangers venant de
la Haute-Asie avaient été établies au milieu de ce peuple, et y avaient
apporté un langage et des habitudes religieuses complétement étrangères aux anciens Israélites (1). Il paraît, toutefois, que ces *barbares*
s'étaient laissé rapidement dominer par la supériorité morale et intel-
lectuelle des indigènes, et avaient bientôt adopté la religion de Jéhovah.
La permission de retour, accordée par Cyrus au peuple juif, s'étendit
aussi bien aux dix tribus dissidentes qu'à la population du royaume de
Juda, et ceux de ces tribus qui revinrent sur la terre natale, se joignant
à la population restée dans le pays et profondément pénétrée d'éléments étrangers, donnèrent naissance aux Samaritains (2). Cependant
leur culte ne se reconstitua pas d'abord complétement. Ce ne fut que
sous Darius Codoman et sous Alexandre qu'ils obtinrent la permission
de bâtir un temple, grâce à la protection du satrape Sanaballète, dont
leur chef Manassès avait épousé la fille Nicaso (3). Ils choisirent pour
cette construction le mont Garizim, qui avait été autrefois le lieu sacré
des dix tribus (4), et ils s'efforcèrent de rétablir toutes les choses du
culte telles qu'elles avaient existé avant la prise de Samarie. Mais ils
n'avaient pas conservé leurs traditions avec autant de fidélité que les
Juifs orthodoxes; durant la captivité et les temps qui la suivirent, ils
avaient perdu le texte de l'Écriture, et pour le recouvrer ils durent
avoir recours à des copies juives (5). Dans ces copies, il y avait un certain nombre de livres compris au Canon qu'ils ne pouvaient accepter;
c'étaient les livres des Rois, des Prophètes, en un mot tout ce qui était
postérieur à la séparation. Ils ne se bornèrent pas à rejeter ces ouvra-

(1) Bertheau, *Zur Geschichte der Israëliter*, p. 358 et suiv.; 400 et suiv.
(2) Ewald, *Geschichte des Volkes Israël*, t. III, 2ᵉ part. p. 100 et suiv. — Renan, *Histoire
des langues sémitiques*, 1ʳᵉ édition, p. 219.
(3) Joseph., *Ant. jud.*, XIII.
(4) Sur le temple du Garizim, voy. Saulcy, *Histoire de l'art judaïque*, p. 360 et suiv.
(5) Gesenius, *De pentateucho samaritano, ejusque indole et auctoritate*, Halle, 1814, in-4°;
Geschichte der hebræischen Sprache, p. 84. — Winer, *De versionis Pentateuchi samaritanae
indole*, Leipzig, 1817.

ges ; ils prétendirent se donner un air d'antiquité et de purisme, et pour cela ils ne reconnurent d'autorité qu'au Pentateuque, répudiant les livres des Juges, de Josué, de Samuel, les psaumes de David et les écrits sapientiaux du siècle de Salomon, que leur date eût cependant pu faire admettre par eux (1). La même affectation d'archaïsme leur fit reprendre et adopter définitivement l'ancienne écriture hébraïque, que les Juifs avaient cessé d'employer autrement que comme un caractère monumental et épigraphique mis en œuvre dans certaines circonstances, entre autres pour les légendes des monnaies.

V.

Nous sommes parvenus à fixer la date de l'adoption de l'alphabet araméen par les Juifs ; il nous reste à rechercher maintenant vers quelle époque cet alphabet se modifia définitivement, de manière à produire le caractère carré.

Un point d'abord est certain et ressort des papyrus araméo-juifs de l'Égypte, ainsi que de l'inscription peinte découverte par M. de Saulcy au-dessous de la mosquée d'El-Aksa : c'est qu'à l'époque des premiers Ptolémées l'écriture carrée n'était pas encore combinée avec ses particularités distinctes, et que les Hébreux faisaient usage identiquement du même alphabet que les peuples syriens.

Un précieux passage de Josèphe vient confirmer cette donnée. L'historien juif y raconte que Démétrius de Phalère, bibliothécaire de Ptolémée Philadelphe, ayant parlé au roi de la convenance d'acquérir les livres sacrés des Hébreux pour la bibliothèque royale, déclara que les Hébreux possédaient de nombreux ouvrages, écrits avec leurs caractères et leur langue, τοῖς ἐκείνων χαρακτῆρσι καὶ τῇ διαλέκτῳ γεγραμμένα, et

---

(1) Quelques érudits, comme De Wette (*Einleitung*, § 17a) et M. Renan (*Histoire des langues sémitiques*, 1re édition, p. 221), ont voulu induire de ce fait que l'idée d'une inspiration uniforme s'étendait à tous les livres du Canon des Écritures n'existait pas encore chez les Juifs à cette époque. Mais rien là-dedans n'autorise une semblable conclusion.

très-dignes de figurer dans cette bibliothèque. « Leur écriture, lui fait dire Josèphe, paraît être *semblable* (ἐμφερὴς) *à celle des Syriens,* et leur langue est très-voisine de celle de ce peuple, quoique ayant une allure propre et des caractères particuliers; » δοκεῖ μὲν γὰρ εἶναι τῇ ἰδιότητι τῶν Σύρων γραμμάτων ἐμφερὴς ὁ χαρακτὴρ αὐτῶν, καὶ τὴν φωνὴν ὁμοίαν αὐτοῖς ἀπηχεῖν, ἰδιότροπον δὲ αὐτὴν εἶναι συμβέβηκεν (1).

Les anciens critiques avaient prétendu tirer une preuve irréfragable de l'existence de l'écriture carrée au temps du Sauveur, d'un passage fameux de l'Évangile de saint Matthieu (2), où il est dit : « Jusqu'à ce que le ciel et la terre aient passé, ni un *iod* ni un apex ne sera retiré de la Loi, » ἕως ἂν παρέλθῃ ὁ οὐρανὸς καὶ ἡ γῆ, ἰῶτα ἓν ἢ μία κεραία οὐ μὴ παρέλθῃ ἀπὸ τοῦ νόμου. Il résulte évidemment de cette parole du Christ qu'au temps où il vint sur la terre, le *iod* était la plus petite de toutes les lettres dans l'écriture des Juifs; or, disait-on, l'alphabet carré est le seul de tous les alphabets sémitiques où cette particularité se remarque. Mais on ne connaissait pas alors l'alphabet araméen des papyrus, dans lequel le *iod* est déjà la plus petite des lettres. Le passage de saint Matthieu ne prouve donc qu'une chose, c'est que lors de la venue du Christ l'araméen des papyrus ou le caractère carré sous sa forme première (3) était en usage dans la Judée. Mais il ne donne aucun moyen de décider entre ces deux écritures.

Les témoignages littéraires ne fournissent donc aucune donnée sur l'époque où la transition s'opéra de l'une à l'autre. C'est d'après les monuments seuls que l'on peut former des conjectures à cet égard.

---

(1) Joseph., *Ant. iud.*, XII, 2, 1.

(2) V. 18.

(3) Par une circonstance bien étrange, les deux plus anciennes inscriptions hébraïques que nous possédions presque contemporaines du Christ, l'inscription des Béni-Hézir et celle du temple d'Hérode, ne font pas le ׳ sensiblement plus petit que les autres lettres. Mais comme nous lui reconnaissons cette nature à la fois dans l'araméen des papyrus et dans les inscriptions juives immédiatement postérieures à celle du tombeau dit de saint Jacques, gravées du vivant même de Jésus, comme l'épitaphe de l'an 6 de l'ère chrétienne publiée par M. Chwolsohn, nous sommes en droit de considérer le ׳ des deux monuments que nous avons cités comme exceptionnel et ne reproduisant pas exactement le type normal. De même, en palmyrénien, le ׳ est régulièrement la plus petite des lettres, mais on rencontre des monuments où il a un développement égal à celui des autres signes de l'écriture.

Nous avons vu dans le commencement du présent chapitre que leur témoignage paraissait indiquer le premier siècle avant l'ère chrétienne comme le temps où l'écriture hébraïque carrée prit une existence distincte et cessa d'être confondue avec l'écriture dont se servaient encore à ce moment au moins une partie des Araméens.

Pendant plus de deux siècles encore les sources littéraires restent muettes sur le compte du כְּתָב מְרֻבָּע, dont nous possédons cependant aujourd'hui, comme on a pu le voir dans le § 1, un certain nombre de monuments remontant à cette période même. Avec Origène et saint Jérôme, les témoignages deviennent nombreux et formels. Nous en avons déjà cité quelques-uns ; il en est d'autres que nous ne devons pas non plus passer sous silence. Ainsi le Père de l'Église qui a fondé la critique sacrée chez les chrétiens parle, dans ses Prolégomènes aux prophéties d'Ézéchiel (1), de l'écriture hébraïque comme d'une écriture fine, confuse et qui lui perdait les yeux. Avec le gros caractère régulier que l'on trouve dans les manuscrits à partir du onzième siècle, ce langage ne se comprendrait guère ; mais il s'applique fort bien à une écriture irrégulière, fine et serrée, comme celle des coupes de Babylone.

Un autre passage, beaucoup plus curieux, se rencontre également dans saint Jérôme et montre que de son temps l'usage de l'écriture carrée n'était pas tout nouveau : *Nomen Domini tetragrammaton in quibusdam graecis voluminibus usque hodie antiquis expressum literis invenimus* (2). Au sens qui sous la plume de ce Père s'attache d'ordinaire aux mots *antiquae Hebraeorum literae*, on pourrait croire qu'il s'agit ici des premiers caractères hébraïques d'où est sorti le samaritain ; mais il n'en est rien. Un autre passage, tiré des lettres de saint Jérôme, explique les expressions du *Prologus galeatus* : *Nomen* τετραγράμματον, *quod* ἀνεκφώνητον, *id est ineffabile putaverunt, quod his literis scribitur* יהוה : *quod quidem non intelligentes, propter elementorum similitudinem, cum in graecis libris reperirent* ΠΙΠΙ, *legere consueverunt* (3). Il est

(1) Hieronym., *Opp.*, t. III, col. 842, ed. Benedict.

(2) *Prolog. galeat.*

(3) *Epist.* 136, *ad Marcellam.* Hieronym., *Opp.*, t. II, col. 704, ed. Benedict. — Cf. Origen., *Hexapl.*, Psalm ; LXXI, 20; Malach , II, 13.

évident que dans ce passage il ne peut être question que du mot יהוה en caractères carrés (1). L'hébraïque primitif pour ce mot donnerait

$$ ꟻꓩꟻ𝘡 $$

ce qui n'offre aucune ressemblance avec ΠΙΠΙ (2). L'araméen des papyrus serait

$$ ꟻꓤꟻ𝘡 $$

l'araméen tertiaire ou palmyrénien

$$ ꓫꓶꓫꓛ $$

Mais aucune de ces formes n'expliquerait guère non plus la faute des copistes grecs. Au contraire, l'hébreu carré sous sa figure première, tel que nous le fait connaître l'inscription des Béni-Hézir, offre pour le nom de Jéhovah les lettres

$$ ΠΙΠΙꟼ $$

qui ont pu très-facilement se corrompre en ΠΙΠΙ (3); l'origine de l'erreur signalée par saint Jérôme est même beaucoup mieux compréhensible avec ce type primitif qu'avec le type postérieur et plus régulier יהוה (4).

---

(1) Montfaucon, *Palaeograph. graec.*, p. 120. — Chishull, *Antiq. asiat.*, p. 29. — Kennicott, *Dissert.*, t. II, p. 150. — Michaëlis, *Biblioth. orient.*, t. XXII, p. 124. — Tyschen, *Tentamen*, p. 173. — Gesenius, *De Pentateucho samaritano*, p. 11 et 12; *Geschichte der hebr. Sprache*, p. 176.

(2) Guillaume Postel et, plus tard, les auteurs du *Nouveau traité de diplomatique* (t. I, part. II, p. 50) avaient cru pouvoir expliquer le ΠΙΠΙ de saint Jérôme au moyen du samaritain. Trouvant dans quelques manuscrits hébraïques l'abréviation de יי pour יהוה, ils supposaient que l'erreur des premiers copistes grecs venaient de ce qu'ils avaient pris pour ΠΙΠΙ cette abréviation écrite en caractères samaritains ꟿ ꟿ. Mais Adelung, Michaëlis et Gesenius n'ont pas eu beaucoup de peine à réfuter cette opinion. La forme ꟿ pour le י ne se rencontre que dans les manuscrits samaritains postérieurs de beaucoup à saint Jérôme; la véritable figure de cette lettre dans l'hébraïque primitif est ꓮ ou 𝘡. Par conséquent יי aurait été ꓮꓮ ou 𝘡𝘡 d'où on n'a pas pu faire ΠΙΠΙ.

(3) Kopp (*Bilder und Schriften*, t. II, p. 172) est arrivé malgré lui à une conclusion presque semblable. Cet érudit ne croyait pas à l'ancienneté du caractère carré; cependant, ne pouvant s'expliquer le ΠΙΠΙ du Père latin, ni par l'hébraïque primitif, ni par l'araméen des papyrus, ni par le palmyrénien, il a supposé l'existence d'une écriture particulière d'où serait dérivé le כְּתָב מְרֻבָּע et en essayant de restituer hypothétiquement le mot יהוה dans cette écriture il s'est rapproché de très-près de nos formes primitives du caractère carré.

(4) M. de Saulcy a dit exactement les mêmes choses dans les *Annales de philosophie chrétienne*. Cependant nous ne l'avons pas copié, car tout ce passage se trouvait déjà dans notre Mémoire,

Ce qui est très-extraordinaire, c'est que saint Jérôme, qui cependant savait fort bien distinguer l'hébreu antique du caractère usité de son temps, ait confondu dans ce passage deux écritures si profondément différentes. Nous ne nous chargeons pas d'expliquer la cause de cette erreur bizarre; il nous suffit de remarquer que l'expression de *literae antiquae,* que l'auteur de la Vulgate emploie dans le *Prologus galeatus,* et son langage dans la lettre à Marcella indiquent que, si de son temps encore on répétait dans certaines copies grecques la faute qu'il signalait dans la transcription du *tetragrammaton* sacré, cet usage d'écrire au milieu d'un texte grec le nom de Jéhovah en hébreu ou de le remplacer par des lettres helléniques rappelant la forme des lettres hébraïques qui le composent, devait dès lors avoir une date assez ancienne et remonter à plusieurs siècles (1).

L'histoire de l'hébreu carré depuis le temps de saint Jérôme est dans le tableau de notre planche XV. Il n'est pas nécessaire, croyons-nous, d'insister sur les nombreux passages qui mentionnent l'emploi du caractère carré à l'époque de la rédaction des deux Talmuds et au temps des docteurs massorètes de l'école de Tibériade. Le seul grand changement qu'éprouva l'écriture carrée depuis sa première invention fut le travail de régularisation calligraphique dont elle devint l'objet au onzième siècle, car jusque-là les modifications fort légères et en petit nom-

lorsque nous nous sommes présentés pour la première fois au concours, en 1860. Notre manuscrit se trouvant au secrétariat de l'Institut, la vérification du fait est facile.

(1) Peut-être les mots *literae antiquae* veulent-ils tout simplement dire ici « les lettres de l'original hébraïque ». C'est dans ce sens que les entend M. Renan.

On peut aussi, avec M. de Vogüé (*Mélanges d'archéologie orientale,* p. 169-172), admettre, et c'est peut-être la meilleure explication, que les deux passages de saint Jérôme ont trait à deux faits différents. Les manuscrits les plus vulgaires de la version des Septante remplaçaient le nom de Jehovah par ΠΙΠΙ, corruption ridicule des lettres d'origine araméenne. Voilà pour ce qui est dans la lettre à Marcella.

Mais le passage du *Prologus galeatus* aurait trait à une autre famille de manuscrits, plus soignés et sans doute aussi plus anciens, où les quatre lettres hébraïques du nom divin, introduites dans le texte grec, auraient vraiment conservé les formes archaïques du plus ancien caractère hébreu, antérieur à l'introduction de l'alphabet araméen. C'est en effet ce que semble indiquer le témoignage d'Origène (*Hexapl.,* I, 86, ed. Montfaucon) sur ces manuscrits des Septante « plus soignés que les autres (ἐν τοῖς ἀκριϐέσι τῶν ἀντιγραφῶν) où le tétragrammaton était transcrit *en anciens caractères hébreux,* et non avec ceux dont on se servait de son temps, » ἑϐραϊκοῖς ἀρχαίοις γράμμασι γέγραπται, ἀλλ' οὐχὶ τοῖς νῦν.

bre qu'elle avait subies s'étaient opérées graduellement et par l'effet du temps.

Ce travail sur l'écriture coïncide avec le grand mouvement de renaissance de la culture de l'hébreu qui marque le onzième siècle dans l'histoire des Juifs.

La renaissance dont nous parlons avait été précédée d'une éclipse presque complète de plusieurs siècles. Les deux Talmuds sont écrits en chaldaïque, mais les nombreux fragments en hébreu insérés dans ces deux ouvrages, les *Midraschim* dont la langue est la même que celle de la Mischna, le livre *Ietsira*, les *Baraiethoth*, le *Seder Olam*, les *Halacoth Guedoloth* et *Ketannoth*, les *Piyutim*, prouvent que l'usage du לשון הכמים ou hébreu aramaïsé n'était abandonné, ni du temps de la rédaction talmudique, ni dans les siècles qui suivirent immédiatement (1). Au neuvième et au dixième siècle, au contraire, l'emploi de l'hébreu disparaît presque complétement. L'arabe devient la langue littéraire des Juifs et le moyen d'expression du mouvement intellectuel qui se manifeste parmi eux en Orient et en Espagne, depuis Saadia jusqu'à Maïmonide. La connaissance de la langue sacrée est alors tout ce qu'il y a de plus imparfait parmi eux, et pour ce qui est de son emploi comme idiome écrit, la cessation de cet emploi est presque complète; les écrits de Menahem-ben-Serouk, les hymnes de Salomon-ben-Gebirol, appelé par les chrétiens occidentaux Avicébron, et la *Yad hazaka* de Maïmonide font seuls exception (2).

Mais dans le onzième siècle l'étude de la langue des Écritures reprend tout à coup avec un éclat qu'elle n'avait pas eu depuis bien longtemps, et c'est la France qui devient le foyer principal de cette renaissance. Raschi, les Tosaphistes, en général tous les docteurs des écoles de Troyes, de Dampierre et de Ramrupt écrivent l'ancienne langue d'Israël à l'exclusion de toute autre (3). Nous ne faisons pas ici l'histoire de la langue hébraïque, par conséquent nous ne suivrons pas

(1) Dukes, *Rabbinische Blumenlese*, p. 247 et suiv. — Luzzatto, *Prolegomeni*, p. 100-101. — Renan, *Histoire des langues sémitiques*, 1ʳᵉ édition, p. 151-152.

(2) Renan, *Histoire des langues sémitiques*, 1ʳᵉ édition, p. 153.

(3) Renan, *Histoire des langues sémitiques*, 1ʳᵉ édition, p. 153.

les vicissitudes de cette renaissance juive qui, commencée au onzième siècle, se continua pendant le douzième et fleurit d'un éclat tout particulier dans le treizième siècle, lorsque les Juifs de l'Espagne musulmane, chassés par le fanatisme des Khalifes Almohades, se réfugièrent dans l'Espagne chrétienne, en Provence et en Languedoc, où se fonda la célèbre école de Lunel.

C'est dans le temps même où l'étude de l'hébreu reprenait ainsi une vie nouvelle chez les Juifs, que les calligraphes s'étudièrent à donner une élégance nouvelle à l'écriture de cette langue, et, du caractère assez irrégulier dont on se servait depuis le premier siècle avant l'ère chétienne, firent le beau caractère d'une majestueuse régularité dont on a fait usage depuis lors.

Ce caractère, dans les manuscrits postérieurs au onzième siècle, pésente trois types principaux (1) :

1° Le caractère *espagnol* (2). C'est celui dont les traits sont les plus épais et les formes les plus carrées; il a servi de type pour les lettres employées dans la Polyglotte d'Anvers et la Bible d'Henri Estienne;

2° Le caractère *allemand*. C'est celui qui a été reproduit dans la Bible de Münster et qui a servi de type pour les caractères d'imprimerie actuellement en usage dans les différentes parties de l'Europe;

3° Le caractère *italien* et *français*, appelé par Kennicott (3) *character intermedius*. Il tient en effet le milieu entre le caractère espagnol et le caractère allemand, et offre en même temps des traits plus arrondis (4).

---

(1) Simon, *Hist. crit.*, t. I, ch. 21; *Disquis. crit.*, ch. 2. — Michaëlis, *Biblioth. orient.*, part I, p. 133-146. — Kennicot, *Dissert. gen.*, p. 340, éd. Bruns. — Brems, dans le *Neue theologische Journal* de Ammon, Hæhnlein et Paulus, p. VI, t. 755. — Schelling, *Descr. cod. Stuttg.*

(2) Cet alphabet n'a pas été usité uniquement en Espagne. Les Juifs de Sicile en ont fait usage à une certaine époque, ainsi qu'on peut s'en convaincre au moyen d'une inscription publiée par Torremuzza : *Inscr. Sicil.*, cl. XX, n° 21.

(3) *Dissert. gen.*, p. 340, éd. Bruns.

(4) Outre ces formes qui sont les mieux connues, nous devons enregistrer ce fait que les Juifs de certaines contrées reculées, en dehors du rayon de l'influence des écoles occidentales, conservèrent jusque fort tard un type d'écriture irrégulier, très-voisin de celui que nous ont offert les monuments les plus anciens du caractère carré. Le plus curieux spécimen d'écriture de ce

Outre ces différents types d'écriture, il y en a encore deux, plus enjolivés, qui sont réservés aux rouleaux des Synagogues (1) :

1° L'*écriture de Tam*, כתב תם, inventée au douzième siècle par le rabbin Tam, oncle de Raschi (2). Dans ce caractère les lettres ont à leurs angles des traits pointus et allongés et sont surmontées d'*apices* verticaux. Il est employé dans les synagogues des Juifs allemands et polonais;

2° L'*écriture welche*, כתב וועלש, d'invention encore plus récente, qui sert dans les rouleaux des synagogues orientales, où elle est venue d'Espagne. Les traits des lettres et les *apices* (*taggin*) y ont des formes arrondies.

VI.

Il est bon maintenant, croyons-nous, de jeter un coup d'œil rapide sur un alphabet assez différent comme aspect du caractère carré, que l'on rencontre employé dans tous les manuscrits juifs du moyen âge qui contiennent d'autres livres que les Saintes Écritures, et dont se servent encore aujourd'hui ceux des Israélites qui font usage de la *Judenteutsch* ou jargon allemand écrit en lettres hébraïques, habituel aux Juifs d'Allemagne.

Cette espèce d'écriture compte deux variétés bien distinctes, celle des Israélites d'Allemagne et celle de leurs coreligionnaires d'Italie, commune autrefois à ceux d'Espagne, aujourd'hui à ceux d'Orient (3).

---

type est la table de bronze où sont gravés les priviléges des Juifs du Malabar (*Buschings Magazin*, t. XIV, p. 150).

Mentionnons aussi, à titre d'exception et de simple curiosité, l'inscription aux formes tout à fait archaïques que portait le sceau des Juifs d'Augsbourg, gravé en 1298, mais probablement copié sur un modèle beaucoup plus ancien (Stettin, *Geschichte der Stadt Augsburg*, t. I, p. 70. — Kopp, *Bilder und Schriften*, t. II, p. 271).

(1) Tychsen, *Tentam. de var. Codic.*, p. 263 et 264. — Bellermann, *De usu palaeogr. hebr.*, p. 43.

(2) Wolff, *Biblioth. hebr.*, t. I, p. 620.

(3) Buxtorf, *Lexic. chald. et talmud.*, col. 2513. — Tychsen, *Tentamen*, p. 213. — Bellermann, *Palaeogr. hebr.*, p. 44. — De Sacy, *Grammaire arabe*, t. I, tableau 6.

Comme de raison, nous ne parlerons pas ici de toutes les variétés plus récentes du rabbinique, telles que le *Raschi*, inventé par l'illustre rabbin Raschi, ou le *Raschi cursif* (1); l'étude approfondie de cette branche de la paléographie hébraïque nous mènerait trop loin du sujet spécial de nos études.

L'opinion la plus généralement admise sur l'origine du caractère rabbinique le considère comme inventé seulement dans le cours du moyen âge et dérivé du caractère carré après sa constitution définitive et sa régularisation calligraphique au onzième siècle. Que le rabbinique dérive de l'hébreu carré, c'est un fait qui nous semble incontestable; mais nous croyons que l'on doit faire remonter l'origine et l'usage de cette écriture plus haut qu'on ne le fait ordinairement.

Deux objections principales s'opposent pour nous à ce que nous la considérions comme inventée à l'époque de la grande culture juive du moyen âge.

Premièrement, Raschi, un des restaurateurs de cette culture, est représenté dans les traditions juives comme le créateur d'un des types secondaires du rabbinique. Par conséquent, cette sorte d'écriture devait exister quelque temps au moins avant lui.

Deuxièmement, les figures d'un grand nombre de lettres dans le rabbinique s'expliquent assez difficilement si on les considère comme sorties du type du caractère carré usité à partir du onzième siècle. On comprend au contraire très-bien leur dérivation si on les compare aux types antérieurs de la même écriture. Ce sont les lettres א, ג, ד, ו, ז, ט, נ, ס, ע, פ, צ, ש.

Nous pouvons même encore aller plus loin, et il nous semble que nous sommes en état de déterminer positivement le siècle où l'écriture rabbinique prit naissance et fut enfantée par celle que les Hébreux avaient empruntée aux Araméens.

En effet, parmi tous les types anciens de l'hébreu carré que nous avons relevés sur les monuments et rassemblés dans notre planche XV, il en est un d'où le rabbinique est évidemment sorti, car il ne pré-

(1) *Nouveau traité de diplomatique*, t. I, part. II, pl. VIII. — Gesenius, *Geschichte der hebr. Sprache*, p. 180.

sente avec aucun autre un rapport aussi étroit et aussi direct. C'est le
type que fournissent les coupes de Babylone désignées par les n⁰ˢ 1–4
dans la publication de M. Layard et que, dans le § 1 de ce chapitre,
nous avons cru pouvoir rapporter avec certitude aux cinquième et
sixième siècles de l'ère chrétienne, c'est-à-dire à l'école même d'où
était sorti l'un des Talmuds.

Le rapport que nous signalons, tellement frappant qu'il suffira pour
établir la filiation de l'écriture rabbinique, ressortira de la manière
la plus manifeste du tableau de la planche XVIII, dans lequel nous
plaçons les deux variétés de cette écriture en regard de l'alphabet des
coupes de Babylone et de l'alphabet carré tel qu'il se trouve dans les
manuscrits postérieurs au onzième siècle. En se reportant au tableau
de la planche XV, il sera facile au lecteur de constater qu'avec aucun
des types anciens, non plus qu'avec le type définitif du moyen âge, le
rapprochement ne serait aussi remarquable et aussi satisfaisant qu'avec
celui des plus vieilles parmi les coupes de Babylone.

En général, le tracé se rapproche plus dans le rabbinique italo-espa-
gnol que dans le rabbinique allemand de l'écriture des coupes de Babylone. Le rabbinique allemand semble avoir été quelque peu in-
fluencé postérieurement par le caractère carré dans la forme qui lui
fut donnée à partir du onzième siècle, et, quant aux lettres qui n'ont
pas subi cette influence, les figures s'y sont souvent altérées. Cette
observation est surtout sensible pour ב, ה, ז, ח, ל, מ, ע, פ, ר et ש·

Cependant la remarque contraire doit être faite pour quelques lettres
dont le rabbinique allemand a mieux conservé la forme première que
le caractère italico-espagnol, ג, ס, ת.

Le ר, le י, le כ, le ג sont dans les deux alphabets à égale distance des
mêmes lettres sur les coupes de Babylone. Pour le ו, sa figure italico-
espagnole et sa figure allemande, bien que différentes, ont toutes deux
leur source sur ces monuments. Le א du rabbinique italien provient
de la figure ⋏, dans laquelle le trait placé au-dessous de la barre
oblique, dernier reste de la partie que dans la lettre phénicienne on
comparait au muffle d'une tête de bœuf, s'est atrophié et n'est plus
rappelé que par la légère courbure qu'offre encore à son extrémité

la haste principale. Quant à celui du rabbinique allemand, c'est la figure К , où la partie assimilée au muffle de la tête de bœuf et le sommet du trait oblique se sont confondus en une seule barre, qui forme désormais la haste principale du caractère et lui donne l'aspect d'un K grec. Comparées à א, ces deux lettres seraient, pour ainsi dire, inexplicables.

Le rapprochement que nous venons d'établir avec l'écriture d'une partie des coupes de Babylone nous paraît éclaircir complétement l'origine du caractère rabbinique. On doit désormais le faire remonter jusqu'à l'âge de l'école de Babylone. Ce sont les rabbins de la première époque qui, vers le cinquième siècle, l'ont inventé comme une écriture cursive destinée aux usages ordinaires, aux correspondances, etc., tandis que le caractère carré demeurait réservé aux manuscrits plus soignés, peut-être dès lors à ceux des Livres Saints (1).

Il est en effet à remarquer que les déformations successives des écritures qui donnent naissance à de nouveaux alphabets sont presque constamment le résultat d'une tendance à rendre l'écriture toujours plus cursive. Voici comment les faits de ce genre se produisent d'ordinaire. Les gens d'un peuple et d'une certaine époque reçoivent un type de caractères; ils s'en servent d'abord pendant quelque temps tel qu'ils l'ont reçu. Puis, l'usage d'écrire se généralisant chez eux, passant plus profondément dans leurs mœurs, s'appliquant à un plus grand nombre d'objets, ils commencent à sentir le besoin d'un alphabet plus coulant, plus facile à tracer rapidement; alors ils en modifient la forme dans ce sens. Leur écriture déjà modifiée passe-t-elle à un autre peuple ou à une autre génération d'individus de la même nation, le même fait se répète et l'alphabet va ainsi en se déformant et en devenant de plus en plus cursif, sans qu'on puisse assigner de limite à l'effet de cette tendance.

(1) Il faut noter ici cette circonstance fort curieuse, qu'un fragment d'épitaphe de date assez ancienne, trouvé à Jérusalem et publié par MM. de Saulcy (*Voyage en Terre Sainte*, t. II, p. 200) et de Vogüé (*le Temple de Jérusalem*, pl. XXXVII, n° 3), est écrit avec un caractère positivement rabbinique. Nous en faisons figurer les lettres dans une des colonnes de notre pl. XVIII. Un graffitto relevé par M. de Vogüé dans le tombeau dit des Prophètes (De Vogüé, *le Temple de Jérusalem*, pl. XXXVII, n° 2) appartient à la même paléographie.

C'est de cette façon que nous avons vu de l'alphabet phénicien sortir l'araméen primitif, de celui-ci l'araméen secondaire, qui à son tour a donné naissance à l'araméen des papyrus, d'où sont dérivés au même degré le palmyrénien et l'hébreu carré. Ce dernier caractère était déjà fort cursif si on le compare aux alphabets qui l'avaient précédé. Cependant, au bout de quelques siècles d'usage, il ne le parut pas assez. Comme les autres, il passa au rang d'écriture majuscule et onciale, et pour les emplois ordinaires et courants on inventa une écriture encore plus abrégée, d'un tracé encore plus rapide. Ce fut le rabbinique.

VII.

Un des caractères les plus significatifs et les plus constants des langues sémitiques est la nature vague des voyelles et leur rôle tout à fait secondaire en dehors du radical. De là, l'absence de voyelles proprement dites dans l'alphabet de vingt-deux lettres. Lorsque des peuples dans la langue desquels les sons vocaux avaient un caractère essentiel, les Grecs, par exemple, empruntèrent cet alphabet aux Phéniciens, ils détournèrent quelques-uns des signes de leur véritable valeur; du א ils firent α, du ה ε, du ח η, du י υ et du ע ο. Mais, quoi qu'en aient dit certains érudits, comme Kopp (1), le rôle véritable et primitif de ces lettres n'était pas celui de voyelles; les א, ה, י, ח, ע, phéniciens étaient, comme tous les grammairiens orientaux s'accordent à le dire des signes qui en sont dérivés dans les écritures sémitiques et comme l'immense majorité des philologues européens le reconnaît, des aspirations plus ou moins douces et des demi-consonnes. Quant aux voyelles, on les suppléait à la lecture.

Ce n'était certainement pas là un système d'écriture bien commode et même il devait nuire souvent à la clarté des textes. En effet, bien des flexions grammaticales dans les idiomes sémitiques ne se distin-

---

(1) *Bilder und Schriften*, t. II, p. 115-131.

guent que par le changement des voyelles vagues tandis que les consonnes essentielles du radical demeurent invariables, et par conséquent,
dans le phénicien rien n'indique à l'œil du lecteur à quel temps ou
bien à quel mode, par exemple, se trouve un verbe, lorsque ce n'est
ni un temps ni un mode indiqué par des préfixes ou des suffixes ; il faut
se guider uniquement d'après le sens général des phrases. Pour les
érudits modernes, c'est là une des plus grandes difficultés que présente le déchiffrement des textes phéniciens, et si à l'époque où l'on
gravait ces textes la difficulté n'était certainement pas aussi considérable, ce système d'écriture devait toujours laisser planer pour les lecteurs peu expérimentés une obscurité assez grande.

Cependant les habitudes graphiques des Phéniciens furent sous ce
rapport bien des siècles à se modifier. D'abord, pour ce qui regarde
l'alphabet chananéen lui-même, tant qu'il fut en usage dans quelques-
unes des contrées de son domaine, comme en Afrique encore vers le
temps de saint Augustin, il n'admit jamais aucune espèce de notation
des voyelles. La seule modification qu'il éprouva dans ce sens consista
dans la multiplication des aspirations douces, telles que א et ו, et
même ע, employées comme quiescentes; mais il y a bien loin de là à un
système régulier et complet de vocalisation. Quant aux premiers alphabets sémitiques dérivés de la source phénicienne, aucun d'eux ne présente de traces d'une expression des voyelles par des signes spéciaux,
ni l'hébraïque primitif, ni les trois alphabets communs à tous les Araméens. Mais en revanche tous les alphabets postérieurs possèdent des
notations plus ou moins savantes et plus ou moins compliquées pour
rendre les sons vocaux.

De ces systèmes de vocalisation le plus compliqué, celui qui emploie
le plus de signes différents et rend le plus de nuances, est sans contredit
celui de l'hébreu. Les autres, ceux surtout du samaritain et de l'arabe,
paraissent à côté tout à fait rudes et primitifs.

A quelle époque remonte la notation des voyelles chez les Hébreux ?
C'est là une question qui depuis le moyen âge jusqu'à nos jours a été
bien des fois traitée et a donné lieu à un bien grand nombre de discussions.

L'opinion la plus générale des Juifs du moyen âge tendait à faire remonter la ponctuation indiquant lès voyelles dans les différents livres de la Bible jusqu'à l'époque même de l'adoption du caractère carré par Esdras (1). Les premiers élèves chrétiens des rabbins l'adoptèrent de confiance (2), les réformateurs firent de même au seizième siècle (3), et cela si complétement que l'un des synodes protestants de la Suisse déclara l'inspiration des points-voyelles dans la Bible article de foi (4). Lorsque l'étude de l'hébreu se fut établie plus scientifiquement, Buxtorf le jeune (5) et son école soutinrent encore la haute antiquité de la ponctuation ; cette opinion est demeurée depuis complétement abandonnée de la science, bien qu'à la fin du siècle dernier elle ait été un moment renouvelée par G. O. Tychsen (6) et par un érudit écossais nommé Robertson (7).

Dès le quinzième siècle, le système contraire, celui de la date récente de la vocalisation hébraïque, fut soutenu, et avec des preuves très-solides, par le fameux grammairien juif Elias Levita, qui vécut de 1469 à 1549, et fut le maître de plusieurs des premiers hébraïsants chrétiens de la Renaissance. Cappelle de Saumur (8), Morin (9), Masclef (10) l'adoptèrent, enfin Houbigant (11) et son école le poussèrent

---

(1) Aben Esra *in lib. Zachut*, fol. 138 et 193. — *Lib. Cosri*, part. III, § 31, ed. Buxtorf. — Cf. Buxtorf, *De vocal.*, part. I, c. 1-4, p. 26 et suiv.; *Tiberias*, p. 76.

(2) Raimondo Martini, *Pugio fidei*, part. III, distinct. 3, c. 19. — Perez de Valencia, *Introduct. ad exposit. in Psalm.*, cité par Semler. *Eigne hist. theol. Abhandlungen*. — Nicolas de Lyre, *ad Hos.*, IX.

(3) Luther. *ad Genes.*, XXXVI et XXXVII, 12; *tract. de Schamphorasch*.—Calvin. *ad Zachar.*, IX, 7; — Pellican., *Praefat. ad Pentateuch.*

(4) *Formula consensus*, can. 2. — Cf. Gesenius, *Geschichte der hebr. Sprache*, p. 183.

(5) *De punctorum vocalium et accentuum in libris Veteris Testamenti origine, antiquitate et auctoritate*, Bâle, 1648, in-4°.

(6) *Ueber das Alter der hebræischen Punkte*, dans le *Repertorium für Bibl. und morgenlænd. Literatur*, part. III, p. 102.

(7) *Dissertatio de genuina punctorum hebraïcorum antiquitate*, en tête de sa *Clavis Pentateuchi*, Édimbourg, 1770, in-4°.

(8) *Arcanum punctationis revelatum*, publié par Erpenius à Leyde, 1624, in-4°.

(9) *Exercitationes biblicae* (Paris, 1669, in-f°), lib. II, exercit. 12.

(10) *Grammatica hebraïca a punctis aliisque inventis masorethicis libera*, Paris, 1716, in-8°.

(11) *Racines hébraïques sans points-voyelles, ou Dictionnaire hébraïque*, Paris, 1732, in-8°.— *Biblia hebraïca cum notis criticis et versione latina*, Paris, 1753, in-f°.

jusqu'à l'absurde, prétendant non-seulement que la notation des voyelles était très-récente chez les Hébreux, mais encore que la tradition de lecture sur laquelle elle s'appuyait n'avait aucune espèce de fondement.

Enfin une troisième opinion, intermédiaire entre les deux autres, a été proposée d'abord par Hottinger (1), puis, avec quelques modifications, par Prideaux (2), Schultens (3), Michaëlis (4) et Eichorn (5). Elle consiste à regarder le système des points-voyelles avec toutes ses complications comme peu ancien, mais représentant une tradition généralement assez exacte de prononciation et ayant remplacé un autre système plus rudimentaire et plus antique. C'est celle que l'on adopte le plus généralement aujourd'hui (6).

A laquelle de ces différentes manières de voir devons-nous nous ranger? C'est ce qu'il importe d'examiner maintenant, car l'introduction des points-voyelles rentre à n'en pas douter dans les termes du programme proposé par l'Académie.

Commençons par circonscrire les limites de la question.

Ici, dès le début, nous devons rejeter l'opinion des grammairiens juifs et de l'école de Buxtorf. Le premier fondement de cette opinion est, en effet, une fausse interprétation de la tradition rabbinique relative au changement d'écriture introduit à l'époque du retour de la captivité. Ceux qui l'ont soutenue croyaient que le caractère carré

(1) *Thes. philol.*, p. 401.

(2) *Lect. de capit. relig.* (Oxford, 1648), p. 196. — *Opera omnia*, p. 168.

(3) *Instit. ling. hebr.*, p. 48 ; p. 62 et suiv.

(4) *Ueber das Alter der hebræischen Vocalzeichen*, dans les *Vermischte Schriften*, part. II, n° 1. — *Bibliothec. orient.*, part. IX, p. 82 et 88.

(5) *Einleit. in das Alt. Testam.*, part. I, p. 157 et suiv.

(6) Luzzatto, *Prolegomeni*, p. 12 et suiv. — Munk, *Notice sur Aboulwalid*, p. 3-4, 39-40. — Ewald, *Jahrbücher der bibl. Wissensch.*, t. I, p. 160 et suiv. ; *Kritische Grammatik*, § 36. — Ewald et Dukes, *Beitræge zur Geschichte der æltesten Auslegung und Spracherklærung des Altes Testament*, p. 125, 135, 149-150 et 157. — Renan, *Histoire des langues sémitiques*, 1re édition, p. 160-161.

Voy. du reste, sur l'histoire complète des différentes opinions proposées à ce sujet : Wolf, *Biblioth. hebr.*, t. II, p. 475 et suiv. — Carpzow, *Critica sacra*, p. 242 et suiv. — Lœscher, *De caus. ling. hebr.*, p. 275 et suiv. — Walton, *Prolegomen.*, part. III, § 39. — Bauer, *Critica sacra*, p. 128 et suiv. — Gesenius, *Geschichte der hebr. Sprache*, p. 182-184.

avait été dès lors adopté tel qu'il se présente dans les manuscrits du moyen âge et que par conséquent la notation des voyelles, qui fait à cette dernière époque partie intégrante et essentielle du système d'é-criture, avait dû être mise en usage en même temps. Nous avons vu tout à l'heure dans quel sens on doit entendre la tradition des Talmuds et des rabbins. Ce ne fut pas l'alphabet carré, mais l'alphabet araméen qui en est la source, que les Juifs reçurent au temps de la captivité et qu'Esdras appliqua à la transcription de la Loi.

Or il est certain qu'aucun des trois alphabets communs à tous les Araméens, non plus que le palmyrémien, n'admettait un système de signes diacritiques pour la notation des voyelles. Ce que nous possé-dons de fragments de manuscrits araméens ne portent aucune trace d'un semblable usage. Quant au palmyrénien, nous ne le trouvons qu'appliqué aux monuments, et par conséquent, quoi qu'en ait dit Gesenius (1), l'absence de points ou de traits-voyelles sur les inscrip-tions de Palmyre ne prouverait pas absolument que dans cette écriture on n'en ait pas employé; ainsi les inscriptions juives du moyen âge n'offrent la plupart du temps pas de points-voyelles, et cependant alors ils étaient d'un usage général. Mais ce qui est bien plus significatif, c'est la multiplication des quiescentes, qui constitue un des caractères distinctifs de l'ortographe palmyrénienne. Ainsi le nom du mois Elul s'y rencontre écrit אלול au lieu de אלל, l'expression *vita eorum*, חייהון au lieu de חיהן, etc. (2). On trouve encore une plus grande quantité de quiescentes lorsqu'il s'agit de rendre les voyelles de noms propres ou de mots grecs insérés au texte; Ἰούλιος Αὐρήλιος s'y rend par יוליס אורליס, Ἀλαφωνᾶς par עלפונא, Κρισπεῖνος par קריספינוס, βουλὴ par בולא, δουκενάριος par דוקנרא, le latin *colonia* par קלניא, etc. (3). De semblables exemples ne se présenteraient pas dans une langue qui posséderait une notation régulière des voyelles en dehors des lettres mêmes de l'alphabet. Ce qui est vrai du palmyrénien a dû l'être aussi à l'origine de l'hébreu carré, issu au même degré de l'araméen des papy-

---

(1) *Geschichte der hebr. Sprache*, p. 164; *Hebr. Grammatik*, § 4.
(2) Hoffmann, *Gramm. syriac.*, p. 84.
(3) Kopp, *Bilder und Schriften*, t. II, p. 125.

rus, et qui suivait évidemment les mêmes habitudes, empruntées à la mère commune.

D'ailleurs la comparaison de la version des Septante avec le texte hébraïque de l'Ancien Testament montre clairement qu'à l'époque où cette version a été faite, il n'y avait pas encore d'indications de voyelles dans les manuscrits de la Bible, et que même sur quelques points, entre autres pour ce qui se rapporte aux noms propres, il devait y avoir divergence et incertitude dans la tradition de lecture. En effet les Septante transcrivent un assez grand nombre de noms propres autrement que leur prononciation n'est marquée dans nos Bibles hébraïques, et les erreurs que l'on relève dans leur traduction tiennent presque toutes à des confusions établies entre des mots qui ont la même charpente radicale et ne se distinguent que par les voyelles (1).

Le même genre d'observations sur les noms propres nous permet de conclure à l'absence de la notation des voyelles dans les premiers temps où l'écriture carrée, distincte des alphabets araméens, fut en usage. Rien n'est plus douteux que la connaissance que Josèphe pouvait avoir de la langue sacrée et des textes originaux des Livres Saints. S'il n'en était pas absolument ignorant, au moins il n'en avait qu'une très-faible expérience (2); en revanche, il avait l'habitude de se servir de la langue syro-chaldaïque, qui était l'idiome vulgaire de la Palestine à son époque. C'était dans les Targumim, ou traductions de la Bible faites pour l'usage de la masse du peuple juif, qu'il devait lire les annales d'Israël (3). Le témoignage de ses écrits ne s'applique donc pas directement au texte hébraïque; il n'a de valeur que pour les noms propres, en tant que ces noms propres étaient reproduits dans les versions chaldaïques sous la même forme que dans l'original. Pris de cette manière, il est intéressant et nous fait connaître plusieurs traits de la prononciation adoptée dans les premières rédactions des Targumim, et de ces traits il résulte clairement que le texte sur lequel travaillèrent d'abord

---

(1) Gesenius, *Geschichte der hebr. Sprache,* p. 189-193.

(2) *Ibid.,* p. 80-81.

(3) Cf. ce qu'il a dit dans le préambule de sa *Guerre des Juifs,* qu'il écrivit d'abord, rapporte-t-il, en syro-chaldaïque, et dans le dernier paragraphe de ses *Antiquités judaïques.*

les interprètes chaldaïques ne portait aucune marque de vocalisation (1).

Dans les deux Targumim qui sont parvenus jusqu'à nous, celui d'Onkélos et celui de Jonathan, on commence à apercevoir quelques rares traces d'une notation de voyelles (2). Quant aux Talmuds, ils mentionnent formellement des signes appelés טעמים, qui indiquaient la prononciation dans les passages difficiles (3). Mais de là il ne faut pas conclure à l'existence dès ce temps d'un système de points-voyelles aussi complet que celui qui s'est établi plus tard. Il suffit de parcourir le texte de la Vulgate (4) ou la transcription en lettres grecques de la Bible hébraïque donnée par Origène dans ses *Hexaples* (5), pour reconnaître que les טעמים ne s'appliquaient encore que dans un petit nombre de cas et ne représentaient pas une aussi grande variété de flexions vocales que la ponctuation postérieure.

La notation primitive des voyelles en syriaque peut donner une idée assez exacte de ce que devait être le système des טעמים. On sait en effet qu'avant l'époque où Jacques d'Édesse inventa les premiers moyens de marquer la vocalisation syriaque d'une manière complète et perfectionnée (6), ses compatriotes avaient déjà pour le même usage un moyen de notation qui consistait dans un point placé au-dessus des consonnes pour rendre les voyelles *a, o, u* bref, et au-dessous pour rendre *e, i, u* long. Ainsi, en voyant les deux lettres ‍ on n'eût pu savoir si on devait lire HAU (d'après la notation antérieure à Jacques d'Édesse ‍) *ille* ou bien HU (‍) *ipse;* avec le point, au contraire, la distinction

---

(1) Gesenius, *Geschichte der hebr. Sprache*, p. 493.

(2) *Ibid.*, p. 193-194.

(3) Tr. *Bérakhoth*, fol. 62. — Tr. *Nedarim*, c. 4, fol, 37. — Tr. *Megillah*, c. 1, fol. 3. — Tr. *Hagiga*, c. 1, fol. 6. — Cf. Dukes, קונטרוס המסורת לבן אשר, *herausgegeben mit Einleitungen und Anmerkungen*, p. 29.

(4) Gesenius, *Geschichte der hebr. Sprache*, p. 197. — Cf. Hieronym. *Epist.* 126, ad Evagr.: *Vocalibus in medio literis perraro utuntur Hebraei.* — Comment. ad Habac. III, 5; *ad* Hos., XIII, 3; *ad* Genes., XXVI, 12; XXXVI, 24; XXXVIII, 12; *ad* Jos., XXXI, 9.

(5) Gesenius, *Geschichte der hebr. Sprache*, p. 199 et suiv.

(6) Nous reviendrons sur cette question dans le chapitre suivant, mais nous devons dès à présent renvoyer le lecteur à l'important mémoire de M. l'abbé Martin sur *Jacques d'Édesse et les voyelles syriennes: Journal asiatique*, 6ᵉ sér., t. XIII, p. 447-482.

était facile, HAU était oↄɟ et HU oↄɟ. Nous pouvons encore citer comme exemples les diverses significations et prononciations affectées aux trois lettres ߉ߋ, ߉ߋ̇, OTHE, *veniens*, ߉ߋ̇, OTHO, *signum* et ߉ߋ̣, ETHO, *venit* (1). La notation des voyelles chez les Samaritains est identique, seulement elle s'exprime par des traits au lieu de points (2).

Il devait en être de même dans les premiers essais de vocalisation hébraïque. En effet le mot טעמים, qui dans les Talmuds indique les signes par lesquels on notait d'abord la prononciation et dont la signification première exprime ce rôle d'éclaircissement du sens (3), a été conservé par les grammairiens juifs du moyen âge pour désigner les accents. Et dans les rares passages où saint Jérôme mentionne des notes de ce genre, il se sert toujours du mot *accentus*. Ainsi, nous lisons dans ce Père de l'Église à propos du mot שְׁבוּעָה : *Pro saturitate, quae hebraïce* SABAA, *ceteri juramentum interpretati sunt, quod verbum multas habet intelligentias et pro diversitate accentuum variatur* (4). Et dans un autre endroit : *Miror cur ita translatum sit, cum in Hebraeo, nec literarum, nec syllabarum, nec accentuum, nec verbi sit ulla communicatio* (5).

Quel était celui de ces trois systèmes semblables de notation des voyelles, hébraïque, syriaque et samaritain, auquel appartenait la priorité ? C'est ce qu'il est impossible de dire. Les plus anciennes mentions formelles que nous en ayons sont pour l'hébreu dans saint Jérôme et pour le syriaque dans saint Éphrem (6).

Quant à la cause qui fit introduire pour les Juifs l'élément nouveau de l'indication des voyelles dans les manuscrits des Livres Saints, elle ne saurait être douteuse. Quoi qu'en aient prétendu quelques érudits modernes, il est incontestable qu'il existait chez le peuple israélite une tradition de prononciation et de lecture admise par tous et remon-

---

(1) Hoffmann, *Grammat., syr.*, p. 85.

(2) Cellarius, *Hor. samarit.*, p. 65.

(3) Gesenius, *Geschichte der hebr. Sprache*, p. 220.

(4) *Comment. ad* Jos., LXV, 15.

(5) *Comment. ad* Jon., III, 4. Cf. *ad* Amos, VIII, 12; *ad* Eccles., XII, 5; *ad* Genes., XXXIII, 29.

(6) *Ad* Genes., XXXVI, 24; *Opp. syriac.*, t. I, p. 184. — Hoffmann, *Grammat. syr.*, p. 86.

tant à une date très-ancienne; il pouvait y avoir dans cette tradition quelques incertitudes, mais le fond n'en était pas moins fixé d'une manière certaine. Lorsque la prise de Jérusalem eut détruit la constitution du corps sacerdotal hébraïque et consommé la dispersion de la nation juive, on craignit que la tradition, qui s'était jusqu'alors conservée dans le sacerdoce et chez les docteurs, ne vînt à s'oblitérer, et en se perdant ne finît par faire oublier le sens des livres de la Loi. Dès lors on chercha les moyens de la fixer et on commença à établir une notation de la prononciation. C'est ce qu'indique clairement le précepte souvent répété : עשו סייג לתורה, *faites haie à la Loi* (1), lequel se rapporte au premier système d'indication des voyelles (2). C'est ce qui ressort aussi du curieux passage dans lequel l'un des auteurs du traité talmudique *Nedarim* attribue l'infidélité des Galiléens à la loi mosaïque, à la corruption de leur langue et à leur oubli de la vraie prononciation de la Loi, en l'absence de signes qui l'indiquassent (סימנים) :

אלא בני יהודה דדייקו לישנא ומתנחו להו סימנים נתקיימא תורתן בידן
בני גליל דלא דייקו לישנא ולא מתנחו להו סימנים לא נתקיימה תותי
בידן

« Les enfants de Juda ont cultivé soigneusement leur langue et ont
« placé au-dessous des signes de prononciation; aussi ont-ils conservé
« leur Loi dans leurs mains. Les enfants de la Galilée n'ont pas cultivé
« soigneusement leur langue et n'ont pas placé au-dessous (des mots)
« des signes de prononciation ; aussi n'ont-ils pas gardé leur Loi entre
« leurs mains (3). »

Le premier système de notation des voyelles, dont nous venons de repasser les traces, constituait déjà un grand progrès sur l'état précédent de l'écriture. C'était un précieux élément de clarté, mais il n'était pas encore suffisant. Il était, en effet, trop incomplet pour pouvoir rendre toutes les nuances de la prononciation, et, par conséquent, il laissait encore place à bien des incertitudes. Au bout de peu de temps

---

(1) *Pirke avoth,* c. 1, init.
(2) Renan, *Histoire des langues sémitiques,* 1re édition, p. 160.
(3) Tr. *Nedarim,* fol. 53.

on dut sentir le besoin de le perfectionner, et des efforts faits dans ce sens naquit la ponctuation actuellement en usage, que l'on appelle d'ordinaire ponctuation massorétique.

Par qui et à quelle époque ce nouveau système de points-voyelles fut-il inventé ? C'est là une question beaucoup plus obscure que l'opinion générale ne semble le croire.

A voir en effet la manière dont la plupart des philologues et des grammairiens parlent, soit pour la combattre, soit pour la défendre, de la *ponctuation massorétique,* des raisons qui ont décidé les *Massorètes* à la noter de telle et telle façon, l'on serait naturellement en droit de croire qu'il existe une tradition rabbinique constante, ou du moins quelques passages d'auteurs juifs d'une date un peu ancienne attribuant aux docteurs de la Massore (בעלי מסרה) la combinaison du système des points-voyelles. Il n'en est pourtant rien. Les livres et les traditions anciennes des Juifs ne disent rien de formel sur l'adoption des signes de la vocalisation (1). L'attribution de ce travail aux Massorètes n'est devenue affirmative et prédominante que chez les savants du seizième siècle, et on doit même reconnaître que tout ce que nous savons de l'œuvre des docteurs de la Massore s'oppose à ce qu'on admette sous sa forme absolue cette opinion reçue sans contrôle.

Le nom de מסורה vient, soit de מְסוֹרָה, « tradition », soit de מְסוֹרֶת, « correction » (2). L'une et l'autre de ces étymologies exprime également bien la nature de l'œuvre des Massorètes. Les travaux de ces fameux docteurs furent, en effet, dirigés vers la critique du texte des Livres Saints et non vers l'étude de la grammaire hébraïque. Ce qu'ils firent, c'est de compter les mots et les lettres des différents ouvrages contenus dans la Bible, de manière à assurer pour l'avenir l'intégrité

---

(1) Buxtorf, *De vocal.*, p. 398. — Robertson, *Dissert. de punct. hebr.*, p. 65. — Gesenius, *Geschichte der hebr. Sprache,* p. 203-204.

Fourmont (*Mémoires de l'Académie des Inscriptions*, t. XX, p. 222-249) et Semmler (*Eign. theolog. Abhandlungen,* part. I, p. 191 et suiv.) avaient cru trouver une mention positive du travail des Massorètes, mais cette découverte était basée sur une fausse lecture du mot שכמו, « ils ont compté (les lettres), » pris par Fourmont pour סמנו, « il ont ponctué ». Voy. Gesenius, p. 204.

(2) Gesenius, *Geschichte der hebr. Sprache,* p. 75.

du texte; de comparer les manuscrits, d'en noter les moindres circonstances. En un mot, ils s'occupent uniquement, et par les moyens les plus minutieux, de fixer le texte dont on ne s'écartera plus désormais, ce que l'on est convenu d'appeler le *textus receptus* (1). Ils notent aussi à la marge quelques corrections qu'ils croient devoir apporter à des mots dont l'orthographe leur a paru fautive dans les manuscrits qu'ils ont eus sous les yeux. Mais tel est leur respect pour le texte traditionnel qu'ils cherchent à immobiliser, que ces corrections, appelées *qeri*, n'y prennent pas place et que, tandis qu'on les inscrit à la marge, les fautes elles-mêmes demeurent dans le texte tels que les Massorètes l'ont reçu (2).

Tel est le cadre des travaux des docteurs de la Massore; on voit que l'invention des points-voyelles n'y rentre pas d'une manière naturelle et nécessaire. La grande école de Tibériade, sinon dans sa première époque, du moins dans la suite de ses travaux, s'occupa sans doute, on ne peut pas en douter, de fixer d'une manière définitive et invariable la lecture aussi bien que le texte des livres de la Bible; elle introduisit dans ces livres la ponctuation qui s'est conservée jusqu'à nous et qui a immobi-

---

(1) Gesenius, *Geschichte der hebr. Sprache*, p. 75. — Renan, *Histoire des langues sémitiques*, p. 161.

(2) Hiller, *Arcanum Kethib et Kri*, Tubingue, 1692. — Geiger, *Urschrift*, p. 259-433. — Rosenfeld, מאמר בקרי וכתיב, Wilna, 1866. — Derenbourg, *Journal asiatique*, 6ᵉ sér., t. XVI, p. 536-542.

Une partie de ces variantes n'ont pas le caractère de corrections grammaticales, mais de modifications au texte pour la lecture publique, inspirées par des scrupules de décence ou d'orthodoxie. « Le nombre des *keri ou-ketib*, dit M. Derenbourg, est de 1314, dont le Pentateuque présente 80, les premiers Prophètes 361, les seconds Prophètes 345, les trois livres poétiques 203 et les autres Hagiographes 325. Il n'y en a ni dans Jonas, ni dans Sophonie, mais le petit livre de Daniel présente à lui seul 129 variantes. En examinant les 80 variantes du Pentateuque, on trouve des archaïsmes comme huit ה pour ו, à la fin de la 3ᵉ personne du singulier masculin; seize fois le suffixe וֹ‑ pour יוֹ‑; vingt et un כער pour כערה; des orthographes rares où manque la lettre quiescente (Gen., XXVII, 29; XLIII, 28; Num., III, 51); des corrections erronées comme שליו pour שלו; des *ketib* qui sont d'accord avec les deux versions araméennes (Deuteron., XXI, 7); des changements qu'on fait dans l'intérêt de la décence, et à peine plus de deux *keri* qui paraissent des corrections nécessaires (Levit., XXI, 5, et Deuteron.,V, 9)., Le mauvais état des livres de Samuel et des Rois se reconnaît par les 174 variantes de Samuel et les 126 des Rois. Les 145 variantes comptées pour Jérémie et les 123 comptées pour Ézéchiel peuvent être considérablement diminuées dès qu'on renonce à passer le niveau de la régularité sur tous les textes, et qu'on reconnaît quelques terminaisons et formations archaïques dans ces deux livres. »

lisé la prononciation traditionnelle dont la connaissance exacte était restée l'apanage des docteurs de Tibériade, prononciation que ceux-ci craignaient de voir rapidement tomber dans l'oubli, tant ils la voyaient s'altérer dans le reste du monde juif sous l'action des influences étrangères. Mais il n'en résulte pas que ce soit à cette école que doive être nécessairement attribuée l'invention première des signes de vocalisation qu'ils employèrent à cet effet, qu'ils modifièrent même probablement dans une certaine mesure pour les appliquer à leur propre tradition de lecture. L'idée d'une telle invention révèle des préoccupations proprement grammaticales qui étaient en dehors du cercle général de leurs travaux. D'ailleurs les points-voyelles n'ont probablement pas été inventés tout d'abord en vue des Livres Saints, mais pour des besoins plus profanes, et M. Derenbourg (1) a ingénieusement remarqué que les anciens grammairiens devaient avoir « appliqué leur système de ponctuation au Targoum, c'est-à-dire à la version chaldéenne, avant de l'emprunter à cet usage profane pour l'appliquer au texte sacré. »

Il est bon de chercher à préciser l'époque où se fit l'invention définive des points-voyelles et son application au texte biblique.

Ainsi que nous l'avons déjà remarqué, les Talmuds, dont la rédaction définitive doit être rapportée au cinquième siècle, montrent l'ancien et incomplet système des accents-voyelles ou טעמים encore pleinement en usage. Dans leurs observations minutieuses sur les manuscrits des Livres Saints, les Massorètes ont relevé quelques erreurs dans la notation des voyelles, quelques divergences dans la prononciation qui supposent certainement l'existence entre leurs mains de textes portant des marques de vocalisation (2), mais qui peuvent se rapporter au premier système tout aussi bien qu'au second.

Si nous nous reportons, au contraire, au début du septième siècle, nous trouvons la ponctuation hébraïque constituée. Philoponus, vers 610, cite en le transcrivant en lettres grecques un verset de la Genèse (3), et le cite avec la prononciation de nos textes de la Bible

(1) *Journal asiatique*, 6e série, t. XVI, p. 469, en note.
(2) Carpzow, *Critica sacra*, p. 252. — Leusden, *Philol. hebr.*, p. 124.
(3) I, 26.

exactement reproduite (1). Un peu plus tard, dans le huitième siècle, on note des différences de ponctuation tenant à la prononciation différente de l'hébreu chez les Juifs de Babylone et chez ceux de la Palestine. Enfin, dans le dixième siècle, la version de Sâadia-el-Fayoumi et la traduction grecque autre que celle des Septante conservée à la bibliothèque de Saint-Marc à Venise (2) sont faites l'une et l'autre sur un texte à prononciation presque complète (3). Au même temps appartient le plus ancien manuscrit hébraïque ponctué que nous possédions. C'est le manuscrit d'Isaïe, Jérémie, Ézéchiel et les petits prophètes, jadis à Odessa et maintenant à la bibliothèque de Saint-Pétersbourg, qui porte une date correspondant à l'an 916 de notre ère et dont un fac-similé a été publié par Pinner (4). Les points y sont placés, non plus au-dessous des mots selon l'habitude la plus générale, mais au-dessus.

L'époque où l'invention attribuée aux Massorètes s'est véritablement produite est nettement définie par ces observations. C'est le sixième siècle, comme le pensait Elias Levita, et non le septième, comme l'ont cru Jean Morin (5), Richard Simon (6) et Étienne Morin (7), trois des plus ardents adversaires de l'antiquité de la vocalisation hébraïque.

Si nous avons pu fixer l'âge où fut établie la notation des voyelles employée dans les manuscrits et les éditions de la Bible, nous n'oserons pas être aussi affirmatif maintenant qu'il s'agit d'indiquer les inventeurs de ce système. Cependant nous ferons remarquer qu'une fois l'invention placée au sixième siècle, il est assez naturel de l'attribuer à la puissante école des docteurs Saboréens (סבוראי), qui jetait alors un vif éclat à Babylone, où elle avait succédé à celle des rédacteurs du

---

(1) Tychsen, *Tentam. de var. cod.*, p. 153.
(2) Gesenius, *Geschichte der hebr. Sprache*, p. 103.
(3) *Ibid.*, p. 202.
(4) *Prospectus der der Odessæer Gesellschaft gehœrenden ældtesten hebræischen und rabbinischen Handschriften*, Odessa, 1845.
(5) *Exercit. bibl.*, p. 525 et suiv.
(6) *Histoire critique de l'Ancien Testament*, t. I, ch. 27.
(7) *De lingua primaeva*, p. 420 et suiv.

Talmud. Ajoutons que quelques érudits ont cru retrouver dans la vocalisation dite massorétique des traces de particularités de prononciation que certains grammairiens juifs disent avoir été propres aux Israélites de Babylone (1).

Ce qui est certain, du moins, c'est qu'il existe deux systèmes de ponctuation qui se rapportent à deux traditions de lecture variant assez notablement et qui ont peut-être même dès l'origine différé dans quelques-uns des signes, ainsi que dans leur position : la ponctuation de Tibériade, qui est devenue la ponctuation typique, et la ponctuation babylonienne qu'ont fait connaître les travaux de Pinsker (2). Reste à se prononcer sur l'antériorité de l'une ou de l'autre. Luzzatto, MM. Ewald et Dukes et M. Renan ont incliné pour la priorité de la ponctuation babylonienne et tendu à attribuer l'invention des signes des voyelles aux docteurs Saboréens. M. Derenbourg se range, au contraire, à l'opinion de ceux qui placent le théâtre de cette invention à Tibériade comme une continuation de l'œuvre de la Massore (3). Mais ses observations aussi ingénieuses que solides me paraissent surtout prouver la supériorité de la ponctuation de Tibériade sur celle de Babylone, l'exactitude de la tradition qu'elle représente, et définir de la manière la plus heureuse l'esprit dans lequel les docteurs palestiniens appliquèrent la ponctuation vocale au texte de la Bible.

« De bonne heure, dit M. Derenbourg, les Juifs restés en Terre-Sainte et qui n'avaient pas quitté le pays natal passaient, à juste titre, pour avoir le mieux conservé l'ancienne tradition. « La population du « pays d'Israël et les habitants de Tibériade, dit Isaac Israéli (4), sont « les prêtres de la langue hébraïque, qui est leur héritage, leur propriété « et leur don naturel. » Raschi, le fameux rabbin de Troyes, parle, dans son commentaire sur le Talmud (5), de la récitation de l'Écriture,

---

(1) Luzzatto, *Prolegomeni*, p. 12 et suiv. — Ewald et Dukes, *Beitræge zur Geschichte der æltesten Auslegung und Spracherklærung des Altes Testaments.* — Renan, *Histoire des langues sémitiques*, 1re édition, p. 160.

(2) *Babylonisch-hebræische Punktationssystem*, Vienne, 1863.

(3) *Journal asiatique*, 6e série, t. XVI, p. 504-508.

(4) Cité par M. Dukes, קונטרוס המסורת, p. 7, note.

(5) Tr. *Bérakhoth*, fol. 62 a.

telle qu'il l'avait entendue de lecteurs venus de la Palestine. Aussi était-ce à Tibériade qu'on s'étudiait à créer les signes destinés à fixer pour l'œil les sons qu'on ne pouvait pas transmettre à distance. Mais, dans le cinquième ou sixième siècle de notre ère, le respect qu'inspirait la sainteté de la langue a pu venir en aide à la tradition et préserver le texte de toute altération qui aurait créé une confusion dans le sens, sans pour cela garantir entièrement les voyelles contre l'effet que les langues araméennes devaient produire sur leur prononciation. Dans l'immense gamme qui va depuis le son le plus ouvert jusqu'au son le plus fermé, on s'arrêtait à un certain nombre de sons principaux, en se fiant pour le reste aux nuances qui naissent spontanément, soit de la nature des consonnes, soit de la proximité de certaines voyelles dans le même mot, et qui, sans se fondre ensemble, n'en exercent pas moins l'une sur l'autre une influence mutuelle. Qu'on ait pensé aux sept planètes, comme le prétend Ibn Ezra, aux sept climats ou aux sept jours de la semaine, ou aux sept années de la période sabbatique, il n'est pas douteux que la sainteté du nombre sept n'ait été une cause suffisante pour qu'on s'y arrêtât.

« La préoccupation des docteurs qui se sont chargés de cette tâche si ardue était bien différente de celle qui, peu de temps après Mohammed, engagea aussi les Arabes à se créer un système de ponctuation. Ces derniers n'avaient d'autre souci que celui de la ponctuation grammaticale pour le texte du livre sacré qui venait de leur être révélé. Les trois voyelles, accompagnées de quelques autres signes secondaires, suffisaient complétement pour atteindre ce but. On distinguait ainsi les cas, les genres, les modes, les formes, tandis que, pour la prononciation proprement dite, une fois la valeur grammaticale du mot et sa place dans la proposition reconnues, on se fiait à la souplesse de l'organe et à la puissance d'une langue vivace et savante. Les créateurs de la ponctuation à Tibériade, au contraire, ayant affaire à une langue qui avait cessé de vivre dans la bouche du peuple, se souciaient peu des lois qui présidaient à son économie intérieure et dont ils avaient à peine la conscience vague; mais ils cherchaient à reproduire rigoureusement, comme une sorte de calque, le texte de la Bible avec la prononciation telle qu'ils ont pu la conserver, par la tradition, à travers une longue lignée de générations. Pour transmettre sans trop d'altération ce dépôt sacré à la postérité, ils ne reculaient devant aucune peine, et ils ajoutaient successivement aux sept voyelles une variété infinie de signes accessoires, destinés à en régler et à en diriger l'émission. Les irrégularités elles-mêmes, les anomalies qui se refusent à toute explication, ne sont souvent que l'effet d'une reproduction scrupuleuse d'une tradition erronée ou d'un caprice linguistique, comme on en rencontre partout dans les langues les mieux disciplinées (1).

« En comparant la ponctuation assyrienne ou babylonienne à la ponctuation de Tibériade, on voit que la première ressemble, jusqu'à un certain point, bien plus au système arabe : comme ce dernier, elle vise davantage à la régularité grammaticale, et à une conséquence rigoureuse dans la fixation des signes (2). Mais cela prouve précisément que, malgré l'autorité qui s'attache aux savants docteurs des académies transeuphratiques, et malgré la grande science de la Loi qui les distinguait, la tradition quant à la lecture des textes avait poussé des racines plus profondes dans le sol de la Palestine que dans celui de Babylone. »

Dans les faits si bien exposés je ne vois aucune preuve directe de l'invention du système des points-voyelles à Tibériade. Il me semble même qu'on pourrait tirer un nouvel argument en faveur de l'origine transeuphratique de la comparaison que M. Derenbourg établit, à la suite de M. Geiger, entre la ponctuation de Tibériade et la ponctuation de Babylone. Si en effet la ponctuation de Tibériade avait été la première, ne serait-il pas assez difficile d'admettre qu'après la fixation de la lecture du texte sacré au moyen de signes de vocalisation dans une école aussi fameuse, d'après une tradition dont la préexcellence était si universellement reconnue et à laquelle on attachait un véritable caractère de sainteté, on s'en fût écarté en Babylonie, et on eût, en empruntant les mêmes signes, modifié une lecture qu'on prisait tellement haut? Il paraît plus naturel de supposer dans les écoles babyloniennes

(1) Voy. Derenbourg, *Journal asiatique*, 6ᵉ série, t. XIII, p. 515.
(2) Voy. Geiger, *Jüdische Zeitschr. für Wissensch. und Leben*, 1863, p. 138.

un premier travail de ponctuation, coïncidant avec l'invention des signes mêmes qui y ont été employés, travail plus grammatical que traditionnel qui aura été corrigé ensuite à Tibériade dans le sens d'un
calque exact de la tradition, conservant même ses anomalies. C'est
ainsi que s'explique le mieux le maintien de l'œuvre des docteurs de
Babylone dans un certain nombre de lieux où elle aura été tout d'a-
bord adoptée, même après sa réforme à Tibériade, tandis que la ponctuation de cette dernière ville, regardée comme la meilleure, comme la
vraie tradition, tendait constamment à prévaloir d'une manière définitive.

Je m'en tiens donc, jusqu'à nouvel ordre, à l'opinion des hébraïsants éminents qui considèrent les points-voyelles comme inventés
dans les écoles juives de la Babylonie, et je crois que c'est de là qu'ils
ont dû passer à Tibériade. Cette manière de voir rend seule raison de
deux faits dont il faut tenir un compte sérieux. Le premier est l'existence que l'on a cru pouvoir constater de quelques particularités de la
prononciation babylonienne jusque dans la ponctuation de Tibériade.
Le second consiste dans les traits propres à la vocalisation dans les
manuscrits des Juifs du Yémen (1), traits dans lesquels M. Derenbourg
reconnaît « comme un souvenir oblitéré de la ponctuation assyrienne
servant à la prononciation de Tibériade ».

Il est à remarquer, du reste, que c'est aussi en Mésopotamie, dans la
partie septentrionale de cette contrée, que la ponctuation syriaque a
pris naissance. Et il ne serait pas impossible qu'il y ait eu dans les premières tentatives pour fixer par l'écriture l'expression des voyelles sémitiques, une certaine influence, entrevue par M. Finzi (2), de la tradition du caractère syllabique du système graphique national des Assyriens et des Babyloniens.

Quoi qu'il en soit, il ne faut pas se figurer que, dans les premiers
temps de l'invention des points, la vocalisation hébraïque ait été aussi
complète et aussi régulière que dans les Bibles modernes. Les manuscrits du genre de celui d'Odessa (qui suit le système babylonien) sont là

(1) Derenbourg, *Journal asiatique*, 6ᵉ série, t. XVI, p. 313 et suiv.
(2) *Richerche per lo studio della antichità assira*, p. 91.

pour attester que non; leurs points ne sont pas seulement placés autrement que dans les manuscrits postérieurs, ils sont aussi moins nombreux. Les grammairiens du dixième et du onzième siècle paraissent étrangers aux subtilités qui rendent si compliquée dans nos grammaires la théorie des voyelles; on chercherait vainement dans leurs écrits la trace de certains signes qui font maintenant partie intégrante du système graphique de l'hébreu (1). En général il ne connaissent que sept voyelles : פַּתַּה, סֶגּוֹל, חִירֶק, קָמֵץ, צֵרִי, חוֹלֶם et שׁוּרֶק (2). « Établi, dit M. Derenbourg (3), dont nous ne pouvons mieux faire que de reproduire les savantes remarques, établi en dehors de toute influence arabe et avant que la langue arabe eût envahi les pays habités par des Juifs, ce système de sept voyelles implique déjà, par la forme de ses signes, la distinction entre les plus anciennes *kames*, *patah*, *séré* et *segól* d'un côté, et les autres trois voyelles plus modernes et dont le son pouvait plus facilement être reconnu par l'addition des lettres faibles qu'on commençait alors à écrire plus souvent qu'auparavant. Cette distinction et la cause qui l'aurait amenée deviendraient surtout plausibles si la ponctuation avait d'abord été appliquée au targoum, l'araméen ayant toujours préféré une orthographe très-prolixe et abondante à la parcimonie phénicienne et à l'économie hébraïque. Les quatre voyelles dont nous reconnaissons l'antériorité sont représentées par une ligne ou les deux bouts d'une ligne, ou par un point placé au-dessous et au milieu de cette ligne ou des deux bouts; à les regarder, on dirait que ces quatre signes dessinent la forme de la bouche au moment de leur prononciation, comme les quatre noms en décrivent le mouvement. Car סְגַל, qu'on a traduit par « grappe », signifie ici « arrondir, faire un petit paquet », et la forme redoublée *segalgal* s'explique par l'orifice *arrondi* d'une coupe. *Hirek*, *hólem* et *schourek*, simples signes de convention, déterminent, au contraire, les trois sons qu'ils doivent figurer par la position d'un point au-dessus, au-dessous ou au milieu de la lettre; car,

---

(1) Renan, *Histoire des langues sémitiques*, 1re édition, p. 161.

(2) Gesenius, *Geschichte der hebr. Sprache*, p. 206. — Voy. surtout le précieux passage de Sâadia, publié par M. Derenbourg, *Journal asiatique*, 6e série, t. XVI, p. 515-517.

(3) Loc. cit., p. 469, en note.

comme nous l'avons déjà remarqué ailleurs (1), nous ne doutons pas que les trois points placés au-dessous de la lettre, quand le point ne peut pas occuper le milieu du waw suivant, ne soient qu'une manière typique de simuler un point de milieu entre un point supérieur et un point infé-rieur. »

C'est Rabbi Kimchi, le fameux rabbin du douzième siècle, qui porta le premier le nombre des voyelles à dix, par l'addition du קָמֵץ חָטוּף et du קֻבְּץ, ainsi que par la division du חִירֶק en « grand » et « petit », en même temps qu'il inventait la disposition en deux séries, l'une de cinq voyelles longues, l'autre de cinq voyelles brèves, adoptée par tous ses successeurs (2). Quant aux signes plus compliqués et à la notation des sons fugitifs du חֲטֵף פַּתַח, du חֲטֵף סֶגוֹל et du חֲטֵף קָמֵץ חָטוּף, ils paraissent être le résultat de subtilités encore postérieures.

Après avoir parlé des points-voyelles, nous devons dire aussi quel-ques mots d'autres signes qui font partie intégrante du même système de la ponctuation hébraïque. Ce sont ceux qui marquent un change-ment de valeur ou une réduplication des consonnes. Tels sont le point nommé דָּגֵשׁ, « renforcement », qui se place dans l'intérieur de la consonne et indique, soit sa duplication, *daghesch* fort, soit son adou-cissement lorsqu'il s'applique à une lettre qui contenait primitive-ment une aspiration comme ד, כ, פ, ת, *daghesch* doux, et l'autre point qui, placé à droite ou à gauche au-dessus du שׁ, indique s'il doit se prononcer *sch* ou *s*. Aucune trace ne laisse voir que dans la ponctua-tion primitive il y eût quelque signe pour cet usage. En syriaque, on em-ployait bien très-anciennement un point pour distinguer le ܪ et le ܕ, dont les formes étaient identiques; mais il n'y avait d'abord rien d'analogue au *daghesch*. Même les Syriaques n'ont jamais possédé de signe cor-respondant au *daghesch* fort; ils marquent la réduplication des con-sonnes en les écrivant deux fois (3). Quant aux points appelés ܩܘܫܝ et ܪܘܟܟ, qui jouent chez eux le rôle du *daghesch* doux (4), on ne sau-

---

(1) *Journal asiatique*, 6ᵉ série, t. VIII, p. 413, note; t. XIII, p. 503, note.
(2) Gesenius, *Geschichte der hebr. Sprache*, p. 206.
(3) Hoffmann, *Grammat. syr.*, p. 105 et suiv.
(4) *Ibid.*, p. 108 et suiv.

rait en faire remonter l'emploi au plus tôt avant Jacques d'Édesse. Nous croyons donc devoir rapporter les notations de ce genre dans l'orthographe hébraïque à l'époque de la fixation du second système de ponctuation.

VIII.

Enfin les textes hébraïques contiennent une dernière sorte de marques que les grammairiens modernes désignent sous le nom d'*accents*. Il y en a de deux genres : 1° ceux qui marquent la syllabe tonique et remplacent notre ponctuation en indiquant les repos de la voix après les divers membres de phrase; ce sont ceux pour lesquels les grammairiens juifs ont conservé le nom טעמים qui désignait d'abord la première notation des voyelles; 2° ceux qui indiquent les modulations de la voix pour la récitation des Livres Saints dans les synagogues (1). Ce sont des espèces de neumes, des signes musicaux plutôt que des marques orthographiques; nous les laisserons donc de côté sans examiner jusqu'à quel point la tradition qui existe chez les Juifs sur leur antiquité (2) peut être plus ou moins fondée (3).

Quant aux טעמים des grammairiens israélites, l'emploi de notes de ce genre doit remonter au premier système de ponctuation, car saint Jérôme fait remarquer au sujet d'un passage de la Bible que les Septante y coupent la phrase autrement que les manuscrits hébreux ne l'indiquent (4). De plus, les différents noms qu'on leur donne sont araméens (5), ce qui est une preuve d'ancienneté. Mais ce qui est à croire, c'est que le système des accents, comme celui des points-voyelles, n'était pas tout d'abord aussi compliqué et aussi subtil que dans les

---

(1) Jablonski, *Praefat. ad Bibl. hebr.*, § 24. — Kircher, *Musurg.*, t. I, l. II, c. 5.
(2) Tr. *Nedarim*, c. 4, fol. 37 b. — Tr. *Megillah*, c. 1, fol. 3.
(3) Cf. Gesenius, *Geschichte der hebr. Sprache*, p. 220-221.
(4) *Epist. ad Cypr.*
(5) Lœscher, p. 35. — Buxtorf, *Thes. grammat.*, l. I, ch. 5.

textes dont nous nous servons Ce que nous avons constaté pour la vocalisation aura dû se produire également pour cette autre espèce de
marques orthographiques. L'accentuation dans le premier système aura
d'abord été incomplète et grossière; elle se sera perfectionnée dans le
second, mais ne sera devenue tout à fait complète et raffinée que plus
tard encore, par les efforts successifs des grammairiens juifs (1).

C'est à Luzzatto (2) d'abord, puis récemment à M. Derenbourg (3),
que nous devons les recherches les plus ingénieuses et les plus com-
plètes sur le système des accents hébraïques, son origine et son développement successif. Le sujet est fort difficile et encore fort obscur,
car, ainsi que le remarque le savant académicien, « les grammairiens
les plus autorisés n'ont pas daigné faire aux accents une place dans
leurs ouvrages. Ibn-Djannah en mentionne un certain nombre dans ses
petits traités et dans son *Rikmâh*, surtout à cause de l'effet qu'ils produisent en pause sur la ponctuation. Nulle part il ne les étudie spécialement; il n'en donne ni le nombre, ni les noms, ni les règles. Ibn-Ezra,
qui a écrit tant d'opuscules sur la grammaire hébraïque, n'a rien composé sur les accents. Comme d'autres anciens commentateurs (4), il
passe quelquefois par-dessus les barrières qu'ils semblent élever contre une exégèse libre, bien qu'il dise ensuite : « Ne te laisse pas aller
« contre les inventeurs des accents, et n'écoute aucune explication
« qui ne serait pas d'accord avec eux (5). » Avant Ibn-Djannah et
Ibn-Ezra, Sa'adia avait déjà contesté jusqu'au *sillouk* dans dix versets,
qu'il croit mal coupés et auxquels il ajoute le premier mot du verset
suivant (6). Les versions arabes ne respectent pas toujours l'ordonnance
des accents. Hayyoudj, célèbre entre tous pour les nouvelles voies
qu'il a ouvertes à la grammaire hébraïque, est le seul qui ait composé
un livre sur la ponctuation, dont la seconde partie est malheureusement
fragmentaire. »

(1) Gesenius, *Geschichte der hebr. Sprache*, p. 221.
(2) *Prolegomeni*, p. 178 et 184.
(3) *Journal asiatique*, 6ᵉ série, t. XVI, p. 519-528.
(4) Voy. Luzzatto, *Prolegomeni*, p. 188.
(5) מוונאים, p. 4 *b*. — סהות, éd. Lippmann, p. 73 *b*.
(6) סהות, p. 73 *b*.

« Les noms des accents, dit encore M. Derenbourg, plus obscurs que ceux des voyelles, n'en n'ont jamais eu la fixité ni l'unité. Le même accent a plusieurs fois changé de nom chez les *nakdánim*, et tel nom, employé par un scribe, reste inconnu aux autres. Cette diversité de noms est devenue la cause de définitions subtiles, n'ayant aucun fonds, et déterminées seulement par le désir d'attribuer un domaine spécial à chacun des différents termes qui, à l'origine, ne désignaient qu'une seule et même chose. Un pareil exemple est offert, entre autres, par le *méteg*, le dernier produit, à notre avis, du besoin qu'on éprouvait de tout réglementer, d'opposer à chaque poids un contre-poids, d'assurer à chaque lettre son existence propre, sa prononciation distincte, de la préserver pour qu'elle ne fût sacrifiée ni par une syllabe accentuée, ni par l'absence de l'appui qu'une voyelle lui aurait prêté, — le *méteg* qui, justement à cause de son emploi fréquent, a toujours conservé une sorte d'indépendance, à laquelle les grammairiens ont cherché en vain à imposer des règles invariables, que, parmi les scribes, les uns ont multipliées à l'infini, et les autres employées plus sagement, et qui a fini par exciter les plaintes de certains docteurs, accablés par les abus des *nakdánim* qui en hérissaient les Bibles. Appelé à son origine du mot araméen *ga'ia*, « léger éclat de voix », ce signe a pris le nom hébreu de *méteg*, « frein », parce qu'il était destiné à arrêter le lecteur dans sa course trop rapide, à régler et à modérer son pas : il a reçu ensuite encore une troisième dénomination, celle de *ma'amád* ou *ha'amádah*, « pause », qu'il doit aux traducteurs des ouvrages arabes dans lesquels ce signe est souvent nommé *wakfoun*. Le patrimoine successivement accru du *méteg* étant devenu très-considérable, on a su tailler une belle part à chacun des trois compétiteurs. »

La plupart des auteurs juifs comptent douze accents ; mais ce nombre est tout à fait arbitraire et symbolique, car chacun l'obtient d'une manière différente. Il semble, remarque M. Derenbourg, « que, de même que pour les points-voyelles on a choisi le nombre sept, qui est celui des planètes, de même on a pris le nombre douze pour les accents, en pensant aux douze signes du zodiaque. Semblables aux étoiles du firmament, les accents éclairent et illustrent les versets de l'Écriture. »

Il résulte des recherches de l'habile philologue qui a si profondément étudié la grammaire hébraïque traditionnelle jusque dans ses
subtilités les plus abstruses, que les deux plus anciens accents sont le
sillouq (—) et le atnahah (—), « qui ont les premiers envahi le texte et
se sont fixés au-dessous des mots. Ils ont la même place dans les deux
systèmes, dans celui de Babylone et celui de Tibériade. Leur place a
influé sur celle du tiphah, l'accent qui leur est particulièrement et
exclusivement attaché ; il s'est également établi sous le mot. En dehors
de ces accents, la règle a prévalu que les accents se mettent au-dessus,
et les serviteurs au-dessous des mots. »

Immédiatement postérieurs comme invention ont dû être le rebía (—),
le záqéf (—) et le segoltá (—). « Ces cinq accents auraient parfaitement
suffi à la ponctuation et à la coupe d'une période aussi simple que celle
du verset hébreu. Une première addition qui paraît avoir été faite était
le tebír (—), proche parent et rejeton du rebí'a, auquel il a emprunté
le point, placé cette fois au-dessous du mot.

« Mais l'esprit inquiet et remuant des docteurs, courbés sans trêve
sur le texte sacré, divisait et subdivisait les mots de chaque verset ; on
notait les moindres nuances, on notait non-seulement les séparations,
mais aussi les liaisons, et, malgré la règle « qu'un prince ne devait pas
« descendre au grade du serviteur, ni celui-ci s'élever au rang du sei-
« gneur, » il s'établissait une véritable hiérarchie, un système féodal
d'accents, assez burlesque, et qui a distrait quelques savants subtils
des quinzième, seizième et dix-septième siècles. Pendant la création
continue de nouveaux dignitaires, le petit trait, droit ou courbé, mis
en haut ou en bas, tourné à droite ou à gauche, devenait l'insigne des
nouveaux grades. »

Au point de vue purement graphique de leur élément générateur et
de la parenté de leurs formes, qui tient à la parenté grammaticale établie entre eux, M. Derenbourg groupe de la manière suivante les nombreux accents de dernière invention. Une première série se compose de
ceux qui se composent d'une petite ligne courbée en quart de cercle,
comme le méteg (ˋ), dont la forme était originairement celle du tip-
khah. « Cette ligne, sauf le changement de direction et de place, est

devenue aussi le signe des *ma'arâkâh* (⊥), du *ţeras* (⊥), du *ietíb-paschţâh* (⊥), de l'*azlâh* (⊥); transformée ensuite en ligne brisée avec angle droit ou angle aigu, elle représente les différents *schôfâr* (⊥, ⊥), dont le nombre varie chez les auteurs; avec le point au centre, c'est le *tebîr* (⊥). Le demi-cercle est employé pour le *talschâh-ķeţannâh* ou *galgal* (⊥); pour le *ţeras* dans la ponctuation babylonienne (⊥) (1); avec un trait à gauche pour le *pâzér* (⊥); renversé et avec un petit trait au milieu de la périphérie, pour l'*atnâhâh* (⊥); transformé en ligne brisée avec un angle un peu aigu, pour le *pâzér gâdôl* (⊥); le *dargâh* (⊥) et le *zarkâh* (⊥) se rattachent encore au demi-cercle. Le cercle entier sert aux deux *talschâh*, auxquels on a seulement ajouté une sorte de petit manche (⊥) pour les distinguer par la direction qu'on leur imposait ainsi, à l'un vers la droite et à l'autre vers la gauche. »

(1) « Cette forme paraît être la forme primitive, et celle qui, par de légères transformations, a fait naître à la fin le *guéresch* (⊥) et le *guerschaïm* (⊥), entre lesquels on a distingué ensuite. »

M. Ariodante Fabretti vient de publier (*Il museo di antichità della R. Università di Turino*, Turin, 1872) un nouveau fac-similé du papyrus araméen du Musée de Turin, très-supérieur à tous ceux qui en avaient été donnés jusqu'à ce jour et modifiant dans une certaine mesure les formes des lettres que, pour notre pl. XI, nous avions empruntées à Gesenius. Nous reproduisons ce fac-simile dans la pl. XIX.

Le texte est à lire, en modifiant seulement sur un point la transcription de Gesenius :

אל מראי מתדוהשת עבדך פחים שלפוהי

חיא חדה ושרירא מראי יהוי יק...

Deus, domine mi, ex conculcatione servum tuum Pechim eripe....

Vita unica et verax dominus meus Jehovah....

Malgré ce qu'a de barbare l'orthographe תדוהשת pour תדוישת, que Gesenius se refusait à admettre, elle est paléographiquement incontestable, comme je m'en suis assuré moi-même en examinant le papyrus original à Turin dans le cours de l'été dernier. C'est un *lapsus calami* du scribe, une véritable faute d'orthographe, comme les papyrus hiératiques égyptiens nous en offrent d'assez fréquents exemples.

A la seconde ligne, d'après la forme des lettres, on serait tenté de lire שדידא plutôt que שרירא, si ce dernier n'avait pas une tournure plus araméenne et ne paraissait pas linguistiquement préférable.

Quant à פחים, c'est bien évidemment un nom propre d'origine égyptienne.

———

Le numéro de l'inscription palmyrénienne de l'an 304 des Séleucides (citée plus haut à la p. 242) est, dans l'ouvrage de M. de Vogüé, 30 au lieu de 38, imprimé plus haut par erreur.

FIN DU TOME PREMIER.

TABLE ANALYTIQUE DES MATIÈRES

DU PREMIER VOLUME.

INTRODUCTION.

ESQUISSE D'UNE PALÉOGRAPHIE PHÉNICIENNE

POUR SERVIR DE COMPLÉMENT A L'INTRODUCTION.

LIVRE PREMIER.

ÉCRITURES DU TRONC SÉMITIQUE.

FAMILLE HÉBRÉO-SAMARITAINE.

LIVRE SECOND.

ÉCRITURES DU TRONC SÉMITIQUE.

FAMILLE ARAMÉENNE.

FIN DE LA TABLE DU TOME PREMIER.

Paris Typographie Georges Chamerot, rue des Saints-Pères. 19.

PLANCHE I

Origine de l'Alphabet Phénicien

Hiératique Egyptien	Phénicien Archaïque

Premier type
paléographique
de la
Phéaicie propre

Inscriptions de Mésa roi de Moab	Lions de Nimroud	Pierres Gravées	Inscriptions de Malte	Inscription de Nora
𐤀	𐤀 𐤀 𐤀	𐤀 𐤀 𐤀 𐤀	𐤀 𐤀	𐤀 𐤀
9	9 9	9 9 9	9 9 9	9 9
,,	,,	> 7	,,	,,
△	4 9	△ △	9	△
⧎	⧎ ⧎	⧎ ⧎ ⧎	,,	⧎
Ч	Ч	9	,,	Ч
I	2 2	I Z ∧	,,	,,
𐤇	𐤇	𐤇 𐤇 𐤇 𐤇 𐤇	𐤇 𐤇	,,
,,	,,	⊕ ⊕	,,	,,
Ƨ	∧ Ƨ ∑	Ƨ Ƨ Ƨ Ƨ Ƨ	Ƨ	Ƨ
✓	↗	↗↗↗↗	↗	✓
6	∠ ∠	∠ ∠ ∠	∠ ∠	∠
ɯ	ɯ ɯ ɯ ɯ	ɯ ɯ ɯ	ɯ ɯ	ɯ ɯ
ל	ל ל ל	ל ל	ל ל	ל ל
丰	丰	丰 ⅏ ⅏ ⅏	,,	,,
O.	O ω	◇ □ O	◇ O	,,
7	7	7 ∧	,,	∧ 7
ц	ц	⅏ ⅏ ⅏ ⅏	N	,,
φ	φ φ φ	φ φ φ	,,	,,
4	4 9	4 9	4 9	9 9
W	W W	W W W	W W W	W
✕	+	+ ✕	✕	✕

Imp. Lemercier & Cie Paris

PLANCHE III

Deuxième type Paléographique de la Phénicie propre

Sarcophage d'Eschmounazar	Deuxième Sidonienne	Inscriptions de Cypre	Inscriptions de Malte	Inscriptions d'Athènes	Oumm el-Awamid	Pierres gravées

PLANCHE IIIbis

Alphabets des légendes monétaires

Aradus. 522-435.	Byblos. Vème siècle.	Cypre. IVème siècle.	Phénicie 360-339.	Phénicie 331-280	Phénicie 223-145.	Phénicie après 145

PLANCHE IV

Type de Transition
de
l'écriture phénicienne

Inscriptions d'Ibsamboul	Pierres gravées

PLANCHE V

Ecriture
punique

Inscription de Marseille	Inscriptions de Carthage	Médailles de Carthage	Médailles Carthaginoises de Sicile	Inscriptions de la Sicile

PLANCHE VI

Écriture Punique de la dernière époque

Inscriptions et monnaies de Carthage et des villes d'Afrique	Monnaies des villes de la Bétique
X X X	X X X
9 9 フ)) l l	9 フ
∧	∧
9 9 ५ フ J l	9 9 9
Я Я	∋
Y ⅄ Ч ⅃	"
"	"
)ዞ)ዞ)ዞ))) ૧૧૧	"
Ө Ө Ө Ө	"
2 Z	"
y y y	y
և ⅄ Ƈ ς Ր Ր ⌐	և և ⅄
X X	५ X
) ſ l	"
"	"
O	O
J	"
ſ ſ ſ Ր Ր ſ l	Ր
ⴸ Ρ Ρ	"
9 J l	9 ૧ 9
X ⅄ Ͳ Ⴧ ∧ ⌐	"
ſ ſ ſ ſ ſ l ⅄ ∧	Ր ∧ l

PLANCHE VII

Phénicien	Hébreu Archaïque			
	Pierres gravées	Anciens Sicles	Monnaies des Machabées 106-57 av. J.-C.	Monnaies des révoltes 66-135 ap. J.-C.
✗ ✗ ✗ ✗	✗	⅀ ⅀	✗	✗
❺ ❺ ❺	❺	❺ ❺	❺	❺
⁊ ⁊	"	⁊ ⅄	⁊	⅄
＜ ◁	◁	◁	◁	"
∃ ∄ ∃	∃	∃	◻ ∃	∃
⅄ ⅄	⅄ ⅄	⅄	⅄ ⅄	⅄ ⅄⅄⅄⅄
⊏ 2 ∿	⅂	"	"	丂丂
⊟ ⊞ ⅄ ⅄	"	⊟	⊟	⊟
⊕ ⊕	"	"	"	"
∿ ⅄ ⊇	⊇	⊇ ⅏	⊇ ⊇	⊇ ∿
⅂ ⅂ ⅄	⅄	"	⅄	⅃ ⅃
6 Ʋ	∠	∠	∠	∠
⅊ ⅊	⅄	⅊	⅄	⅄
⅄ ⅄ ⅄	⅄⅄	⅄	⅄ ⅄	⅄⅄⅄
⅀⅀⅀⅀⅀	⅃⅄	"	"	"
○	△ ○	⅌	"	○ ▽
⊃ ⁊ ⁊	⁊	"	"	"
⅄ ⅄	⅄	⅏ ⅃	"	⅄ ⅏
⅌ ⅌ ⅌	↑	⅌ ⅌	"	"
⅂ ⅄	⅃	⅃ ⅄	⅃	⅃
⅏	⅏	⅏ ⅏	⅏	⅏
✝ ✗	✝	✗	✝ ✗	✗

Hébreu Archaïque	Onciale		Cursive	
	Pierre de Naplouse	Manuscrits	Manuscrits de Gotha	Alphabet d'Akerblad

Tableau comparatif des alphabets samaritains (Hébreu Archaïque, Onciale, Cursive).

PLANCHE IX

Phénicien		Araméen primitif			
Archaïque	Sidonien	Contrats Assyriens. VII⁻ᵉ siècle.	Sceaux Perses. VI⁻IV siècle.	Lion d'Abydos C. du V⁻ siècle.	Darique V⁻ siècle.

PLANCHE X

Araméen Secondaire.

Monnaies des Satrapes.	Inscription du Sérapéum
✗ ⅃ ✗	✗
� �날 ㄹ	ㄢ ㄢ
∧ ⅄	,,
4· 4	4
⅂ ⊓	⊓
⅂⅂⅂	⅂
		,,
H	H
,,	Ө
† ⅄	† ⅂
⅄†⅄	ㄗ
ㄥ ⅃	⅃ ⅃
ㄐ ㄐ	ㄐ
ㄐ ㄐ	ㄐ ㄐ
⅀ ⅀	⅀
○ ○ ○	○
⅂ ⅂	⅂
,,	,,
ㄕ	ㄕ Ɗ
ㄐ ㄐ ㄐ	ㄐ ㄐ
,,	,,
ㅏ ㅏ	ㅏ

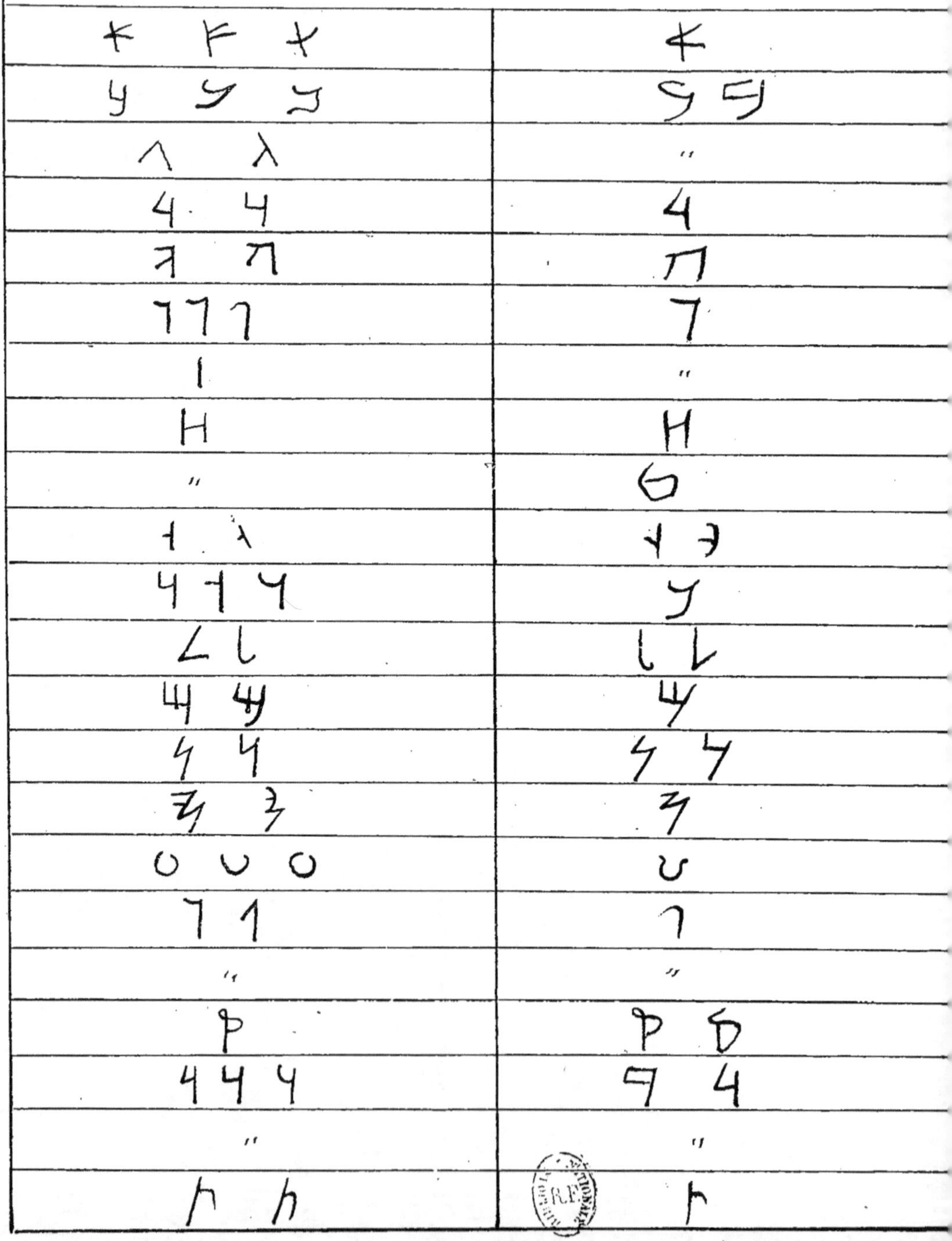

Inscriptions de Carpentras & du Vatican	Papyrus de Turin	Papyrus de Blacas	Papyrus de Rome	Papyrus du Louvre

Araméen des papyrus	Alphabet palmyrénien oncial			
	9. avant J.C.	48. ap. J.C.	139 ap. J.C.	IIIᵉ siècle ap. J.C.

PLANCHE XIII

Alphabet Palmyrénien

Table of the Palmyrene alphabet comparing Oncial and Cursif forms.

Oncial	Cursif		

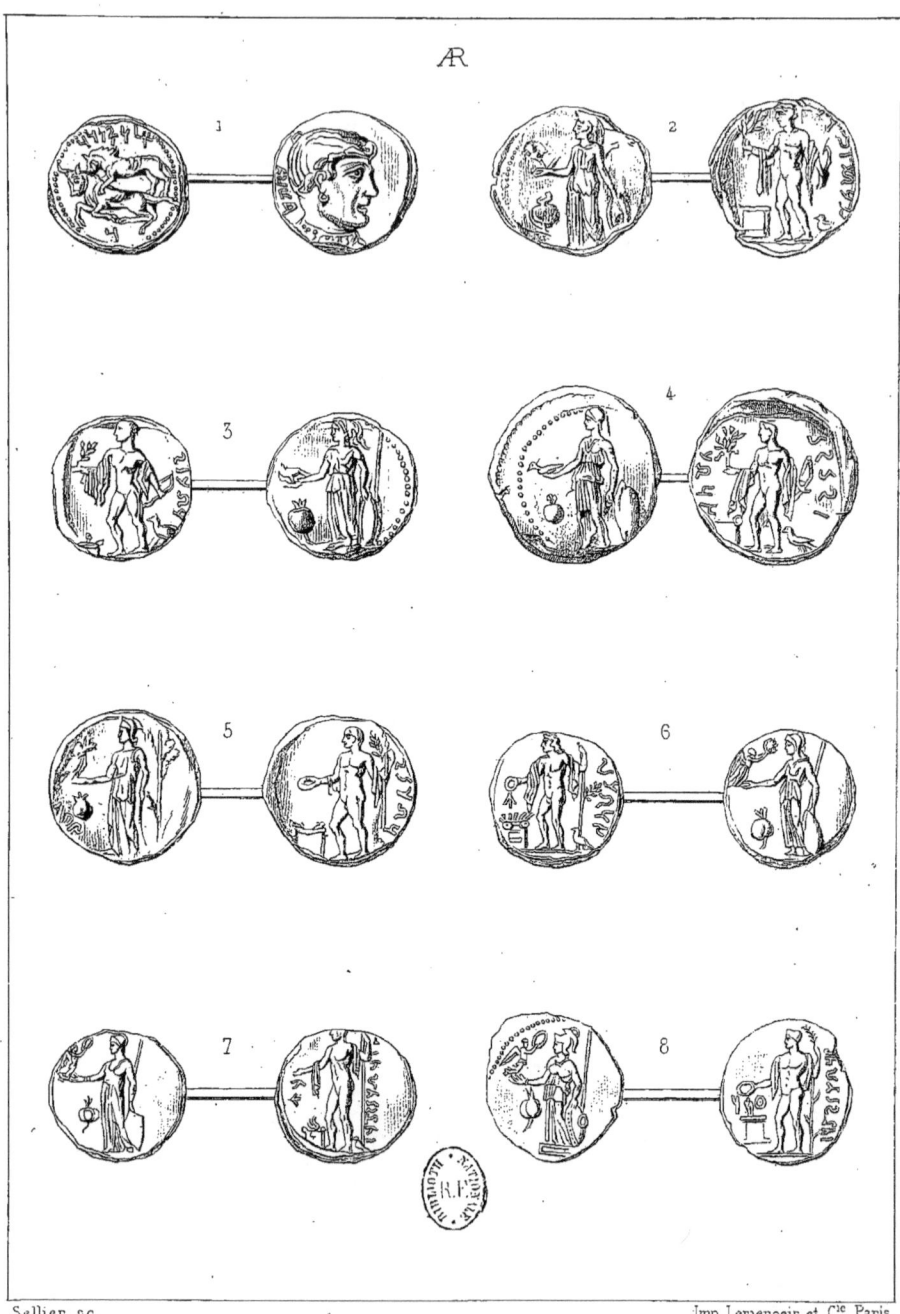

Sellier sc.

Imp. Lemerceir et Cie Paris.

MONNAIES ARAMÉENNES ET PAMPHYLIENNES.

Iᵉ siècle av. J.C. Tombeau des Béni-Hézir.	Iᵉ siècle . a r. J.C. Inscription du Temple d'Hérode.	Inscriptions nméennes des	Iᵉ siècle . a r. J.C. Tombeau au N-O ans 6.30 av J.C. de Jérusalem.	Sarcophage du Tombeau des Rois.	IIᵉ siècle ap. J.C. Inscrip de Rome.	II-IIIᵉ siècle ap. J.C. Inscriptions de Kefr-Bereïm.	IVᵉ siècle ap Inscription de Djébaïl	In de so

Paléographie — table des formes des lettres hébraïques selon les époques et inscriptions.

IV.Vᵉ siècle ap. J.C. Coupes de Babylone Nᵒ 1-4	VIᵉ siècle ap. J.C. Inscription de Torlose	VIIᵉ siècle. ap. J.C. Coupe de Babylone nᵒ 5	Inscriptions de la Crimée	Inscription d'Aden de l'an 707	VIIIᵉ siècle. ap. J.C. Inscription de Crimée de l'an 719	Alphabetum Jesuiterum	Xᵉ siècle. ap. J.C. Inscription d'Aden de l'an 916	Manuscrit d'Odessa de l'an 916

Table comparative des formes des lettres hébraïques (planche XV).

PLANCHE XVII
Filiation de l'alphabet Carré

Araméen des papyrus Papyrus du Louvre			Hébreu Carré Inscription des Béni-Hézir
א	א		א
ג	ג	ג	ב
	ג		ג
	ג		ד
ה	ה		ח
כ			ו
ו		ו	ו
	H		H
	ט		ע
ג		ג	ו
ץ		final ץ	כ
Initial ל Médial ל final ל ל			ל
מ		מ	מ
ג		final ו	ו
	ע	ע	ע
Y		V	ע
פ	פ	פ	ב
צ		ע	ג
ק		ק	"
ר	ר	ר	ר
ש	ש	ש	ש
ת	ת	ת	ת

PLANCHE XVIII

Coupes de Babylone	Épitaphe de Jerusalem	Rabbinique Italico-Espagnol	Rabbinique Allemand	Caractère carré du Moyen-Âge
א א	״	ח	א	א
ל לל	ב	ב	ב	ב
ג × ג	״	ג	ד	ג
ד ד ד ד	״	ד	ד	ד
ה ח ה	ח	ה	ה	ה
ז ו ו	ן ׳	ו	ו	ו
ז ז	׳	ז	ז	ז
ח ח ח	״	ח	ח	ח
ט ט ט ט	״	ט	ט	ט
י ל י	״	י	י	י
כ כ final ך ך	״	כ	כ	כ final ך
ל ל ל	״	ל	ל	ל
מ מ מ final ם	״	מ	מ	מ final ם
נ נ final ן ן	ן	נ	נ	נ final ן
ס ס ס	״	ס	ס	ס
ע ע ע ע	ע	ע	ע	ע
פ פ final ף פ	״	פ	פ	פ final ף
צ צ	״	צ	צ	צ final ץ
ק ק	״	ק	ק	ק
ר ר ר ר	״	ר	ר	ר
ש ש ש	ש ש	ש ש	ש ש	ש
ת	״	ת	ת	ת

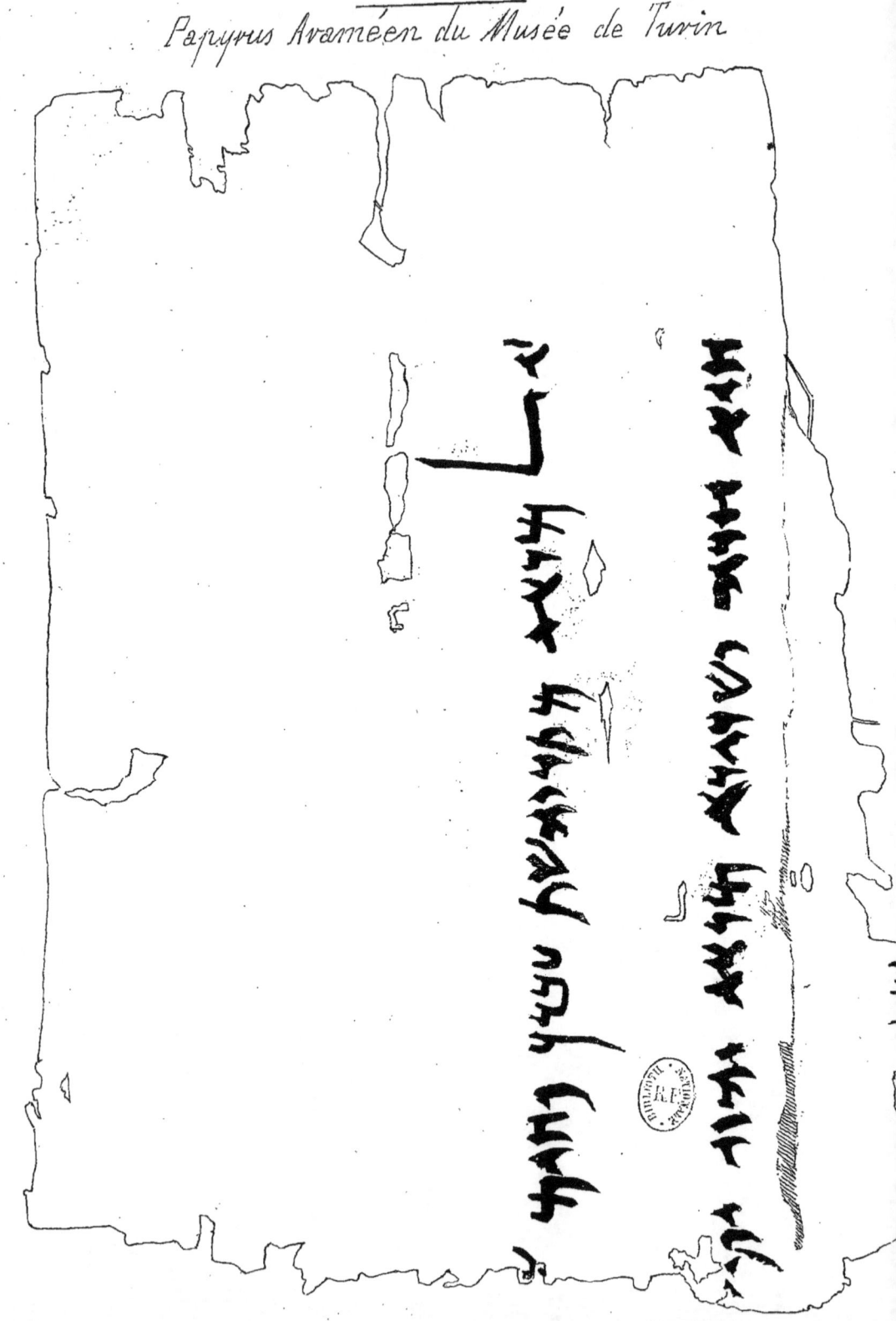

www.ingramcontent.com/pod-product-compliance
Lightning Source LLC
Chambersburg PA
CBHW050303030726
47505CB00003B/550